의료 인공지능

의료 인공지능

최윤섭 지음

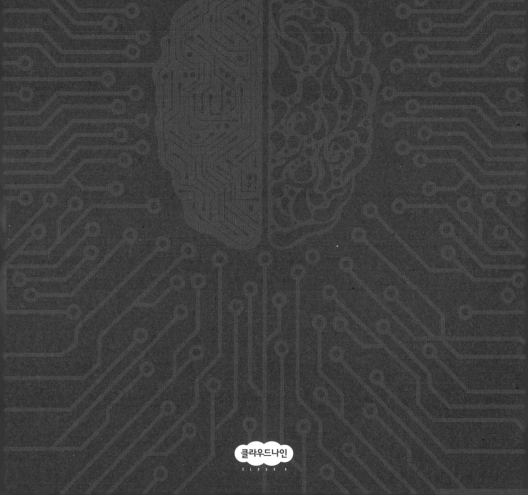

클라우드나인
CLOUD 9

인공지능은 의료를 어떻게 혁신할 것인가

바야흐로 인공지능의 시대다. 인공지능이 인류의 미래에 큰 영향을 줄 것이라는 점을 부인하는 사람은 이제 아무도 없다. 너무 늦기 전에 우리는 인공지능과 함께하는 미래를 어떻게 맞이할 것인지에 대한 고민을 시작해야 한다. 의료는 인공지능의 발전으로 근본적인 변화를 맞이하고 있는 대표적인 분야이다. 이 책은 국내 최초로 의료 인공지능의 최신 동향 및 기술적, 기술 외적인 이슈를 모두 본격적으로 다룬다.

한국에서 인공지능이 이토록 크게 주목받게 된 것은 알파고라는 희대의 사건 때문임을 부인할 수 없다. 이는 우리에게 저주이자 축복이었다. 한편으로는 4차 산업혁명이라는 또 하나의 허울 좋은 유행어를 탄생시키면서 우리 사회를 인공지능에 대한 지나친 기대와 환상에 물들게 했고 또 한편으로는 인공지능에 대한 사회적 관심 고조, 관련 교육에 대한 강조, 인공지능 산업에 대한 투자 확대 등을 통해 미래를 한발 먼저 준비할 기회를 제공하기도 했다.

이러한 사회적 관심에 덩달아 의료계 내부에서도 인공지능은 순식간에 초미의 관심사로 급부상했다. 사실 '순식간'이라는 표현이 부족할 정도의 빠른 속도로 인공지능은 의료계의 뜨거운 감자가 되었다. 그 관심의 중심에는 IBM 왓슨이 있었다. 2016년 가천대 길병원이 IBM 왓슨 포 온콜로지Watson for Oncology를 도입하면서 한국은 전 세계에서 왓슨을 최초로 도입한 다섯 손가락 안에 드는 국가가 되었다. 더구나 길병원 도입 이후 왓슨에 대한 관심과 이후 다른 병원에 도입되는 속도는 세계적으로도 찾아보기 어려울 정도였다.

우리에게 IBM 왓슨 포 온콜로지의 병원 도입은 많은 시사점과 논쟁거리를 준다. 이에 대해서는 본문의 2부에서 상당한 분량을 할애하여 깊이 있게 분석할 것이다. 사실 필자는 2014년 출판한 전작 『헬스케어 이노베이션』에서 왓슨을 주요 주제로 다룬 바 있다. 하지만 당시에는 한국의 의료계에서 왓슨이라는 이름을 들어본 사람도 거의 없었다. 필자가 여러 병원과 학회와 협회 등의 강의에서 열심히 떠들어도 그리 관심도 없었던 것을 돌이켜 본다면 절로 격세지감을 느낀다.

이제는 많은 의학 학회에서 별도의 세션까지 만들어서 인공지능을 주요 주제로 다루고 있으며 대학병원에서 인공지능 관련 연구를 진행하고 전문 인력을 채용하는 일이 더는 낯설지 않다. 필자만 하더라도 서울대병원, 삼성서울병원, 서울아산병원, 연세의료원, 서울성모병원, 분당서울대병원 등의 국내 주요 병원에 인공지능 강의를 하지 않은 곳이 별로 없을 정도다. 또한 몇몇 선도적인 의과대학에서는 커리큘럼에 프로그래밍, 통계학, 딥러닝 등 인공지능과 관련된 수업을 포함하려는 움직임도 있다.

의료 인공지능은 의사의 역할도 근본적으로 변화시키며 의사의 미래에도 많은 영향을 줄 것이다. 이러한 변화는 3부에서 자세하게 살펴볼 '인공지능이 의사를 대체할 수 있는가?'의 질문으로 대표된다. 현재 의사의 역할 중에는 앞으로 사라질 역할, 유지될 역할, 그리고 새롭게 생길 역할이 있을 것이다. 그뿐만 아니라 인공지능이 도입될 미래를 살아갈 의료인을 양성하기 위해서는 의과대학의 교육과 수련 과정도 혁신이 필요하다. 이러한 이슈도 본문에서 심도 있게 이야기 해볼 것이다.

국내 산업계에서도 세계적인 혁신가들이 등장하여 의료 인공지능을 개발하기 위한 치열한 도전을 시작했다. 국내에는 뷰노VUNO와 루 닛Lunit 등의 걸출한 의료 딥러닝 스타트업이 있다. 이들이 개발하는 다양한 의료 인공지능은 세계 최고 수준의 성능을 보여주며 글로벌 시장에서 경쟁을 이어나가고 있다.[*]

식약처에서는 2017년 11월 미국 FDA보다 앞서서 세계 최초로 의료 인공지능 허가심사 가이드라인을 내놓았다(필자도 의료계, 학계, 산업계의 여러 의료 전문가, 인공지능 전문가들과 함께 가이드라인 작성 과정에 참여했다). 이러한 가이드라인에 맞춰 뷰노와 루닛을 포함한 몇몇 선도적인 기업은 2017년부터 의료 인공지능의 임상 시험을 진행해왔다. 그 결과 지난 2018년 5월, 뷰노의 딥러닝 기반의 골연령 판독 인공지능이 국내에서 최초로 식약처 의료기기 인허가를 받았으며(이 인공지능은 6장에서 자세히 살펴본다.), 뒤이어 8월에는 루닛의 흉부 엑스레이 분석 인공지능과 JLK인스펙션의 MRI 기반 뇌경색 분석 인공지능도 인허가를 받았다. 이는 국내 의료 인공지능 역사에 길이 남을 중요한 사건이라고 할 수 있다.

---

[*] 필자는 뷰노의 자문이며, 지분 관계가 있음을 미리 밝힌다. 뷰노는 벤처비트VentureBeat가 선정한 2016년 세계에서 주목할 딥러닝 기업 5개 중에 포함되는 등 글로벌 시장에서도 널리 이름이 알려진 세계적 스타트업이다.

이 책은 의료 인공지능의 기술적 측면과 아울러 의료계 인팎에서 제기되는 인공지능과 관련된 여러 이슈를 본격적으로 다루고 있다. 현재 의료 인공지능을 둘러싸고 제기되는 다양한 이슈를 대부분 커버했다고 자신한다. 예를 들어 인공지능으로 인해 의사는 대체될 것인가, 어느 진료과가 먼저 영향을 받을 것인가, 인공지능을 어떻게 규제하고, 효용과 안전성을 어떻게 증명할 것인가, 의료 사고의 책임은 누가 지는가, 의학 교육은 어떻게 바뀌어야 하는가 등의 이슈를 가능한 쉬운 언어로 깊이 있게 다루려고 노력하였다.

필자는 이 책을 통해 의료인이나 인공지능 전문가가 아닌, 일반인들도 의료 인공지능의 최신 동향과 주요 이슈를 이해할 수 있도록 전문적인 용어를 최대한 배제하고 쉽게 쓰려고 노력했다. 독자들은 이 책에서 다른 곳에서 접하기 어려웠던 의료 인공지능과 관련한 종합적인 논의를 접하게 될 것이다. 이 책이 출판된 이후에도 의료 인공지능 분야는 너무나 빨리 발전하기 때문에 최신 기술이 계속 나올 것이다. 하지만 이 책에서 제시하는 이 분야에 대한 개괄이 의료 인공지능에 접근하고, 기술을 공부하며, 앞으로 닥쳐올 변화에 대비할 수 있는 토대가 되기를 바란다.

또한 필자의 개인적인 바람이라면 의료인들, 특히 갓 의사 면허를 취득했거나 현재 의대에 재학 중인 예비 의사들에게 이 졸저가 도움되면 좋겠다. 인공지능은 필연적으로 미래 의사의 역할 변화를 불러일으킬 것이며 의료의 패러다임 자체를 뒤바꾸는 근본적인 변화를 일으킬 수도 있다. 하지만 현재의 의료계, 특히 의학 교육은 이 이슈에 제대로 대응하지 못하고 있다. 이제부터 논의할 많은 내용 중 대부분은 의학 교육의 혁신이 필요하다는 결론으로 귀결된다.

안타깝게도 현재의 젊은 의사들, 그리고 의과대학의 예비 의사들은 샌드위치 신세이다. 이들은 과거의 교육을 받고서 인공지능과 함께하는 미래를 살아가야 할 것이다. 언젠가는 의학 교육과 트레이닝 방식도 이러한 변화에 발맞춰 변화할 것이다. 하지만 이들은 그 전에 진료실과 수술방으로 투입될 운명이다. 무책임하게 들릴 수도 있겠지만, 여러분들은 이러한 미래를 결국 각자 공부하고 준비하여 각자도생하는 수밖에 없다.

필자는 이 책을 의과대학에서 수업 교재로 활용될 수 있을 정도로 깊이 있게 쓰려고 노력했다. 책 말미의 참고 문헌을 충실하게 표기한 것도 그러한 이유에서다. 이 책이 각자도생할 수밖에 없는 젊은 의료인들이 미래를 준비하기 위한 나름의 출발점이 될 수 있다면 더할 나위 없이 기쁘겠다.

이 책에는 기술 및 연구결과 등 객관적인 설명도 있지만, 필자의 개인적 시각과 의견이 반영된 부분도 많다. 당연한 이야기지만, 필자의 주장은 모두 옳은 것이 결코 아니다. 그렇지만 이러한 문제 제기를 통해 의료 인공지능과 의료의 미래에 대한 다양한 논의가 이어질 수 있는 계기가 되기를 희망한다.

의료 인공지능은 현재 진행형의 기술이며 지금 이 순간에도 새로운 연구결과들이 쏟아져 나오고 있다. 이번 책의 초고를 모두 쓰고 나서 책을 편집하는 기간에도 새로운 연구결과들이 쏟아지는 바람에 원고의 상당 부분을 업데이트했다. 앞으로도 필자는 인공지능을 계속 공부하면서, 새로운 연구결과들을 책의 개정판에 꾸준히 반영할 계획이다.

이 책은 크게 세 가지 파트로 나뉜다.

1부에서는 의료 인공지능을 살펴보기 위한 전반적인 방향성과 논의의 범위를 제시한다. '의사의 80%가 사라진다'는 도발적인 주장부터 시작해서 의료 외의 다양한 분야에서 인공지능 때문에 이미 일어나고 있는 기술적 실직technological unemployment에 관해서도 소개한다. 소위 약한 인공지능, 강한 인공지능, 초 인공지능 등의 개념을 다룬다. 그러면서 우리가 논의할 인공지능의 범위도 정의하며, 우리가 인공지능을 어떠한 관점에서 바라봐야 하는지 이야기한다. 우리가 의료 인공지능이라는 미래를 준비하기 위해서 어떠한 관점의 질문을 던져야 할지가 무엇보다 중요하다.

2부에서는 의료 인공지능이 현재 어느 수준까지 발전되어 있는지 구체적인 사례들에 대해서 다룬다. 인공지능, 딥러닝 등에 대한 기술적인 이야기도 있지만, 의료 현장에서 사용되는 의료 인공지능의 연구결과 및 실질적인 사례로 주로 구성되어 있다. 지난 몇 년간 필자가 의료계, 학계, 산업계의 많은 전문가와 다양한 논의를 거쳤던 대표적인 사례들, 특히 근거가 충분한 사례들을 중심으로 균형 있게 설명하려고 노력하였다.

추후 자세히 설명하겠지만 필자는 의료 인공지능을 아래와 같이 크게 세 가지 유형으로 구분한다. 이러한 구분에 따라 IBM 왓슨 포 온콜로지, 딥러닝 등의 구체적인 연구결과와 적용 사례에 대해서 차례대로 살펴보게 될 것이다.

- 복잡한 의료 데이터에서 의학적 통찰을 도출하는 인공지능
- 이미지 형식의 의료 데이터를 분석 및 판독하는 인공지능

• 연속적 의료 데이터를 모니터링하여 질병을 예측하는 인공지능

3부에서는 의료 인공지능으로 야기되는 다양한 이슈들에 대해서 살펴본다. 의료 인공지능은 단순히 기술적인 측면으로만 접근하는 것은 바람직하지 않다. 사람의 목숨을 책임지는 의료에 인공지능이 적용되는 데 매우 다양하고도 복잡한 이슈가 제기되기 때문이다. 특히 여타 기술과는 달리 인공지능은 의사의 역할에 대한 근본적인 의문과 변화를 불러일으킨다. '인공지능이 의사를 대체할 것인가?'의 이슈가 대표적이다. 이외에도 매우 복잡하고 아직 논의가 진행 중인 의료적, 기술적, 규제적, 윤리적, 사회적, 경제적, 법적 이슈들이 산적해 있다. 3부에서는 이러한 이슈들에 대해서 개괄하며 어떠한 방향에서 논의를 진행해야 하는지 방향성을 제시하려 노력하였다.

의료 인공지능이라는 미래는 이미 시작되었다. 이러한 근본적인 변화를 어떻게 받아들이고 어떠한 미래를 만들어갈 것인지는 이제 우리 손에 달려 있다. 아무쪼록 이 책이 우리 사회와 의료계가 인공지능이라는 의료 혁신을 맞이하는 데 조금이라도 도움이 되기를 바란다. 특히 이 책이 의료계의 변화에 일조하고 의학 교육을 혁신함으로써 젊은 의료인들이 자신의 미래를 개척하는 데 작은 계기라도 된다면 필자에게는 더할 나위 없는 기쁨이겠다.

자, 그럼 이제 시작해보겠다.

집필에 도움을 주신 분들

저는 많은 분들께서 도움을 주신 덕분에 이 책을 집필할 수 있었습니다. 의료 인공지능을 공부하면서 의료계, 학계 및 산업계의 많은 전문가들과 의견을 나눌 수 있었음에 감사합니다. 또한 이 부족한 책의 초고와 원고를 읽고 많은 분들이 의견과 조언과 고언을 주셨습니다. 이 지면을 빌어서 다시 한번 감사의 말씀을 드립니다. 혹시 제가 잊고 아래에 감사를 표하지 못한 분이 계시더라도 너그러이 이해해 주시면 좋겠습니다.

서울대학교병원 해부학교실 최형진 교수님, 가정의학과 조비룡 교수님, 박진호 교수님, 권혁태 교수님 및 많은 선생님들, 신경정신과 이태영 교수님, 병리과 배정모 교수님, 유승연 선생님, 분당서울대병원 가정의학과 김주영 선생님, 영상의학과 이학종 교수님, 안과 박상준 교수님, 문재훈 교수님, 서울아산병원 영상의학과 서준범 교수님, 김남국 교수님, 박성호 교수님, 종양내과 김선영 교수님, 내과 김준환 교수님, 빅데이터 센터 감혜진 박사님, 삼성서울병원 소화기내과 장동경 교수님, 가정의학과 신동욱 교수님, 병리과 송상용 교수님, 응급

의학과 차원철 교수님, 외과 류진수 선생님, 연세의료원 유방외과 박형석 교수님, 마취통증의학과 서이준 선생님, 강남세브란스 영상의학과 김성준 교수님, 아주대병원 내분비내과 김대중 교수님, 국립중앙의료원 윤상철 교수님, 경희대병원 내분비내과 이상열 교수님, 강동경희대병원 류마티스내과 이상훈 선생님, 소화기내과 유정선 선생님, 민준기 선생님, 고려대학교병원 정신건강의학과 조철현 교수님, 길병원 신경외과 이언 교수님, 김영보 교수님, 종양내과 박인근 교수님, 충북대병원 심장내과 배장환 교수님, 병리과 이호창 교수님, 서울의료원 내분비내과 김태호 과장님, 피부과 김현정 과장님, 재활의학과 김종규 선생님, 계명대 동산의료원 혈액종양내과 박건욱 교수님, 면역학교실 김신 교수님, 가톨릭대 성바오로병원 순환기내과 노태호 교수님, 한솔병원 소화기내과 손경민 선생님, 아이디병원 명유진 선생님, 방배GF소아과 김우성 원장님, 대구드림병원 조병현 선생님, 마리아병원 김형주 선생님, 컬럼비아대학병원 박중흠 선생님, 한림병원 핵의학과 윤민기 과장님, 부천성모병원 전상훈 선생님,

뷰노 이예하 대표님, 정규환 이사님, 김현준 이사님, 김상기 박사님과 모든 멤버들, 루닛 백승욱 대표님, 장민홍 이사님, IBM 큐 리Kyu Rhee 박사님, 김주희 실장님, 김정연 부장님, 화이자 이수현 선생님, 카운실Counsyl 강현석 박사님, 모바일닥터 신재원 대표님, 힐세리온 류정원 대표님, 엠트리케어 박종일 대표님, 테라젠이텍스 김태형 이사님, 인터베스트 문여정 이사님, 인터파크 민현석 박사님, 매일경제신문 신찬옥 기자님, 메디게이트 임솔 기자님, 청년의사 박재영 선생님과 많은 기자분들, 아웃스탠딩 김지윤 기자님, 테크프론티어 한상기

박사님, 디지털헬스케어파트너스 정지훈 교수님, 김치원 원장님 및 모든 파트너와 자문가분들, 김앤장법률사무소 최경선 변호사님, 이환범 변호사님, 김용우 실장님, 노양래 실장님, 테크앤로 구태언 변호사님, 식약처 강영규 연구관님, 손승호 주무관님, 의료기기정보기술지원센터 정희교 센터장님.

서울대학교 의과대학 의학교육학교실 윤현배 교수님, 성균관대학교 의료기기학과 유규하 교수님, 디지털헬스학과 신수용 교수님, 차세대융합기술원 장진규 박사님, 울산과학기술원UNIST 정두영 교수님, 아주대학교 의료정보학교실 박래웅 교수님, 가천대학교 컴퓨터공학과 이강윤 교수님, 을지대학교 의과대학 의학교육학교실 김도환 교수님, 동아대학교 의과대학 응급의학과 권인호 교수님, 연세대학교 의과대학 예방의학교실 김현창 교수님, 의학교육학교실 이태선 선생님, 서울과학기술대학교 김효은 교수님, 경희대학교 이경전 교수님, 텍사스대학교 김예진 교수님, 스크립스 중개과학연구소STSI 스티브 스타인허블Steve Steinhubl 박사님, 스탠퍼드대학병원 신동인 교수님, 레이텀 앤 왓킨스Latham & Watkins LLP 김정은 변호사님과 보리, 듀이, 미카. 그리고 제이.

목차

7장 실시간 모니터링을 통한 질병 예방 및 예측 ────── 251

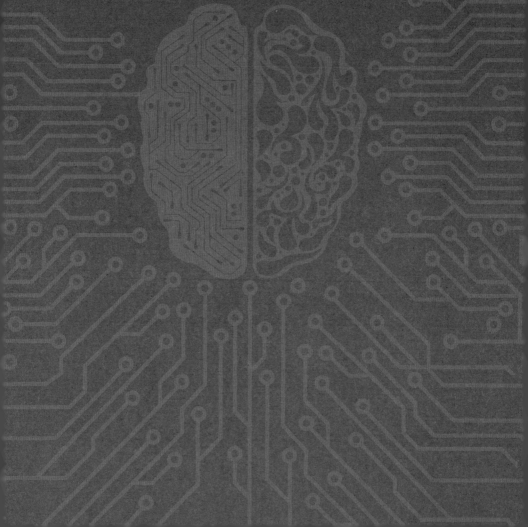

1부

제2의 기계 시대와
의료 인공지능

1장

80%의 의사는 사라질 것인가

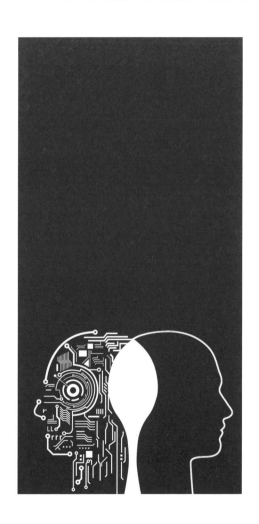

과연 의사는 인공지능으로 대체될 수 있을까. 실리콘밸리의 선각자이자 유명 벤처투자가인 비노드 코슬라Vinod Khosla는 몇 년 전 "미래에는 80%의 의사가 첨단 기술로 대체될 것"이라고 공개석상에서 주장하여 논란을 불러일으킨 바 있다.[1-3]

그는 의료의 많은 부분이 여전히 근거에 기반을 둔 과학이라고 보기 어렵다며, 대규모의 데이터와 막강한 연산 능력으로 무장한 기계가 평균적인 의사보다 더 저렴하면서도 정확하고 객관적일 수 있다고 언급했다. 그는 '닥터 알고리즘Doctor Algorithm'의 실력은 갈수록 향상되어, 어려운 치료 사례에 대해서도 여러 가능성을 고려하여 2차 소견을 제공하면서 진료실에서의 영향력은 더 커질 것이라고 했다.[1] 또한 의사들의 진료에 많은 경우 일관성이 부족하고 편차가 크다는 점도 지적했다.

그뿐만 아니라 오늘날 의사가 환자를 진료하는 방식도 디지털 기술의 영향을 받을 것으로 보았다. 환자가 직접 병원을 방문하고, 환

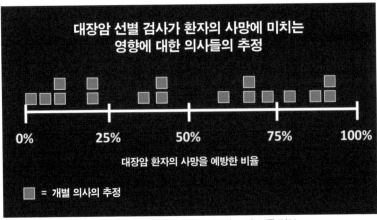

대장암 선별 검사가 환자의 사망에 미치는
영향에 대한 의사들의 추정

대장암 환자의 사망을 예방한 비율

■ = 개별 의사의 추정

비노드 코슬라의 2013년 스탠퍼드 대학교 메디슨-X 발표 자료 중 일부
대장암 관련 의사들의 판단에 편차가 매우 크다는 점을 지적하고 있다. (출처: JAMA)

자가 증상을 의사에게 말로 이야기하고, 몇 가지 검사를 받고, 종이 처방전을 받아서 약국을 직접 방문하는 전반적인 프로세스 말이다. 이러한 변화 속에서 의사들 중 상위 20%는 살아남겠지만, 나머지 80%는 대체될 수도 있다고 본 것이다.

비노드 코슬라는 선마이크로시스템즈Sun Microsystems를 창업한 실리콘밸리 IT 분야의 입지전적인 인물로, 지금은 자신의 이름을 딴 코슬라 벤처스Khosla Ventures라는 벤처캐피털을 이끄는 거물 벤처투자가다. 코슬라 벤처스는 코슬라의 주장대로 여러 인공지능 및 헬스케어 스타트업에 많은 투자를 해왔다.[4] 이렇게 IT 업계에서 영향력 있는 인물의 도발적인 발언은 즉시 의료계 내외부에서 격렬한 찬반양론을 불러일으켰다.[2, 3, 5-7]

개중에는 '실리콘밸리는 역시 의학을 이해하지 못한다'는 반응이 있는가 하면[6], 어떤 의사는 '역겹다Getting nauseated'라는 반응까지 보였다.[8] 디지털 헬스케어 분야의 선구자로 과감한 주장을 많이 하는 스크립스 중개과학연구소의 에릭 토폴Eric Topol 박사도 기술에 의한 의료의 변화라는 큰 흐름에는 동감하지만, 80%라는 수치에는 동의하지 않는다며 한 발짝 물러섰을 정도였다.[7]

그런데 이것이 2012년의 이야기였다.

만약 같은 주장을 오늘날에 듣게 된다면 이제는 어떨까? 당시에는 의학을 모르는 타 분야 전문가의 허무맹랑한 주장 정도로 치부되었던 이야기가 지금에 이르러서는 그리 가볍게 느껴지지 않는다. 그만큼 지난 몇 년 동안 인공지능 기술이 폭발적으로 발전했기 때문이다. 그동안 인간 의사와 동등한 수준 혹은 그 이상의 실력을 갖춘 인공지능들이 쏟아져 나오기 시작했다. 그리고 몇몇 병원에서는 인공지능을 실제로 진료에 도입하기에 이르렀다. 추후 더 자세히 설명하겠지만, 현재 인공지능의 부흥을 이끄는 딥러닝deep learning 기술이 본격적으로 주목을 받기 시작한 시기도 공교롭게도 비노드 코슬라의 주장이 있었던 2012년이었다.

인공지능이 의사를 정말로 대체할 수 있을지는 여전히 논쟁의 대상이다. 이 문제에 대해서도 앞으로 별도의 챕터 하나를 통째로 할애하여 심도 있게 논의해볼 것이다. 하지만 적어도 인공지능에 의해서 미래의 의료와 의사의 역할이 어떤 식으로든 상당히 달라질 것이라는 주장 자체에는 의료계 내부에서도 큰 이견이 없어 보인다.[9-11]

인공지능의 부상

최근 한국에서는 '제4차 산업혁명' 광풍이 불면서 인공지능 분야가 주목받고 있다. 각종 정부 정책, 도서, 강의, 심지어는 관련 학원까지 성행하고 있다. 하루가 멀다고 언론에서도 인공지능이 오르내리며, 2017년 대선 주자들도 하나같이 '제4차 산업혁명'을 주요 공약으로 외쳤을 정도다.

사실 필자로서는 이러한 현상을 보자면 무척 감회가 새롭다. 필자는 전작『헬스케어 이노베이션』에서 상당 부분을 할애하여 IBM의 인공지능 왓슨을 집중적으로 다룬 바 있다. 하지만 꽤 최근까지도 왓슨을 소개하면 국내 의료계에서의 반응은 그저 미적지근하거나 "신기하네." 정도였다.

알파고 사태 직전이었던 2016년 2월만 하더라도 마찬가지였다. 당시 개원가 의사들을 중심으로 구성된 한 의료계 협회의 디지털 헬스케어 강의에서 IBM 왓슨, 딥러닝 등의 인공지능을 강조하였지만, 결국에 쏟아지던 것은 오로지 원격진료에 대한 질문이었다. '원격진료는 의사라는 직업 자체를 위협하지는 않지만, 인공지능은 더욱 근본적인 변화를 일으킬 수 있다'고 필자가 재차 강조하였음에도, 별다른 반응을 얻지 못하고 또 다른 원격진료 질문이 나와서 씁쓸했던 기억이 난다.

하지만 불과 한 달 만에 상황은 급반전되었다. 알파고 사태와 '제4차 산업혁명'이라는 키워드가 맞물리며 인공지능이 돌연 국가적인 관심사로 떠오른 것이다. 사실 알파고와 이세돌 9단의 대국도 첫판이 끝나기 전에는 대중들의 관심을 크게 받지 못했던 것을 기억한다면 격세지감이라 할 만하다.*

다른 여러 분야와 마찬가지로, 인공지능에 대한 관심이 폭발적으

---

* 참고로 '제4차 산업혁명'이라는 용어는 한국에서만 거의 사용되는 것으로, 필자는 가능하면 이 표현을 사용하지 않는다. 이 책에서도 사용을 자제할 것이다

길병원의 인공지능 다학제 진료실 풍경. 환자 정면의 모니터에 IBM 왓슨을 띄워놓고, 관련 진료과의 여러 의사가 참여하여 암 환자를 진료한다. (출처: Stat News)

로 높아진 것은 국내 의료계도 예외가 아니다. 병원과 학회에서도 앞다투어 인공지능이 화두로 등장하고, 몇몇 대학병원은 이미 발 빠르게 관련 연구소와 센터를 만들어서 국가 연구 과제를 수주하고, 관련 기업과의 공동 연구도 활발해지고 있다. 식약처에서는 2017년 의료 인공지능 소프트웨어의 허가심사 규제 가이드라인까지 내놓았다.[12] (이 과정에는 필자도 참여했다.)

IBM 왓슨도 이제 머나먼 타국의 이야기가 아니게 되었다. 2016년 9월 가천대 길병원을 필두로 이후 부산대병원, 건양대병원, 대구가톨릭병원, 계명대 동산병원 등이 암 환자의 진료를 위한 왓슨 포 온콜로지를 전격적으로 도입했다. 3장에서 세부적으로 논의하겠지만, 이렇게 국내 병원 진료실에도 인공지능이 전격적으로 도입되면서 적지 않은 논란을 던져주었다. 필자는 이렇게 인공지능을 병원으로 받아들이는 과정에서 의료계의 고민이 충분하지 못했으며, 시급히 해결해야 할 과제들이 여전히 산적해 있다고 생각한다.

싫든 좋든 알파고 사태 이후로 한국은 인공지능 분야에서는 완전히 새로운 전기를 맞게 되었다. 이러한 전환점이 장기적으로 독이 될지 득이 될지는 아직도 미지수다. 우리가 미래를 미리 대비하는 계기가 되었다는 긍정적인 역할을 할 수도 있고, 아니면 기술에 대한 막연한 환상과 두려움을 심어주며 사회에 불필요한 혼란과 비용을 발생시키는 부정적인 역할로 끝날 수도 있을 것이다. 이는 지금부터 우리가 무엇을 어떻게 할 것인지에 달려 있다.

제2의 기계 시대

하지만 어떤 방식으로든 인공지능이 인류의 미래에 큰 역할을 할 것이라는 전제 자체를 부인하는 사람은 없는 것 같다. 서두에서도 언급했지만, 대중들이 가장 크게 관심을 가지는 부분은 아마도 인공지능의 능력이 어디까지 발전할 것이며 인간을 얼마나 대체할 수 있는지일 것이다.

이세돌 9단의 예기치 못한 패배는 다른 분야의 인간 전문가들에게도 큰 위기의식을 심어주었다. 고차원적인 사고와 인간 특유의 직감까지 필요한 바둑에서 기계가 인간 최고수를 능가할 정도라면, 바둑 이외의 다른 분야에서도 향후 인간 전문가들의 자리를 위협할 수 있다는 충분한 가능성을 보여주었기 때문이다.

인공지능이라고 하면, 흔히 영화 「터미네이터」의 스카이넷과 T-2000이나 「2001 스페이스 오디세이」의 할HAL을 떠올리게 될지도 모르겠다. 더 젊은 세대라면 「아이언맨」의 자비스나 「그녀Her」의사만다가 떠오를 수도 있다. 인공지능이 T-2000처럼 기관총을 들고 나타나 보이는 대로 인간을 말살하지는 않더라도, 지금까지 인간만이 할 수 있는 고유의 역할이라고 간주하던 것들을 대신하고, 부를 편중시키고, 대규모 실업을 일으킨다면 사회, 경제, 문화적으로 큰 충격이 될 것이다.

사실 인류의 역사를 돌이켜보면 기술의 발전 때문에 인간의 역할이나 직업 안정성에 근본적인 변화를 맞이했던 것은 이번이 결코 처음은 아니다. 필자가 인공지능을 이야기할 때면, 읽어보기를 권하는 몇 권의 책 중에 MIT의 에릭 브란프슨과 앤드루 맥아피 교수가 쓴 『제2의 기계 시대The Second Machine Age』가 있다. 현실로 다가오는 인공지능을 여러 측면에서 분석하려는 시도들이 있지만, 이 책은 특히 사회적, 경제적 파급효과에 대해서 주로 다루고 있다.

이 책의 제목인 '제2의 기계 시대'라는 것이 바로 인공지능에 의해서 도래한 것이다. 그런데 이 제목은 우리가 이미 '제1의 기계 시대'를 거쳐왔다는 것을 암시한다. 이는 다름 아닌 증기 기관의 발명에 의한 산업혁명을 의미한다. 1776년 영국의 제임스 와트가 발명한 상업용 증기기관은 인류의 역사를 완전히 바꿔놓았다. 인류는 비로소 인간과 가축의 근육이라는 한계를 넘어설 수 있게 되었기 때문이다. 우리는 증기기관의 발명 덕분에 대량 생산, 철도 등을 만들 수 있었으며, 현대 산업 문명 자체를 이룩할 수 있었다.

하지만 이러한 기술 혁신 덕분에 모두가 혜택을 받고 행복해진 것은 아니었다. 18세기 초까지만 해도 영국의 산업은 숙련공들이 공장에 모여 협업을 통해 규격화된 제품을 생산하는 공장제 수공업이었다. 하지만 증기기관이 발전함에 따라서, 자신의 신체를 이용해서 일

러다이트 운동

하던 블루칼라 노동자들은 일자리를 잃어버릴 수밖에 없었다. 이를 소위 기술적 실직technological unemployment이라고 불렸다. 그들은 러다이트Luddite 운동으로 대표되는 기계 파괴 운동으로 저항했지만, 결국 시대의 도도한 흐름을 거스르지는 못했다.*

과거 '제1의 기계 시대'를 이끈 증기 기관이 인간 근육의 한계를 넘어섰다면, 이제 '제2의 기계 시대'를 이끄는 인공지능은 인간 두뇌의 한계를 넘어서는 것이라고 할 수 있다. 이제 기술적 실직의 위험에 처한 사람들은 자신의 신체를 사용하던 블루칼라 노동자가 아니라 두뇌를 사용해서 일하던 화이트칼라 혹은 지식근로자knowledge worker일 것이다. 이 글을 쓰고 있는 필자 자신과 이 글을 읽고 있는 많은 독자들도 이 범주에 해당할 것이다.

---

* 러다이트 운동은 노동자들이 산업혁명으로 자본주의 시장경제가 자리 잡아가던 시기에 자신의 권익을 요구한 최초의 노동운동으로 의미가 있지만, 여기에서는 기술적 실직이란 부분에만 집중하기로 한다.

기술적 실직의 전조

이렇게 인공지능에 의하여 지식 근로자가 기술적 실직을 맞게 되는 현상의 전조는 이미 여러 분야에서 광범위하게 나타나고 있다. 2015년 1월 AP통신은 애플의 2015년 1사분기 실적에 대해서 '월스트리트의 예상치를 웃돌았다Apple tops Street 1Q forecasts'는 기사를 내놓았다.[13] 이 기사에는 월스트리트가 예상한 애플의 평균 실적, 애플의 매

Apple tops Street 1Q forecasts

By Associated Press

JANUARY 27, 2015, 1:39 PM

C UPERTINO, Calif. (AP) _ Apple Inc. (AAPL) on Tuesday reported fiscal first-quarter net income of $18.02 billion.

The Cupertino, California-based company said it had profit of $3.06 per share.

The results surpassed Wall Street expectations. The average estimate of analysts surveyed by Zacks Investment Research was for earnings of $2.60 per share.

The maker of iPhones, iPads and other products posted revenue of $74.6 billion in the period, also exceeding Street forecasts. Analysts expected $67.38 billion, according to Zacks.

For the current quarter ending in March, Apple said it expects revenue in the range of $52 billion to $55 billion. Analysts surveyed by Zacks had expected revenue of $53.65 billion.

Apple shares have declined 1 percent since the beginning of the year, while the Standard & Poor's 500 index has declined slightly more than 1 percent. In the final minutes of trading on Tuesday, shares hit $109.14, an increase of 39 percent in the last 12 months.

———

This story was generated by Automated Insights (http://automatedinsights.com/ap) using data from Zacks Investment Research. Access a Zacks stock report on AAPL at http://www.zacks.com/ap/AAPL

———

2015년 애플의 1분기 실적 관련 기사. 인공지능에 의해 100% 작성되었다.

출, 연초 대비 주가 변동 등에 대해서 상세히 서술하고 있다.

일견 별다를 것이 없어 보이는 이 기사의 말미에는 '이 기사는 오토메이티드 인사이트에 의해서 작성되었다This story was generated by Automated Insights.'라는 문구가 붙어 있다. 이 기사가 인간 기자가 아니라, 오토메이티드 인사이트라는 회사에서 개발한 인공지능에 의해서 작성되었음을 알리는 문구다.

AP통신은 2014년 중반 이 회사의 시스템을 도입하여 분기당 3,000개의 기사를 인공지능이 작성하고 있다고 밝혔는데, 1초에 2,000개의 기사를 쓸 수 있다고 한다.[14] 2016년 7월부터 AP통신은 마이너리그 야구 기사도 이를 통해 자동으로 작성한다고 밝혔다.[15] 오토메이티드 인사이트의 해당 문구만 구글에 검색해보아도 7만 개 이상이 검색된다.

이러한 '로봇 저널리즘'은 이제 상당히 일반화되어 있다. 지진이 잦은 서부 지역을 주 무대로 하는 『LA타임스』는 지진 발생 보도에 로봇을 활용한다. 이 '퀘이크봇QuakeBot'은 미국 지리조사청이 지진 정보를 감지하면, 진도와 발생 시각, 지점 등 기본 데이터를 바탕으로 즉시 기사를 쓴다.[16] 인간 기자는 최종 확인만 하고 발행만 하면 된다. 2014년 3월 로스앤젤레스에서 강도 4.4의 지진이 발생했을 때 『LA타임스』는 8분 만에 속보를 낼 수 있었다.

이러한 과정이 계속된다면 언론계에서 인간 기자의 역할은 점점 줄어들 수밖에 없을 것이다. 『시카고 트리뷴』은 2012년부터 로봇이 작성한 뉴스를 제공하는 기업 저너틱Journatic으로부터 기사를 받기 시작했으며, 이런 과정에서 기자 20여 명을 정리해고 했다고 한다.[16, 17]

인공지능의 습격에 변호사도 예외는 아니다. 2011년 『뉴욕타임스』에는 '비싼 변호사들이 값싼 소프트웨어로 대체되고 있다Armies of Expensive Lawyers, Replaced by Cheaper Software'는 기사가 실렸다.[18] 재판과 변론을 준비하기 위해서 변호사들은 수많은 판례와 관련 법률 등의 자료를 검토해야 한다. 과거에는 이런 과정을 모두 사람이 해야 했기 때문에 많은 변호사 및 법률 보조 인력이 필요했다. 하지만 이제는 인공지능 소프트웨어가 더 값싼 가격으로, 더 빠르게, 더 많은 자료를 검토해준다는 것이다.

2016년 5월에는 뉴욕의 대형 로펌 베이커 앤드 호스테틀러Baker & Hostetler가 인공지능 변호사 로스ROSS를 사용하기 시작했다는 것이 화제가 되었다.[19] 로스는 IBM 왓슨을 기반으로 제작된 인공지능으로 자연어를 이해할 수 있다. 즉 변호사가 평상시에 사용하는 언어로 질문하면 관련 판례와 법률을 분석하여 답을 내놓을 수 있다는 것이다.

로스 인텔리전스의 CEO 앤드루 애루다는 "변호사들은 로스에게 가설을 세우게 할 수도 있고, 로스가 세운 가설에 대해 질문할 수도 있다."라고 언급했다.[20] 로스는 특히 많은 분량의 문서를 읽고 정리해야 하는 파산 분야 업무를 맡았다고 한다. 이후 2017년 중순까지 미국에서는 14개 로펌에서 로스를 도입했다고 한다.

이러한 변화는 변호사들의 일자리에도 위협을 주고 있다. 딜로이트 컨설팅의 2016년 발표에 따르면, 앞으로 10년 내 법조계에서는 39%에 해당하는 11만 4,000개의 일자리가 자동화되어 사라질 것으로 예상된다.[21, 22]

변화를 겪는 것은 보험사도 마찬가지다. 일본의 후코쿠 생명보험은 2017년 1월 보험금 지급 여부를 심사하는 업무를 맡기기 위해

20억 원을 들여 IBM 왓슨 익스플로러를 도입하기로 했다.[23] 이 보험사에서 왓슨은 보험 가입자의 병력, 입원 기간, 수술 여부 등의 의료 기록을 분석하여 보험료를 산정하는 업무를 하게 된다. 이 과정에서 기존에 보험금 지급을 심사하던 직원 34명은 해고당했다.

이렇게 인공지능의 도입을 바탕으로 후코쿠 생명보험은 생산성을 30% 높이고 투자한 비용을 2년 이내에 회수할 수 있을 것으로 기대했다. 도입 비용 20억 원에 연간 1억 5,000만 원 정도의 유지보수 비용이 들어가지만, 왓슨을 통해 매년 14억 원 정도의 인건비를 절감할 수 있다는 것이다.

인공지능의 발전에 따라서 기자, 변호사, 보험 분석원 등의 기술적 실직은 이렇게 가시화되고 있다. 그렇다면 또 다른 지식 근로자인 의사도 이러한 변화에서 영향을 받지는 않을까? 의사는 과연 기계와의 경쟁에서 살아남을 수 있을 것인가.

2장

강한 인공지능부터 의료 인공지능까지

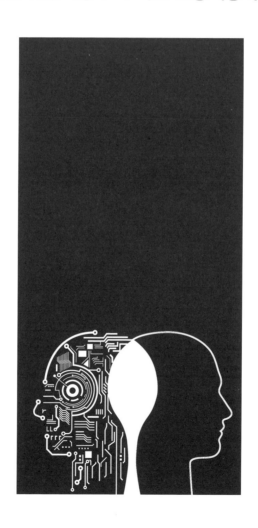

'의사와 인공지능이 경쟁하면 누가 승리할 것인가?'라는 질문을 던지기에 앞서 우리가 해야 할 일이 있다. 먼저 이 질문의 범위를 정확히 정의해야 한다. 또한 이 질문이 올바른지도 고려해볼 필요가 있다. 질문의 범위가 잘못되면 막연하거나 지엽적인 답을 얻을 수밖에 없다. 또한 잘못된 질문을 던지면 잘못된 답을 얻게 된다.

인공지능은 매우 폭넓은 분야이기 때문에 하위 주제의 일부만 고른다고 하더라도 책 한 권 분량은 족히 나올 것이다. 따라서 우리가 의료 인공지능을 본격적으로 논의하려면 논의할 범위를 정의하는 것이 필요하다. 이를 위해 인공지능의 역사를 간략히 되짚어보고, 인공지능의 종류에 대해서도 살펴보도록 하겠다.

'여름 한철 동안'

인공지능이 학문의 한 분야로 발돋움하게 된 것은 1950년대였다.

수학, 공학, 철학 등 다양한 영역의 학자들에 의해서 인공적인 두뇌의 가능성이 논의되기 시작한 것이다. 1956년 다트머스 대학교에서 10명의 과학자가 모여 개최한 6주 동안의 인공지능 여름 워크숍은 인공지능 분야 최초의 학회로 여겨진다.[1] 이때 참가자들은 인공지능에 대해서 2개월 동안 10명의 인원이 참여하는 연구 과제를 록펠러 재단에 제출하며 아래와 같이 언급했다.[2]

"학습이나 지능의 모든 특성을 자세하게 기술하여 이를 바탕으로 학습이나 지능을 모방할 수 있는 기계를 만들 수 있다는 생각으로 이 연구를 진행할 것입니다. 또한 언어를 사용하고, 관념과 개념을 형성하고, 지금은 오로지 인간만이 해결할 수 있는 문제들을 해결할 수 있으며, 스스로 발전할 수 있는 기계를 만드는 방법을 찾으려고 시도할 것입니다. 신중히 선발된 과학자들이 이 여름 한철 동안 협력한다면, 이 문제들 중 몇 가지는 의미 있는 진척을 이룰 것으로 생각합니다."

무척이나 자신만만하고 낙관적인 제안서가 아니라고 할 수 없다. 이 제안서에서는 자연어 처리, 신경망, 오토마타 이론, 추상화 능력, 창의력 등에 대해서도 언급된다. '여름 한철'을 기간으로 제시했던 이 연구 주제 대부분은 60여 년이 지난 지금도 완전히 해결되었다고 할 수 없으며, 여전히 인공지능 분야에서 중요한 연구 주제로 자리 잡고 있다.

인공지능의 연구는 이렇게 낙관적인 계획을 세우며 시작되었지만 이후 수십 년에 걸친 기간 동안 많은 부침을 겪었다. 과대 선전의 대상이 되어 높은 기대를 받았던 때가 있었던가 하면, 또 발전이 정체되어 실망을 안겨주는 시기도 번갈아 나타났다. 이렇듯 인

1956년 다트머스 대학교에서 열린 최초의 인공지능학회

공지능은 황금기(1956~1974), 첫 번째 암흑기(1974~1980), 활황기
(1980~1987), 두 번째 암흑기(1987~1993) 등의 부침을 겪으면서 발
전해왔다.[3-5]

최근에 이르러 또다시 맞이하게 된 인공지능의 활황기는 인공지능
을 학습시킬 수 있는 방대한 데이터의 축적, 그래픽처리장치GPU를 비
롯한 하드웨어 기술의 발전을 통한 연산 능력의 향상, 그리고 딥러닝
을 위시한 인공지능 알고리즘의 발전 등의 요소가 어우러진 결과물
이다.

인공지능과 기계학습

근래에 언론 등에서 '인공지능'이라고 통칭하는 이 개념은 상당히

추상적으로 사용될 때도 있고, 어떤 경우는 딥러닝 등의 더욱 구체적인 기술을 지칭하는 경우도 있다.

사실 인공지능을 구현하기 위한 학문적인 접근 방법은 매우 다양하다. 예를 들어 한때 가장 주목받았던 접근법 중의 하나는 전문가 시스템expert system 방식이었다. 이는 인간의 논리, 지식, 규칙을 규정하여 컴퓨터에 집어넣으려고 시도했다. 만약 인간의 모든 지식, 논리 등을 컴퓨터에 일일이 가르칠 수 있으면 인간과 같은 사고를 모사할 수 있을 것이라는 가정에서였다. 이러한 시스템은 항공, 철도, 자동차 등 특정 전문 분야의 지식을 학습시켜서 꽤 성공적으로 활용되기도 했다.[7, 8]

그런가 하면 인간의 뇌 자체를 역설계reverse engineering하여 두뇌의 기능을 컴퓨터로 시뮬레이션하려는 시도들도 있다. 2013년 유럽연합에서는 이러한 목적으로 '휴먼 브레인 프로젝트Human Brain Project'를 출범하며, 10억 유로가 넘는 연구비를 지원하기도 했다.[8] 기술적으로는 아직 많은 난관이 있지만, 언젠가는 인간이 뇌를 컴퓨터로 완벽하게 시뮬레이션할 수 있을지도 모른다. 만약 그렇게 될 수 있다고 가정한다면, 이는 곧 뇌가 불사의 존재가 된다는 뜻일지, 혹은 인간의 정신이 육체를 떠나 존재할 수도 있다는 것일지 등에 대한 형이상학적인 의문을 불러일으키기도 한다.[9]

하지만 현재 인공지능에 대한 접근 방법으로 가장 많이 사용되는 것은 역시 머신러닝machine learning, 즉 기계학습이다. 기계학습은 특정 문제에 대해 데이터를 기반으로 수학적인 방법을 통해서 컴퓨터를 인간처럼 학습시켜 스스로 규칙을 형성할 수 있도록 한다. 현재 인공지능의 대표적인 사례들로 알려진 검색 엔진, 스팸 메일 필터, 자율

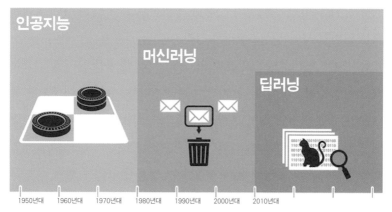

인공지능 – 머신러닝 – 딥러닝의 관계 (출처: 엔비디아 블로그)

주행차, 음성 인식, 얼굴 인식, 왓슨, 알파고 등은 모두 이런 기계학습을 기반으로 한다.

　이러한 기계학습이라는 분야에는 여러 가지 세부적인 방법론이 있다. 과거에는 은닉 마르코프 모델Hidden Markov Model, 인공신경망Artificial Neural Network, 서포트 벡터 머신Support Vector Machine 등의 방법론이 있었다. 이런 방법론은 시대에 따라서 유행을 타기도 하고 기술적으로 구현이 가능한지에 따라 부침을 겪기도 하면서 지난 수십 년에 걸쳐 발전해왔다.

딥러닝의 발전

　그러던 지난 2010년 전후로는 기계학습 기법의 하나인 인공신경망에서 발전한 딥러닝이라는 방법론이 급격하게 대두되면서, 적어도 지금은 기계학습의 여러 방법 중에서 단연 왕좌를 차지하고 있다. 딥

러닝은 다름 아닌 알파고가 사용한 방법론으로 이를 계기로 국내에
서는 일반인 사이에서도 널리 알려진 이름의 기술이기도 하다.

딥러닝은 기본적으로 인간 뇌의 정보 처리 방식을 모사한 인공신
경망에서 발전한 방법이다. 인간의 뇌는 (적어도 아직은) 대부분의 방
면에서 가장 뛰어난 정보 처리 시스템으로, 수많은 뉴런neuron들의 연
결로 구성된 신경망neural network이다. 각각의 뉴런들은 정보를 보유한
전기 신호를 주고받는데, 임계치 이상의 신호가 뉴런에 입력되면, 그
뉴런이 활성화되면서 그다음 단계의 뉴런에게 신호를 전달한다. 하
나의 뉴런은 다양한 방향에서 연결된 여러 뉴런에서 신호를 받고, 또
여러 뉴런으로 신호를 주게 된다. 딥러닝은 이러한 뇌의 전달 방식과
유사하게 신경망 구조를 여러 층layer으로 깊이 있게deep 구성하여 학
습을 진행하는 것이다.

딥러닝이 세계 인공지능 연구의 흐름을 바꾸었던 것은 2012년 세
계 이미지 인식 대회에서 본격적으로 시작되었다. 2010년부터 이미
지넷ImageNet은 매년 이미지 인식 경진대회인 ILSVRCImageNet Large Scale
Visual Recognition Competition을 개최하여 전 세계 연구 그룹과 회사들의 이
미지 인식 기술의 우열을 가린다. 그러던 2012년 대회에서 딥러닝의
대가로 유명한 토론토 대학교의 제프리 힌튼 교수팀이 딥러닝 알고
리즘을 이용하여 혁신적인 성과를 보이며, 2등과 큰 격차로 우승한
것이다. 이후 지금까지 이미지넷 대회에서도 대부분 팀이 딥러닝을
활용하여 우승하고 있고, 정확도는 갈수록 더 향상되고 있다.[10, 11]

사실 인공신경망과 딥러닝의 핵심 모델이라고 할 수 있는 컨볼루
션 신경망CNN, Convolution Neural Network, 순환신경망RNN, Recurrent Neural Network
과 같은 모델도 사실 1980년대에 이미 연구되었던 주제이다. 그러나

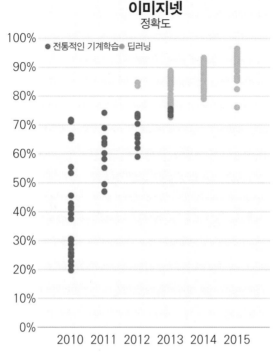

이미지넷
정확도

● 전통적인 기계학습 ● 딥러닝

2012년 혜성처럼 등장한 딥러닝 (출처: 엔비디아)

당시에는 컴퓨터의 연산능력이나 계산 방법의 한계, 학습 데이터 규모의 한계 때문에 구현되지 못했다가 2000년대에 이르러서야 해결 가능해진 것이다.

　빅데이터 시대를 맞아 데이터는 모든 분야에서 폭발적으로 증가하고, 컴퓨터 하드웨어와 그래픽처리장치GPU 등의 발달로 연산 능력 역시 극적으로 개선되었다. 이를 통해 더욱 새로운 시도와 복잡한 계산을 할 수 있게 된 것이다. 예를 들어 딥러닝에서도 더욱 과감하고 복잡한 연산을 시도할 수 있게 되었다.

　딥러닝에서 '딥deep'이라는 말은 신경망 구조에서 은닉층hidden layer의

수를 늘려 깊이 쌓는다는 뜻이다. 일반적으로 은닉층을 더 깊게 쌓을 수록 인공지능의 성능은 향상된다. 그런데 그러기 위해서는 더 많은 계산을 할 수 있도록 소프트웨어 및 하드웨어 리소스가 뒷받침되어야 한다. 2012년 이미지넷에서 우승한 제프리 힌튼 교수팀의 알렉스넷AlexNet은 고작(?) 8개 층에 불과했으나, 2014년 우승한 구글의 구글넷(인셉션)은 22층, 그리고 2015년 우승한 마이크로소프트의 레즈넷ResNet은 152개의 층을 쌓았다. 더 나아가 최근 연구에서는 1,000개 이상의 층을 쌓기도 한다.[12]

이러한 배경에 따라 최근 딥러닝은 그야말로 인공지능의 부흥을 다시 한번 이끌고 있다. 여기에서 딥러닝의 배경과 기술적인 부분을 모두 설명하는 것은 어려울 것이다(참고로 딥러닝의 발전 및 기술적 배경에 대해서는 추후 5장 전체를 할애하여 설명한다). 다만, 딥러닝의 가장 큰 특징 중의 하나가 양질의 학습 데이터가 많아지면 많아질수록 그 성능이 (기존의 다른 기계학습 방법론들보다) 비약적으로 좋아진다는 것 정도만 알아두고 넘어가자.

즉 인터넷, 스마트폰, SNS 등의 발달로 디지털 이미지, 음성, 영상, 텍스트 등의 데이터가 많아졌다는 것은 딥러닝과 같은 방법론이 발달할 수 있는 시대적 요건이 갖춰졌다고도 볼 수 있겠다. 이에 따라 딥러닝은 이미지 인식뿐만 아니라 음성 인식, 필기 인식, 얼굴 인식, 자연어 처리, 번역 등의 여러 방면에서 획기적으로 성능을 개선하고 있다.[13-19]

특히 이러한 딥러닝의 특징은 의료 분야에 접목이 쉽다는 것을 뜻한다. 디지털 기술의 발전에 따라 의료 데이터가 질적, 양적으로 크게 개선되었을 뿐만 아니라 이미지, 텍스트 등으로 디지털화되어 저장 및 축적되고 있기 때문이다. 이는 결국 딥러닝 등 기계학습 기반의 인공지능이 학습할 수 있는 양질의 의료 데이터가 늘어난다는 의미이다. 이런 상황에서 최근 보고되는 의료 인공지능의 성과 대부분이 딥러닝을 기반으로 하고 있기도 하다.

우리는 이번 책에서 논의할 인공지능의 범위를 정의하기 위해 기계학습과 딥러닝까지 이야기했다. 이 책에서 필자가 '인공지능'이라고 언급하는 것은 대부분 기계학습과 같은 의미로 사용한다고 보면 된다. 또한 기계학습의 여러 방법론 중에서 특히 딥러닝을 강조해야 할 때는 별도로 딥러닝이라는 용어를 사용하도록 하겠다.

약한 인공지능

그렇다면 인공지능은 향후 어디까지 발전할까. 우리가 의료 인공지능을 논의하기 위해서는 이 부분에 대한 명확한 정의도 필요하다. 아직 세계 최고의 인공지능도 인간처럼 사고하지는 못한다. 즉 자의식이 있거나, 스스로 자신을 프로그래밍하거나, 창의적인 생각을 하거나, 우리가 내린 명령을 거부하지는 못한다.

심지어 지금의 인공지능은 자신이 만들어진 한 가지 목적 이외의 과업조차도 수행할 수 없다. 예를 들어 퀴즈를 풀도록 고안된 왓슨에게 바둑을 두게 하거나, 바둑을 두도록 만들어진 알파고에게 자동차를 운전시킬 수는 없다. 하지만 미래에도 인공지능이 이 정도 수준에 계속 머무를까? 만약 앞으로 기술이 더욱 발전한다면 컴퓨터가 인간만큼, 혹은 인간보다 더 똑똑해질 수도 있을까?

이러한 측면에서 인공지능은 일반적으로 아래와 같이 크게 세 가지 종류로 구분한다.

첫 번째로 약한 인공지능Artificial Narrow Intelligence이다. 영어로는 weak artificial intelligence로 쓰기도 한다. 약한 인공지능은 한 가지 종류의 문제를 풀도록 고안된 인공지능이다. 자의식이 없으며 스스로 무엇을 할지 판단하지 못한다. 하지만 주어진 특정 종류의 문제를 인간만큼 혹은 인간보다 더 잘 해결할 수 있다. 이런 약한 인공지능은 이미 현실에서 구현되어 있으며, 우리도 알게 모르게 주변에서 널리 사용하고 있다.

예를 들어 체스, 바둑, 퀴즈, 스팸 메일 필터링, 아마존닷컴에서의 상품 추천, 테슬라의 자율주행차, 아이폰의 시리Siri, 페이스북에 올린 사진의 얼굴 인식 등이 모두 약한 인공지능의 사례들이다. 하지만 앞서 이야기했듯이 약한 인공지능은 자신이 풀도록 고안된 특정 종류의 문제 외에는 해결하지 못한다.

이제는 이러한 종류의 인공지능은 너무 일반적으로 사용되고 있기 때문에 독자들은 (특히 젊은 세대들은) "이런 것도 인공지능이라고 해야 하나?" 하고 의아하게 생각할지도 모르겠다. 하지만 지금 1970년대로 돌아가 거리에서 아무나 붙잡고 스마트폰을 꺼내어 시리를 보여주면 누구나 SF 영화에 나오는 인공지능이라고 생각할 것이다. 테슬라가 상용화하고 있는 자율주행차는 1980년대 초 '전격 제트 작전'에서나 나오던 상상의 산물이었고, 1950년대 후반의 몇몇 전문가들은 '만약 성공적인 체스 기계가 만들어진다면, 이는 인간의 지적 활동의 핵심이 간파된 것으로 보아도 좋을 것이다.'라고 생각했다.[20]

혹시 약한 인공지능이 너무 시시하게 보인다면, 인공지능의 아버지 존 매카시John McCarthy가 "일단 인공지능이 구현되고 나면, 아무도

페이스북에 사진을 올리면 얼굴의 위치를 인식하고, 안면을 인식하여 누구인지 자동으로 태깅해주기도 한다.

그것을 더는 인공지능이라고 부르지 않는다As soon as it works, no-one calls it AI anymore."라고 언급했던 것을 떠올려보자.

강한 인공지능

하지만 사람들은 흔히 인공지능이라고 하면 조금 더 발전된 형태의 인공지능을 떠올리게 마련이다. 「아이언맨」의 '자비스', 「그녀Her」의 '사만다', 「인터스텔라」의 '타스Tars'와 같이 SF 영화에서 자주 등장하는 인공지능은 스스로 생각할 수 있고 자의식도 있다. 명령받지 않은 일도 스스로 필요하다고 생각해서 수행하거나 반대로 명령을 거부할 수도 있다. 인간과 같이 감정을 느끼고, 농담을 주고받을 수 있으며, 한 번도 배우지 않은 일을 스스로 학습하기도 한다.

이것이 바로 강한 인공지능Artificial General Intelligence이다. 영어로는 strong artificial intelligence라고 하기도 하며, 일반 인공지능 혹은 범용 인공지능으로 부르기도 한다. 강한 인공지능은 약한 인공지능과 달리 스스로 사고하며, 종류를 가리지 않고 다양한 문제를 인간 정도의, 혹은 인간을 능가하는 수준으로 해결할 수 있다. 미래에 대한 계획을 세울 수도, 추상적인 개념에 대해서 학습할 수도, 자신의 존재에 대해 고민을 할 수도 있다. 강한 인공지능은 SF 영화에서는 단골로 등장하지만, 현실에서는 아직 구현되지 않았다. 강한 인공지능을 진지하게 고민하는 연구자들과 학회도 있지만, 아직 가시적인 성과는 없다고 해야 할 것이다.*

그렇다면 과연 강한 인공지능은 구현될 수 있을까? 이에 대한 정답은 아무도 가지고 있지 않을지도 모른다. 하지만 흥미롭게도 많은 인공지능 전문가들은 강한 인공지능의 구현이 언젠가는 가능하다고 믿는다. 2017년 1월 미국 캘리포니아에서 열린 한 학회에서 구글 딥마인드의 데미스 하사비스, 테슬라의 일론 머스크, 미래학자 레이 커즈와일, 옥스퍼드대학 닉 보스트롬, 버클리 대학의 스투어트 러셀 등의 전문가들이 모여서 강한 인공지능과 (더 나아가 초지능의 도래 가능성에 대해) 토론한 적이 있다. 여기에서 "초인공지능이란 영역은 도달 가능한 것인가?" "초지능을 가진 개체의 출현이 가능할 것으로 생각하는가?"라는 두 가지 질문에 대해서 아홉 명의 모든 패널이 "그렇다."라고 답했다.[21]

하지만 강한 인공지능의 구현 시기에 대해서는 예측이 엇갈리는

---

* 강한 인공지능 학회AGI Conference는 2008년부터 2018년까지 매년 여러 나라에서 개최되고 있다. http://agi-conference.org

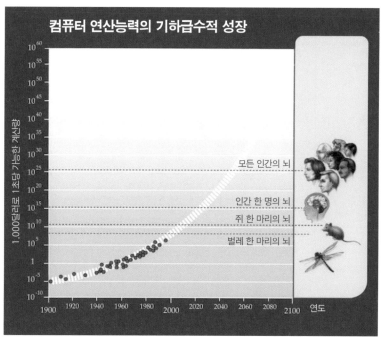

컴퓨터 연산능력의 기하급수적 성장

특이점주의자들은 2045년경에 강한 인공지능이 구현될 것으로 본다.

편이다. 유명한 미래학자 레이 커즈와일은 『특이점이 온다』에서 기술의 기하급수적인 발전 추이를 토대로 강한 인공지능의 도래 시점을 2045년경으로 예측하기도 했다. 기하급수적으로 발전하는 컴퓨터의 연산 능력이 인류 전체 두뇌의 연산 능력의 총합을 넘어서는 시점이 2045년경이라는 것이다.

강한 인공지능과 초지능에 대해서 진지하게 고찰한, 옥스퍼드 대학교 인류미래연구소장 닉 보스트롬의 저서 『슈퍼인텔리전스: 경로, 위험, 전략』에는 강한 인공지능의 도래 시기에 대하여 학회 참석자나 관련 논문 저자 등 전문가를 설문 조사한 결과가 언급되어 있다. 설문 응답자 중 강한 인공지능이 일찍 도래하리라고 보는 상위 10%의

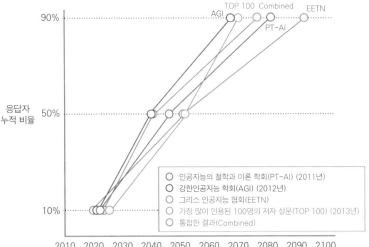

언제쯤 기계가 인간 수준의 지능을 획득할 것인가? (출처: 『슈퍼인텔리전스』)

경우는 대략 2020년에서 2030년 사이로 보기도 한다. 전체의 50%의 경우는 늦어도 2040년에서 2050년 전후까지는 가능하다고 본다. 그리고 전체의 90%의 경우는 아무리 늦어도 금세기 안으로 강한 인공지능이 구현되리라고 본다.

초인공지능

그렇다면 이렇게 강한 인공지능은 혹시 인류에게 위협적이지 않을까? 많은 전문가들은 강한 인공지능의 위험성에 대해서 벌써 경고하고 있다. 스티븐 호킹 박사는 BBC와의 인터뷰에서 "강한 인공지능의 발전은 인류의 멸망을 의미할 수 있다."라고 밝혔으며, 일론 머스크는 MIT의 한 심포지엄에서 인공지능의 발전이 "악마를 소환하는 것summoning the demon"과 같을 수 있다고 언급한 바 있다.[22, 23] 빌 게이츠

도, 스티브 워즈니악도 마찬가지였다.[24, 25]

　이처럼 강한 인공지능이 인류에게 위협적일 것이며, 인류를 멸망시키거나 인공지능의 노예로 전락할 수 있다고 보는 이유는 일단 강한 인공지능이 구현되고 나면 '스스로 발전할 수 있는' 인공지능이 인간과 비슷한 수준에서 그대로 멈춰 있지 않을 것이기 때문이다. 강한 인공지능은 '순환적 자기 개선recursive self-improvement'을 통해 자신에게 필요한 더 나은 프로그램을 반복적으로 프로그래밍함으로써 인간이 상상하기 어려울 정도의 빠른 속도로 더욱 발전을 거듭할 것으로 가정해볼 수 있다.

　이러한 과정을 지능 대폭발intelligence explosion이라고 부르며, 이 과정을 거쳐서 등장하는 것이 바로 초인공지능Artificial Super Intelligence이다. '인공'을 빼고 그냥 초지능superintelligence이라고 부르기도 한다(닉 보스트롬에 따르면, 초지능에 이르기 위한 유력한 경로 중의 하나가 인공지능이지만, 전뇌 에뮬레이션, 뇌-컴퓨터 인터페이스 등의 다른 경로도 가능하다고 말한다).[26]

　이러한 초지능은 아인슈타인 같은 가장 똑똑한 인간보다도 비교할 수 없을 정도로 훨씬 더 똑똑한 존재다.[27] 이렇게 되면 인간의 능력으로는 초지능이 얼마나 똑똑하고 무엇을 할 수 있는지를 짐작조차 하기 어려울 것이다. 개미와 인간 사이의 지능 차이보다, 인간과 초지능적 존재 사이의 지능 차이가 더 벌어진다는 것을 상상해보라. 영국의 SF 소설가이자 미래학자 아서 C. 클라크는 "충분히 발달한 과학은 마법과 구분할 수 없다."라고 언급했다. 이 표현처럼 아마도 초인공지능은 인간에게 이해 불가한 마법과 같은 혹은 신적인 존재로 느껴지게 될 것이다.

생물학적 지능의 단계

waitbutwhy.com

생물학적 지능의 단계가 이러하다고 가정하였을 경우,[27]

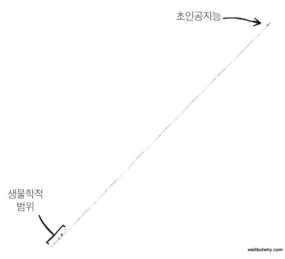

초인공지능

생물학적
범위

waitbutwhy.com

이 범위를 뛰어넘어 발전을 지속하는 초인공지능을 인류의 지능으로는 도저히 이해하기 어렵고 제어도 불가능할 것이다.[27]

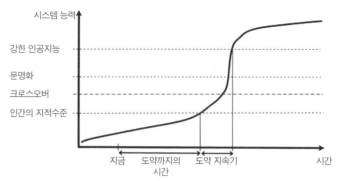

일단 인간 수준의 강한 인공지능이 구현되면 이후 초지능으로 도약하기까지는 극히 짧은 시간이 걸릴 수 있다. (출처: 『슈퍼인텔리전스』)

　이렇게 되면 이 초인공지능이 어떠한 목적을 가졌는지, 인간이라는 존재를 어떻게 인식할 것인지가 매우 중요해진다. 인간이 만든 인공지능에서 발전했지만, 인간보다 뛰어난 기계가 여전히 인간의 명령을 따를 이유는 없을 것이다. 만약 이러한 상황이 된다면 스티븐 호킹이나 일론 머스크가 경고한 대로 인류의 생존 자체를 걱정해야 할지도 모른다.

　많은 전문가는 이러한 초인공지능이 도래할 가능성에 대해서 우려하며 미리 준비가 필요하다고 강조한다. 약한 인공지능에서 강한 인공지능까지 발전하는 것은 최소한 수십 년에 걸친 상당한 시간이 걸릴 것이다. 하지만 일단 강한 인공지능이 구현된 이후에, 이것이 인간의 제어를 벗어나 지구상의 모든 자원을 사용하여 스스로 진화한 결과 초인공지능으로 거듭나는 데는 매우 짧은 시간밖에 걸리지 않을 수 있다는 것이다. 예를 들어 며칠, 몇 시간, 혹은 몇 분 만에 말이다. 이렇게 불과 순식간에 지능 대폭발을 통해서 역사상 처음으로 자신보다 비교할 수 없이 더 똑똑한 존재를 마주하게 된 인류는 그야말로 대혼란에 빠질 수도 있을 것이다.

어찌 보면 흔한 B급 SF 영화의 시나리오처럼 보이는 이러한 초인
공지능에 대해서 매우 진지하게 접근하는 학자들이 있다. 이러한 가
능성을 사전에 탐구하고 인류의 멸망 시나리오를 막기 위함이다.

다만 의료 인공지능에 대해서 논하는 이번 책에서는 논의를 '약한
인공지능'의 범주로 제한하도록 하겠다.* 강한 인공지능이나 초인공
지능을 가정한다면, 앞으로 하게 될 의료 인공지능에 대한 모든 논의
는 무의미해질 것이기 때문이다. 지금껏 이 세 가지 인공지능에 대해
서 장황하게 설명한 것은 이러한 논의가 존재한다는 것을 알아둘 필
요가 있다는 점, 그리고 우리가 향후 논의할 범위를 정의하기 위함이
었다. 이제 필자가 '인공지능'이라고 한다면 주로 '기계학습'이라는 방
법론에 의해서 구현된 '약한 인공지능'이라는 점을 알아두면 좋겠다.

인공지능을 어떻게 바라볼 것인가

자, 이제 '의사와 의료 인공지능이 경쟁하면 누가 승리할 것인가'라
는 질문으로 다시 되돌아오자. 그런데 이 질문은 과연 올바른 질문일
까?

흔히 인공지능의 미래를 논할 때 이처럼 인간과 인공지능의 대결

---

* 혹시 강한 인공지능 및 초인공지능에 대해서 더 공부해보고 싶은 독자들이 있다면 레이 커
즈와일의 『특이점이 온다』, 닉 보스트롬의 『슈퍼인텔리전스: 경로, 위험, 전략』, 제임스 배
럿의 『파이널 인벤션』 등의 책을 참고할 것을 권한다. 이렇게 기술의 기하급수적 발전에
따른 인류의 미래를 급진적으로 논의하는 책의 평가는 상당히 엇갈리는 편이다. 이 책의
저자들은 현재 인공지능을 실제로 연구하는 주류 학계의 연구자가 아니라는 점에서 비판
받기도 한다. 하지만 이러한 미래의 가능성에 대해 어떠한 주장과, 그러한 주장에 대한 근
거로는 무엇이 있는지를 비판적으로 살펴본다면 인공지능에 대해서도 유익한 공부가 될
것이다.

구도를 전제로 하는 경우가 많다. 2016년 이세돌이 알파고와 대결했고, 2011년 미국의 퀴즈쇼 「제퍼디!」에서는 인간 챔피언 켄 제닝스와 브레드 러터가 IBM 왓슨과 대결했다. 더 이전에는 체스 세계 챔피언 가리 카스파로프와 IBM 딥블루가 대결했다.

이러한 대결 구도가 만들어지게 된 계기도 충분히 이해할 수 있다. 인공지능 기술의 발전을 가장 명확하고 직관적으로 보여줄 방법이 바로 인간 최고수와의 대결에서 승리하는 것이기 때문이다. 또한 이는 인공지능을 개발한 기업 입장에서는 아주 훌륭한 마케팅 전략이기도 하다. (인간과의 대결에서 승리한 IBM과 구글은 금전적으로 환산하기 어려운 큰 마케팅 효과를 얻었을 것이다.)

어찌 보면 필자도 앞서 기자, 변호사, 보험업계 등의 '기술적 실직'을 언급함으로써 그러한 대결 구도의 뉘앙스를 풍겼는지도 모르겠다. 하지만 인공지능이 인류의 미래에 큰 영향을 미칠 것이라는 점을 누구도 부인할 수 없는 상황이라면, 이제 우리가 던져야 할 올바른 질문은 '어떻게 하면 힘을 합쳐서 더 나은 결과를 얻을 것인가?' 하는 것이다. 즉 한쪽은 이기고 한쪽은 패배하는 대결 구도가 아니라 협력 구도를 통해 새로운 가치나 시너지의 창출을 목표로 해야 한다.

인공지능이라는 미래는 결코 막을 수 없다. 이제는 어떻게 하면 인간의 '마지막 발명'이 될 수도 있을 인공지능을 현명하게 활용할 것인지에 대해서 고민해야 한다. 인공지능과 인간이 함께 달려서 더 나은 미래, 더 나은 사회, 더 큰 가치를 만들 수 있도록 고민해야 한다는 것이다.

의료 분야로 국한하자면, 인공지능과 의사가 힘을 합쳐 환자에게 더 나은 의료를 제공할 방안을 고민하는 것이 무엇보다 중요할 것이

인간이 더 뛰어난 부문

상식　딜레마 해결력　윤리 의식　공감 능력　상상력　공상력　추상화 능력　일반화 능력

자연어 처리　패턴 인식　지식암기　기계 학습　편견 제거　무한대의 가동성

인간과 인공지능의 강점은 서로 다르다. (출처: IBM)

다. 인공지능이 도입된다고 해서 의료가 가지는 본래의 목적도 바뀌는 것은 아니다. 더 높은 질의 의료를 더 많은 사람에게, 더 적시에 제공하며, 치료의 효과는 높이되, 부작용은 낮추고, 의료 비용도 가능하다면 낮출 수 있으면 좋을 것이다. 그리고 그러한 과정에서 의사의 역할에 어떠한 변화가 있을 것인지 예상되는 문제들을 짚어보는 것이 바람직한 논의의 방향일 것이다.

강한 인공지능이나 초인공지능을 전제로 한다면 문제가 완전히 달라진다. 하지만 약한 인공지능을 전제로 한다면 인공지능과 인간이 힘을 합치고 시너지를 낼 수 있는 충분한 가능성이 있다. 이러한 시너지는 최근 여러 의료 인공지능 연구에 의해서도 실제로 증명되고 있다. 이러한 시너지가 가능한 근본적인 이유는 인간이 가지는 강점과 인공지능이 가지는 강점이 서로 다르기 때문이다. 현재 전 세계적으로 인공지능의 사업화를 가장 활발하게 진행하고 있는 기업 중의 하나인 IBM의 설명에 따르면 인간과 인공지능이 가지는 강점은 위의 그림과 같이 차별화된다.

앞으로 더 자세히 논의하겠지만, 의료 분야에서도 인간 의사와 인공지능 의사가 어떻게 힘을 합쳐야 할지도 이러한 '서로 다른' 강점에서 힌트를 얻을 수 있다.

그런데 현재 의료 체계와 의대 교육과정에서 의사의 역할, 수련의가 교육 및 훈련받는 방식, 중점적으로 계발시키려는 역량을 떠올려보자. 현재 의사는 인간으로서의 강점보다는 패턴 인식, 지식 분류, 암기 등 오히려 인공지능이 잘할 수 있는 역량을 주로 발전시키고 있지는 않은가? 이러한 측면에서도 인간 의사의 역할과 요구되는 역량 및 의과대학 교육 방식에 큰 변화가 불가피해 보인다.

이번 장에서는 우리가 앞으로 의료 인공지능을 살펴보기 위한 전반적인 방향과 논의의 범위를 제시했다. 이제부터는 의료 분야에서 인공지능이 어디까지 발전해 있으며 구체적으로 어떻게 사용되고 있는지 다양한 사례를 들어서 설명할 것이다.

중요한 것은, 이러한 실제 사례들을 살펴보면서도 인공지능이라는 미래는 결코 피할 수 없으며 인공지능과 인간 의사의 강점을 결합하고 조화시켜서 더 나은 결과를 만들어야 한다는 전제를 잊지 않는 것이다. 이를 전제로 할 때 우리는 인공지능을 막연히 회피하거나, 인공지능 패배주의 혹은 인공지능 만능주의에서 벗어나 미래지향적이면서도 생산적인 논의를 할 수 있다.

물론 기술적으로 의료 인공지능 자체의 성능을 높이는 것도 매우 중요할 것이다. 하지만 같은 인공지능이라 하더라도 실제 의료 현장에서 누가 언제 활용하며, 어떠한 방식으로 진료, 진단, 치료 과정에 녹아들고, 어떠한 기준과 원칙 아래에 활용되는지에 따라 환자에 미치는 역할, 의학적인 효용, 치료에 미치는 파급력이 달라질 수 있다.

하지만 아직 이러한 부분에 대한 고민은 전 세계적으로도 여전히 부족하다. 이러한 점들을 염두에 두고 의료 인공지능의 현재에 대해서 구체적으로 알아보도록 하자.

2부

의료 인공지능의
과거와 현재

3장

IBM 왓슨의 이상과 현실적 과제

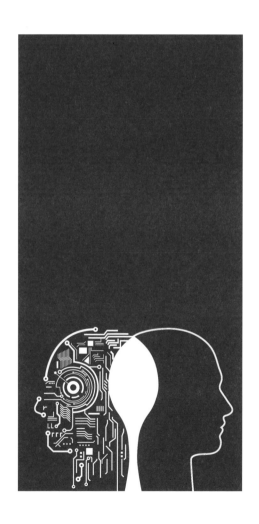

의료 인공지능의 세 가지 유형

이제 의료 인공지능에 대해서 본격적으로 논의해보도록 하자. 이미 다양한 의료 분야에서 여러 종류의 인공지능이 발전해왔으며, 앞으로도 새로운 인공지능은 계속 등장하게 될 것이다. 앞으로 등장할 모든 종류의 의료 인공지능을 포괄하여 분류하기는 쉽지 않다. 하지만 필자는 적어도 최근 연구되고 있는 대부분의 의료 인공지능을 다음과 같이 세 가지 정도로 분류할 수 있다고 본다.

- 복잡한 의료 데이터에서 의학적 통찰을 도출하는 인공지능
- 이미지 형식의 의료 데이터를 분석 및 판독하는 인공지능
- 연속적 의료 데이터를 모니터링하여 질병을 예측하는 인공지능

이 중 첫 번째 유형이 바로 복잡한 의료 데이터를 분석하여 의학적인 통찰을 도출하는 인공지능이다. 여기에서 '복잡한 의료 데이터'라

고 한다면 전자의무기록EMR이나 차트에 저장된 진료기록이나 진료비 청구 데이터, 유전체 데이터, 임상시험 데이터 등의 의료 빅데이터를 모두 통칭한다.

특히 이러한 인공지능은 방대한 의료 데이터를 분석하여 '의학적 통찰'을 도출한다. 예를 들어 진료기록 등을 바탕으로 환자의 질병을 진료하거나 진단하고, 치료 결과를 예측한다.[1] 또한 유전체 데이터를 바탕으로 질병을 유발한 원인이 되는 유전적 요인을 정밀하게 찾아주고 개별 환자에게 맞춤 처방을 내려줄 수도 있다.[2] 특정 암 환자에게 가장 적합한 임상시험이 무엇인지 매칭해주며, 같은 질병의 환자라도 고위험군과 저위험군으로 분류하여 차별화된 관리를 받게 해줄 수도 있다.[3] 더 나아가 사망률이나 재입원율을 낮추고, 의료비를 절감하는 목적으로 사용할 수도 있다.[4]

이러한 유형의 의료 인공지능 중에 가장 잘 알려진 것은 바로 IBM의 왓슨이다. 왓슨은 현재 의료 분야에서 암 환자 진료Watson for Oncology, 유전체 분석Watson Genomics, 임상시험 환자 매칭Clinical Trial Matching 등의 세 가지 서비스를 제공하고 있다. 모두 '복잡한 의료 데이터'를 분석하여 '의학적 통찰'을 도출한다는 첫 번째 유형에 해당한다.

우리는 이렇게 세 가지 유형의 의료 인공지능을 차례대로 살펴볼 것이다. 이번 장에는 첫 번째 유형의 대표적인 사례인 IBM 왓슨부터 자세하게 논의해보려 한다.

「제퍼디!」, 위대한 도전

IBM의 인공지능 왓슨은 2011년 미국의 유서 깊은 퀴즈쇼 「제퍼디!」에서 막강한 인간 챔피언 두 명에게 압도적인 점수 차로 승리를 거두면서 대중에게 화려하게 데뷔했다. 지금 의료계에서 활용되는 왓슨이 이 퀴즈쇼에서 사용된 왓슨과 같다고 보기는 어렵다. 하지만 왓슨을 논하기 위해서는 이 「제퍼디!」의 사례를 언급하지 않을 수 없다.

지금은 이 퀴즈쇼에서 왓슨이 인간 챔피언을 이겼다는 것이 잘 알려졌기 때문에 '그런가 보다.' 하고 무감각하게 받아들여질 수도 있다. 이미 과거에 IBM의 딥블루가 체스 그랜드마스터 게리 카스파로프도 이겼고, 알파고가 이세돌과 커제에게 승리를 거뒀다는 것을 알고 있으므로 퀴즈쇼에서 승리한 것도 일견 손쉬워 보일 수도 있다. 하지만 그 배경을 보면 왓슨이 퀴즈쇼에서 인간 챔피언에 (그것도 「제퍼디!」 역사상 가장 압도적인 챔피언들에게) 승리하는 과정은 결코 만만한 일이 아니었다. 「제퍼디!」에서는 컴퓨터의 승산이 없다고 보아 IBM 내부에서조차 이 프로젝트에 대한 반대가 컸을 정도였다.

IBM이 왜 「제퍼디!」에 도전장을 내밀었는지에 대해서는 여러 설이 있다. 그중 한 가지는 IBM이 기술력을 과시하기 위해서 해왔던 '위대한 도전'의 연장선에 있다는 것이다. 1990년대 IBM의 위대한 도전은 체스 세계 챔피언을 이기는 컴퓨터를 만드는 것이었다. 이는 딥블루와 게리 카스파로프의 대결로 이어졌다. 21세기 초기에는 세계에서 가장 빠른 컴퓨터인 블루진Blue Gene을 내놓기도 했다. 이러한 도전의 결과로 IBM이 첨단 컴퓨터 산업의 강자라는 지위를 공고히 했다.

그다음 '위대한 도전'으로 IBM의 경영진이 선택한 문제가 바로 「제퍼디!」였다. 「제퍼디!」는 1964년 3월에 출범하여 1970, 1980년대에 중단되다가 부활하기를 거듭하면서, 다시 1984년부터 지금까지도

미국의 유서 깊은 퀴즈쇼 「제퍼디!」

진행되고 있는 유서 깊은 퀴즈쇼다. 「제퍼디!」에는 세 명의 출전자가 문제를 풀면서 경쟁한다. 세 명이 20분에 걸쳐서 총 5만 4,000달러가 걸린 60개 문제를 놓고 경쟁을 벌이는 것이다.

그런데 이 문제는 다양한 주제에 대한 텍스트 형식으로 출제된다. 즉 기본적으로 문제를 풀기 위해서는 인간의 언어를 이해하는 것이 필요하다. 어떤 문제는 쉽지만 어떤 문제는 매우 어렵다. 때로는 평범한 사람은 풀기 어려운 말장난과 같은 문제가 출시되기도 한다.

예를 들어 1994년 11월에 방영된 왕중왕전에서는 '가구'라는 카테고리에 500달러가 걸린 다음의 문제가 출제되었다. "골동품 진열을 위해 만든 가구로, 가느다란 버팀목으로 지지하는 몇 단의 선반으로 된 '이것'의 프랑스어 이름입니다."가 문제였다. 답은 "에타제르"였다. 왓슨이 「제퍼디!」에서 실제로 풀었던 문제 중의 하나는 '미국 도시'의 카테고리에서 "이 도시의 가장 큰 공항은 제2차 세계대전 영웅의 이름을 따서 명명되었고, 두 번째로 큰 공항은 제2차 세계대전 중의 전투 이름을 땄습니다."였다. 정답은 "시카고"이다. (당시 큰 점수 차로 앞서 나가던 왓슨은 이 문제에 캐나다의 도시인 '토론토'라고 대답해서 틀렸다.)

하지만 「제퍼디!」에서 우승하기 위해서는 인간의 언어를 이해하는 것보다도 훨씬 복잡하고 다양한 변수들이 작용한다. 참가자의 지식뿐만 아니라 버저를 누르는 반응속도, 정확성, 게임 전략 등이 관여하기 때문이다. 평균적으로 출연자들은 3~4초 정도 문제를 읽고 생각한 후 버저를 누른다. 만약 문제를 맞히면 문제에 걸린 상금을 따고, 틀리면 해당 상금만큼 점수가 깎임과 동시에 다른 두 명의 출연자에게 기회가 주어진다. 즉 「제퍼디!」에서 좋은 성적을 올리기 위해서는 3초 내외로 빠르게 답을 떠올리고 버저를 눌러야 할 뿐만 아니라 자신의 답이 어느 정도 정확한지 판단하고 상대와의 점수 차를 고려해서 버저를 누를지 말지도 결정해야 한다.

여기에 네 개의 '와일드 카드' 때문에 게임 전략은 더 복잡해진다. 「제퍼디!」의 60개 문제 중의 세 개는 '데일리 더블'이라는 일종의 찬스가 무작위로 섞여 있다. 이때 참가자는 문제의 카테고리만 보고 자신의 상금 일부 혹은 전체를 걸 수 있다. 틀리면 걸었던 돈을 잃고, 맞히면 그 두 배를 벌 수 있다. 이론적으로 한 명이 세 개의 데일리 더블을 모두 골라서 맞출 수 있으면 상금을 8배까지 불릴 수 있게 되는 것이다.

더 복잡한 것은 마지막 문제인 '파이널 「제퍼디!」'이다. 이때는 버저를 누른 한 명이 아닌 세 명의 출연자 모두 글로 답을 써내게 된다. 이때도 상금을 걸게 되는데, 현재 나와 상대방의 점수, 그리고 나와 상대방이 문제를 맞힐 확률 등을 계산하면 경우의 수가 많아진다. 1분도 안 되는 시간 내에 참가자들은 여러 시나리오의 확률을 머릿속으로 계산해야 한다.

「제퍼디!」의 슈퍼스타

왓슨이 「제퍼디!」에서 대결한 인간 챔피언들은 이러한 복잡한 퀴즈쇼에서 말 그대로 위대한 업적을 이룬 챔피언이었다. 특히 켄 제닝스Ken Jennings는 「제퍼디!」가 배출한 슈퍼스타였다. 「제퍼디!」 프로그램 초기에는 한 사람이 다섯 번 연속으로 우승할 수 없다는 규칙이 있었다. 한 명이 너무 오래 퀴즈쇼를 독식할 수 있기 때문이었다. 만약 그런 상황이 발생했을 때 그 사람이 대중에게 호감을 주는 사람이라는 보장은 없었으므로 제작진으로서는 위험 부담이 있었다.

제작진은 2003년도 이르러서야 고민 끝에 이 제한을 풀었다. 그랬더니 2004년 6월에 처음 출연해서 '파이널 제퍼디'를 아슬아슬하게 통과한 호리호리한 인상의 컴퓨터 프로그래머가 계속해서 등장하며 이겼고, 이겼고, 또 이겼다. 7월이 되어 켄 제닝스가 38연승을 기록하자 「제퍼디!」는 지난 해 같은 기간보다 시청률이 50% 상승하여 매회 1,500만 명의 이목을 집중시켰다. 그달에 「제퍼디!」는 「CSI 과학수사대」에 이어서 시청률 2위를 기록했다.

경쟁자에 따르면 켄 제닝스는 다른 챔피언과 여러 면에서 달랐다. 만물박사였을 뿐만 아니라 '버저 필'이라는 것이 있어서 매우 정확한 타이밍에 버저를 누를 수 있었다. 「제퍼디!」에서는 문제의 낭독이 끝나고 나면 '제퍼디' 보드의 불이 켜지면서 버저를 눌러도 된다는 신호가 나온다. 너무 일찍 버저를 누르면 4분의 1초 동안 버저가 차단

퀴즈쇼「제퍼디!」의 슈퍼스타 켄 제닝스

되는 벌칙을 당해서 오히려 기회를 잃어버린다. 너무 늦게 눌러도 기회를 놓친다. 제닝스는 마법과 같은 '버저 리듬감'을 갖고 있었다. 또한 어떠한 상황에서도 초인적일 정도로 침착했다.

그는 2005년에 쓴 회고록『브레이니악Brainiac』에서 이렇게 썼다.

"이상한 느낌이다. 아직 답을 말할 수는 없지만 머리 뒤쪽에서 불빛이 반짝인다. 뭔가 연관이 나타나고, 머리가 그 연관을 확인하느라 정신없이 돌아가는 동안 손가락은 이미 버저를 누르고 있다."

켄 제닝스는 이후 유례없는 74연승을 거두며 317만 달러를 거둬들이며 2004년 11월까지 1년 반 동안 챔피언의 자리에 있었다. 그동안 절반 이상의 문제에서 버저 싸움에서 이겼으며 정답률은 92%를 기록했다(이는 보통 챔피언보다 10% 이상 높은 결과였다). 한마디로 켄 제닝스는 '만물박사'의 전형을 대표한다고 해도 과언이 아니었다. 이런 켄 제닝스를 보고 IBM이 도전의식을 느낀 것도 무리는 아니었을 것이다. 그런 의미에서 어떤 사람들은 사실 왓슨이 탄생하게 된 것은

제닝스 덕분이었다고 말하기도 한다.[5]

왓슨이 대결한 또 한 명의 챔피언은 브래드 러터Brad Rutter였다. 러터는 「제퍼디!」의 5연승 제한 규정이 바뀌기 이전의 챔피언이었다. 그는 2005년 '최후의 왕중왕전'에서 켄 제닝스, 제롬 베레드와 함께 경쟁했다. 그는 3일에 걸친 시합에서 6만 2,000점으로, 3만 4,599점을 기록한 제닝스와 2만 600점을 기록한 베레드를 제치고 우승을 차지했다. 결국 브래드 러터는 왕중왕전에서 200만 달러를 따서 총 340만 달러의 상금을 벌어들여 「제퍼디!」 역사상 가장 많은 상금을 가져간 사람이 되었다.[6]

이렇게 켄 제닝스와 브래드 러터. 「제퍼디!」가 탄생시킨 위대한 두 명의 챔피언이 바로 왓슨이 대결해야 했던 상대였다.

왓슨에 밀려난 최초의 직업

왓슨이 「제퍼디!」의 출전이 결정되면서 4년에 걸친 IBM의 노력이 시작되었다. 이 개발팀을 이끌었던 데이비드 페루치를 비롯한 25명의 박사 연구진들이 역량을 결집했다. 개발 초창기에는 왓슨이 (당시 개발팀에는 '제퍼디 컴퓨터'라고 불렸다) 문제를 맞히는 것은 차치하고서, 답을 도출하는 데 무려 두 시간이 걸렸다고 한다. 왓슨이 「제퍼디!」의 문제를 풀기 위해서는 인간의 언어를 이해하고, 답을 도출하고, 답의 정확성을 계산하는 과정을 3~4초 내에 하는 것이 필요했다. 이를 목소리로 읽어내야 했으며 '데일리 더블'과 '파이널 제퍼디'에서는 얼마의 돈을 걸 것인지도 계산해야 했다.

왓슨의 개발이 진행되면서 2010년 가을의 「제퍼디!」 왕중왕전에 출전할 사람들을 대상으로 총 60회의 연습 게임을 포함한 여러 번의 모의고사를 치렀다. 이 연습게임을 거치면서 왓슨의 강점과 약점을 점검하면서 계속 개선해나갔다. 왓슨은 연습게임 초기에 일반 참가자들을 대상으로 64%의 승률을 올렸는데 개선된 이후에는 왕중왕전 참가자들을 대상으로 67%의 승률을 올렸다.

사실 「제퍼디!」의 준비 과정에서 크게 쟁점이 되었던 것 중의 하나는 바로 왓슨이 버저를 누르는 방식과 속도에 관한 것이었다. 앞서 강조했듯이 「제퍼디!」는 단순히 답을 알면 승리하는 것이 아니라, 버저를 빨리 눌러야만 답을 말할 기회를 얻을 수 있었다. 그리고 켄 제닝스와 브래드 러터는 버저를 누르는 데 매우 뛰어난 감각이 있었다.

「제퍼디!」 측에서는 왓슨이 전기적인 신호를 보내어서 버저를 누르면 물리적으로 버저를 손으로 눌러야 하는 인간에게 너무 불리하다고 생각했다. 그 때문에 왓슨도 일종의 '손가락'에 해당하는 별도의 하드웨어를 만들어서 물리적으로 버저를 누르도록 했다. 왓슨 측은 이것도 불만이었다. 인간 참가자는 문제의 낭독이 끝나고, 「제퍼디!」 보드에 불이 들어오는 순간을 예측해서 미리 버저를 누를 수 있었다.

결국 왓슨은 '손가락'을 달았으며, 답을 찾았다고 생각하면 세 번 연이어 단추를 눌렀다. IBM 측의 계산에 따르면, 이 때문에 왓슨은 8밀리 초가 더 걸리게 되었다. 나중에 켄 제닝스는 옆 연단에 있는 '왓슨의 손'이 세 번 연속 버저를 누를 때마다 "터미네이터 사운드 트랙을 듣는 기분이었다"고 술회하기도 했다.

본 경기가 진행되기 전날과 당일에는 켄 제닝스와 브래드 러터와 왓슨이 총 세 번에 걸쳐서 연습 경기가 진행되었다. 이 연습에서 세

인간 챔피언과 왓슨의 최종 결과

참가자는 사이좋게 한 번씩 승리했다. 그리고 본 게임에서는 왓슨이 2연속 경기에서 전반부와 후반부 모두를 석권하며 7만 7,147달러를 기록하여 우승하였다. 제닝스는 2만 4,000달러로 2위를, 러터가 2만 1,600달러로 근소하게 3위를 기록했다.

왓슨이 본 경기에서도 순탄하게 이긴 것 같지만, 사실은 꼭 그렇지도 않았다. 잘 알려지지 않았으나 켄 제닝스는 마지막에 '인간적인 실수'로 기회를 날려 먹었다. 게임 막바지에 제닝스는 2만 달러로 왓슨에 2,000달러 앞서 있었다. 이때 문제의 선택권은 제닝스가 가지고 있었는데, 데일리 더블을 고르면 더 앞서 나갈 수 있었다. 제닝스의 이론에 따르면 「제퍼디!」에서 데일리 더블이 같은 액수의 문제에서 두 번 나오지 않는다. 제닝스는 첫 번째 데일리 더블이 1,600달러에서 나왔던 것으로 기억하고 있었기 때문에 1,200달러 부문의 문제를 선택했다.

그런데 알고 보니 제닝스는 거꾸로 기억하고 있었다. 결국 이 문제를 맞힌 왓슨이 1,600달러 문제를 골랐고, 이 문제가 결국 데일리 더블이었다. 데일리 더블이 선택되었다는 특유의 '스타워즈' 총소리가 울려 퍼질 때 IBM 연구원들은 환호성을 질렀다. 그 순간 켄 제닝스가 왓슨을 역전할 가능성이 없어졌기 때문이다. 단순한 기억력에 대해서라면 인간이 컴퓨터를 따라올 수 없다. 제닝스는 이후 몇 년을 두고 이 실수에 대해서 후회했다고 술회한 바 있다.

켄 제닝스는 마지막 문제인 '파이널 제퍼디' 문제에 답하면서 정답 아래에 심슨 가족의 대사를 인용하여 "나는 새로운 컴퓨터 절대군주의 등장을 환영하는 바입니다 for one welcome our new computer overlords."라고 썼다. 또한 그는 게임이 끝난 직후 『슬레이트Slate』에 기고한 글에서 다음과 같이 밝혔다.[7]

"20세기에 새로운 조립라인 로봇에 공장의 직업들이 사라졌듯이, 브래드와 나는 새로운 종류의 '사고하는' 기계에 의해서 밀려난 최초의 지식근로자가 될 것입니다. '퀴즈쇼 참가자'는 아마도 왓슨에 의해서 밀려난 최초의 직업이라고 할 수 있겠지만, 나는 이것이 결코 마지막은 아닐 것이라고 확신합니다."

얼마 지나지 않아서 이런 켄 제닝스의 말이 옳았다는 것이 드러났다. 왓슨의 도전은 「제퍼디!」에서 끝나지 않았다. 왓슨이 고른 다음 도전 과제는 바로 폐암이었다.*

---

* 참고로 「제퍼디!」에 참가하기 위한 왓슨의 개발 이야기는, 스티븐 베이커의 『왓슨 인간의 사고를 시작하다(원제: Man vs Machine)』에서 자세하게 다뤄지고 있다. 별도의 참조 문헌이 없는 한 , 왓슨의 「제퍼디!」 관련 부분은 이 책의 내용을 인용했음을 밝힌다. 왓슨의 초기 개발 이야기가 매우 상세하게 다뤄지고 있는 흥미로운 책이라 관심 있으신 분은 읽어볼 가치가 있을 것이다. 다만 이 책은 「제퍼디!」 우승 시점까지만 다루기 때문에, 의료 분야 진출에 대해서는 거의 다뤄지지 않는다.

왓슨, 병원에 가다

「제퍼디!」이후 왓슨은 본격적으로 의료 분야에 진출하여 암 환자의 진료에 도전하겠다고 발표한다. 「제퍼디!」당시에는 알려지지 않았지만, 2011년 5월에 발표된 『포브스』기사를 보면 이미 18개월 전부터 메릴랜드 대학교의 엘리엇 시걸Eliot Siegel 박사팀과 협력하여 각종 의학 논문, 교과서 등의 연구결과들, MD앤더슨이나 존스홉킨스 등에서 나온 질병 데이터를 학습하고 있다고 언급되어 있다.[8] 앞서 언급한 스티븐 베이커의 『왓슨 인간의 사고를 시작하다』에도 자세하지는 않지만, 「제퍼디!」를 준비하던 당시인 왓슨의 개발 초기부터 의료 분야 접목 가능성이 제시되고 있었다.

결국 2012년 3월 왓슨은 세계에서 가장 오래되었고, 가장 큰 사립 병원인 뉴욕의 '메모리얼 슬론 캐터링 암센터MSKCC, Memorial Sloan Kettering Cancer Center'와 협업을 통해 암의 치료에 도전하겠다고 밝힌다.[9] 이 협업은 왓슨이 의사들이 어떻게 암 환자를 진료하고, 진단을 내리며, 치료에 대한 의사결정을 학습하기 위한 것이었다. IBM과 메모리얼 슬론 캐터링 암센터는 공동연구를 통해 처음에는 폐암을 시작으로 유방암 등 다른 암종으로 범위를 넓혀가겠다는 계획을 발표했다.

그렇게 개발이 시작된 것이 바로 '왓슨 포 온콜로지'이다. 2013년 2월에 IBM의 보도자료에 따르면, 당시까지 왓슨은 암과 관련된 60만 건의 의학적 근거, 42개의 의학 학술지, 임상시험 데이터로부터 200만 페이지 분량의 자료를 학습했다고 나온다.[10] 또한 메모리얼 슬론 캐터링 암센터의 의사들이 1,500여 개의 실제 폐암 치료 사례와 2만 5,000개의 치료 사례 시나리오, 의사들의 진료기록, 검진 결과 등 '자연어'로 되어 있는 데이터를 학습시켰다고 한다. 그 이후로

1만 4,700시간 동안 간호사들이 주의 깊게 수작업으로 왓슨의 학습에 대한 수정을 거쳤다고 한다.

사실 숫자만 보아서는 엄청나게 방대한 자료를 학습했다는 것 외에는 감이 잘 오지 않는다. 다만 3년 반 정도가 지난 2016년 9월 가천대 길병원에서 이 왓슨 포 온콜로지를 도입할 당시의 자료에 따르면, 300개 이상의 의학 학술지, 200개 이상의 의학 교과서, 1,500만 페이지의 의료 정보를 학습했다고 언급되어 있다. 즉 학습한 데이터의 크기가 더욱 증가한 것을 알 수 있다.[11]

길병원 도입 당시에도 왓슨 포 온콜로지는 폐암뿐만 아니라 유방암, 대장암, 직장암, 위암에 적용할 수 있도록 개발되었다. 더 나아가 2017년 6월 보도를 보면 왓슨 헬스 측은 추후 왓슨 포 온콜로지를 총 12개 암종에 적용할 수 있도록 발전시켜, 향후 전 세계에서 발병하는 암의 80%를 커버할 것이라고 밝혔다.[12]

왓슨은 현재 세계적으로 여러 병원에 꾸준히 새롭게 도입되고 있다. 2017년 중반 기준으로 세계적으로 수십 개 정도의 병원에 채택된 것으로 보인다. 왓슨 포 온콜로지는 2014년 태국의 범룽랏 국제병원Bumrungrad International Hospital에 도입되었으며, 2015년 12월에는 인도의 마니팔 병원Manipal Hospital에, 2016년 8월에는 항저우 코그니티브케어Hangzhou CognitiveCare를 통해서 중국의 21개 병원에 도입되었다.[13-15]

한국에는 2016년 9월에는 가천대학교 길병원의 도입을 시작으로 2017년에는 부산대학교병원, 대전의 건양대학병원, 대구의 계명대 동산병원과 대구가톨릭병원 등에 연달아 도입되었다. 2018년 6월 기준으로 한국에는 7개 정도의 병원이 왓슨을 도입한 것으로 알려져

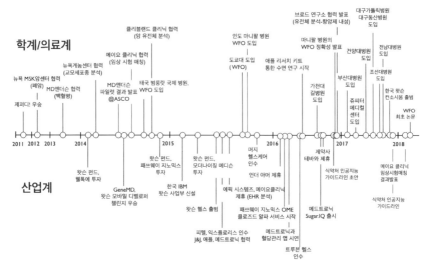

학계/의료계

제퍼디! 우승

뉴욕 MSK암센터 협력
(폐암)

MD앤더슨 협력
(백혈병)

뉴욕게놈센터 협력
(교모세포종 분석)

메이요 클리닉 협력
(임상 시험 매칭)

클리블랜드 클리닉 협력
(암 유전체 분석)

MD앤더슨
파일럿 결과 발표
@ASCO

태국 범룽랏 국제 병원,
WFO 도입

도쿄대 도입
(WFO)

인도 마니팔 병원
WFO 도입

애플 리서치 키트
통한 수면 연구 시작

마니팔 병원의
WFO 정확성 발표

브로드 연구소 협력 발표
(유전체 분석-항암제 내성)

가천대
길병원
도입

부산대병원
도입

쥬피터
메디컬
센터
도입

건양대병원
도입

전남대병원
도입

조선대병원
도입

한국 왓슨
컨소시움 출범

대구가톨릭병원
대구동산병원
도입

WFO
최초 논문

2011 2012 2013   2014   2015   2016   2017   2018

산업계

왓슨 펀드,
웰톡에 투자

GeneMD,
왓슨 모바일 디벨로퍼
챌린지 우승

왓슨 펀드,
패쓰웨이 지노믹스
투자

한국 IBM
왓슨 사업부 신설

왓슨 헬스 출범

피텔, 익스플로리스 인수
J&J, 애플, 메드트로닉 협력

왓슨 펀드,
모더나이징 메디슨
투자

에픽 시스템즈, 메이요클리닉
제휴 (EHR 분석)

패쓰웨이 지노믹스 OME
클로즈드 알파 서비스 시작

메드트로닉과
혈당관리 앱 시연

트루븐 헬스
인수

머지
헬스케어
인수

언더 아머 제휴

제약사
테바와 제휴

식약처 인공지능
가이드라인 초안

메드트로닉
Sugar.IQ 출시

메이요 클리닉
임상시험매칭
결과발표

식약처 인공지능
가이드라인

IBM 왓슨의 의료 분야 주요 활동

있다.[11, 16] 또한 부산대학병원은 국내에서는 유일하게 왓슨 포 온콜로지뿐만 아니라 유전체 분석 관련 서비스인 왓슨 지노믹스도 도입했다.[17]

앞서 언급했듯이, 왓슨 포 온콜로지는 왓슨 지노믹스, 왓슨 임상시험 매칭과 함께 왓슨이 의료 분야에 적용되고 있는 세 서비스 중 하나이다. 이번에는 가장 많이 사용되고 화제가 되는 왓슨 포 온콜로지를 둘러싼 이슈를 중심으로 살펴보도록 하겠다.

왓슨 포 온콜로지란 무엇인가

그렇다면 왓슨 포 온콜로지는 과연 어떤 기능을 가지고 있을까. 환자의 진료기록과 의료 데이터를 바탕으로 가능한 치료법treatment plan option을 권고해주는 것이 왓슨 포 온콜로지의 기능이다. 예를 들어 해당 암 환자의 진료기록, 검사 기록, 유전 정보, 수술 가능 여부 등을 입력하면, 이를 기반으로 치료법을 권고해주는 것이다. 특정 종류의 항암제 혹은 항암제의 조합, 방사선 치료, 호르몬 치료 등을 권고해 준다.

여기에서 중요한 것은 치료법을 초록색, 주황색, 빨간색의 3단계로 권고한다는 것이다. 초록색은 추천하는recommended 치료법, 주황색은 고려해볼 수 있는for consideration 치료법, 빨간색은 권고하지 않는not recommended 치료법이다. 또한 권고된 치료법마다 근거 버튼이 달려 있다. 이것을 클릭하면, 왜 이러한 치료법을 권고하는지에 대해서 왓슨이 학습했던 관련 논문, 임상연구 등의 결과, 가이드라인 등의 근거 자료들을 보여준다. 만약에 의사가 처음 보는 치료법이라고 할지라도, 이러한 근거 자료를 바탕으로 해당 권고안이 과학적이고 의학적으로 설득력이 있는지를 고민해볼 수 있다. 이렇게 치료법을 추천, 고려, 비추천의 3단계로 구분하여 의사에게 결과를 알려준다는 것은

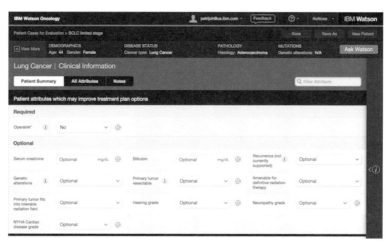

왓슨 포 온콜로지는 환자의 데이터를 입력해야 권고안을 도출할 수 있다.

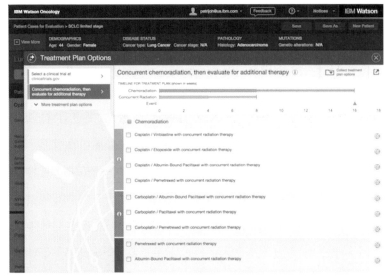

초록/주황/빨강으로 분류된 치료법 권고안

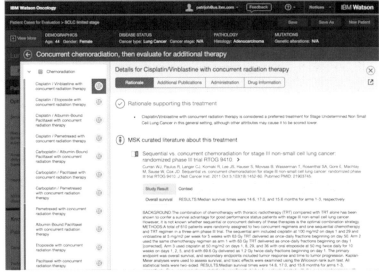

각 치료 권고안에 대한 근거 자료

매우 중요하며 이와 관련된 많은 이슈가 생긴다. 뒤에서 이와 관련된 여러 논의를 진행할 것이므로 꼭 기억하고 넘어가자.

엄밀히 말해 왓슨 포 온콜로지는 진단diagnosis을 해주는 것은 아니다. 치료법을 권고하여 의사의 진료를 보조하는 것이다. '진단'과 '진료'에는 큰 차이가 있다. 의심되는 조직이 암인지 아닌지를 진단하기 위해서는 의심 조직을 떼어내 조직검사를 해야 한다. (적어도 아직은) 왓슨 포 온콜로지에는 병리과에서 시행하는 병리 데이터의 분석을 통한 진단 기능은 포함되어 있지 않다(참고로 병리 조직 검사를 통해 암을 확진하는 인공지능은 6장 「의사를 능가하는 딥러닝의 영상 판독 분석」에서 자세히 다룰 것이다).

또한 진료를 하는 것과 진료를 보조하는 것에도 큰 차이가 있다. 왓슨에 대한 IBM 측의 발표에서 항상 빠지지 않는 문구가 바로 '왓슨은 의사를 대체하지 않는다. 왓슨의 역할은 의사의 역할을 강화aug-ment하는 것이다'는 것이다. IBM은 외부 발표에 대해서 전 세계적으로 같은 가이드라인을 철저하게 지키는 것으로 알려져 있다. IBM의 관계자의 왓슨 관련 발표에는 한국에서든 미국에서든 이 표현이 반드시 들어간다. 의료계에서 IBM이 왓슨을 의사와 어떤 관계로 포지셔닝하려는지 유추해볼 수 있다.

왓슨 포 온콜로지의 특징

IBM이 주장하는 왓슨 포 온콜로지의 강점 중의 하나는 매일 같이 쏟아져 나오는 엄청난 분량의 암 관련 연구 논문들과 임상시험 결과들을 환자의 치료에 빠르게 반영할 수 있다는 것이다. IBM에 따르면

2015년 한 해 동안 출판된 종양학 논문은 약 4만 4,000개이다. 매일 122개의 새로운 논문이 발표된다는 이야기다. 이는 10분에 한 편씩 논문을 읽는다고 가정해도, 주말 없이 매일 20시간 이상씩 읽어야만 따라갈 수 있는 양이다. 심지어 IBM의 자료에는 매일 29시간씩 논문을 읽어야만 따라갈 수 있다고 언급하고 있기도 하다.[18, 19] 즉 인간의 능력으로 따라가기에는 이미 불가능한 수준의 연구결과들이 쏟아진다는 것이다.

이렇게 최신 연구결과를 치료법 선택에 빠르게 반영할 수 있다는 것이 IBM이 주장하는 왓슨의 강점이다. 하지만 이는 양날의 검과 같다. 뒤에서 자세히 논의하겠지만, (정확한 업데이트 주기는 알 수 없으나) 지속적으로 연구결과를 업데이트하면서 '진화'한다는 왓슨의 특징은 이를 규제적으로 정의하거나, 정확성과 임상적 효용성 등을 증명하는 데 있어서 적지 않은 근본적 문제를 일으킨다.

한 가지 유의할 점은 왓슨의 학습이 결코 '완전 자동화' 방식으로 이뤄지지 않는다는 것이다. 왓슨이 「제퍼디!」에서 활용한 자연어 처리 기술을 기반으로 하였기 때문에, 논문도 자동으로 읽고 스스로 판단하여 암 환자 진료의 근거로 삼을 것으로 생각하기 쉽다. 하지만 실제로는 왓슨을 훈련하는 과정에서 수작업 교정에 많은 시간을 사용한 것으로 알려져 있다. 또한 매일 쏟아져나오는 논문 중에 어떤 것을 학습하고 어떤 것은 학습하지 않을지의 결정에는 메모리얼 슬론 캐터링 암센터의 의료 전문가들이 관여했다고 한다.

기계학습의 기본적인 원칙은 '쓰레기를 넣으면, 쓰레기가 나온다 garbage-in, garbage-out'이다. 즉 좋지 않은 데이터로 학습시키면 좋지 않은 결과가 나온다는 것이다. 훈련할 때의 데이터 양과 질이 결과적으로 인공지능의 성능을 좌우한다고 해도 과언이 아니다. 일례로 「제퍼디!」를 준비할 당시에 왓슨에게 구어체의 학습을 목표로 속어나 은어 등이 담긴 사전인 『어번 딕셔너리The Urban Dictionary』를 학습시켰던 적이 있다. 그 결과 제퍼디 답지에 욕지거리가 포함되는 경우들이 있었기 때문에 결국 개발자들은 그 데이터를 삭제할 수밖에 없었다.[20, 21] 강한 인공지능이 구현되지 않는 이상, 아직 인공지능을 학습시킬 때 어떤 데이터가 좋은 데이터이고 나쁜 데이터인지는 결국 사람이 판단할 수밖에 없다.

또 한 가지 특징은 왓슨이 클라우드 형태로 서비스된다는 것이다. 흔히 말하는 서비스형 소프트웨어SaaS, Software as a service 방식이다. 즉 병원 내에 물리적으로 서버를 들여놓는 것이 아니라, 의사가 왓슨 클라우드에 접속해서 데이터를 클라우드에 올리고 결과도 온라인으로 받아보게 된다. 왓슨의 사용료 역시 서비스형 소프트웨어 모델에 기반하여, 건당 사용료를 받든지, 정기 구독료를 받든지 등의 몇 가지 지불 모델 중에 하나를 선택하는 것으로 알려져 있다.[22] (개별 병원과 IBM의 계약은 비공개이므로 한국 병원들이 어떤 지불 모델을 택했는지 세부사항은 공개되어 있지 않다.) 이러한 속성 때문에 특정 환자에 대한 왓슨의 판단을 받아보기 위해서는 환자의 동의를 받아 그 데이터를 IBM의 클라우드로 전송해야 한다.

자, 그런데 이 왓슨 포 온콜로지를 어떻게 봐야 할까. 몇 가지 어려운 이슈들이 있다.

이슈 1. 왓슨은 의료기기일까

일단 왓슨 포 온콜로지가 과연 규제적으로 의료기기로 분류되어야 할지, 비의료기기로 분류되어야 할지의 문제를 살펴보자. 만약 왓슨 포 온콜로지와 같은 임상 의사결정 지원시스템CDSS, Clinical Decision Support System이 의료기기라면 정확성, 안전성 등을 검증하여, FDA나 식약처의 의료기기 인허가 과정을 거쳐야만 한다. 반대로 만약 비의료기기로 분류된다면 인허가 과정이 필요없다.

그런데 이는 매우 애매한 문제다. 필자는 강의에서 왓슨 포 온콜로지에 대해서 설명한 뒤 청중에게 이 시스템이 의료기기로 분류되어야 할지, 아니면 비의료기기로 분류되어야 할지 의견을 물어보곤 한다. 이 문제에 대해서 청중들의 답변은 항상 양쪽으로 갈린다. FDA와 식약처의 결정은 이미 내려졌다. 하지만 답을 이야기하기 전에 독자들도 한 번 생각해보도록 하자.

사실 필자는 식약처 첨단의료기기과 전문가 협의체의 일원으로 이 문제를 함께 논의했다. 해당 협의체에서는 산업계, 학계, 의료계의 전문가들이 모여서 이 문제에 대해 열띤 토론을 몇 달간 벌였다. 결론이 나기는 하였다. 그러나 그 과정에서는 전문가들 사이에서도 이 부분에 대해서 의견이 달랐던 부분이 있다. 실제로 이 이슈에 대해서 미국 FDA와 한국 식약처의 판단과 유럽연합EU 규제기관의 판단이 다르게 나왔다.

일반적으로 의료기기의 여부는 사용 목적과 위해도라는 두 가지를 기준으로 정해진다. 왓슨 포 온콜로지의 목적은 진료나 진단이나 치료를 직접 하지 않고 의사를 보조하는 목적이다. 또한 내어놓은 결과를 직접 환자에게 적용하지 않고, 의사가 그 결과를 검토하고, 참고

┌─────────────────── 〈비의료기기 예시〉 ───────────────────┐

• 종전에 처방받은 의약품이나 치료법 등 정보를 대체, 변경하지 아니하고, 처방·치료에 관한 문헌정보 등을 검색 및 정리하는 툴을 의료인에게 제공하는 소프트웨어

⇨ 전자의무기록 시스템에서 다른 환자의 처방전, 처방된 약물 목록을 검색하여 제시하는 소프트웨어

⇨ 전자의무기록 시스템에서 환자의 의료영상과 가장 유사한 다른 환자의 의료영상을 검색하여 제시하는 소프트웨어

• 환자의 건강상태나 치료와 관련한 의학정보에 쉽게 접근하도록 도와주는 소프트웨어

⇨ 표준 치료법, 임상문헌 등을 검색하고 그 내용을 요약하여 제시하는 소프트웨어

⇨ 약물 부작용 예방을 위한 약물 간 상호작용 및 알레르기 반응을 검색하여 소프트웨어

※다만, 학습 데이터를 검색(우선순위, 요약제공 등 포함)하는 것을 넘어 다양한 학습 데이터를 재해석하여 특정 적합한 새로운 진단 또는 치료방법을 제시 한다면 의료기기로 분류할 수 있음

└──┘

식약처의 인공지능 의료기기 가이드라인의 일부

하여 의사가 치료법을 결정하게 되므로 위해도 역시 높지 않다고 볼 수 있다. 따라서 현재의 식약처나 FDA의 결정은 왓슨 포 온콜로지가 의료기기가 아니라는 것이다.

몇몇 기사에 따르면, 복지부 관계자는 "(의사들의 왓슨 활용은) 평소 의사들이 진단과 처방을 내림에 있어 관련 서적과 논문 등을 참고하는 것과 같은 성격으로 봐야 한다."라며 "때문에 의료법상 왓슨을 사용하는 것은 문제가 없다는 생각"이라고 언급하기도 했다. 즉 보다 발전된 의학교과서의 개념이라는 것이다.[23, 24]

이러한 내용이 2017년 11월에 발표된 「빅데이터 및 인공지능AI 기술이 적용된 의료기기의 허가·심사 가이드라인」에 결국 반영되었다.[25] (이 가이드라인이 필자가 속한 식약처 전문가 협의체의 논의를 거쳐서 나온 것이다.) 비의료기기의 예시에는 "환자의 건강상태나 치료와 관련한 의학정보에 쉽게 접근하도록 도와주는 소프트웨어" "표준 치료

법, 임상문헌 등을 검색하고 그 내용을 요약하여 제시하는 소프트웨어"라는 것이 포함되어 있다. 왓슨 포 온콜로지가 여기에 해당한다. 왓슨 포 온콜로지의 경우에는 데이터 검색 이상의 데이터 재해석이나 새로운 진단 또는 치료 방법을 제시하지는 않기 때문에 의료기기로 분류되지 않는다.

왓슨 규제의 근본적 어려움

그럼에도 불구하고 필자는 몇 가지 면에서 왓슨이 의료기기인지 아닌지를 판단하고 규제하기 위해서 근본적인 어려움과 현실적인 문제가 있다는 것을 지적하고자 한다. 비의료기기로 분류하는 경우에도 몇 가지 중요한 문제가 있다. 그렇다고 의료기기로 분류하더라도 관리가 어려운 부분이 있다는 것이다. 이는 왓슨 포 온콜로지와 같은 시스템이 지금까지의 임상 의사결정 지원시스템과도 다른 부분이 있기 때문이다.

일단 왓슨이 의료기기의 성격을 띤다고도 볼 수 있는 것이 바로 의사에게 결과를 제시하는 양식 때문이다. 왓슨 포 온콜로지는 단순히 가능한 치료법을 권고하는 것에서 더 나아가 치료법에 대한 우선순위까지 매겨준다. 앞서 언급했던 바와 같이 치료 권고안을 추천(초록색)-고려(주황색)-비추천(빨간색)의 3단계로 분류해주기 때문이다. 다양한 치료법 중에서 이렇게 우선순위를 매겨준다는 것은 그 자체로 의료적 의사결정이나, 의료 행위로 봐야 하지 않을까? 복지부에서는 '발전된 의학 교과서'라고 표현하였으나, 교과서는 개별 환자에게 맞게 치료법의 우선순위를 제시하지는 않는다. 하지만 왓슨 포 온콜로지는 이 부분까지 스스로 판단한다.

비록 최종적인 의사결정은 의사가 내린다고는 하지만, 왓슨 포 온콜로지의 권고안이 의사의 치료법 결정에 영향을 줄 가능성이 전혀 없다고 할 수 있을까? 만약에 영향을 전혀 주지 않는다면 왓슨을 사용할 이유 자체가 없을 것이다. 그렇게 본다면 왓슨이 제시하는 치료 권고안의 정확성이 중요하다고 할 수 있다. 그럴 가능성은 작겠지만 극단적으로 가정하여, 왓슨 포 온콜로지가 모든 경우에 부정확한 치료 권고안을 주는 경우를 가정해보면, 환자에게 전혀 위해가 가지 않으리라는 법은 없다. 이러한 것을 고려하면 왓슨에게는 분명히 의료기기적인 성격이 전혀 없다고는 하기 어려울 것이다.

하지만 설사 왓슨 포 온콜로지를 의료기기로 분류한다고 할지라도 이를 규제하고 관리하기가 매우 어렵고 까다롭다. 그 이유는 바로 왓슨 포 온콜로지가 끊임없이 변화하고 진화하기 때문이다. 앞서 언급했듯이 IBM이 주장하는 왓슨 포 온콜로지의 가장 큰 장점 중의 하나는 최신 연구결과를 지속해서 반영한다는 것이다. IBM의 보도자료에서 직접 밝혔듯이 하루에 100개 이상의 종양학 논문이 쏟아져 나오므로, 정확한 업데이트 주기는 알 수 없지만 최신 논문들을 최대한 빠르게 반영하려고 할 것이다.

그런데 이런 논문이 반영된 결과 왓슨 포 온콜로지의 판단 근거와 그 결과도 계속해서 변화하게 된다. 다시 말해 이렇게 논문 등의 근거 자료가 업데이트되면, 판단 근거가 달라지므로 같은 환자를 대상으로 내어놓는 치료 권고안에도 변화가 생길 수도 있다는 의미다. 따라서 어제와 오늘 그리고 내일의 왓슨 포 온콜로지는 완전히 같은 시스템이라고 보기 어려울 수 있다.

연구결과의 최신 반영 이외에 왓슨 포 온콜로지가 진화하는 또 하나의 경로가 있다. 바로 실제 이 시스템을 활용하는 의료진의 의사결정을 반영하는 것이다. 예를 들어 길병원에서 의료진이 왓슨 포 온콜로지를 사용하면서 여러 치료 권고안 중에 어떤 것을 선택했는지가 피드백되게 된다. 클라우드 형식으로 사용하므로 왓슨이 의료진의 결정을 자연스럽게 알게 된다. 만약 왓슨 포 온콜로지가 제시한 치료 권고안 중에 '비추천'을 의료진이 선택했다면, 왓슨의 입장에서는 그 결정에 대해서 더 알아보고 필요한 경우 왓슨의 판단에 그러한 결정을 반영하는 것도 필요할 것이다.

그런데 그 결정을 누가 어떤 기준으로 판단하여 얼마나 자주 반영할까? 예를 들어 왓슨이 내어놓은 결과가 더 타당했음에도, 실력이 없는 의사가 '고려'나 '비추천'을 고를 수 있고, 단순 실수로 혹은 IBM을 음해하려고 일부러 '비추천'을 골랐을 수도 있다(환자의 안전을 담보하는 의료기기를 규제하기 위해서는 만약의 경우라도 고려할 수밖에 없다). 즉 의료진의 판단이 타당하며 왓슨에 다시 반영할 가치가 있는지를 누군가는 평가해야 한다는 것이다. 이 부분에 대해서 필자가 왓슨 헬스의 최고 의료 책임자Chief Health Officer인 큐 리Kyu Rhee 박사님과 최고 의료 부책임자Deputy Chief Health Officer인 앤드루 노든Andrew Norden 박사님 등을 직접 만나서 이야기해본 결과, 메모리얼 슬론 캐터링 암센터의 의료 전문가와 IBM의 팀이 이 부분을 결정한다고 한다.[*]

중요한 것은 위와 같이 새로운 연구결과의 반영이든, 실제로 왓슨을 사용하는 의료진의 의사결정의 반영이든, 왓슨이 끊임없이 변화한다는 것이다. 그런데 만약에 왓슨 포 온콜로지가 의료기기로 분류

---

[*] 필자가 큐 리 박사님과 진행한 인터뷰는 이 장의 마지막에 실려 있다.

되었을 경우를 가정했을 때, 기존의 의료기기 관리 기준에 따르면 내부 알고리즘이나 작동 원리에 변화가 있는 경우 변경 인허가를 새롭게 받아야 한다. 예를 들어 기존의 허가받은 혈압계에 측정 방식이 바뀐다면, 인허가를 새롭게 받아야 한다는 것이다.

그렇다면 왓슨 포 온콜로지의 경우에도 연구결과가 반영되거나, 의료진의 의사결정이 반영될 때마다 정확성을 새롭게 검증하고 매번 의료기기 인허가를 다시 받아야 할까? 예를 들어 매일 업데이트된다면 매일 변경 인허가를 새롭게 받아야 하는가? 만약 이렇게 기존의 의료기기 규제와 관리에 대한 잣대를 그대로 들이대면, 왓슨 포 온콜로지와 같은 새로운 종류의 시스템은 아예 사용이 불가능할 것이다. 이러한 이유 때문에 왓슨을 의료기기로 관리하는 것에도 근본적인 어려움이 있다는 것이다.

미국에서도 왓슨 포 온콜로지를 특정하지는 않았으나, 이러한 유형의 시스템은 의료기기의 범위에 포함되지 않는 것으로 보고 있다. 오바마 정부 말이었던 2016년 12월에 발표된 발표된 「21세기 치유법21st Century Cures Act」에는 아래와 같은 소프트웨어는 의료기기에서 제외한다고 명시하고 있다(SEC. 3060. "CLARIFYING MEDICAL SOFT-WARE REGULATION").[26]

- 환자의 의료 정보 또는 임상연구결과나 가이드라인 등의 의료 정보를 표시, 분석, 출력하는 소프트웨어
- 질병 예방, 진단, 치료에 관해 의료 전문가에게 권고 사항을 지원하거나 제공하는 소프트웨어
- 의료전문가가 그러한 권고의 근거를 독립적으로 검토할 수 있도

록 제작된 소프트웨어

　다만 의료 영상이나 체외 진단 기기로부터 나온 신호, 신호 획득 시스템으로부터 나온 신호나 패턴 등을 획득, 처리, 분석하기 위한 경우에는 의료기기로 분류한다고 결정하였다. 다만, 위의 사항에 해당하는 비의료용 소프트웨어라고 할지라도 다음에 관한 새로운 사실이 발견될 경우 FDA 관리하에 둘 수 있음을 명시하고 있다.

- 소프트웨어가 의도한 대로 작동하지 않아 환자에게 위해를 끼칠 가능성이 있는 경우
- 소프트웨어가 의료 전문가의 임상적 판단을 보장하지 않는 경우
- 의료 전문가가 정보 또는 치료 권고의 근거를 검토할 수 있는 합리적 기회가 부여되지 않는 경우
- 본래 제조자가 의도한 사용자와 사용 환경이 아닌 경우

이슈 2. 왓슨은 과연 얼마나 정확한가

　혹시 왓슨 포 온콜로지가 내놓는 치료 권고안이 얼마나 정확한지 아는 독자가 있을까? 그 정확성에 대해서 알고 있는 사람은 아직 아무도 없을 것이다. 왜냐하면 왓슨 포 온콜로지의 정확성과 효용성을 검증하기 위한 정식 임상시험이 진행된 적이 없고, 또 이것이 학계와 의료계에서 인정하는 학술지에 논문으로 발표된 적도 거의 없기 때

문이다.[*] 2018년 초를 기준으로 하더라도, 암과 관련된 학회에서 초록이나 포스터 발표의 형태로 병원별로 왓슨을 사용한 결과를 후향적으로 분석한 결과가 몇몇 발표된 정도이다. 그나마 이런 '사용 결과'의 경우에도 수백 명 이상의 환자 대상의 결과가 발표되기 시작한 것은 왓슨 포 온콜로지가 가천대 길병원을 포함한 국내외 여러 병원에 도입된 이후인 2016년 12월이었다. 이 연구의 결과들은 우리가 고민해야 할 여러 이슈를 던져준다.

필자가 여러 칼럼이나 강의 등에서 강조한 바 있지만, 그 유명세에 비해서 IBM 왓슨 포 온콜로지의 암 환자 진료 정확성의 근거는 너무도 빈약하다. 메모리얼 슬론 캐터링 암센터MSKCC라는 세계 최고의 암 병원에서 함께 개발했으니 어느 정도의 정확성은 갖추고 있으리라고 추측해볼 수는 있다. 하지만 일반적으로 새로운 의료 기기나 신약이 출시되는 경우 검증받는 수준으로 정확성, 임상적 효용을 공개하거나 증명된 경우는 거의 없다. 또한 대규모 임상연구의 결과가 아니라고 하더라도, 왓슨 포 온콜로지를 통해서 실제로 치료한 개별 환자의 증례 보고case report조차도 없다.

비록 FDA와 식약처는 왓슨 포 온콜로지가 의료기기에 해당하지 않는다고 판단하였지만, 필자는 어떤 식으로든 왓슨 포 온콜로지의 정확성과 효과성에 대한 의학적인 검증이 필요하다고 본다. 앞서 강조하였다시피 아무리 이 시스템에서 도출된 치료 권고안을 의사가 한 번 더 검토한다고 할지라도, 결과가 부정확할 경우 환자에게 미치

---

[*] 이 책의 초고에서 이 문장은 '논문으로 발표된 적이 전무하기 때문이다'였으나, 원고 최종 수정을 진행 중이던 2018년 2월에 인도 마니팔 병원의 유방암 관련 논문이 출판되었기 때문에 '전무하다'에서 '거의 없다'로 수정되었다. 기존에 학회에서 발표된 것에 비해 별로 새로운 결과는 없기는 하지만, 해당 논문에 대해서는 '왓슨 포 온콜로지 최초의 논문' 부분에서 간략히 소개했다.

는 위해도가 전혀 없다고 할 수 없기 때문이다.

그뿐만 아니라 '인공지능이 암 환자를 진료한다'는 주장에 이끌려 많은 환자가 왓슨을 도입한 병원을 찾는 것이 현실이기도 하기 때문이다. 2017년 1월 조선일보가 보도한 바를 보면 길병원에서 2016년 11월부터 진료한 100여 명의 환자 중에서, 의사와 왓슨의 판단이 다를 경우에 환자들은 모두 의사보다 왓슨을 더 신뢰했다고 한다.[27]

필자는 이렇게 '의사보다 왓슨을 더 신뢰한다'는 환자의 판단이 당연히 합리적이지 않으며 의학적이나 과학적인 근거가 없음을 지적하고 싶다. 정확도가 검증되지 않은 왓슨을 의사보다 더 신뢰하는 환자가 있다는 것은 결국 '4차 산업혁명'과 같은 일종의 버즈워드buzz word의 영향 때문이라고밖에 볼 수 없다. 하지만 현실적으로 이러한 환자들의 선호를 막기는 쉽지 않은 부분이 있다. 그렇기 때문에라도 왓슨의 정확성에 대한 최소한의 검증은 필수적이라고 본다.

우리는 왓슨 포 온콜로지를 활용하기 위해, 이 시스템이 정확하다면 얼마나 정확한지와 정확하지 않다면 얼마나 정확하지 않은지를 알아야 한다. 또한 이러한 시스템이 의료적으로 효용이 있는지, 있으면 얼마나 있는지에 대해 파악하는 것이 필요하다. 이러한 근거가 있어야만 비로소 우리가 왓슨을 진료실에서 어떻게 활용해야 할지 원칙을 세울 수 있기 때문이다. 하지만 지금은 병원에서 왓슨을 어떤 방식으로 진료에 활용할지에 대한 원칙도 없고, 근거가 없어서 그 원칙을 세울 수도 없는 상황이다. 국내에서 왓슨 포 온콜로지를 도입한 여러 병원도 그냥 제각기 자체적으로 알아서 활용하고 있는 형편이다.

왓슨의 정확성에 대한 오해

그런데 국내 언론에서도 자주 인용되는, 왓슨의 정확성에 대한 아래와 같은 문구가 있다.

"왓슨의 진단 일치율은 대장암 98%, 직장암 96%, 방광암 91%, 췌장암 94%, 신장암 91%, 난소암 95%, 자궁경부암 100% 등이다."

국내의 왓슨 기사를 보면 하나같이 이 문구가 거의 빠지지 않고 무분별하게 인용되고 있다. 심지어는 왓슨을 사용하는 국내 의료진의 발표에서도 이 연구결과가 인용된 적도 있다. 하지만 필자는 이 결과를 인용하여 왓슨의 정확도를 논하는 것이 부적절하다고 본다. 해당 연구를 조금만 더 들여다보면 충분히 엄격한 조건에서 진행된 것이 아니라는 점이 드러나기 때문이다.

이 연구는 2014년 미국 임상 종양학회ASCO에서 메모리얼 슬론 캐터링 암센터가 발표한 초록을 인용한 것이다.[28] 그런데 이 파일럿 연구에는 큰 약점이 있다. 이 초록의 결과에는 다음과 같이 언급되어 있다.

"같은 학습데이터를 반복 테스트하여 도출된 정확도가 암종에 따라서 (처음 테스트했을 때의) 5%에서 100%까지 높아졌다Average precision, retesting with the same training data, has improved from 5% to nearly 100% depending on the cancer type."

설명이 다소 명확하지는 않지만, 왓슨을 학습시켰던 데이터와 테스트하였던 데이터로 같은 데이터를 반복해서 사용했다는 것을 의미하는 것으로 보인다. 즉 환자 A, B, C의 사례들로 왓슨을 가르친 이후에, 다시 A, B, C 환자를 정확하게 진단하는지를 테스트해서 나온 결과라는 것이다. 일반적으로 기계학습 연구에서는 학습 데이터training dataset, 검증 데이터validation dataset, 테스트 데이터test dataset를 엄격하게

암종별 평균 정밀도 (percision) (%)

	첫번째 실행 (first run)	중간 실행 (midde run)	최종 실행 (latest run)
대장암	68	81	98
직장암	61	88	96
방광암	24	75	91
췌장암	5	91	94
신장암	12	87	91
난소암	41	97	95
자궁경부암	6	100	100
자궁내막암	12	83	89

국내 언론에서도 많이 인용하는 메모리얼 슬론 캐터링 암센터의 2014년 미국임상종양학회 ASCO 발표 내용

구분한다. 학습시킬 때 사용하지 않은 독립적인 데이터로 테스트해야만 해당 인공지능의 실력을 검증할 수 있기 때문이다.

따라서 이 연구는 왓슨이 암 환자에 대해서 학습 가능하다는 가능성 정도를 본 것일 뿐 정확도를 설득력 있게 보여준다고 하기는 어렵다. 왓슨이 실제 의료 현장에서 적용될 수 있을지를 이야기할 수 있을 만큼 충분히 엄격한 연구라면 학습에 사용되지 않은 완전히 새로운 환자 사례에 적용해야 한다. 이러한 이유에서 필자는 강의 등에서 이 연구결과를 절대 인용하지 않는다. 신문 기사를 볼 때 예의 '대장암 98%, 직장암 96%……'라는 문구가 나오면 '이 기자님은 조사를 충분히 하지 않으셨구나.' 하고 생각하게 된다.

MD앤더슨의 연구결과(ASCO 2014)

필자가 알기로 2016년 말까지 왓슨의 실력을 알 수 있는 믿을 만한 연구결과는 세계 최대의 암센터인 MD엔더슨의 연구진이 2014년 미국임상종양학회ASCO에서 발표한 초록에 실린 것이 유일했다.[29] 당시에 MD앤더슨의 연구진들이 소규모 백혈병 환자들에 대해서 왓슨을 개발하고 테스트한 결과를 발표한 것이다.

참고로 메모리얼 슬론 캐터링 암센터와 전통적인 라이벌 병원인 MD앤더슨은 각자 별도로 IBM과 공동연구를 진행하면서 암 환자를 진료하기 위한 인공지능을 따로 개발해나갔다. 메모리얼 슬론 캐터링 암센터가 왓슨을 이용하여 폐암 환자의 진료를 최초 목표로 개발을 시작한 시스템은 앞서 계속 언급해온 왓슨 포 온콜로지이다. 현재 암 환자 진료에 대해서 IBM이 사업을 진행하는 것은 모두 이 브랜드라고 보면 된다.

반면 MD앤더슨은 IBM과 OEAOncology Expert Advisor라는 완전히 별개의 암 진료 인공지능의 개발을 진행했다. OEA는 백혈병 환자의 진료를 출발점으로 삼았다. IBM은 '우리는 이미 미래에 살고 있다'며 2013년 10월에 이 협력에 대해서 발표한 바 있다.[30]

2014년 미국임상종양학회에서 MD앤더슨이 발표한 초록에서는 OEA가 내놓은 치료법이 MD앤더슨 내부 의사들의 판단과 얼마나 일치하는지를 살펴보았다. 400명의 백혈병 환자의 사례를 학습시켜서 개발한 OEA에, 새로운 200명의 백혈병 환자들에 대해서 의사의 결정과 비교해본 것이다.

그 결과 OEA의 추천 치료법이 의사와 일치하지 않는 경우가 2.9%, 의사가 선택한 치료법을 OEA가 추천하지 않은 경우가 0.4%

정도였다. 의사들과의 전반적인 일치도는 82.6% 정도였으며 이에 대해서 '합리적으로 높은 정확도'라고 평가했다. 사실 이 결과는 발표의 초록에는 포함되어 있으나 어떤 이유에서인지 코이치 타카하시 Koichi Takahashi 박사의 실제 강의에서는 또 포함되지 않았다.

하지만 이 결과는 이제 참고하는 것이 무의미하다. MD앤더슨의 OEA는 개발이 중단되었기 때문이다. 2017년 2월 MD앤더슨과 IBM 왓슨이 지난 4년여간 이어오던 협력 관계가 끝났다고 『포브스』 등 여러 언론은 보고했다.[31, 32] 이렇게 공동 연구가 끝난 이유에는 여러 추측이 있지만, 이 기사들에 따르면 기술적인 문제라기보다는 비용이나 두 기관 사이의 계약상의 문제로 보고 있다. 다만, 이 계약의 중단은 IBM이 메모리얼 슬론 캐터링 암센터와 개발한 별도의 시스템인 왓슨 포 온콜로지에는 영향이 없는 것으로 보인다.

아무튼 2016년 말까지 왓슨의 실력에 대해서 그나마 유일한 데이터였던 이 OEA의 연구결과는 우리가 지금 논의하고 있는 왓슨 포 온콜로지의 정확성을 증명하기 위해 직접적으로 참고하기는 어려워졌다.

인도 마니팔 병원의 왓슨

그러던 지난 2016년 12월에 인도의 마니팔 병원에서 왓슨 포 온콜로지의 정확성을 평가하기 위해서 우리가 참고할 만한 최초의 결과를 발표하였다. 과거 3년간 치료받은 유방암, 대장암, 직장암, 폐암 등 4가지 암종의 환자 1,000명에 대해서 의사의 판단과 왓슨 포 온콜로지의 판단이 얼마나 일치했는지를 본 것이다. 다양한 암종의 대규모 환자를 대상으로, 개발에 참여한 메모리얼 슬론 캐터링 암센터가 아닌 독립적인 병원이 왓슨 포 온콜로지의 진료 성적을 공개한 것은 실질적으로 이 연구가 처음이다(참고로 미국임상종양학회 2015에서 메모리얼 슬론 캐터링 암센터의 의료진이 발표한 초록이 몇 가지 있다. 다만 모두 특정 암에 편중되어 있고, 환자의 수가 충분하지 않거나, 가상의 환자를 대상으로 한 것이기 때문에 자세히 다루지는 않겠다[33-36]).

인도의 마니팔 병원은 지난 2015년 12월 인도에서는 최초로 왓슨 포 온콜로지를 도입했다.[14] 아시아에서는 태국의 범룽랏 병원 이후로 두 번째다. 국내에서는 다소 생소한 이름이지만, 마니팔 병원은 뱅갈로르를 중심으로 16개의 병원의 네트워크로 이루어진, 연간 20만 명 이상의 암 환자를 진료하는 총 5,000병상 규모의 대형 암센터이다.

특히 인도에는 왓슨 포 온콜로지와 같은 진료 보조 인공지능의 필요성이 크다고 할 수 있다. 2015년 도입 당시의 통계를 보면 인도에는 100만 명의 암 환자가 있으며, 그 수는 빠르게 증가하여 2020년까지 5배가 될 것으로 예상하고 있다.[14] 반면 종양내과 전문의 한 명당 환자 수는 무려 1,600명으로 턱없이 부족하다. 이는 미국의 경우 종양내과 전문의 한 명당 환자 100명이라는 비율과 비교해보면 의사가 16배나 부족한 셈이다.

이런 상황 때문인지 마니팔 병원에서는 흥미롭게도 왓슨 포 온콜로지의 진료를 원격으로도 서비스하고 있다.[27] 환자가 자신의 진료기록, 각종 검사 기록 등을 웹페이지에 업로드하면 PDF 파일의 형식으로 마니팔 병원 의사들의 소견과 함께 왓슨 포 온콜로지의 결과를 받아볼 수 있다.[28] 이 서비스의 가격은 9,500루피로 달러로 환산하면 140달러 정도다.

그러던 지난 2016년 12월 초에 이 병원은 지난 3년간 진료한 1,000명의 암 환자를 대상으로 왓슨 포 온콜로지의 실력을 공개했다. 대상 환자는 네 가지 암종으로, 각각 유방암(638명), 대장암(126명), 직장암(124명), 폐암(112명)으로 구성되어 있다. 왓슨 포 온콜로지를 도입한 지 1년이 지났을 때이다. 연구에서 '지난 3년 동안' 진료한 환자라고 언급한 것을 보아 과거 환자들에 대해서 후향적retrospective으로 연구한 것으로 볼 수 있겠다. 발표는 '2016 샌안토니오 유방암 심포지엄2016 San Antonio Breast Cancer Symposium'과 싱가포르에서 열린 'ESMO 아시아 2016 콩그레스' 등에서 이뤄졌다.[39, 40]

앞서 강조했듯이, 왓슨 포 온콜로지에 대해서 메모리얼 슬론 캐터링 암센터와 독립적인 다른 병원이 대규모 환자를 대상으로 진단 실적을 공개한 것은 이번이 처음이다. 더 구체적으로는 아래와 같은 부분에서 최초이며 의학적으로도 의미가 있다고 할 수 있다.

- 개발에 반영되지 않은 새로운 환자에 대한 테스트
- 메모리얼 슬론 캐터링 암센터와 독립적인 다른 병원에 의한 테스트
- 1,000명의 대규모 환자군에 대한 테스트
- 유방암, 대장암, 직장암, 폐암 등 여러 암종에 대한 테스트

인도 암 환자 1,000명 대상 왓슨의 실력

이 연구에서 마니팔 병원의 암 환자 진료와 관련된 여러 진료과의 전문의들이 모인 다학제 진료팀Manipal multidisciplinary tumour board의 판단과

왓슨 포 온콜로지의 판단을 비교하였다. 앞서 설명했듯이, 왓슨 포 온콜로지는 치료 권고안을 추천-고려-비추천의 3단계로 내어놓는다는 점을 다시 떠올려보자.

1,000명의 환자에 대해서 마니팔 병원의 다학제 진료팀이 제한 치료법을 기준으로, 왓슨 포 온콜로지가 제시한 치료법 중에 추천, 고려, 비추천의 3단계 권고안과 일치하는 비율은 아래와 같았다.

- '추천'과 일치: 50%
- '고려'와 일치: 28%
- '비추천'과 일치: 17%

즉 추천과 고려에 해당하는 경우를 모두 합하면 약 80%에 달하는 치료 권고안이 의사들의 결정과 일치했다. 이 수치는 앞서 언급한 MD앤더슨의 OEA의 진료 일치도와 거의 비슷한 수치라고 할 수 있다. 또한 추천, 고려, 비추천 모두에 속하지 않는 나머지 5%의 경우에는 의사들이 결정한 치료법을 왓슨 포 온콜로지의 권고안 중에서는 찾을 수 없었다.

그런데 문제는 암 종별로 왓슨의 치료 권고안과 의사가 결정한 치료의 일치도에 현저한 차이가 드러났다는 것이다(이 경우에는 '추천' 항목과의 일치율을 본 것이다). 일치율이 가장 높았던 것은 직장암으로 85%가 일치했다. 가장 낮은 것은 폐암으로 17.8%에 불과했다. 더 나아가 유방암의 경우에는 세부 종류별로도 달랐다. 호르몬 수용체와 HER2 유전자가 모두 음성으로 나오는, 예후가 좋지 않은 것으로 알려진 삼중음성triple-negative 유방암의 경우에는 67.9%가 일치했고,

HER2 유전자만 음성인 경우에는 35%로 일치도가 낮았다. 또한 비전이성 유방암은 80% 일치하였으나 전이성 유방암은 45%밖에 일치하지 않았다.

- 직장암: 85% 일치
- 폐암: 17.8% 일치
- 유방암
  · 비전이성 유방암: 80% 일치 / 전이성 유방암: 45% 일치
  · 삼중음성 유방암: 67.9% 일치 / 호르몬 수용체 양성, HER2 음성 유방암: 35% 일치

자, 이 결과를 우리는 어떻게 받아들여야 할까. 이 연구의 결과만 놓고 볼 때 왓슨이 내놓는 치료 권고안의 의사 대비 정확성이 암종별로 상당히 들쭉날쭉하다는 것이 된다. 특정 암종에 대해서는 80% 이상의 비교적 높은 일치도를 보인다. 하지만 특정 암종이나 세부 암종에 따라서는 또 50%에도 미치지 못하는 일치율을 보인다. 심지어 폐암 치료법 일치율은 20%에도 미치지 못했다. 닥터 왓슨의 실력이 정말로 이러하다면 우리가 과연 이것을 믿을 수 있을까? 혹시 어쩌면 비교 대상으로 삼은 의사의 결정이 틀리고 왓슨의 결정이 맞는 것 아닐까? 우리는 이 결과를 어떻게 치료법 결정에 참고하는 것이 좋을까?

미국임상종양학회ASCO 2017에 보고된 왓슨의 실력

마니팔 병원의 발표 이후 약 반년 뒤인 2017년 6월에도 비슷한 연구결과들이 발표되었다. 2017년 6월 초에 시카고에서 열린 미국임상종양학회ASCO 2017에서 태국의 범룽랏 병원, 인도의 마니팔 병원, 한국의 가천대 길병원 등 세 병원이 각각 왓슨 포 온콜로지의 치료 권고안과 해당 병원 의료진의 결정이 얼마나 일치했는지에 대해서 초록의 형태로 발표한 것이다. 이 세 병원의 연구결과들은 세부적으로는 차이가 있지만 큰 그림에서 보면 우리가 얻을 수 있는 결론은 크게 다르지 않다.[41] 이 결과들을 간략히 살펴보면 아래와 같다.

태국 범룽랏 병원의 경우 2015~2016년에 치료받은 폐암, 유방암, 위암 등 세 암종의 환자 211명을 대상으로 살펴보았다.[42] 이 중에 92명은 과거에 치료했던 환자의 기록을 왓슨 포 온콜로지와 비교해본 후향적 연구였다. 나머지 119명은 새롭게 진료받은 환자의 기록을 왓슨 포 온콜로지가 분석하여 의사와 비교해본 전향적 연구였다. 추천과 고려와의 일치를 기준으로 전체 환자군에 대한 일치도는 83%였으며 암 종별로 보면 폐암 91%, 유방암 76%, 위암 78%였다. 후향적으로 분석한 환자와 전향적으로 분석한 그룹의 결과는 비슷했다.

인도 마니팔 병원에서도 상기에 언급한 2016년 12월 발표된 결과에서, 유방암을 제외하고 폐암 112명, 대장암 126명, 직장암 124명의 결과를 다시 발표했다.[43] 암종별로 일치율을 보았을 때 (역시 추천과 고려를 모두 기준으로 하여) 폐암 96.4%, 대장암 81%, 직장암 92.7%였다. 그런데 세부적인 결과가 약간 다른 부분이 있다. '추천'만을 기준으로 한다면 폐암의 일치율은 작년 발표의 17.8%에서 24%로 증

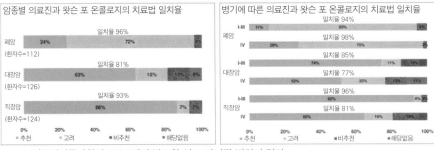

가하였다.

또한 이번 발표에는 세 암종에 대해서 원발 조직에 국한localized되었을 때와 전이되었을 때의 병기별로 구분한 결과도 발표되었다. 병기에 따라서도 일치율에 다소 차이가 나는 것을 알 수 있다. 폐암의 경우에는 전이암일 때, 대장암과 직장암은 원발 조직에 국한되었을 때 일치율이 더 높다.

- 폐암: 국한 88.9%, 전이성 97.9%
- 대장암: 국한 85.5%, 전이성 76.6%
- 직장암: 국한 96.8%, 전이성 80.6%

마지막 세 번째 발표는 한국의 길병원에서 치료받은 2~4기 대장암 환자 340명과 항암치료를 받지 않은 진행성 위암 환자 185명을 대상으로 후향적 연구를 한 것이다.[44] 대장암 환자 전체에서는 73%의 일치율을 보였다. 그중에서 보조 항암 치료를 받은 환자 250명의 경우에는 85%의 일치율을, 전이성 대장암 환자 90명의 경우 40%의 일치율을 보였다. 또한 위암 환자의 경우에는 49%에서 일치했다.

왓슨 포 온콜로지 최초의 논문

그러던 2018년 2월 드디어 왓슨 포 온콜로지에 대한 정식 논문이 『종양학연보Annals of Oncology』에 출판되었다.[45] 앞서 설명한 인도의 마니팔 병원에서 유방암 환자 638명을 대상으로 한 의료진과 왓슨 포 온콜로지의 일치도를 논문으로 보고한 것이다. 필자가 알기로 왓슨 포 온콜로지의 정확성에 대한 연구가 정식 심사 과정을 거쳐서 학술 저널에 실린 것은 이 논문이 최초이다.*

사실 이 논문은 앞서 「인도 암 환자 1,000명 대상 왓슨의 실력」 파트에서 소개한 연구결과에 주로 기반을 둔 것이다. 우리가 얻을 수 있는 결론은 크게 다르지 않다. 의사와의 일치율을 기준으로 평가한 왓슨 포 온콜로지의 실력은 병기별로, 암의 종류별로 다소 차이가 있다는 것이다.

전체 유방암 환자에 대한 의료진의 판단과 왓슨 포 온콜로지의 판단(추천 및 고려)의 일치율은 93% 정도였다(추천 62%, 고려 31%). 이러한 일치도는 병기별로 보면 역시 차이가 난다. 2기 유방암 환자의 경우에 일치율이 97%로 가장 높았고 1기 유방암 환자는 일치율이 80%로 가장 낮았다.

또한 유방암을 수용체별로 구분하고, 이를 다시 전이성metastatic/비전이성non-metastatic으로 구분했을 때도 역시 일치율은 다소 차이가 난다. 수용체 여부는 호르몬 수용체HR 양성, HER2 양성, 삼중음성triple negative의 세 가지로 구분하였다. 이 중 전이성 HER2 양성 유방암 환자의 일치율이 98%로 가장 높았고 전이성 호르몬 수용체 양성 유방

---

* 참고로 이 논문은 IBM의 후원을 받아서 집필되었다. 저자 중에 IBM헬스의 최고의료책임자인 큐 리 박사님과 부 최고의료책임자인 앤드루 노던 박사님 등이 저자에 포함되어 있다.

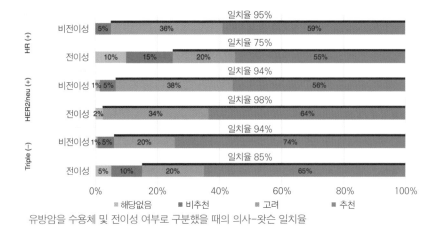

유방암을 수용체 및 전이성 여부로 구분했을 때의 의사-왓슨 일치율

암 환자의 일치율이 75%로 가장 낮았다.

사실 좀 의아한 것은 「인도 암 환자 1,000명 대상 왓슨의 실력」 파트에서 소개했던 2016년 말 연구결과에서는 전이성 유방암 환자의 일치율은 45% 정도로 낮았으나, 이번 논문에 발표된 바로는 75%~98%로 더 높아졌다는 점이다. 이 이유에 대해서 논문에서는 자세히 설명되어 있지 않으나, 그 기간에 왓슨 포 온콜로지에 업데이트가 있었다는 설명도 가능하다. 이러한 시간에 따른 왓슨의 변화에 대해서는 아래에서 좀 더 자세히 다룬다.

아무튼 지금까지 살펴본 몇몇 병원에서 2016년 말부터 2018년 초까지 발표한 왓슨 포 온콜로지와 의사의 일치율이라는 수치를 모두 종합해보면 아래와 같은 다섯 가지 정도의 결론을 잠정적으로 내려볼 수 있다.

• 암의 종류별로 다르다.
• 같은 암종에서도 병기별로 다르다.

- 같은 암종에서도 세부 유형(유전형, 전이성 여부)에 따라 다르다.
- 같은 암종에 대해서도 병원별, 혹은 국가별로 다르다.
- 시간에 따라서 달라질 가능성이 있다.

왜 왓슨의 실력이 다를까 (1) 가이드라인 및 인종적 차이

자, 이런 결과를 우리는 어떻게 이해하고 어떻게 받아들여야 할까. 일단 왓슨과 의사의 일치율이 암종별로, 병기별로, 병원별로, 국가별로 왜 다른지에 대해서 먼저 이야기해보자.

필자는 이러한 일치율의 차이에 대해서 왓슨 헬스의 최고 의료 책임자이자 내과전문의 인 큐 리 박사님과 부책임자이자 신경 종양 전문의인 앤드루 노든 박사님을 포함한 IBM 소속의 의사들 몇 명과도 이야기를 나눠보았다. 그들이 모두 꼽는 이유 중 하나는 왓슨 포 온콜로지가 미국이라는 특정한 나라의 환경에서 메모리얼 슬론 캐터링 암센터라는 특정 병원을 기준으로 개발된 시스템이기 때문이다. 그렇기 때문에 아래와 같은 요소들에 국가별로 차이를 드러낼 수 있다.

- 해당 국가 진료 가이드라인 준수 여부
- 암 환자 인종별 차이의 고려 여부
- 권고한 약이나 치료법의 국가별 인허가 여부
- 보험 급여 기준 및 심사 기준 준수 여부

한국을 포함한 각 나라에서는 암 환자에 대한 진료 가이드라인이 존재한다. 전 세계적으로는 미국종합암네트워크NCCN에서 발간하고 수시로 업데이트하는 가이드라인이 가장 권위 있다. 하지만 한국을 포함한 개별 국가에서는 자국의 상황에 맞게 변경된 가이드라인을 따르기도 한다.[46] 이에 따라 항암제의 종류와 사용, 수술의 필요 여부, 수술의 세부적인 방식 등이 달라지기도 한다.

또한 인종별 차이도 무시할 수 없다. 미국인에 맞게 개발된 왓슨 포 온콜로지는 다른 국가, 특히 아시아인 환자를 대상으로 인종적 특수성을 고려하지 못하는 것으로 알려져 있다. 이러한 요인도 앞서 언급한 태국, 인도, 한국 병원의 일치율 차이의 요인이 될 수 있다. 암은 유전적 요인에 의해서 발병하는데 인종별로 발병 원인 유전자의 구성이나 유전자 발현의 정도가 다를 수 있다. 이런 요인 때문에 항암제에 대한 반응이나 부작용이 달라지는 경우가 있다. 즉 어떤 경우에는 같은 항암제를 사용하더라도 치료 효과가 달라질 수 있다는 것이다.

예를 들어 다국적제약사 아스트라제네카의 폐암 치료제 이레사는 아시아인과 비아시아인의 반응이 다른 대표적인 약제 중의 하나다. 2003년 발표된 이레사의 연구에서는 서양인에 비해 일본인에 더 큰 효과를 보인다는 것이 증명되었으며[47, 48], 성균관대 의대 연구진이 비소세포폐암NSCLC에 대해서 폐암 종양이 50% 이상 감소하는 환자의 비율이 서양인에 비해 한국인이 두 배 높다는 것을 증명한 바 있다.[48] 또한 세브란스 연구팀은 항암제 파클리탁셀이 아시아인 위암 환자의 경우 감수성이 38%에 불과하지만, 비아시아인 환자에게는 75%나 된다는 연구결과를 2009년 발표했다.[49, 50]

최근 발표에 따르면 이러한 인종적 차이는 실제로 왓슨과 국내 의료진의 의사결정에 차이를 만들어내는 것으로 드러났다. ASCO 2017의 길병원 발표에서 위암 환자의 낮은 일치율에 대해서 두 가지

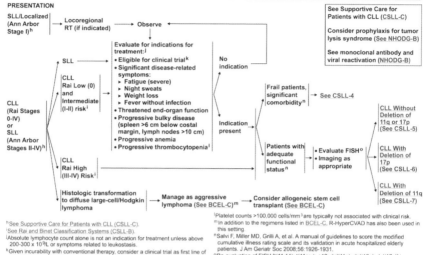

비호지킨 림프종에 대한 2014년 미국종합암네트워크 가이드라인의 일부

가능성이 제시되고 있다.[44] 그중 하나가 항암제 S-1(tegafur, gimeracil and oteracil)과 시스플라틴cisplatin의 조합이 한국에서는 일상적으로 사용되지만, 미국에서는 그렇지 않기 때문이라는 것이다. 일본에서 개발된 S-1이라는 항암제는 임상연구결과 일본과 한국의 환자에게 는 우수한 결과를 보여준 바 있다. 하지만 서양인에게는 설사와 같은 부작용이 흔해서 잘 쓰지 않는 것으로 알려져 있다.

또한 국가별로 인허가받은 약제의 차이가 있을 수 있다. 미국에서 는 FDA의 승인을 받아서 환자들에게 판매되는 약이지만, 한국에서 는 여러 이유로 식약처의 허가를 받지 못해 사용이 불가한 약제일 수 있기 때문이다. 또한 반대로 한국에서 승인받은 약이지만, 미국에서는 아직 허가를 받지 않았을 수도 있다. 앞서 언급한 항암제 S-1의 경우, 일본과 한국과 유럽의 여러 국가에서도 허가받았다. 하지만 아직 미국의 FDA에서는 허가를 받지 않았다.[51]

왜 왓슨의 실력이 다를까 (2) 보험제도의 차이

더 크게 지적되는 문제는 건강 보험 제도의 차이 때문이다. 한국은 전 세계에서도 드물게 전 국민에게 국민건강보험을 보장해주는 시스템을 가지고 있다. 이는 전 세계가 부러워하는 보험체계이기도 하지만 문제가 없는 것은 아니다. 바로 의사의 진료와 처방이 심평원(건강보험심사평가원)의 급여 기준에 맞춰야 하기 때문이다.

우리나라의 의료기관은 (비급여 진료를 제외하면) 진료비 일부는 환자에게 받고 나머지는 심평원에 청구하는 구조로 되어 있다. 심평원은 의료기관이 청구한 내용을 요양급여 기준에 부합하는지 심사한다. 그래서 적합할 경우 청구액을 의료기관에 지급하고 적합하지 않을 경우 지급을 거부하거나 삭감하기도 한다. 즉 의료 서비스를 제공한 후 청구한 진료비를 의료기관이 되돌려받는 후불제 구조이기 때문에 의료진은 심평원의 급여 기준에 맞춰서 진료와 처방을 할 수밖에 없다.

사실 의료계에서는 심평원의 급여 기준과 심사 기준이 모호하다는 지적이 많다. 의사들은 심평원의 산정 기준에 따라서 진료비를 청구했다가도 삭감당하는 경우가 많다고 이야기한다. 일각에서는 의료진이 의학적인 판단보다는 심평원의 급여 기준에 맞춰서 치료하도록 강요당하는 세태를 꼬집어 '심평의학'이라는 자조적 용어를 만들어

내기도 한다.[52]

　문제는 왓슨 포 온콜로지가 당연히 심평원의 급여기준과는 상관없는 치료법을 권고안으로 제시한다는 것이다. 왓슨이 정말로 하루에 수백 편씩 쏟아지는 최신 연구에 발맞춰서 최적의 치료법을 제시해준다고 하더라도, 이 치료에 대한 보험 급여를 적용받지 못하거나 심평원에서 삭감해버린다면 국내에서는 이 권고안을 채택하기가 극히 어려워진다.

　이러한 차이는 왓슨 포 온콜로지의 판단과 국내 의료진의 판단 차이를 만들어내는 실제 요인이 된다. ASCO 2017에서 길병원의 의료진이 발표한 연구결과에는 위암에서의 일치도가 낮은 요인에 대해 (앞서 설명한 S-1의 국가별 차이 이외에도) 왓슨이 권유하는 항암제 Trastuzumab/FOLFOX가 한국에서는 국민 건강 보험 수가를 받지 못하기 때문에 택하기가 어렵다는 점을 명시적으로 언급하고 있다.[44]

왜 왓슨의 실력이 다를까 (3) 치료 옵션 다양성의 차이

　또한 암종별로 일치도가 다른 이유 중 하나는 암의 종류에 따라서 얼마나 다양한 치료 옵션들이 존재하는지에 차이도 있기 때문으로 보인다. 다양한 치료 옵션이 존재할수록 아무래도 양측의 판단이 확률적으로 일치하기 어렵기 때문이다.

　예를 들어 마니팔 병원의 2016년 발표에서 삼중음성 유방암의 경우(일치율 67.9%)에는 HER2 음성 유방암(일치율 35%)보다 가능한 치료 옵션 자체가 적기 때문에 결과적으로 일치도는 올라갈 수밖에 없다는 것이다.[39] 왓슨의 추천과 일치율이 85%로 높게 나온 직장암의 경우에도 상대적으로 다른 암에 비해 치료 옵션의 다양성이 매우 제한적인 편이다.

왜 왓슨의 실력이 다를까 (4) 가이드라인의 변화와 왓슨의 진화

왓슨과 의료진의 일치율이 낮은 또 다른 이유는 바로 가이드라인과 왓슨이 시간이 흐름에 따라서 계속 바뀐다는 것이다. 새로운 연구 결과가 발표되고 새로운 치료법이 개발되면 그에 맞춰서 표준 진료 가이드라인과 왓슨 포 온콜로지의 결정도 계속 바뀔 수 있다. 또한 앞서 언급했듯이 왓슨 포 온콜로지를 활용하는 의료진의 결과가 클라우드 형태로 서비스되는 왓슨으로 다시 피드백된다. 따라서 이를 반영해서도 왓슨은 계속해서 진화한다.

'과거'에 진료했던 환자의 기록을 바탕으로 '오늘'의 왓슨 포 온콜로지를 실행하여 그 결과를 비교하는 후향적 연구의 경우 이러한 차이가 크게 드러날 수밖에 없다. 앞서 언급한 대부분의 연구가 수년 전에 진료한 환자의 치료 방법과 현시점의 왓슨 포 온콜로지에서 나온 결과를 비교한 것이다.

이러한 요인은 마니팔 병원이 2016년 12월 샌안토니오 유방암 심포지엄에서 발표한 자료에서도 확인할 수 있다.[40] 이 발표에는 638명의 유방암 환자 사례를 두 가지 시점에서 분석하고 있다. 하나는 지난 3년간 환자를 진료했던 과거 시점(T1)에서 실제 치료법과 오늘날 왓슨 포 온콜로지의 판단을 비교한 것이다. 다른 하나는 연구가 진행된 2016년 현재 시점(T2)에서 과거의 진료기록을 재검토하여

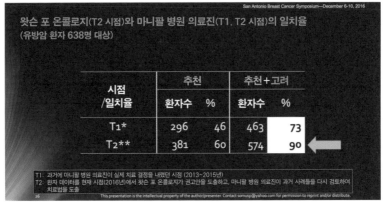

마니팔 병원의 2016년 12월 샌안토니오 유방암 심포지엄 발표자료

의사들이 판단한 것과 왓슨의 결과를 비교한 것이다.

이렇게 과거의 진료 가이드라인 등에 맞춘 의료진의 판단보다 현재 의료진의 판단이 왓슨과 더 높은 비율로 일치한다. 왓슨 포 온콜로지의 '추천'만을 기준으로 했을 때는 46%에서 60%로 증가하였고, '추천'과 '고려'를 모두 기준으로 하면 과거의 73%에서 90%까지 일치율이 증가하는 것을 볼 수 있다.* T1과 T2 시점의 일치율 차이는 그동안 변경된 가이드라인 때문이라고도 설명할 수 있다.

그런데 시간이 흐름에 따라서 가이드라인, 신규 논문, 새로운 치료법 등을 반영하여 계속 진화한다는 왓슨의 속성은 또 다른 문제를 만들어낸다. 곧 더 자세히 이야기하겠지만, 필자는 왓슨의 정확성과 의학적 효용 등을 증명하기 위해서 임상시험이 필요하다고 본다. 하지만 이렇게 지속해서 변화한다는 왓슨은 과거 특정 시점에서 진행한 임상연구의 결과가 현재 혹은 미래에 적용되지 않을 수 있다는 점을

---

* 이 결과는 마니팔 병원이 2018년 2월 『종양학연보Annals of Oncology』에 출판한 논문에도 언급되어 있다.[43] 논문에 결과는 환자 수가 약간 더 증가하였지만, T1, T2의 서로 다른 두 시점에서 의사와 왓슨의 일치율이 달라졌다는 결론 자체는 동일하다.

뜻한다.

이슈 3. 왓슨의 정확성과 의학적 효용을 어떻게 증명할까

앞서 논의한 내용을 정리해보자면 왓슨 포 온콜로지의 정확성과 의학적 효용이 아직 완전히 증명되지 않았음을 알 수 있다. 기존에 발표된 연구들은 모두 왓슨 포 온콜로지와 특정 국가의 특정 병원 의료진의 판단과 얼마나 일치하는지를 분석한 정도이다.

이러한 연구가 가지는 결정적 한계점은 왓슨과 의사의 '일치율'을 보는 것이 왓슨 포 온콜로지의 정확성과 효용성을 평가하기 위해서 적절한 지표가 되기 어렵다는 것이다. 왓슨의 치료법이 의사의 판단과 일치한다고 해서 정확하다고 할 수 없다. 반대로 의사의 판단과 일치하지 않는다고 해서 부정확하다고 할 수는 없는 일이다. 의사의 판단이 최선의 판단일 수도 있지만, 최선이 아닐 수도 혹은 틀릴 수도 있기 때문이다.

만약 '일치율'을 높이는 것이 왓슨의 실력에 대한 유일한 지표나 개발 목표가 된다면 결국 인간 의사와 완전히 같은 판단을 하는 시스템이 (구현 가능성은 차치하고서라도) 왓슨의 최종적인 모습이 될 것이다. 즉 '일치율'만을 기준으로 한다면 의사와 동일한 수준의 인공지능을 구현할 수는 있겠지만, 의사보다 더 나은 인공 지능을 개발할 수는 없다.

우리가 인공지능에게 기대하는 것은 한 단계 더 높은 수준이다. 즉 인간 의사의 부족한 점을 보완해줄 수 있고, 가능하면 때로는 더 나은 치료법을 찾아줄 수도 있는 인공지능이다. 만약 왓슨의 판단이

(예를 들어 메모리얼 슬론 캐터링 암센터의) 의료진의 결정과 100% 일치율을 달성했다면, 그리고 그것을 증명했다면, 과연 그 시스템은 유용할까? 의사가 부족하거나 종양내과 전문의가 부족한 환경에서는 매우 유용할 수 있다.

하지만 평균적인 혹은 평균 실력 이상의 종양내과 전문의를 충분히 갖춘 병원에서는 그리 큰 가치를 제공하지 못할 것이다. 의사가 실수하는지 정도를 체크하는 정도의 기능은 될 수 있다. 하지만 그 이상은 기대하기 어려울 것이다. IBM도 이 정도 목적의 달성을 위해 그렇게 막대한 투자를 하지는 않았을 것이다.

이 부분에 대해서 앤드류 노든 박사는 미국임상종양학회ASCO 2017에서 발표된, 일치율이 80~90%라는 왓슨 포 온콜로지의 퍼포먼스에 대해서 만족감을 표시했다. "이러한 수치는 우리가 원하는 정도다. 만약 일치율이 100%라면 모든 경우에 의사와 완전히 동일한 권고안을 준다는 것이므로 아무런 가치가 없다고 주장할 수 있다. 만약 훨씬 낮거나 0%의 일치율을 보인다면, 그것 또한 문제가 될 것이다."[53]

즉 왓슨 포 온콜로지가 현재 의사와 너무 다르지도 않고 너무 같지도 않은 권고안을 주기 때문에, 의료진에게 가치가 있을 수 있다는 것이다. 그럼에도 불구하고 앞서 필자가 누차 강조했듯이 우리는 아직 그러한 가능성에 대한 확실한 근거를 보지 못했다. 특히 우리는 아직까지 왓슨 포 온콜로지의 정확성이나 의학적으로 환자나 의료진이 어떤 효용을 얻는지에 대해서 알지 못한다. 예를 들어 아래와 같은 질문에 대해서 아직 답할 수 있는 근거가 마련되지 않았다.

- 왓슨 포 온콜로지의 권고안은 얼마나 정확한가?
- 왓슨 포 온콜로지가 환자의 생존기간의 연장에 도움을 주는가?
- 왓슨 포 온콜로지가 환자의 치료 효과를 개선하는가?
- 왓슨 포 온콜로지가 의료비 절감에 어떤 영향을 주는가?
- 왓슨 포 온콜로지가 의료진의 진료 효율성을 높이는가?
- 왓슨 포 온콜로지에 의료보험을 적용해야 하는가?

그렇다면 이러한 질문에 답을 얻기 위해서는 무엇이 필요할까? 현대 의학의 근본 기조인 근거 중심 의학evidence-based medicine에서는 결국 근거가 필요하다. 근거를 마련하기 위해서 가장 좋은 방법은 역시 임상시험이다. 나는 결국 왓슨이 정확성이나 의학적인 효용을 검증하기 위해서는 임상시험을 거쳐야 한다고 생각한다.

임상시험이 필요하다. 하지만…

왓슨 포 온콜로지의 정확성과 의학적 효용을 증명하기 위해서 어떤 방식으로든 임상연구가 필요할 것이라는 점은 많은 의료 전문가들이 동의한다. 필자가 왓슨 헬스 소속의 의사들 몇 명을 만나서 이 부분을 논의했을 때도 대체로 이 점에 대해서 동감했다. 2017년 3월 필자가 앤드류 노든 박사와 논의했을 때도 어떤 방식으로든 임상연구가 필요할 것이라는 점에 동의했다. 하지만 그는 왓슨에 대한 임상시험을 진행한다고 하더라도 몇 가지 근본적인 문제가 있다는 점에 대해서도 역시 동의했다.

무엇보다 왓슨 포 온콜로지의 의학적 효용을 증명하기 위해서 무엇을 기준으로 할 것인지가 애매하다. 임상시험을 디자인하기 위해서는 정확성, 의학적 효용, 안전성 등을 판단할 명확한 기준이 필요하다. 신약 개발 시에 임상시험을 진행하면 소위 평가변수endpoint를 정의해야 한다. 예를 들어 항암제에 대한 임상시험을 계획할 경우, 생존율Survival Rate, 전체 생존 기간OS, Overall Survival, 반응률RR, Response Rate, 무진행 생존 기간PFS, Progressive-free Survival, 독성toxicity 등의 지표를 해당 약의 효능을 평가하기 위한 평가변수로 삼기도 한다.

그런데 왓슨 포 온콜로지에 대해서 임상시험을 하려고 하면 무엇을 기준으로 해야 할까? 솔직히 말하면 필자도 명확한 답을 가지고 있지 않다. 이 점에 대해서는 아직 IBM도 별반 다를 것이 없는 것 같다. 왓슨 헬스의 발표자료를 보면, 임상시험 결과를 어떻게 평가할지에 대해서 일치율concordance, 의사결정에 주는 영향decision impact, 가이드라인 준수율guideline adherence, 비용cost, 시간 절감time savings과 함께 종양의 반응tumor response, 생존율survival 등이 명시되어 있다. 이 중에서는 마지막에 언급된 종양의 반응과 생존율 정도가 의학적인 효용을 평가하기 위해서 그나마 유의미해 보인다.

왓슨 포 온콜로지 임상시험의 필요성을 주장하는 김에 한 단계 더 들어가보자. 임상시험을 어떤 식으로 디자인해야 할까? 가장 엄격한 요건을 갖춘 임상시험이라면, 실험군과 대조군을 갖춰야 하며, 이중 맹검double blind과 무작위randomized라는 조건으로 전향적prospective 임상이 진행되어야 한다.

실험군은 왓슨을 적용하여 치료하는 환자군이고 대조군은 왓슨을 사용하지 않고 왓슨의 효과와 비교하기 위한 기준이 되는 환자군을 의미한다. 무작위는 환자를 말 그대로 무작위로 실험군과 환자군에

Data and Evidence Strategy

- Concordance
- Decision impact
- Pre-/post- assessment with focus on outcomes such as:

  ➤ Guidelines adherence
  ➤ Cost
  ➤ Time savings
  ➤ Toxicity, hospitalizations, emergency visits
  ➤ Physician and patient satisfaction
  ➤ Tumor response
  ➤ Survival

IBM Watson Health

왓슨의 증명에 대한 IBM 왓슨 헬스의 발표 슬라이드 일부

배정하는 것을 말하며 이중 맹검은 치료받는 환자와 치료하는 의료진 양측 모두가 이 환자가 실험군과 대조군 어느 그룹에 속했는지를 모르게 한다는 것이다. 또한 전향적이라는 것은 모든 조건을 갖춰놓은 이후에 환자를 모집하여 현시점으로부터 대상자를 추적 관찰하는 것이다(반대로 후향적 연구는 현시점에서 과거의 기록을 대상으로 조사하는 것이다).

이러한 조건에 맞춰서 만약 아래와 같이 임상시험을 진행한다고 가정해보자. 대조군은 종양내과 전문의 한 명, 혹은 특정 병원, 혹은 복수의 병원에 있는 종양내과 전문의들이 진료하는 그룹이다. 실험군은 의사가 전혀 관여하지 않고 왓슨 포 온콜리지의 '추천' 항목에 의해서만 치료하는 그룹이다. 암 환자를 각각 1,000명씩 전향적으로 모집하여 무작위로 양쪽 그룹에 배정한다. 이 경우에는 이중맹검은 어려울 것이니(의사는 환자가 어느 군에 속했는지 알 수밖에 없다), 환자만이라도 자신이 어느 그룹에 속했는지를 모르는 '단일 맹검single blind'

방식으로 해야 하겠다. 1차, 2차 평가변수는 각각 5년간의 생존율$_{OS}$
과 무진행 생존기간$_{PFS}$으로 하도록 하자.

자, 이런 디자인의 임상시험을 수행하는 것이 가능할까? 이러한 임상시험은 한 눈에도 몇 가지 심각한 문제가 있는 것이 명백해 보인다.

첫 번째로 무엇보다 아직 정확성이나 효용이 검증되지 않은 왓슨 포 온콜로지만으로 실험군의 환자를 진료하는 것에는 의학적으로나 윤리적인 문제가 있다. 신약 임상시험의 경우에는 전임상이나 임상 1상에서 후보 물질의 독성 등 최소한의 안전성을 동물과 사람에서 검증한 후에 2상에서 약효를 시험한다. 하지만 왓슨의 경우에는 그렇게 최소한의 안전성을 보장하기 위한 단계를 거치기 어렵다. 따라서 일단 실험군의 환자를 전적으로 왓슨에게 맡기는 것은 적절하지 않다.

두 번째로 대조군 환자를 치료하는 의사들의 실력에 편차가 있을 수 있다는 것이다. 개별 종양내과 의사를 비교하는 것은 당연히 의미가 없을 뿐만 아니라 특정 병원의 종양내과 의사 전체, 혹은 여러 병

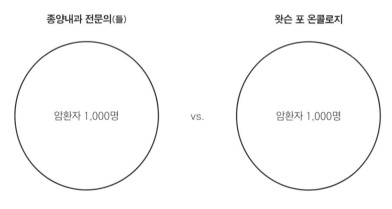

종양내과 전문의(들)   **왓슨 포 온콜로지**

암환자 1,000명   vs.   암환자 1,000명

- 단일 맹검, 무작위, 전향적 임상시험
- 1차 평가변수: 5년 생존율
- 2차 평가변수: 무진행 생존 기간

원의 의사를 대상으로 한다고 해도 이 의사 중에 실력, 경험, 치료 방침 등에 차이가 있을 수 있다. 이런 조건에서 나온 임상 결과를 다른 병원의 의사들이 참고하기는 어려울 가능성이 있다. 따라서 어떤 식으로든 '기존의 의료계 최선의 치료법'을 대표할 수 있는 보편적이면서 표준적인 기준을 마련해야 할 것이다.

세 번째로 왓슨이 계속 진화한다는 점이다. 왓슨은 임상시험 중에도 계속 성분과 제형이 끊임없이 바뀌는 약과 같다. 즉 5년이라는 임상시험 기간에도 왓슨은 계속 바뀐다. 임상시험 시작 첫날의 왓슨과 마지막 날의 왓슨은 다를 것이다. 얼마나 다를 것인지의 정도의 예측도 어렵다. 더 나아가 임상시험을 마무리하고, 그 결과를 몇 개월 혹은 몇 년 동안 정리하여 논문으로 발표하는 시점이 되면, 이미 논문 출판 시점의 왓슨은 임상시험 당시의 왓슨이 아니게 된다. 즉 과거에 수행한 임상시험의 결과가 실제 환자에게 적용하는 현시점의 왓슨이 정확하다는 것을 증명하기 위한 근거가 되기 어려운 것이다.

임상시험으로 왓슨을 검증하려면

그러면 어떻게 해야 할까? 부끄럽게도 필자도 답이 없다. 이와 관련해서 몇 분의 종양내과 선생님들과 논의해보았으나 '어려운 문제'라는 것에만 동의했을 뿐, 역시 서로가 만족할 만한 결론을 내리지는 못했다. 완벽하지는 않으나 다음과 같은 임상시험 디자인이 필자가 구상할 수 있는 그나마 최선의 결과물인 것 같다.

일단 실험군과 대조군을 의사 vs. 왓슨의 구도보다는 의사 vs. 의사+왓슨으로 구성하는 것이 좋다고 본다. 양쪽 모두 의사가 기본적인 진료를 하므로, 앞서 언급했던 실험군 환자에게 왓슨 포 온콜로지만으로 진료할 때의 윤리적인 문제나 안전성의 문제를 최소화할 수 있다. 또한 왓슨 포 온콜로지가 실제 진료 현장에서 사용될 때는 의사를 보조하는 방식으로 사용될 것이므로 이러한 디자인이 진료에 참고하기에 더 적절하다고 생각한다. 다만 이 경우에는 왓슨의 의견을 어떤 경우에 어떻게 반영할 것인지에 대한 원칙도 정해져야 하겠다.

또한 실험군과 대조군에서 의사가 개입할 때 개별 의사나 특정 병원의 의사가 각자 알아서 진료하는 것보다는 미국종합암네트워크NCCN 가이드라인과 같은 표준화된 기준을 마련하는 것이 좋다고 본다. 사실 미국종합암네트워크 가이드라인도 방대한 종류의 치료법을 담고 있고, 치료법을 뒷받침하는 근거 수준도 다양해서 '기존의 치료법'을 대표할 수 있는 일반적 기준이 될지에 대해서는 고민의 여지가 있다. 다만, 엄격한 임상시험을 위해서는 어떤 방식으로든 다수의 의사가 공통된 기준을 바탕으로 진료하는 조건은 마련해놓아야 할 것

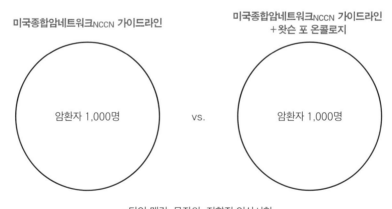

미국종합암네트워크NCCN 가이드라인

암환자 1,000명

vs.

미국종합암네트워크NCCN 가이드라인
+왓슨 포 온콜로지

암환자 1,000명

• 단일 맹검, 무작위, 전향적 임상시험
• 1차 평가변수: 5년 생존율
• 2차 평가변수: 무진행 생존 기간

이다.

하지만 이러한 수정된 디자인의 임상연구에도 여전히 해결되지 않는 문제가 있다. 바로 앞서 지적한 왓슨이 계속 변화한다는 것이다. 실험군과 대조군을 조정하고, 미국종합암네트워크 가이드라인을 기반으로 하더라도, 역동적으로 변화하는 왓슨의 근본적인 속성은 임상시험을 수행하고, 여기에서 나온 근거를 바탕으로 진료를 하기 위해 본질적인 한계를 부여한다.

IBM은 임상시험을 원할까

마지막으로 이러한 임상시험이 과연 현실적으로 수행 가능할지도 생각해보자. 이런 대규모 임상연구는 많은 연구비가 들어가며, 왓슨 포 온콜로지를 수천, 수만 명의 환자에게 적용하기 위해서는 결국 사용료가 발생한다. 그러므로 이 임상연구를 진행한다면 그 주체는 IBM이 되거나, 적어도 IBM의 후원을 받아야 할 것이다.

하지만 과연 IBM은 이런 임상시험을 진행하기를 원할까? 아마도 답은 "아니오"일 것이다. IBM은 영리 기업으로 왓슨이라는 인지 컴퓨팅 브랜드를 바탕으로 비즈니스를 하고 있다. 이미 왓슨 개발에 막대한 자본과 인력을 투입하고 있다. 현재 IBM 전사가 왓슨에 사활을 걸고 있다고 해도 과언이 아니다. 그 왓슨의 비즈니스 중에서 가장 큰 비중을 차지하는 것이 바로 왓슨 포 온콜로지다.

IBM의 입장에서는 이런 임상시험을 진행하는 것이 너무 리스크가 크다. 만약에 이런 임상시험 결과 왓슨 포 온콜로지의 정확성과 효용이 유의미하다는 것을 입증할 수 있다면 좋을 것이다. 하지만 반대로 만에 하나 왓슨이 통계적으로 유의미한 수준의 의학적 효용이 없다고 나온다면 왓슨 포 온콜로지 사업 전체가 위험에 빠질 것이다. 즉 확실하게 효과가 없는 것으로 증명되기보다는 효과 유무를 증명하지 않은 채 불명확한 상태로 있는 것이 더 유리할지도 모른다.

여담이지만 미국의 유력 인터넷 매체 『스탯 뉴스STAT NEWS』에는 2017년 9월에는 왓슨 포 온콜로지의 한계에 대한 장문의 비판 기사가 실렸다. 필자도 이 기자와 스카이프로 두 시간 정도 인터뷰를 하였는데 결국 '너무 리스크가 크기 때문에 IBM은 왓슨의 임상시험을 원하지 않을 것이다'는 논평이 짧게 실렸다.[54]

미국임상종양학회ASCO 2017에서 앤드류 노든 박사는 왓슨 포 온콜로지가 환자의 치료 효과에 미치는 영향에 대해서 연구를 계획하고 있다고 언급한 바 있다.[53] 하지만 필자가 보기에 IBM이 왓슨 포 온콜로지 사업 전체의 운명을 걸고 이러한 임상연구를 진행할 가능성은 그리 높지 않을 것 같다. 적어도 이 임상연구를 '공개적으로' 진행하지는 않을 것이다. 실제로 필자가 IBM의 최고 의료 책임자 큐 리 박사님을 인터뷰했을 때도 이와 관련한 언급이 있었다. 인터뷰 전문은 이번 챕터의 끝에 실려 있다.

왜 길병원은 왓슨을 도입했나

그러면 이제 국내로 눈을 돌려보자. 한국에 지금까지 왓슨 포 온콜로지를 도입한 병원은 앞서 언급했듯이, 인천의 가천대 길병원, 부산대학교병원, 대전의 건양대학병원, 대구의 계명대 동산병원과 대구가톨릭병원, 조선대병원, 전남대병원 등 7개 병원이다. 이 병원들은 왓슨 포 온콜로지를 왜 도입했을까? 그리고 암 환자의 진료에 왓슨을 어떻게 활용하고 있으며, 의료진과 환자들의 반응은 어떠할까.

사실 한국 IBM은 2015년 정도부터 수도권을 포함한 국내 대형 병원들에 왓슨을 도입시키기 위해 많은 미팅을 하고 협의하는 등의 노력을 한 것으로 알려져 있다. 당시 언론을 통해서 외부에 알려진 바는 많지 않았다. 하지만 실제로는 상당히 많은 병원과 미팅을 했고 일부에는 필자도 동석했다. 비록 최종적으로 성사되지는 않았지만, 왓슨의 도입이나 공동 연구에 대해서 매우 구체적인 진전이 있었던 병원도 있었다.

하지만 결국 길병원이 2016년 9월에 국내 최초 도입 발표를 하기까지는 적지 않은 시간이 걸렸다. 또한 지금까지 도입한 병원들의 목록을 보면 한국에서 가장 많은 암 환자를 진료하는 서울의 소위 '빅5 병원'에는 아직 왓슨이 도입되지 않았다. 이렇게 수도권 병원은 왓슨을 도입하지 않고 인천, 대전, 대구, 부산 등의 지방 병원들이 왓슨을 도입했다는 사실에서 몇 가지 이유를 추측해볼 수 있다.

사실 가천대학교 길병원은 필자를 비롯한 여러 전문가가 국내에서 처음으로 왓슨을 도입할 가능성이 높다고 꼽은 후보 중의 하나였다. 필자는 국내 병원이 왓슨을 도입하려면 두 가지 조건이 충족되어야 한다고 보았다.

첫 번째는 적지 않은 자금을 투입하여 왓슨을 도입함으로써, 투자 대비 수익ROI을 올릴 수 있는 병원이어야 한다. 이러한 면에서 소위 수도권 빅5 종합병원은 왓슨을 도입할 동인이 크지 않다. 구체적인 금액은 공식적으로는 공개되어 있지 않지만, 필자가 파악한 몇몇 병원에 따르면 왓슨을 도입하는 데 적지 않은 비용이 들어간다. 병원

2015년 7월 서울대병원 왓슨 세미나 (필자 촬영)

의 입장에서는 이런 큰 비용의 투자에 대해서는 적정 규모 이상의 효과를 바랄 수밖에 없다. 병원이 기대할 수 있는 효과는 환자의 치료 효과 개선뿐만 아니라 진료 효율성의 개선, 병원 매출이나 이익률 상승, 신규 환자의 유입 증가, 기존 환자의 유출 감소, 병원의 이미지 제고 등 병원 차원의 효과를 포함한다.

수도권의 대형병원의 경우 이미 감당하기 어려울 정도의 암 환자들이 전국에서 자발적으로 모여들고 있으며 현재 치료 결과에도 큰 부족함이 없다. 언론에도 자주 오르내리는 '명의'들을 다수 보유하고 있으므로 어떠한 측면이든 왓슨의 도입에 대한 투자 대비 기대 수익률이 상대적으로 낮을 수밖에 없다. 한마디로 왓슨을 도입하지 않아도 현재의 상태를 유지하는 데 문제가 없고 왓슨을 도입한다고 해서 더 나아질 것도 없다는 것이다. 더구나 대학병원 중 상당수는 적자 상태이거나 겨우 적자를 모면할 정도로 이익률이 높지 않다.[55] 2014, 2015년 실적을 보면 전국 대학병원 대부분이 적자 경영을 하고 있다. 2015년 국립대학병원 중에서 흑자를 낸 곳은 부산대치과병원과 경상대병원 두 곳밖에 없었다.[56, 57]

하지만 소위 빅5 병원에 아슬아슬하게 속하지 못하면서, 이들과 경쟁하는 대형병원의 경우에는 왓슨과 같은 혁신적인, 혹은 혁신적이라고 주장할 수 있는 솔루션의 도입에 대한 동기가 상대적으로 크다고 할 수 있다. 빅5 병원이 가지고 있지 못한 차별점을 만들고, 이를 통한 치료 효과의 개선이라는 의료적 효용뿐만 아니라, 대외적 이미지 개선이나 뉴스를 만들어낼 수 있는 의료 외적인 효용도 꾀할 수도 있기 때문이다.

두 번째 조건은 의사결정 체계다. 많은 대형병원은 국가나 재단 혹은 기업이 직간접적으로 관여하고 있기 때문에 과감한 투자나 의사결정을 내리기가 어렵다. 이런 조직의 경우 병원장도 몇 년마다 교체되기 때문에 의사결정에 힘이 실리기 어렵고 교수마다 저마다 주장이 있다. 소위 사공이 많은 것은 빅5 병원 대부분 그러하다. 하지만 강력한 리더십을 가진 의사결정권자가 있는 일부 병원의 경우에는 왓슨의 도입과 같은 과감한 결정을 내리기가 비교적 쉽다.

길병원은 이런 두 가지 조건을 만족하는 몇 안 되는 병원 중의 하나이다. 우선 규모에서 1,400병상으로 국내 5위이다. 의료수익은 2014년 기준 수도권 대형 병원 중 8위이고 의료이익률은 7%로 상위 10개 병원 중에 2위권이다. 하지만 전체 의료수익은 빅5와 비교했을 때는 1위 서울아산병원의 4분의 1 규모이고 5위 서울성모병원의 절반 규모이다. 그러다 보니 이 경쟁 병원들 대비 과감한 시도에 대한 동인이 충분했을 것이다. 또한 가천대학교와 길병원의 이길여 총장이라는 강력한 리더십의 존재는 왓슨의 도입에도 영향을 미쳤을

순위	병원명	의료수익	의료이익	의료이익률	의사수	의사1인당 의료수익
1	서울아산병원	13,423	825	6.1	1,600	8.39
2	삼성서울병원	10,612	-463	-4.3	1,230	8.63
3	세브란스병원	10,244	1,640	16.0	1,240	8.26
4	서울대병원	8,715	-41	-0.4	1,208	7.21
5	서울성모병원	6,296	399	6.3	830	7.59
6	분당서울대병원	4,936	-172	-3.5	742	6.65
7	아주대병원	4,045	142	3.5	650	6.22
8	가천대 길병원	3,634	254	7.0	557	6.52
9	강북삼성병원	3,532	89	2.5	370	9.55
10	강남세브란스병원	3,194	115	3.6	625	5.11
11	고대구로병원	2,769	279	10.1	471	5.88
12	고대안암병원	2,730	132	4.8	556	4.91
13	건국대병원	2,344	3	0.1	410	5.72
14	한림대성심병원	2,246	468	20.8	350	6.42
15	중앙대병원	1.998	6	0.3	411	4.86
	평균	5,381	245	4.9	750	6.86

2014년 수도권 15개 대형병원의 경영 성과[55]   (단위: 억원, %, 명)

것으로 추측해볼 수 있다.

왓슨은 정말 마케팅용일까

현재 왓슨을 도입한 병원에서는 저마다의 방식으로 암 환자의 진료에 왓슨을 활용하는 것으로 알려져 있다. 길병원의 경우에는 왓슨을 활용하는 다학제 진료실을 별도로 만들어놓고 진료한다. 여러 진료과의 의료진이 좌우로 앉고 가운데 화면에 환자의 검사 결과와 왓슨을 함께 띄워놓고 15~20분을 진료하는 방식이다(필자가 방문했던 몇몇 다른 병원도 비슷한 방식으로 진료한다). 왓슨뿐만 아니라 다양한 진료과의 의사들이 직접 설명해주므로 환자들의 만족도가 매우 높다고 한다. 더구나 환자가 비용을 부담하지도 않으니 더 좋아할 수밖에 없다.

혹자는 국내 병원이 왓슨을 도입한 이유를 단순히 '마케팅용'이라고 치부하기도 한다. 실제로 길병원이 왓슨을 도입한 이후, 환자들이 수도권 병원에서 길병원으로 옮기거나, 예전 같으면 소위 빅 5로 왔을 지방 환자들이 길병원으로 오는 사례가 늘고 있다고 전해진다.

사실 이런 부분이 앞서 언급한, 병원이 왓슨을 도입할 첫 번째 동기다. 바로 지방 거점 병원들에서 환자의 유입을 증가시키고, 수도권으로 환자의 유출을 막기 위한 목적이다. 한국에서는 암 환자의 수도권 병원 쏠림 현상이 심하다. 암에 걸리면 지방 병원보다는 시간과 돈을 좀 더 쓰더라도 유명 병원의 소위 '명의'에게 진료받으려는 환자가 적지 않다. 지방 병원의 입장에서는 이런 환자들의 유출을 막는 것이 큰 숙제일 수밖에 없다. 대전의 건양대학병원에서 왓슨을 도입할 때 "지역 환자들은 수도권의 여러 병원을 찾아다닐 필요가 없어질 것"이라고 언급한 최양준 건양대병원장의 코멘트는 이런 고민을 반영한다고 할 수 있다.[58]

참고로 IBM은 원래 왓슨을 만든 목적 중의 하나가 '의료의 민주화 democratization'를 위해서라고 주장한다.[59] 의료 전달 체계가 한국과 다른 미국에서는 1차 병원에서 시작하여, 2차 병원 등등을 차례대로 거쳐 마지막에 MD앤더슨이나 메모리얼 슬론 캐터링 암센터와 같은 상급종합병원으로 가게 된다. 즉 1, 2차 병원에 해당하는 지역 병원 community hospital에서는 암 환자를 진료하는 인프라나 경험이 메모리얼 슬론 캐터링 암센터에 비해 부족할 수밖에 없다. 이런 지역 병원에서 왓슨 포 온콜로지를 도입하면, 환자가 뉴욕의 메모리얼 슬론 캐터링 암센터를 가지 않고서 지역 병원에서도 비슷한 수준의 진료를 받을 수 있을 것으로 기대하는 것이다. 하지만 1, 2차 병원의 추천을 받지 않아도 바로 서울대병원과 같은 상급종합병원으로 갈 수 있는 한국에서는 이런 왓슨이 조금 다른 목적으로 사용된다고 평가할 수 있다.

또한 의료계에서는 왓슨 포 온콜로지를 구글과 같이 단순히 치료법을 검색하는 역할에 그친다는 의견도 있다. 실제 왓슨을 현장에서 활용해본 의료진 중에도 이런 의견을 내는 분들이 있다. 이런 의견에 대해서는 과연 구글이 우리에게 의미가 없는 존재인지를 반문해볼 수도 있다. 세상의 모든 지식을 머릿속에 담고 있으며 새롭게 나오는 지식도 모두 학습하고 있다면 구글이 의미 없는 존재일 수 있다. 하지만 인간은 그렇지 못하기 때문에 구글이 유용한 검색 엔진이 되는 것이다. 이는 의료 지식에도 그대로 적용될 수 있다. 하지만 검색엔진의 검색 결과가 너무 부정확하거나 사용자의 기대와 크게 차이가 난다면 가치가 없을 것이다.

결국 필자가 이야기하고 싶은 것은 아직 근거가 부족하다는 것이다. 현재의 왓슨이 얼마나 효과적인지, 정말로 단순히 마케팅 용도에 그치는지, 단순 검색에 불과해서 치료 개선에 영향이 미미한지 아닌지를 따질 수 있는 근거가 없다는 것이다. IBM은 왓슨 포 온콜로지의 필요성 및 장점을 강조하기 위해서 현대 의학의 45% 이상의 의료 행위가 근거 없이 행해지고 있다고 비판한다.[18] 하지만 그러한 왓슨 자체가 정확성과 효용성을 입증할 수 있는 근거가 없다는 것은 아이러니한 일이 아닐 수 없다.

그 때문에 병원이 왓슨을 단순히 마케팅용으로 도입했다고 폄훼하는 논리도 무리가 있다고 생각한다. 반대로 왓슨이 실제로 환자의 치

There's a gap **between what we know and what we do…**

45.1% **of medicine is not evidence based;**[1] **it takes** 17 years **to translate science to practice.**[2]

It's humanly impossible **to keep up with the knowledge and the data…**

Doctors would have to read approximately 29 hours **each workday to keep up with new professional insights;**[3] 8K+ **published research articles per day;** 80% **of data is unstructured and each of us will produce** 300M books **of health-related data in our lifetime.**

왓슨 헬스는 '의료의 45.1%가 근거에 기반을 두지 않은 것'이라고 주장한다.

료에 도움이 된다고 주장할 수도 없다. 요는 양쪽 주장의 타당성을 판단할 근거가 아직 충분하지 않다는 것이다. 의학은 과학이며, 과학적 주장은 논리와 데이터와 근거로 뒷받침되어야 한다.

왓슨을 도입한 병원을 비판할 수 있다면, 이는 아직 과학적으로 정확성이 명확히 입증되지 않은 솔루션을 도입했다는 부분 정도일 것이다. 실제로 앞서 언급했듯이 왓슨 포 온콜로지에 관해 참고할 수 있는 연구가 2016년 12월 마니팔 병원에서 처음 나오기도 이전에 이미 길병원에서는 왓슨의 도입을 도입했다. 또한 환자들이 '왓슨이 진료한다'는 이유로 해당 병원을 찾아가는 것도 (지푸라기라도 잡고 싶은 심정을 이해하지 못하는 바는 아니지만) 합리적이지는 않다는 점도 다시 강조해야 하겠다.

여담이지만, 왓슨을 도입한 일선 병원들의 의료진과 개인적으로 이야기를 나눠보면 공개적으로 드러내기 어려운 왓슨의 장점도 있다고 전해진다. 왓슨 포 온콜로지 덕분에 최소한 국제적인 진료 기준에 맞춰서 환자를 치료할 수 있다는 것이다. 국내에도 일부 의사들은 공공연하게 NCCN 가이드라인도 잘 지키지 않는 경우가 있다는 이야기가 들린다. 최신 연구결과에 대한 공부가 부족했을 수도 있고, 자신이 지금까지 쌓아온 진료 노하우가 표준 가이드라인보다 더 우수하다고 생각했을 수도 있다.

예를 들어 만약 높은 지위에 있는 노교수가 가이드라인을 지키지 않는 '자신만의' 치료를 고집하더라도 한국의 의료 현실상 지위가 낮은 젊은 교수는 이에 문제를 제기하기가 어렵다. 하지만 왓슨을 근거로 한다면 최소한 표준 가이드라인에 맞게 진료하도록 유도할 수는 있다는 것이다. 이 경우, 왓슨 포 온콜로지의 도입이 원래 의도했던 바는 아니라고 하더라도, 환자 치료 효과 증진에 긍정적인 작용을 할 수도 있다.

왓슨, 원칙과 근거가 필요하다

현재의 왓슨 포 온콜로지를 평가하기에는 아직 근거가 부족하다. 그러다 보니 현재 진료 현장에서 환자에게 왓슨을 어떤 원칙을 적용할지 역시 불명확하다. 예를 들어 아래와 같은 부분에 대해서 의료계에서 합의된 원칙이 현재 전혀 없는 상황이다.

- 어떤 환자의 경우에 왓슨 포 온콜로지의 의견을 물을 것인가
- 왓슨 포 온콜로지를 암종별로 얼마나 신뢰할 것인가
- 왓슨 포 온콜로지의 결과를 환자에게도 공개해야 하는가? 혹은 의료진만 확인할 것인가

- 왓슨 포 온콜로지의 판단과 의료진의 판단이 다른 경우에는 어떻게 할 것인가
- 왓슨 포 온콜로지의 의견을 반영한 치료의 결과가 좋지 않으면, 왓슨의 책임은 얼마나 되는가

왓슨을 진료 현장에 적용할 때 앞에서와 같은 세부적인 사항을 어떻게 결정하는지에 따라서 의료의 질, 치료 효과, 진료 효율성 등등이 달라질 수 있다. 결국 문제는 원칙이 없다는 것이다. 원칙이 없기 때문에 현재 국내만 하더라도 왓슨을 도입한 병원들이 저마다의 개별적으로 알아서 사용하는 실정이다.

이는 결국 인공지능이라는 새로운 종류의 솔루션이 진료에 영향을 줄 수 있음에도 불구하고 어떻게 도입하고 어떻게 활용할지에 대한 의료계의 고민이 충분하지 못했다는 것을 의미한다. 다소 늦기는 했지만, 2017년 10월 31일 왓슨 포 온콜로지를 도입한 가천대 길병원, 부산대병원, 대구 가톨릭대병원, 대구 계명대 동산병원, 대전 건양대병원, 광주 조선대병원 등 6개 병원은 '인공지능 헬스케어 컨소시엄'을 구성한다고 밝혔다.[60, 61]

이러한 컨소시움에서 한국에서 왓슨 포 온콜로지의 정확성과 의학적 효용을 증명하고, 진료에 어떻게 활용할 것인지 가이드라인이나 원칙을 정할 수 있기를 바란다. 그런 기준이 정해졌을 때야 의료의 질 관리도 가능하며, 궁극적으로 환자에게도 도움이 될 것이다.

IBM 왓슨 헬스의 최고의료책임자 큐 리 박사 인터뷰

전 세계적으로 IBM 왓슨의 병원 도입이 한국만큼 활발한 국가는 많이 없다. 2016년 9월에 길병원이 국내 최초로 왓슨 포 온콜로지를 도입한 이후, 불과 1년 정도의 짧은 기간 내 총 일곱 개의 병원이 왓슨 포 온콜로지를 도입하기로 했다. 필자가 알기로 미국 외에는 중국에 이어서 왓슨 포 온콜로지를 가장 많이 도입한 국가가 한국이다(중국은 2016년에 항저우 코그니티브 케어Hanzhou Cognitive Care를 통해서 50개 이상의 병원에 도입했다).

IBM의 입장에서도 한국은 왓슨 비즈니스에 가장 중요한 국가 중하나다. 2017년 7월 4일 조선대학교병원이 호남권에서는 최초이자 국내에서는 여섯 번째로 왓슨 포 온콜로지의 도입을 발표했다. 같은 날, 한국을 방문한 IBM의 부사장이자 IBM 왓슨 헬스의 최고의료책임자Chief Health officer인 큐 리Kyu Rhee박사님을 필자가 여의도의 한국 IBM 사무실에서 만났다.

큐 리 박사님은 아마도 IBM 왓슨에 대해서 전 세계에서 가장 잘 알고 있는 사람 중의 한 명일 것이다. 예일 대학교에서 생화학, 생물리학, 분자생물학 학사를, 서던 캘리포니아 대학교에서 의학을 전공하시고, 시더 사이나이 메디컬 센터Cedars-Sinai Medical Center에서 특이하게도 내과와 소아청소년과 수련을 모두 마친 의사이다. IBM에는 2011년부터 근무하기 시작했고, 2015년부터 최고의료책임자가 되어 왓슨 헬스의 사업 부문을 총괄하고 있다.

사실 박사님은 그동안 왓슨 관련 뉴스에 자주 등장하셨는데 필자도 기사에서 익히 봐왔던 분이다. 또한 필자가 2016년 12월 워싱턴

큐 리 박사님과 필자

DC에서 열린 커넥티드 헬스 컨퍼런스Connected Health Conference에 참석했을 때 키노트 강연을 들었던 적도 있다. 당시에 강연이 끝나고 필자가 질문하려 했지만 기회를 잡지 못해서 못내 아쉬웠던 적이 있었다. 그런데 감사하게도 한국 IBM에서 기회를 주셔서 박사님과 일대일로 50분 정도 이야기를 할 수 있었다. 박사님의 성이 리Rhee인지라 한국계 미국인이신지 궁금했는데 서울에서 태어나 한 살 때 의사이신 아버지를 따라 미국으로 가셨다고 하셨다. 하지만 한국어는 전혀 못 하신다고.

발표나 언론 등에서 본 박사님의 인상은 상당히 차갑고 엄해 보였지만, 실제로 인터뷰에서는 사람 좋은 미소로 호탕하게 웃으면서 여러 농담을 던지기도 했다. 또한 박사님께서는 중요한 부분을 설명할 때는 매우 진중했는데, 박사님의 랩톱에 있는 슬라이드, 논문, 규제 관련 자료들을 아낌없이 보여주시면서 필자의 질문에 성심성의껏 답변해주셨다. 바쁘신 와중에도 시간을 내주신 큐 리 박사님과 기회를 주신 한국 IBM에 감사드린다.

왓슨 포 온콜로지의 도입 등 일반적 이슈

최: 바쁘신데도 시간 내어주셔서 진심으로 감사드린다. 사실 오늘 오전에 조선대학교병원이 왓슨 포 온콜로지를 도입했다는 기사가 났다. 혹시 한국을 방문한 이유가 그것 때문인가?

리: 완전히 관련이 없지는 않다. 그리고 오늘 오후에 아시아 리더십 컨퍼런스에서 발표하기도 한다. 왓슨 및 인공지능의 미래에 관한 강의다.

최: 오바마 전 대통령도 그 컨퍼런스에서 발표하신다는 것을 보았다. 나도 가고 싶었는데 참가비가 너무 비싸서 포기했다. (웃음) 그러면 첫 번째 질문이다. 이제 왓슨 포 온콜로지의 개발이 시작된 지 몇 년이 지났고, 한국, 인도, 태국 등 여러 국가에 도입되었다. 하지만 다른 국가에 비해서 미국 내에서는 왓슨 포 온콜로지의 병원 도입이 생각만큼 빠른 것 같지 않다. 미국에서는 주피터 메디컬 센터 등 소수의 몇몇 병원만 도입했다고 알려져 있다. 이렇게 미국 내에서 왓슨 포 온콜로지의 도입이 느린 이유는 무엇이라고 생각하는가?

리: 먼저 이야기하고 싶은 것은 IBM은 글로벌 회사이기 때문에 처음부터 글로벌 시장에 왓슨을 도입하려는 전략을 세웠다는 것이다. 우리는 특히 메모리얼 슬론 캐터링 암센터의 전문적인 진료 역량을 전 세계로 전파하여 의료의 민주화을

이루는 것에 관심이 있다. 현재 왓슨은 미국과 한국뿐만 아니라 중국, 인도, 태국, 호주, 멕시코, 방글라데시, 부탄, 네덜란드, 동유럽 등에 도입되어 있다.

미국에서만 하더라도, 주피터 메디컬 센터를 비롯해서, 메이요 클리닉에서는 임상시험 매칭clinical trials matching을, 노스케롤라이나 대학병원은 왓슨 포 지노믹스Watson for Genomics를 쓰는 등 도입은 꽤 활발하다고 할 수 있다.

최: 그렇다면 미국에서 왓슨 포 온콜로지를 도입한 병원은 정확히 몇 개인가?

리: 사실 미국 내에서도 왓슨 포 온콜로지를 도입했다고 공개하기를 원하지 않는 병원들이 있다. 그렇기 때문에 언론에 공개된 것보다는 더 많은 수의 병원이 왓슨 포 온콜로지를 도입했다고 보면 된다.

한 가지 우리가 공개할 수 있는 곳 중의 하나는 '베스트닥터스Best Doctors'이다. 베스트닥터스는 환자에게 2차 소견을 제공하는 회사이다. 베스트닥터스는 기본적으로 두 가지 주체와 일한다. 하나는 보험회사이고 다른 하나는 고용주이다.

미국에서는 고용주가 직원에게 건강 보험을 제공한다. 이러한 모델에서 고용주들은 베스트닥터스를 통해서 왓슨의 결과를 직원들에게 적용할 수 있게 된다. 직장 건강 보험에 가입한 직원들이 베스트닥터스에 요청하여 내 의료 정보, 주치의 정보, 동의서 등을 전달한다. 그럼 베스트닥터스가 그 정보를 이용해서 세 가지 왓슨 솔루션, 즉 왓슨 포 온콜로지,

임상시험 매칭 및 왓슨 포 지노믹스의 결과를 환자와 주치의에게 보내게 된다. 이러한 방식으로 미국의 환자들이 보험회사나 고용주를 통해서 왓슨의 결과에 접근할 수 있다(이 설명을 하시며 박사님께서 환자-고용주-주치의-베스트닥터스-왓슨의 복잡다단한 구도에 대한 그림을 종이에 직접 그려주셨다).

최: 어떤 경우에 왓슨을 활용할 수 있나? 환자가 요청하는 경우인가?

리: 그렇다. 환자의 동의하에 자신의 모든 의료 정보를 베스트닥터스에게 보내면, 그 데이터를 왓슨에 입력해서 결과가 나온다. 그 결과는 환자와 주치의에게 전달된다. 미국에는 수많은 의사와 수천 개의 병원이 있다. 베스트닥터스를 통함으로써 미국 전역의 환자들이 왓슨의 결과에 접근할 수 있다. 이러한 방식으로 의료의 민주화를 이룰 수 있다.

최: 왓슨 포 온콜로지를 개발한 메모리얼 슬론 캐터링 암센터에서는 얼마나 활발하게 암 환자 치료에 이를 활용하고 있나? 이 질문을 드리는 이유는 한국의 어떤 의사들은 왓슨 포 온콜로지에 대해서 회의적이거나 의문을 가지고 있기 때문이다. 그들이 메모리얼 슬론 캐터링 암센터에 있는 의사 친구들에게 물어보면 메모리얼 슬론 캐터링 암센터 내부에서는 왓슨에 대해서 잘 모르거나 진료에 활용을 많이 하지 않는다고 들었다는 이야기가 있다.

리: 그것은 사실 메모리얼 슬론 캐터링 암센터에 물어봐야 하는

것이다. 나는 메모리얼 슬론 캐터링 암센터를 대표하지 않는다. 다만, 그 병원이 실제로 왓슨 포 온콜로지를 사용하고 있다는 것 정도만 이야기해줄 수 있다.

최: 사실 왓슨의 목적이 메모리얼 슬론 캐터링 암센터의 전문성을 주피터와 같은 지방 병원community hospital에 전파하기 위한 것임을 고려하면, 메모리얼 슬론 캐터링 암센터 내부에서 왓슨을 충분히 활용하지 않을 수도 있을 것 같다. 어차피 자신의 전문성을 반영한 것 아닌가.

리: 그렇게 볼 수도 있겠다. 아무튼 메모리얼 슬론 캐터링 암센터의 종양학 전문의들의 전문성은 왓슨 포 온콜로지를 훈련하고 개발하는 데 반영되었다는 것이 중요하다. IBM 내부에도 여러 명의 종양학 전문의들이 있다. 우리는 그들의 전문성을 충실히 반영하려고 노력했다.

최: IBM에 계신 종양학자들 중에 앤드루 노던 박사는 나도 지난 3월 만나봤다.

리: 오, 그런가. 앤드루 노던 박사가 종양학 전문의들로 이루어진 팀을 이끌고 있다.[*] 그는 지금도 매주 금요일 오후에 다나-파버 암센터에서 암 환자를 진료하고 있다. 메모리얼 슬론 캐터링 암센터에는 IBM 내부보다 당연히 훨씬 많은 수의 종양학 전문의들이 있으며, 그들이 실제 진료 현장에서 얻은

---

[*] 앤드류 노든 박사님은 현재 왓슨 헬스의 최고 의료 부책임자이다. 즉 이 분의 직속상관이 큐 리 박사님이다.

전문성이 왓슨에 반영되도록 하였다.

최:　한국은 현재 전 세계에서 왓슨 포 온콜로지에 대해 가장 인기가 많은 국가 중 하나일 것이다. 지난 몇 달 만에 길병원을 비롯한 6개 병원이 왓슨 포 온콜로지를 도입했다. 그 이유는 무엇이라고 생각하는가? 한국에서 이렇게 인기가 많을 줄 예상했는가?*

리:　그 질문은 옆에 있는 김주희 실장에게 물어봐야 할 것 같다. (웃음) 한편으로 한국은 새로운 기술에 열려 있고 통신망 등으로 연결성이 높은 나라다. 인지 컴퓨팅 기술을 통해서 지금 새로운 시대가 열리고 있는데, 한국이 그 기술에 대한 가치를 먼저 알아봤다고 생각한다. 사실 한국계 미국인으로서 이 부분이 자랑스럽게 여겨지기도 한다.

왓슨 포 온콜로지의 정확도, 의학적 검증

최:　왓슨 포 온콜로지는 새로운 논문이 출판되거나, 가이드라인이 바뀌거나 사용자(의사)의 피드백이 있을 때마다 이를 반영하여 계속 변화하고 진화하는 것으로 알려져 있다. 그러한 새로운 데이터나 피드백을 어떠한 기준으로 어떻게 받아들이느냐 하는 것은 왓슨 포 온콜로지의 정확성 유지를 위해서 매우 중요하다고 본다.

---

*　이 질문을 통해서 필자는 한국 특유의 의료 전달 체계나, 수가, 암 환자의 수도권 빅5 병원에의 편중에 대해 지적하려고 했다. 하지만 이미 시간이 부족한 상황이었기 때문에 더 중요한 다음 질문으로 넘어갔다.

구체적으로 왓슨 포 온콜로지가 새로운 논문이나 피드백을 반영하는 빈도는 어떻게 되는가? 예를 들어 실시간인가? 정기적인가? 혹은 비정기적인가? 새로운 데이터나 피드백의 질과 반영할지를 누가 결정하는 것인가?

리: 일단 왓슨 포 온콜로지는 300여 개의 의학 저널의 논문을 반영한다. 어떤 저널은 매주 나오기도 하고, 어떤 저널은 매달 나오기도 한다. 논문의 경우 이렇게 출판 빈도가 정해져 있으므로 주기에 맞춰 정기적으로 반영한다. 가이드라인의 경우에는 수년에 한 번씩 바뀌므로 그때마다 반영한다. 교과서도 반영하는데 그건 새로운 판이 나올 때마다 한다. (웃음) 왓슨을 사용하는 의사들의 피드백은 매일 전송된다.[*] 주말에는 잘 모르겠지만, 최소한 병원의 업무가 이뤄지는 날에는 이런 피드백이 거의 매일 온다고 보면 된다. 이러한 피드백을 메모리얼 슬론 캐터링 암센터 의사들이 정기적으로 검토하여 왓슨에게 학습시킬 것인지를 결정하게 된다. 어떤 경우에는 며칠 간격으로 하기도 하고, 혹은 몇 주에 한 번 하기도 한다.

그러한 피드백을 IBM의 인공지능 전문가가 평가하는 것이 아니라, 메모리얼 슬론 캐터링 암센터의 종양학 전문의가 직접 평가한다는 것이 중요하다. 왓슨이 계속해서 배우는 과정 중에 일부는 자동화된 부분이 있지만, 많은 부분은 지도 학습supervised learning이다. 종양학 전문가들이 그 자료의 질에 대

---

[*] 인터뷰 이후에 IBM 관계자가 전달해준 바에 따르면, 왓슨이 제시한 옵션 중에 어떤 것을 골랐는지를 반영하는 것이 아니라 의사들이 별도로 피드백을 텍스트로 써서 전송할 수 있는 포맷이 따로 있다고 한다

해서 검토하는 과정이 필요하다.

최: 피드백을 평가하는 메모리얼 슬론 캐터링 암센터의 그 팀에 대해서 더 설명해줄 수 있는가? 예를 들어 몇 명의 의사들이 그 팀에 포함되어 피드백을 평가하고 있는가?

리: 많은 의사가 포함되어 있다. 당연히 메모리얼 슬론 캐터링 암센터에는 여러 종류의 암에 대한 전문의들이 있으며, 이 케이스들은 메모리얼 슬론 캐터링 암센터 의사들의 전문 영역에 따라서 배정된다. 유방암과 같은 환자가 많은 경우에는 의사도 많이 포함되어 있고 희귀한 암종의 경우에는 포함된 의사의 수도 적을 것이다.

최: 이 부분이 내가 가장 궁금했던 부분이다. 왓슨 포 온콜로지가 얼마나 정확하다고 생각하는가?

리: 의학적인 근거를 만드는 것은 우리가 하는 일 중에 매우 중요한 부분이다. 우리는 2013년 정도부터 이 부분에 대한 연구를 해오고 있다. 현재 왓슨 헬스 부서에 헬스케어 전문가들이 200명 정도 된다. 그중에 약 50명이 의사, 50명이 약사, 50명이 간호사이다. 또한 지금까지 임상종양학회에 출판한 연구들이 20건 정도 된다. 그중에서 왓슨 포 온콜로지에 대한 것은 5건 정도다. 혹시 그 연구 중에 본 것이 있는가?

최: 그렇다. 지금까지 왓슨 포 온콜로지에 관해서 미국임상종양학회에 출판된 연구결과는 나도 모두 다 보았다.

리:　그렇다면 이미 답을 잘 알면서 묻는 것 아닌가? (웃음)

최:　(웃음) 하지만 내 생각에는 현재의 연구결과들이 대부분 의사와의 일치도를 기반으로 하므로 왓슨 포 온콜로지의 정확성을 입증하기에는 충분하지 않다고 본다. 의사와의 일치도가 중요하지 않은 것은 아니지만, 의사와 판단이 일치한다고 해서 왓슨 포 온콜로지가 의학적으로 정확함을 보장하는 것은 아니지 않은가.

리:　왓슨 포 온콜로지의 임상적 검증을 위한 연구는 아직 초기 단계이다. 초기 연구에서 왓슨 포 온콜로지가 의사와의 일치도를 보는 것은 매우 중요하다. 우리가 만든 시스템이 같은 환자에 대해서 내린 결론이 의사와 일치하지 않는다면 어떻게 그 시스템을 신뢰할 수 있겠는가. 왓슨의 답을 고르는 것은 의사가 하는 일이다. 이를 위해서 우리는 우선 왓슨 포 온콜로지에 대한 의사들의 신뢰를 얻어야 한다(즉 의사와의 높은 일치율을 보여주는 것이 의사의 신뢰를 얻기 위해 좋은 방법이다).

다른 집단과 마찬가지로 의사의 집단에도 이노베이션 커브가 적용된다. 의사 중에도 혁신가나 얼리어답터가 있는가 하면, 또한 후기 수용자lagger가 있다. 이들을 모두 설득하기 위해서는 결국 근거가 필요하다.

현실적으로 암 치료에 대한 정답은 의사들의 결정이 될 수밖에 없다. 그것 외에는 정답gold standard으로 삼을 수 있는 것이 없지 않은가. 물론 의사들 사이에서도 치료법에 차이가 있기는 하지만, 왓슨 포 온콜로지가 최고 수준의 의사 집단인 메모리얼 슬론 캐터링 암센터의 의사와 일치한다는 것이 중요하다고 본다.

최: 그렇다면 왓슨 포 온콜로지의 정확성 검증을 위해서 추가적인 임상시험이 필요하다고 생각하지 않는가? 의사와의 일치도를 기준으로 하는 것보다, 생존율 등의 임상적인 지표를 가지고 대조군을 갖춘 무작위, 전향적 임상연구로 왓슨 포 온콜로지의 임상적 효용을 증명하는 것이 필요하다고 생각하는데.

리: 사실 그 연구도 진행하고 있다. 왓슨 포 온콜로지에 대한 무작위 임상시험으로, 5년간의 사망률mortality과 이환율morbidity을 보는 연구다.

최: 아, 그런가? 매우 흥미롭다. 그 임상시험에 대해서 조금 더 구체적으로 이야기해줄 수 있는가?

리: 아직은 공개하기가 어렵다. 이해해달라. 현재 임상시험에 대한 구체적인 사항을 공개하게 되면, 연구자들이나 환자들이 영향받을 수 있기 때문이다. 그렇게 되면 추후 논문으로 출판하기도 어려워진다.

다만, 왓슨 포 온콜로지의 의학적 근거를 만드는 것은 매우 중요하다. 또한 임상시험을 통해서 의학적 근거를 만드는 방법은 무작위 연구나 코호트 연구 등 다양한 방법을 통할 수 있다. 현재 왓슨 포 온콜로지를 사용하는 많은 병원은 임상

연구를 통해 그러한 의학적 근거를 만드는 과정에 있다.

우리는 한국을 포함하여, 왓슨 포 온콜로지를 사용하는 전 세계 의사들로부터 배운다. 예를 들어 한국의 의사들로부터는 특히 위암에 관한 것을 많이 배운다. 메모리얼 슬론 캐터링 암센터의 의사들은 그리 많은 위암 환자를 진료하지 않기 때문이다. 또한 간암의 경우에는 인도 의사들로부터 많은 정보를 얻는다. 왓슨 포 온콜로지는 메모리얼 슬론 캐터링 암센터를 기준으로 만들어졌으며, 메모리얼 슬론 캐터링 암센터 내부의 진료 사례들을 기준으로 만들어졌다. 메모리얼 슬론 캐터링 암센터 내부에도 많은 진료 사례들이 있지만, 위암 등 특정 암종의 경우에는 다른 국가에 더 많은 진료 사례들이 있을 수 있다.

다시 한번 강조하지만, 근거를 만드는 일은 매우 중요하다. 2000년대 인지 컴퓨팅 기술을 활용해서 왓슨을 개발하는 과정에서 IBM은 수천 건의 특허를 얻었다. 이 또한 왓슨의 역량에 대한 하나의 근거가 될 수 있다.

최: 그러면 그 임상시험의 실험군과 대조군이 무엇인지, 1차 평가변수, 2차 평가변수가 무엇인지는 공개 가능한가? 내 생각에는 대조군은 현재 의사의 치료를 대표할 수 있도록 하고, 또한 실험군은 거기에 왓슨 포 온콜로지가 추가되는 식으로 디자인되어야 할 것 같다. 그리고 결과의 경우에는 일치율보다는 좀 더 의학적으로 명확한 기준이 되어야 한다고 본다.

리: 일리 있는 의견이라고 생각한다. 왓슨 포 온콜로지는 의사를 강화augment해주기 위한 것이다. 이를 위해서 인간 의사 vs 인간 의사+인공지능의 비교는 필요하다. 우리는 크게 네 가지의 기준이 중요하다고 생각한다.

첫 번째는 퀄리티, 즉 환자들의 치료 결과patients outcome이다. 이는 사망률mortality과 이환율morbidity과 같은 기준으로 평가할 수 있다.

두 번째는 비용cost이다. 환자가 제대로 된 치료를 받게 되면 재발율도 낮아지고 재입원도 적어지게 되니 비용 절감 효과가 발생하게 된다.

세 번째는 병원의 경험providers' experience, 즉 의료진의 만족도 doctors satisfaction이다. 이는 최근의 멕시코 연구에서 볼 수 있다 (미국임상종양학회 2017에서 발표된 멕시코 병원의 결과를 의미하는 듯). 의사들이 왓슨 포 온콜로지를 받아들이기 위해서는, 왓슨 포 온콜로지를 이용함으로써 의사들의 업무가 수월해지고 삶이 개선되며, 그 과정에서 의사들도 얻는 것이 있음을 보여줘야 한다.

마지막 네 번째는 환자의 만족도patients satisfaction이다. 우리는 환자들로 하여금 의사들에게 "왓슨을 사용하고 싶어요."라고 말할 수 있게 하는 것이 중요하다.

우리는 연구를 통해서 왓슨 포 온콜로지에 대해서 이러한 네 가지 요소들을 증명하는 것을 목표로 하고 있다.

최: 왓슨 포 온콜로지가 새로운 논문과 의사로부터의 피드백을

받아들여서 계속 변화한다는 점이 임상시험의 진행에 어려움을 주지는 않는가?

리: 그 부분은 문제의 소지가 있을 것으로 본다. 신약 임상시험의 경우, 약이 임상시험을 진행하는 도중에 바뀌지 않는다. 하지만 이 시스템의 경우에는 계속 변화한다. 시스템이 계속 개선improve되기 때문에 임상시험이 어려운 부분이 분명히 있다.

최: 변화하기 때문에 시스템이 더 개선될 수도 있지만, 더 악화될 수도 있지 않은가?

리: 가설적이지만 개선된다고 보는 것이 좋을 것 같다. 새로운 논문을 받아들이고, 가이드라인을 반영하고, 그 과정에 의사들이 관여하기 때문이다. 하지만 그 의견도 일리는 있다. 악화될 가능성을 전혀 배제할 수 없다. 그렇기 때문에 의사들의 전문성이 반영되는 것이 중요하다. 다만, 지속적으로 의사들과의 일치율이 개선되는 등 전반적으로 개선되고 있다고 이야기하고 싶다.

왓슨 포 온콜로지의 의료기기 여부 및 규제

최: 왓슨 포 온콜로지는 의료기기로 구분되어야 한다고 보는가? 최근에 미국의 FDA는 왓슨 포 온콜로지가 의료기기가 아니라고 판단했다. 사실 나도 한국 식약처의 협의체 일원으로 인공지능 소프트웨어의 의료기기 가이드라인을 함께 만들

고 있는데, 이 부분에 대해서 여러 전문가가 고민했다. 사실 국제적으로 일관성 있는 기준을 만들어야 한다는 부분도 고려해야 한다.

리: 이 부분은 2016년 8월에 국제의료기기규제당국자포럼IMDRF 에서 내놓은 의료기기로서의 소프트웨어Software as a Medical Device 를 참고하면 좋다. 여러 나라의 규제 기관이 모여서 협의한 가이드라인이다. 초기 가이드라인이라 강제성은 없지만, 각 국가의 규제가 이 가이드라인을 기반으로 만들어질 것으로 본다. 각 국가의 규제에 발맞추는 것은 매우 중요한 부분이다. 규제 기관과의 신뢰를 쌓는 것도 중요하다.

최: 일단 미국의 경우에는 이미 왓슨 포 온콜로지를 비의료기기로 판단하지 않았는가? 그러면 이제 규제에 관련해서는 크게 신경 쓰지 않아도 되는 것 아닌가.

리: 그것은 국가별로 다르다. 예를 들어 유럽연합EU에서는 왓슨 포 온콜로지를 의료기기로 규정했다. 우리는 해당 국가의 규제 기관을 존중하며, 그 국가의 시장에 진출하기 위해서 개별적인 기준을 준수하려고 노력하고 있다.

최: 마지막 질문이다. 항공 산업의 사례를 보면 오토파일럿 시스템이 도입된 이후에 파일럿의 조종 기술이 감퇴하였다는 소위 '탈숙련화deskilling' 현상이 알려져 있다. 왓슨 포 온콜로지의 경우에도 장기적으로 이러한 현상을 걱정할 수도 있지 않을까? 즉 왓슨 포 온콜로지가 결과적으로 의사들의 '탈숙

련화'를 일으킬 수도 있지 않을까.

리: 왓슨 포 온콜로지의 역할은 무엇보다 의사를 보조하고 강화augment하는 것이다. 의사도 인간이기 때문에 때로 편견을 가질 수 있고, 현재 쏟아지는 모든 논문을 소화할 만한 시간이 현실적으로 부족하다. 스태프들과 커뮤니케이션하고, 전자의무기록EMR에 데이터 입력하는 등등의 여러 일을 하므로, 실제 환자를 대면할 시간도 부족하고, 논문을 공부할 시간도 부족하다. 혹시 한국에서는 의사가 환자를 진료할 때 몇 분 정도 걸리는가?

최: 3분이다. 허허허……

리: (약간 당황) 미국에서 의사들은 보통 15분 정도 진료한다. 아무튼 의사는 항상 시간에 쫓기고 시간이 부족하다. 이런 의사에게 왓슨 포 온콜로지는 많은 것을 해줄 수 있다. 24시간 동안 논문을 읽고 의사가 인간으로서 당연히 가질 수 있는 편견을 없애는 데 도움이 될 수 있다.
왓슨은 의사를 대체하는 것이 아니라 보조하는 역할이다. 한국에서는 일부 환자들이 의사보다 왓슨을 더 신뢰한다는 뉴스가 있었다고 들었다. 하지만 내가 항상 강조하는 것은 의사와 환자 사이에서 치료 결정이 내려져야 하며 왓슨은 그런 과정을 도와주는 역할이라는 것이다.

최: 그렇다고 하더라도 장기간 왓슨 포 온콜로지를 활용하게 되면, 그것이 의사의 역량 자체에 영향을 줄 수 있지 않을까?

이 질문을 하는 이유는 만약 장기간 왓슨 포 온콜로지의 활용이 의사의 탈숙련화에 영향을 미친다면, 왓슨 포 온콜로지의 정확성이나 안전성에 더 주의를 기울여야 한다고 생각하기 때문이다.

리:　내 의견에는 왓슨이 의사들을 탈숙련화diskilling하지 않고, 오히려 반대로 의사들을 더 숙련화up-skilling시킬 수 있다고 생각한다. 그 이유는 현재 미국의 의료 서비스의 질이 너무 낮기 때문이다. 국제 학술지 『뉴 잉글랜드 저널 오브 메디슨NEJM』의 연구를 보면 의료 퀄리티가 54% 정도밖에 되지 않는다. 즉 왓슨은 의사가 아직 배우지 못한 것들에 대해서 더 도움을 줄 수 있다.

관련 통계를 봤는지 모르겠지만, 미국에서는 의료 사고 등으로 매일 두 대의 점보제트기가 추락하는 것만큼의 환자들이 목숨을 잃고 있다. 전 세계적으로 보자면 그 숫자는 더 늘어날 것이다. 즉 우리는 현재의 의료 시스템에서 개선해야 할 여지가 너무도 많다. 이러한 부분에서 인공지능이 기여할 수 있는 역할이 크다고 본다.

다시 한번 강조하지만, 왓슨을 의학적으로 검증하는 것은 매우 중요하며 그러한 노력을 계속할 것이다. 다만 왓슨이 발전하는 목적은 이렇게 의사의 한계를 보조하고, 현재의 퀄리티가 낮은 의료 시스템을 개선하기 위한 것임을 염두에 둬야 하겠다.

최:　예정된 시간보다 너무 많이 쓴 것 같다. 바쁜 일정 중에서도

이렇게 시간을 많이 내주셔서 감사드린다.

* * *

이렇게 큐 리 박사님과의 50분 정도에 걸친 인터뷰가 마무리되었다. 사실 준비한 질문은 더 많았고, 중간중간에 박사님의 답변에 대해서 반박을 하거나, 추가적인 질문을 하고 싶었던 것들이 있다. 사실 시간 제약 때문에 왓슨 포 온콜로지를 중심으로 물어보았지만, 원래는 임상시험 환자 매칭과 왓슨 포 지노믹스에 대한 질문들도 준비했기 때문이다. 하지만 시간도 부족하고, 필자의 짧은 영어 실력 탓에 더 자세히 묻지 못한 부분들이 있어서 아쉬웠다.

그래도 필자가 궁금하던 부분들을 왓슨 헬스의 최고 책임자 중 한 분에게 직접 여쭤보고 상세한 답을 들을 수 있어서 매우 의미 있는 시간이었다. 시간을 내주신 큐 리 박사님, 그리고 여러모로 배려해주신 한국 IBM의 김주희 실장님과 김정연 부장님께도 지면을 빌어 다시 한번 감사의 말씀을 전한다.

4장

의료 빅데이터로 질병을 예측한다

우리는 지금 의료 인공지능의 세 가지 유형 중에 첫 번째인 '복잡한 의료 데이터를 분석하여 의학적 통찰을 도출하는 인공지능'을 살펴보고 있다. 대표적인 사례로 최근 많은 주목을 받는 IBM 왓슨 포 온콜로지를 앞서 자세하게 살펴보았으나, 왓슨 이외에도 의료 빅데이터를 기반으로 의학적인 통찰력을 얻으려는 연구는 다양하게 진행되고 있다.[1]

이러한 연구의 경우, 질병을 예측하고 환자별 맞춤 치료를 실현하거나, 신약 임상시험 진행의 효율성을 높이고, 재입원율이나 의료 비용을 낮추려는 등의 목적을 가지고 있다. 이러한 연구 중에는 특히 대규모 환자군의 과거 진료기록을 바탕으로 질병의 발병을 예측하며, 질병 위험군을 분류하며, 입원 중 사망 가능성이나, 퇴원 후 재입원율 등의 치료 결과를 예측하려는 연구가 활발하다.[1-5]

데이터 기반의 심혈관 질환 예측

이러한 연구 중에 먼저 인공지능을 통해 전자의무기록에 저장된 대규모 환자들의 진료기록을 분석하여 심혈관 질환의 위험군을 성공적으로 예측한 연구를 살펴보려고 한다.[6] 통계에 따르면 2012년 한 해 동안 1,750만 명이 심장마비나 뇌졸중 등의 심혈관계 질환으로 목숨을 잃었다.[7] 만약 우리가 어떤 사람이 이러한 위험에 처했는지를 미리 구분할 수 있다면, 많은 생명을 살리고 의료 비용도 절감할 수도 있을 것이다.

심혈관계 질환에 위험성이 높은 사람들을 가려내기 위해 현재 의료계에서는 미국심장병학회American College of Cardiology와 미국심장협회 American Heart Association가 만든 '미국심장병학회/미국심장협회 가이드라인'을 활용한다. 이 가이드라인은 나이, 콜레스테롤 수치, 혈압, 흡연, 당뇨병 등의 여덟 가지 위험 요소에 기반을 두고 있다. 이는 기존의 의학 연구와 경험을 기반으로 결정한 수치들이다.

그런데 현재 통용되고 있는 경험 기반의 기준이 정말로 최선의 예측 모델일까? 혹자는 이러한 기존의 가이드라인이 개별 환자의 특성과 다른 질병의 영향과 생활 습관 등을 반영하지 못하며, 다양한 위험요소들을 충분히 반영하고 있지 못하고 있다고 평가하기도 한다. 예를 들어 심근경색myocardial infarction과 뇌졸중의 절반은 심혈관 질환의 위험군이 아닌 사람에게서 나타난다는 연구결과도 있다.[8] 사실 예측력이 절반에 그친다는 이야기는 동전을 던져서 판단하는 것과 차이가 없으니 결국 아무런 예측도 하지 못한다는 이야기다. 그래서 기존의 가이드라인이 심혈관 질환 위험군의 판별에 실패하고 있고, 위험도가 높지 않은 환자들이 불필요한 예방적 치료를 받고 있다는

비판도 나온다.[6]

그렇다면 심혈관 질환의 발병에 어떤 위험 요인이 영향을 미치는 지를 인공지능이 분석한다면 어떻게 될까? 사람의 경험에서 오는 선입견을 배제하고, 과거의 진료 및 발병 기록에 대한 데이터를 객관적으로 분석한다면 다른 결과가 나올 수도 있지 않을까.

연구에 따르면 인공지능이 편견과 선입견을 배제하고 온전히 데이터에만 기반하여 선정한 위험 요소는 기존의 표준 가이드라인과 상당 부분 차이가 있었다. 더 나아가 인공지능이 선택한 기준이 기존의 표준 가이드라인보다 심혈관 질환의 발병을 더 정확하게 예측할 수 있는 것으로 나타났다. 다시 말해 인공지능의 기준을 따랐다면 과거 더 많은 사람의 목숨을 구할 수 있었다는 의미이다.

의료계 가이드라인 vs. 인공지능의 가이드라인

영국 노팅햄 대학교의 스테판 웽Stephen Weng 박사 연구팀은 인공신경망 등 네 가지 기계학습 알고리즘을 통해서 37만 8,256명의 환자의 전자의무기록에 포함된 진료기록을 분석해 심혈관 질환의 발병과 관련된 패턴을 파악하려고 했다.[6] 네 가지 종류의 인공지능 알고리즘이 과거의 진료기록을 학습해서, 완전히 새로운 '가이드라인'을 각각 만들어낸 것이다. 연구진에 따르면 이 연구는 일반 환자들의 진료기록을 바탕으로 질병의 예후를 평가하는 최초의 대규모 연구였다.

흥미롭게도 인공지능이 파악한 심혈관 질병 관련 주요 위험요소risk factor는 상당 부분 기존의 가이드라인에는 포함되지 않았던 것이었다. 방식별로 가장 중요한 위험요소를 10개씩 뽑아본 결과 인공지능은

심혈관 질환에 대한 위험 요소 TOP10: 미국심장병학회(ACC)/미국심장학회(AHA)의
기준과 4가지 기계학습으로 295,267 환자의 데이터를 분석한 결과 비교

미국심장병학회/미국심장학회		기계학습 알고리즘			
남성	여성	로지스틱 회귀 분석	랜덤 포레스트	그래디언트 부스팅 머신	신경망
연령	연령	인종	연령	연령	심방세동
총 콜레스테롤	HDL 콜레스테롤	연령	성별	성별	인종
HDL 콜레스테롤	총 콜레스테롤	사회경제적 지표: 빈곤	인종	인종	경구 스테로이드 복용
흡연	흡연	성별	흡연	흡연	연령
연령 x 총 콜레스테롤	연령 x HDL 콜레스테롤	흡연	HDL 콜레스테롤	HDL 콜레스테롤	중증 정신 질환
치료받은 수축기 혈압	연령 x 총 콜레스테롤	심방세동	당화혈색소	중성지방	사회경제적 지표: 빈곤
연령 x 흡연	치료받은 수축기 혈압	만성 신장 질환	중성지방	총 콜레스테롤	만성 신장 질환
연령 x HDL 콜레스테롤	치료받지 않은 수축기 혈압	류마티스 관절염	사회경제적 지표: 빈곤	당화혈색소	BMI 누락
치료받지 않은 수축기 혈압	연령 x 흡연	관상동맥질환 가족력	BMI	수축기 혈압	흡연
당뇨병	당뇨병	만성 폐쇄성 폐질환	총 콜레스테롤	사회경제적 지표: 빈곤	성별

기존의 미국심장병학회/미국심장협회 가이드라인의 위험 요소와 인공지능이 데이터 기반으로 추출한 위험 요소[6]

인종적 차이ethnicity, 정신질환, 경구용 스테로이드oral corticosteroid 복용 등을 심혈관계 질환의 주요 위험 요소로 꼽았지만, 이는 기존의 가이드라인에는 찾아볼 수 없던 것들이다. 반대로 '미국심장병학회/미국심장협회 가이드라인'에는 당뇨병이 포함되어 있었지만 인공지능은 이를 중요한 위험 요소로 꼽지 않았다.

이러한 결과에서 우리는 인공지능을 통해서 완전히 데이터에만 기반을 두어 질병 발병과 관련된 주요 위험 요소를 분석하면, 기존의 의학계에서 경험적으로 받아들이던 기준과 차이가 있을 수 있다는 것을 알 수 있다. 그런데 이러한 방법론 중에 어느 모델이 미래의 질병을 예측하기 위해서 더 효과적이었을까?

인공지능의 심혈관 질환 예측

결과적으로 데이터에 기반을 둔 인공지능의 분석이 기존 의료계에

82,989명의 환자에 대한 10년 동안의 심혈관 질환 발병 예측 정확도 비교

알고리즘	AUC	표준 오차	미국심장병학회/미국심장학회 가이드라인과 AUC 격차
미국심장병학회/미국심장학회	0.728	0.002	–
랜덤 포레스트	0.745	0.003	+ 1.7%
로지스틱 회귀 분석	0.760	0.003	+ 3.2%
그래디언트 부스팅 머신	0.761	0.002	+ 3.3%
인공신경망	0.764	0.002	+ 3.6%

네 가지 인공지능 모델 모두 '미국심장병학회/미국심장협회 가이드라인'보다 정확도AUC가 높다[6]

서 통용되던 가이드라인보다 질병 예측에 더 효과적인 것으로 드러났다. 인공지능이 2005년까지의 데이터를 학습하여 만든 모델을 기반으로 새로운 환자군에 대해서 이후 10년 동안 심혈관 질환의 발병 여부를 예측해보았다. 그 결과 네 가지 인공지능 알고리즘 모두 기존의 미국심장병학회/미국심장협회 가이드라인보다 현저히 나은 정확도를 보인 것이다(37만 8,256명의 환자의 데이터 중에 80%는 인공지능을 학습시키고, 나머지 20% 환자의 데이터로 인공지능의 정확성을 테스트하였다).

표준 가이드라인의 정확도는 0.728이었던 것에 반해 네 가지 인공지능 알고리즘은 0.745부터, 가장 정확한 인공신경망의 경우 0.764에 달했다.* 즉 인공신경망의 경우 표준 가이드라인보다 7.6% 더 많은 환자에 대해서 심혈관 질환의 발병을 정확히 예측하였고 잘못 예측하는 경우는 1.6% 더 적었다. 이는 전체 환자에 대해서 10년 동안 355명의 추가적인 환자에 대해서 심혈관 질환의 발병을 정확히 예

* 여기에서 '정확도'라고 통칭한 개념은 더 정확히 말해 AUC(Area Under the Curve)라는 수치이다. 인공지능의 예측이나 진단기법 등의 성능은 흔히 민감도sensitivity와 특이도 specificity라는 두 가지 척도를 통해서 평가한다. 쉽게 말해서 민감도는 실제로 질병이 있는 사람을 검사했을 때 '질병이 있다'고 정확하게 판단하는 비율이며, 특이도는 질병이 없는 사람을 검사했을 때 '질병이 없다'고 정확하게 판단하는 비율이다. AUC는 이 민감도와 특이도를 모두 고려한 개념으로, 1에 가까울수록 더 좋은 성능이라는 것을 의미한다(만약 AUC=1이라면 그 인공지능은 적어도 테스트한 데이터에 대해서는 100% 정확하다는 의미이다). 이 개념은 「6장 의사를 능가하는 딥러닝의 영상 판독 분석」에서 더 자세하게 다루므로, 여기에서는 이 정도만 언급하고 넘어가도록 하자.

측할 수 있었던 수치였다.

과거에는 진료기록과 같은 의료 빅데이터가 있더라도 면밀하게 분석하고 통계적으로 유의미한 모델을 만들어내기가 어려운 경우가 많았다. 그 때문에 현실적으로 전문가의 직관이나 경험에 의존할 수밖에 없었다. 하지만 이제 우리는 막강한 연산 능력과 저장 능력뿐만 아니라, 다양한 방식의 인공지능까지 활용할 수 있으므로 방대한 의료 빅데이터도 분석하여 적합한 수학적인 모델을 만들어낼 수 있다. 그렇게 도출된 예측 모델이 전문가들의 과거 경험으로 만들어낸 기준보다 더 나을 수 있음을 이 연구는 보여주고 있다.

스탠퍼드 대학의 혈관 외과 의사인 엘시 로스Elsie Ross는 "이 연구의 중요성은 아무리 강조해도 지나치지 않다"며 "의사들이 환자의 치료를 위해서 인공지능을 받아들여야 할 것이다"고 밝혔다.

이 연구에 대해서 덧붙이고 싶은 것은 바로 딥러닝에 관한 것이다. 만약 이 연구에서 딥러닝을 활용했다면 결과는 더 좋게 나왔을 수도 있다. 이 연구에서 시도한 네 가지 인공지능 방법 중에 가장 정확했던 것은 다름 아닌 인공신경망이었다. 다음 장에서 더 자세히 설명하겠지만, 인공신경망을 더 발전시켜서 나온 방법이 바로 딥러닝이다. 사람의 뇌에 있는 신경의 네트워크를 모방한 것이 인공신경망으로, 그 네트워크의 은닉층을 더 쌓는 방식으로 더 '깊고' 정교하게 만든 것이 바로 딥러닝이기 때문이다. 대부분의 경우 인공신경망보다 딥러닝의 퍼포먼스는 훨씬 더 좋게 나온다.

앞으로 이런 연구에 딥러닝 등의 다양한 방법들이 시도되면서 환자의 진료기록을 비롯한 의료 빅데이터를 기반으로 환자의 질병 예측과 관리와 치료에 활용할 수 있는 의학적 통찰력을 더욱 많이 얻을 수 있을 것이다.

치료 결과를 예측하는 구글의 인공지능

이번에는 '복잡한 의료 데이터를 분석하여 의학적 통찰력을 도출하는 인공지능'의 또 다른 사례로 구글이 개발한 인공지능을 살펴보자. 구글은 전자의무기록에 저장된 환자의 진료기록을 딥러닝으로 분석하여 입원한 환자의 치료 결과를 정확히 예측하는 인공지능을 2018년 1월 발표했다.[9] 이 딥러닝을 이용하면 환자가 입원 중에 사망할 것인지, 장기간 입원할 것인지, 혹은 퇴원 후에 30일 이내에 재입원할 것인지, 그리고 퇴원 시의 진단명은 어떻게 될 것인지까지도 높은 정확도로 조기에 예측할 수 있다.

앞서 잠깐 언급했지만, 병원의 전자의무기록EHR은 그야말로 의료 데이터의 보고라고 해도 과언이 아니다. 해당 병원에서 환자가 진료받은 모든 검사 결과, 진료기록, 처방 기록 등이 다 저장되어 있기 때문이다. 특히 과거에는 종이 차트에 기록하였으나, 미국에서 오바마 케어 이후로 진료기록을 디지털 데이터로 저장하는 전자의무기록의 도입이 증가하면서 예측 모델을 만드는 것도 더욱 쉬워졌다. 이를 기반으로 환자의 치료 결과나 예후를 예측할 수 있다면 환자뿐만 아니라 의료진과 병원의 입장에서도 자원을 효율적으로 활용하고 비용을 절감하기 위해 도움이 될 것이다.

하지만 전자의무기록의 데이터를 분석하는 일은 결코 쉬운 일이 아니다. 무엇보다 저장된 데이터가 무척이나 복잡하고, 종류도 다양하며, 누락된 데이터도 적지 않다. 종합병원에서 치료하는 환자의 수,

질병의 유형이나, 처방하는 약의 종류, 진행하는 수술의 종류를 생각해보면 무지막지하게 복잡하고 많은 데이터가 전자의무기록에 저장되어 있다는 것을 쉽게 짐작할 수 있다. 이 데이터의 변수는 족히 수천 개가 넘어갈 것이다.

그렇기 때문에 딥러닝 이전의 연구에서는 전자의무기록 데이터 기반의 예측 모델을 만들기 위해 의료 지식을 가진 인간 전문가가 직접 중요 변수를 고르고, 데이터를 깔끔하게 만드는 등의 전처리 과정이 중요했다. 이러한 과정에서는 인간 전문가의 사전 지식에 예측 모델의 성능이 좌우되었을 뿐만 아니라, 전자의무기록의 전체 데이터가 아닌 일부 데이터만을 활용할 수밖에 없었다. 이렇게 일부 데이터만 활용한다는 것은 결국 예측 모델의 정확성을 높이기 위해서 한계로 작용할 수밖에 없었다.

더욱이 전자의무록에는 혈액 검사 수치처럼 정량화, 정형화structured되어 있는 데이터도 저장되어 있지만, 그뿐만 아니라 의료진이 진료 기록을 텍스트로 기록해놓은 비정형화unstructured된 데이터도 있다. 의료진이 자연어 및 의학 약어 등으로 기록해놓은 진료 노트는 분석하기가 기술적으로 어려우므로, 기존의 많은 연구에서는 이 부분을 분석 대상에서 아예 제외하기도 했다.[*]

전자의무기록 전체를 분석

구글은 딥러닝 기술을 활용하여 기존의 연구에서 나타났던 이러한

---

[*] 사실 전자의무기록 기반 연구의 어려움을 이야기하자면 의료 데이터 표준이나 호환성in-teroperability도 언급해야 하지만, 논의의 범위를 한정 짓기 위해 여기서는 논하지 않는 것으로 하겠다.

문제점들을 해결했다. 딥러닝의 특성 중 하나는 데이터를 인공지능에 학습시키기 위해서 데이터의 특징을 사람이 미리 지정할 필요가 없다는 것이다. 즉 딥러닝은 기존의 다른 기계학습 방법과는 달리 어떤 변수가 얼마나 중요하며, 변수의 어떤 조합이 중요한지를 스스로 계산해준다. 그 때문에 과거의 기계학습 방법보다 딥러닝에서는 해당 분야에 사전 지식을 가지는 것이 상대적으로 덜 중요하다.[*]

그래서 이번 연구에서는 사람이 전자의무기록의 데이터 중에서 인공지능에게 무엇을 어떻게 학습시킬지를 정하는 것이 아니라 전자의무기록의 데이터 전체를 딥러닝으로 학습해서 그중에 무엇이 중요한 정보인지를 딥러닝 스스로 파악하게끔 했다. 특히 이번 연구에는 의료진의 진료 노트도 인공지능의 학습 데이터에 포함되었다는 점이 큰 특징이다. 대부분의 기존 연구에서는 의료진이 자연어로 메모해놓은 노트의 학습이 기술적으로 어렵기 때문에 분석 대상에서 제외되었으나, 딥러닝을 이용한 자연어 처리 기술의 발전 덕분에 이 연구에서는 자동으로 분석할 수 있게 된 것이다.[10]

이러한 딥러닝 기술의 활용은 전자의무기록의 분석에 대해서 또 다른 중요한 장점을 가진다. 바로 확장성scalability이다. 사실 과거의 유사한 연구에서는 확장 가능성에 심각한 문제가 있었다. 학습 데이터를 준비하거나 가다듬는 전처리 과정에 (이 과정의 많은 부분은 수작업으로 이뤄진다) 프로젝트 자원의 80%를 소모해야 했기 때문이다.[11, 12] 이 경우 예측 모델의 퍼포먼스를 높이기 위한 인공지능 설계에 투입될 자원이 줄어들 뿐만 아니라 모델을 한 번 만들어놓으면 더 많은

---

[*] 딥러닝에 대한 자세한 소개를 위해서 「5장 딥러닝, 딥러닝, 딥러닝」 전체를 할애하게 된다. 지금은 딥러닝의 특성에 대해서 이 정도로만 언급하고 넘어가도록 하겠다.

데이터, 더 다양한 변수 등을 추가로 적용하기는 어렵게 되므로 확장성에 문제가 생긴다.

하지만 구글은 딥러닝을 사용함으로써 데이터 전처리 과정을 생략하여, 논문의 제목에도 명시되어 있는 것처럼 '확장 가능한scalable' 예측 모델을 만들 수 있었다. 즉 이 모델에 새로운 종류의 데이터를 추가하거나 다른 병원에서 적용하기가 쉬운 연구결과이다.

구글 인공지능의 정확도

구글은 미국의 두 유명 대학 병원의 방대한 전자의무기록 데이터를 학습시켜서 정확한 치료 결과 예측 모델을 만들었다. 캘리포니아 주립대 샌프란시스코 대학병원UCSF의 2012~2016년 데이터와 시카고 대학병원UCM의 2009~2016년 동안 24시간 이상 입원했던 총 11만 4,003명 환자의 21만 6,221번의 입원에서 나온 진료기록을 분석하여 인공지능을 만들었다. 이를 모두 합하면 예측 모델의 개발에 활용된 데이터의 수는 무려 468억 개가 넘는다.

구글은 두 병원의 데이터를 이용해서 같은 알고리즘을 각각 테스트해보았다. 두 병원의 전체 데이터 중 80%는 인공지능을 학습시키는 훈련 데이터training data로, 10%는 개발한 모델을 개선하고 검증하기 위해서, 나머지 10%는 이 예측 모델의 성능을 테스트하기 위해서 사용되었다.

이 모델의 정확도를 테스트하기 위한 기준은 아래와 같이 총 네 가지 항목이었다.

	UCSF 병원	시카고 대학병원
입원 환자의 사망 위험도 (AUC)		
입원 24시간 이전	0.87 (0.85-0.89)	0.81 (0.79-0.83)
입원 시	0.90 (0.88-0.92)	0.90 (0.86-0.91)
입원 24시간 이후	**0.95 (0.94-0.96)**	**0.93 (0.92-0.94)**
aEWS (입원 24시간 이후)	0.85 (0.81-0.89)	0.86 (0.83-0.88)
퇴원 후 30일 내 재입원 예측 (AUC)		
입원 시	0.73 (0.71-0.74)	0.72 (0.71-0.73)
입원 24시간 이후	0.74 (0.72-0.75)	0.73 (0.72-0.74)
퇴원 시	**0.75 (0.75-0.78)**	**0.76 (0.75-0.77)**
mHOSPITAL (퇴원 시)	0.70 (0.68-0.72)	0.68 (0.67-0.69)
장기 입원 여부 (AUC)		
입원 시	0.81 (0.80-0.82)	0.80 (0.80-0.81)
입원 24시간 이후	**0.86 (0.86-0.87)**	**0.85 (0.85-0.86)**
mLiu (입원 24시간 이후)	0.76 (0.75-0.77)	0.74 (0.73-0.75)
퇴원 시 진단명 (AUC)		
입원 시	0.87	0.86
입원 24시간 이후	0.89	0.88
퇴원 시	**0.90**	**0.90**

구글이 개발한 인공지능의 성능[9]

- 입원 환자의 사망 위험도 예측inpatient mortality
- 퇴원 후 30일 내 재입원30-day unplanned readmission
- 장기 입원 여부long lenth of stay
- 퇴원 시 진단명discharge diagnoses

구글은 이러한 네 가지 항목에 모두에 대해서 딥러닝으로 만든 인공지능이 기존의 인공지능보다 더 정확하다는 것을 증명했다. 예를 들어 입원 환자의 사망 예측에 대해서는 입원 후 24시간 이후까지의 데이터에 기반하면, 캘리포니아주립대 샌프란시스코 대학병원과 시

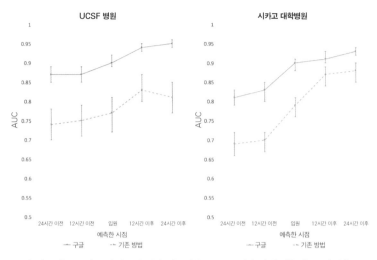

UCSF 병원   시카고 대학병원

구글의 인공지능은 기존 방법보다 사망 가능성을 24~48시간 일찍 예측할 수 있다.[9]

카고 대학병원이 각각 AUC 0.95, 0.93의 높은 예측률을 보였다.[*] 기존에 가장 높은 정확도를 보였던 aEWS 모델의 경우 AUC가 각각 0.85, 0.86에 그쳤다.

그뿐만 아니라 기존 모델에 비해서 구글의 인공지능은 사망 고위험군에 대한 거짓 경보를 절반 정도로 줄일 수 있었다. 기존 시스템 대비 구글의 거짓 경보율은 캘리포니아주립대 샌프란시스코 대학병원에서 7.4 대 14.3, 시카고 대학병원에서 8.0 대 15.4로 크게 낮았다. 이러한 거짓 경보의 감소는 실제 의료 현장에서 인공지능이 사용되기 위해서 중요한 의미를 가진다. 거짓 경보가 너무 잦은 인공지능은 의료진의 '경고 피로alarm fatigue'를 초래함으로써 결국 양치기 소년 취급을 받아서 경보 자체를 무시해버리게 되는 결과를 낳기 때문이다.

특히 흥미로운 것은 구글의 예측 모델을 활용하면 기존의 aEWS

---

[*] AUC의 개념에 대해서는 155페이지의 주석 참고.

모델보다 24시간 혹은 48시간까지도 더 일찍 환자의 사망을 예측할 수 있다는 점이다. 환자의 입원 후 24시간 이후의 데이터가 아니라, 입원할 때, 혹은 입원 24시간 이전의 데이터를 쓰더라도 aEWS와 비슷한 정도의 정확도가 나오기 때문이다. 구글은 캘리포니아주립대 샌프란시스코 대학병원의 경우 입원 24시간 이전 데이터만으로 AUC가 0.87, 시카고 대학병원의 경우 입원 시의 데이터만으로 AUC 0.90을 달성했다. 따라서 두 병원에 대해 구글의 예측 모델이 각각 48시간, 24시간 더 일찍 예측할 수 있다고 해석할 수 있다.

이와 마찬가지로 재입원 가능성 및 장기 입원 여부에 대해서도 기존의 다른 예측 모델보다 더 이른 시간에 예측할 수 있었다. 30일 내 재입원 가능성은 기존 mHOSPITAL 알고리즘이 퇴원 시에 예측한 정확도(두 병원의 AUC 가 각각 0.7, 0.68)를 구글의 알고리즘은 입원 시에 심지어 더 정확하게(AUC 0.73, 0.72) 예측할 수 있었다. 또한 장기 입원 여부도 기존의 mLiu 알고리즘이 입원한 뒤 24시간 후에 예측한 정확도(AUC 0.76, 0.74)보다 구글은 입원 시에 이미 더 높은 정확도(AUC 0.81, 0.8)로 예측할 수 있었다.

그뿐만 아니라 구글의 알고리즘은 환자가 퇴원할 때의 진단명까지도 정확히 예측했다. 진단을 체계적으로 예측하기 위해서 진단명에 국제 표준으로 사용되는 ICD 코드를 이용하였다. 이 코드는 크게 22가지 항목으로 구성되는데, 하위분류까지 들어가면 진단을 세부적으로 구분하여 총 1만 4,025개로 나누고 있다. 이 코드는 질병을 매우 세부적으로 나누기 때문에 인공지능이 이 코드로 표현된 진단명을 정확하게 예측하기는 매우 어렵다고 할 수 있다.

예를 들어 제2형 당뇨병(E11)만 하더라도, 세부적으로 비증식성 당뇨성 망막병증nonproliferative diabetic retinopathy이 약하게mild 동반된 경우(E11.32), 중간moderate 정도로 진행된 경우(E11.33), 그리고 심하게 severe 진행된 경우(E11.34)까지도 구분하고 있다. 그런데 구글의 인공지능은 환자가 입원할 때 이미 AUC 0.87의 정확도로 진단명을 예측할 수 있다. 이번 연구는 진단명을 ICD 코드까지 사용해서 상세하게 분류한 최초의 연구이다. 따라서 정확도를 비교할 수 있는 기존 연구 자체가 없다.

이렇게 인공지능을 통해서 입원 환자의 사망 위험도, 재입원 가능성, 장기 입원 여부, 진단명 등 환자의 치료 결과와 예후에 대해서 예측할 수 있다면, 환자의 치료뿐만 아니라, 병원의 제한적 자원의 효율적 운영이나 비용 절감 등에도 도움이 될 수 있을 것이다.

인공지능이 주목하는 데이터

그렇다면 실제로 구글의 인공지능은 특정 환자의 진료기록 중에 어떠한 부분에 기반하여 치료 결과를 예측하는 것일까. 딥러닝은 기본적으로 블랙박스이기 때문에 내부에서 어떠한 방식으로 판단하는지 파악하기가 쉽지 않고, 때로는 성능은 좋지만 전혀 의미 없는 엉뚱한 데이터를 학습해서 우리가 원하지 않는 방식으로 계산된 결과를 내놓을 수도 있다. 그 때문에 딥러닝이 실제 어떠한 계산 과정을 거치는지를 파악해보는 것이 중요하다.*

이 연구에는 전이성 유방암 환자 한 명의 진료기록을 예시로 들어

---

* 딥러닝의 블랙박스 문제는 매우 중요한 주제로 「12장 인공지능이 의료사고를 낸다면」에서 별도로 자세히 논의한다.

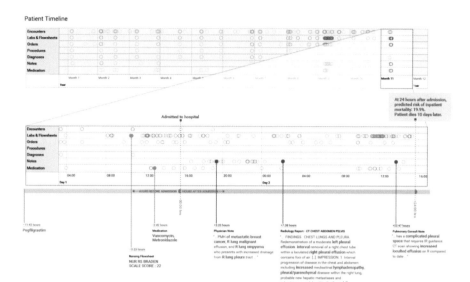

Patient Timeline

At 24 hours after admission,
predicted risk of inpatient
mortality: 19.9%.
Patient dies 10 days later.

구글의 인공지능은 실제로 사망과 연관성이 높은 데이터를 중요하게 생각했다.[9]

서 설명하고 있다. 이 환자가 입원한 후 24시간이 흐른 후의 시점에 서 사망 위험도를 예측한 것이다. 그때까지 쌓인 17만 5,639개의 데 이터를 분석한 결과 구글의 인공지능은 사망 위험도를 19.9%로 예 측한 것에 반해 기존의 방법인 aEWS는 9.3%로 예측했다. 실제로 입 원 10일 후에 해당 환자는 사망하였다.

구글은 TANNTime-Aware Neural Network이라는 기술을 통해서 인공지능 이 환자의 전체 진료기록 중에서 특히 어느 부분을 중요하게 보았는 지를 파악해보았다. 그 결과 실제로 환자의 사망 위험도와 관계가 높 은 데이터에 인공지능이 주목하고 있음을 알 수 있었다(그림에서 빨간 색으로 표시된 부분).

예를 들어 구글의 인공지능은 진료 노트를 분석해서 농양empyema, 흉수pleural effusions 등에 집중하였고 간호 기록에서는 반코마이신, 메트

로니다졸 등의 항생제 투약, 그리고 브랜든 수치를 통해 욕창pressure ulcer의 위험이 높음을 주목하였다. 또한 흉부에 삽입하는 튜브(카테터)의 상표인 '플루룩스PleurX'도 중요 단어로 파악했다. 이에 반해 기존의 aEWS는 유방암 환자의 사망 위험도와 상대적으로 관계가 낮아 보이는 알부민, 맥박, 백혈구 수 등을 중요하게 판단하였다고 밝히고 있다.

그동안 전자의무기록은 여러 기술적인 한계 때문에 체계적이고 효율적인 예측 모델을 개발하기가 쉽지 않았다. 하지만 딥러닝 등 인공지능 기술의 발전을 덕분에, 자연어로 기록되어 있는 의료진의 진료 노트를 비롯하여 전자의무기록에 저장된 전체 데이터를 효과적으로 분석함으로써 환자의 치료와 병원에 운영에 유용한 인사이트를 얻을 수 있었다. 구글이 개발한 이 인공지능은 아직 단 두 개의 병원에서만 검증되었으나, 확장할 수 있도록 개발되었기 때문에 다른 병원에서도 추가로 검증이 쉬우리라고 생각한다.

첫번째 유형의 의료 인공지능

이번에는 전자의무기록에 저장된 방대한 의료 데이터를 정확하게 분석해서 입원 환자의 사망 가능성, 재입원, 장기 입원 여부, 진단명 등을 정확하면서도 조기에 예측할 수 있는 구글의 인공지능을 살펴보았다. 지금까지 필자가 언급한 의료 인공지능의 첫 번째 유형인 '복잡한 의료 데이터를 분석하여 의학적 통찰력을 도출하는 인공지능'을 세 가지 사례를 들어서 살펴보았다.

먼저 IBM 왓슨 포 온콜로지는 진료기록을 바탕으로 암 환자를 치료할 수 있는 치료법이라는 의학적 통찰을 도출했다. 두 번째 영국의 연구에서는 심혈관 질환 환자의 발병 위험 요소와 발병 예측이라는 인사이트를, 세 번째 구글의 인공지능은 사망, 재입원, 진단명 등의 치료 결과를 예측했다.

이러한 첫 번째 유형의 의료 인공지능을 설명하면서 계속 언급되는 용어가 바로 '딥러닝'이다. 현재 맞이하고 있는 인공지능의 부흥기는 딥러닝을 빼놓고는 결코 설명할 수 없다. 또한 의료 인공지능을 포함한, 인공지능 전 분야에서 가장 인기 있으며 가장 좋은 성능을 보여주는 것이 바로 이 딥러닝이다. 딥러닝을 조금이라도 설명하기 위해서는 상당히 많은 분량을 집중적으로 할애해야 하므로 지금까지는 간략한 설명만으로 대신해왔다. 이제는 딥러닝에 대해서 조금 더 자세히 설명해보도록 하겠다. 왜냐하면 두 번째, 세 번째 유형의 인공지능은 현재 대부분 딥러닝에 기반을 두고 있기 때문이다.

5장

딥러닝, 딥러닝, 딥러닝

두 번째 유형의 의료 인공지능은 바로 '이미지로 나타낼 수 있는 의료 데이터를 분석 및 판독하는 인공지능'이다. 최근 이러한 유형의 의료 인공지능에는 대부분 딥러닝이라는 기술이 활용된다. 아마 인공지능에 관심이 없는 사람이라도 이 딥러닝이라는 기술의 이름 정도는 들어보았을 것이다. 특히 알파고의 원리가 되는 기술이기 때문에 한국인에게는 귀에 익은 이름이기도 하다. 근래에 인류가 또 한 번 맞이하고 있는 인공지능의 활황기를 이끄는 기술이 바로 이 딥러닝이다.

신경망과 인공신경망

앞서 몇 번 언급한 적이 있지만, 우리는 인공지능의 구현 방법 중에서 특히 기계학습machine learning을 논의 범위로 하고 있다. 딥러닝은 많은 기계학습 방법 중에서 인공신경망이라는 방법론에서 발전한 기

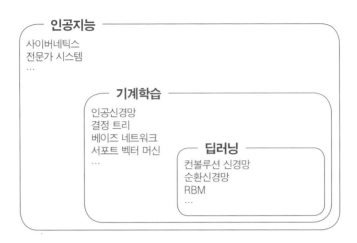

인공지능

사이버네틱스
전문가 시스템
...

기계학습

인공신경망
결정 트리
베이즈 네트워크
서포트 벡터 머신
...

딥러닝

컨볼루션 신경망
순환신경망
RBM
...

술이다. 또한 딥러닝도 다양한 방식의 테크닉으로 나누어지는데, 대표적으로 이미지 데이터의 분석에 특화된 컨볼루션 신경망CNN, Convolution Neural Network과 시간의 흐름에 따라 변화하는 데이터를 분석하기 위한 순환신경망RNN, Recurrent Neural Network 등으로 나눌 수 있다. 간략하게 관계를 표현하면 위의 그림과 같을 것이다.

사실 이번 장의 제한적인 지면에서 딥러닝의 기술적인 설명을 모두 하기는 어렵다. 딥러닝의 기술적인 측면은 우리가 논하고자 하는 의료 인공지능의 범위를 넘어설 뿐만 아니라 그 자체로 한 학기 강의나 책 한 권이 필요할 정도로 방대한 내용이기 때문이다. 또한 딥러닝 기술 자체가 너무도 빨리 발전하고 있다. 지금 이 순간에도 딥러닝 관련 논문이 전 세계에서 쏟아지고 있다. 오죽하면 딥러닝 연구자들 사이에서는 '딥러닝 분야의 새로운 아이디어의 유효기간은 3주'라는 푸념도 나온다. 새로운 아이디어에 대한 또 다른 연구가 그만큼 빠르게 나온다는 것이다. 우리는 의료와 관련된 딥러닝을 설명할 수 있을 정도로 딥러닝의 기본 개념과, 특히 두 번째 유형의 의료 인공지능에 맞는 이미지 인식 분야 딥러닝의 성과를 위주로 살펴보도록 하겠다.*

딥러닝을 설명하기 위해서는 먼저 동물의 신경망 및 인공신경망에 대한 소개가 필요하다. 인공신경망이라는 이름 자체에서도 알 수 있듯이 이 기계학습 방법은 동물의 신경망, 특히 뇌에서 영감을 얻은 알고리즘이기 때문이다. 이 인공신경망이 처음 고안된 이후 오랜 세월에 걸쳐 거듭된 기술적 개선의 결과로 나온 것이 바로 딥러닝이다.

생물의 신경망은 뉴런neuron이라는 단위의 신경 세포로 구성된다. 이 뉴런의 특징은 다른 여러 뉴런으로부터 신호를 전달받아서, 또 다른 뉴런에게 신호를 보낸다는 것이다. 결국 동물의 뇌는 이러한 수많은 뉴런의 연결로 이루어진 거대한 네트워크라고 할 수 있다.

그런데 우리의 뇌는 어떻게 배우고, 어떻게 지식을 기억할까? 컴퓨터는 정보를 메모리의 특정 위치에 저장한다. 하지만 뇌에는 정보를 저장하는 부위가 별도로 있는 것이 아니다. 뇌의 신경 세포, 즉 뉴런에도 정보를 저장하는 공간이 따로 없다. 그저 한 뉴런은 다른 여러 뉴런에서 오는 신호를 받아서, 그 신호가 어떤 임계치를 넘어서면, 그 뉴런은 '활성화'되어 자신의 신호를 또 다른 뉴런에 보내는 역할을 할 뿐이다.

그렇다면 이런 단순한 기능을 하는 뉴런이 어떻게 정보를 저장하는 것일까. 바로 수많은 뉴런이 네트워크를 이룬 '연결 상태' 자체가

---

* 혹시 딥러닝의 기술적인 측면을 학습하고 싶은 독자라면, 다음과 같은 컨텐츠를 보기를 추천한다. 가장 유명한 것은 소위 '딥러닝 4대 천왕' 중의 한 명인 스탠퍼드 대학교의 앤드류 응 교수의 코세라 온라인 강의이다. 한글로 된 조금 더 기초적인 강의는 홍콩과기대 김성훈 교수의 '모두를 위한 머신러닝/딥러닝' 온라인 강의도 많이 추천을 받는다. 개인적으로 한빛미디어에서 나온 『신경망 첫걸음』, 『딥러닝 첫걸음』도 기본 개념의 이해에 도움이 되었다.

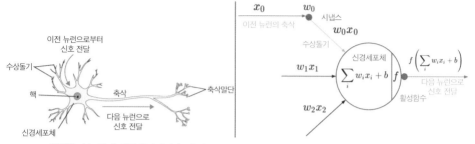

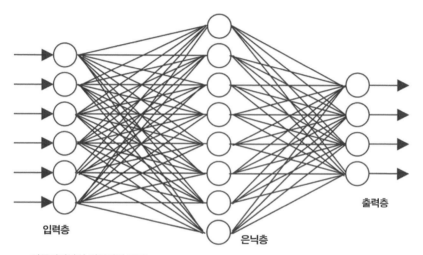

신경망의 뉴런과 인공신경망의 뉴런 비교

인공신경망의 기본적인 구조

바로 저장된 정보를 나타낸다고 할 수 있다. 즉 개별 뉴런은 신호를 받고 보내는 단순한 기능만 하지만, 이런 뉴런들이 거대한 네트워크를 이루면 인간의 뇌가 될 만큼 강력해지는 것이다. 이것이 바로 '신경망'이다.

인공신경망은 이러한 신경망의 작동 원리를 본떠서 만들었다. 수많은 신경세포가 연결되어 뇌를 구성하는 것처럼, 인공신경망은 뇌의 신경세포에 해당하는 '노드'라고 하는 작은 요소들이 연결되어 만들어진 네트워크이다. 흔히 인공신경망을 표현할 때 동그라미에 들어오는 선과 나가는 선으로 구성된다.

여기에서 동그라미를 '노드node'라고 부르고 선(화살표)은 '엣지edge'라고 부르며 신호의 흐름을 나타낸다. 인공신경망은 여러 개의 노드가 서로 연결되어 있다. 자세히 살펴보면, 하나의 노드에는 여러 개의 다른 노드로부터 들어온 신호를 받아들여서 모종의 처리 과정을 거친 다음 자신의 신호를 다른 노드에 보내는 것으로 표현되어 있다. 이 과정을 굳이 수식으로 설명하지 않더라도 신경망 속 뉴런의 기본적인 역할이 인공신경망에서도 구현되어 있다는 것을 알 수 있다. 이렇게 인공신경망에서도 하나의 노드에 신호가 입력되고, 출력되는 단위를 아예 '뉴런'이라고 부르기도 한다.

인공신경망이 학습하는 법

그런데 뇌의 작동 원리 중에서 중요한 뉴런들의 '연결 상태'는 인공신경망에서 어떻게 구현될까. 상식적으로 인공신경망에서도 모든 노드가 같은 강도로 신호를 주고받으면 아무런 정보도 학습할 수 없을 것이다. 정보를 학습하고 기억하려면 어떤 경우 특정 노드 사이의 연결 신호는 더 강해지고, 또 반대로 어떤 노드 사이의 연결은 매우 약해지거나, 아무런 신호를 보내지 않기도 할 것이다.

인공신경망에서는 뇌의 신경세포의 '연결 상태'를 노드들의 연결 가중치로 표현한다. 노드들이 서로 연결된 강도를 변수로 나타내는 것이다. 만약에 두 노드를 잇는 연결의 가중치가 0이라면 그 연결은 끊어졌다고 할 수 있다. 인공신경망을 '학습'시킨다는 것은 이러한 가중치를 체계적으로 변화시켜 나가면서, 우리가 가진 데이터를 잘 설명할 수 있는 모델을 만드는 것이라고 할 수 있다.

앞서 설명한 것들은 수식으로 표현할 수도 있으니 간단히만 알아보자. 인공신경망의 뉴런은 노드에 들어오는 신호인 x_1, x_2, x_3과 각 신호의 가중치인 w_1, w_2, w_3 등으로 표현할 수 있다. (앞의 '인공신경망의 뉴런' 그림 참고) 노드가 받는 신호는 이 신호와 가중치를 각각 곱해서 더하는, 가중 합으로 표현된다. 즉 아래의 수식과 같다. 참고로 b는 '바이어스bias'라고 하며 가중치와 함께 신경망이 정보를 저장하는데 관여하는 변수이다. 엄밀히 말해 신경망에서 정보는 가중치와 바이어스의 형태로 저장된다.

$$v = w_1 x_1 + w_2 x_2 + w_3 x_3 + b$$

사람의 뇌와 같은 동물의 신경망에서는 뉴런이 이렇게 받아들인 신호를 결코 무조건 다음 뉴런으로 보내지 않는다. 받은 신호가 어떤 임계치threshold를 넘어야만, 비로소 '활성화activation'되어 다음 뉴런으로 신호를 보내는 것이다. 즉 각 뉴런은 신호를 '보내거나' '보내지 않거나'의 두 가지 경우 중의 하나가 되는 '실무율all-or-none'의 규칙을 따른다.

이와 마찬가지로 인공신경망에서도 각각 노드는 받아들인 신호를 일정한 계산을 거쳐서 다음 뉴런에게 내보낸다. 수식에서는 노드별로 이뤄지는 이러한 계산을 함수로 표현하는데, 이 함수를 '활성 함수activation function'라고 표현한다. 인공신경망의 활성 함수에는 ReLu 등 등의 여러 종류가 있다. 어떤 활성 함수를 선택할지에 따라서 인공신경망의 성격도 바뀐다.

활성 함수 등등의 용어가 어렵게 느껴질 수도 있겠지만, 딥러닝을 공부할 때 이런 용어 정도는 익혀두고 가는 것이 좋다. 활성 함수를 아래와 같이 수식으로 표현해보자. 변수로는 앞선 수식에서 계산한 신호와 가중치의 가중합인 v가 들어가며, 이 활성 함수에서 나온 y 값이 바로 다음 노드에 전달되는 신호가 된다.

$$y = f\left(v\right)$$

조금 어려울 수도 있지만, 인공신경망을 학습시키는 과정에 대해서 약간 더 이야기해보겠다. 우리가 인공신경망을 학습시킨다는 것은 우리가 가지고 있는 데이터를 잘 설명할 수 있는 모델을 만들어가는 과정이다. 앞서 설명했듯이 인공신경망을 구성하는 개별 뉴런들은 우리가 입력한 데이터를 받아들여서 각각의 뉴런들이 가중 합과 활성 함수 등의 과정을 거쳐서 그다음 뉴런으로 신호를 보내는 과정을 거쳐, 최종적으로 어떤 '결과'를 내어놓게 된다.

이렇게 내어놓은 '결과'는 우리가 가지고 있는 '정답'과 비교해보면 완전히 일치할 수도 있고, 차이가 있을 수 있다. 만약 차이가 있다면 '결과'와 '정답'을 비교하여 '오차'를 계산한 다음, 그 오차를 반영하여 인공신경망의 각 뉴런의 연결에 대한 '가중치'를 체계적으로 수정하게 된다.

이러한 과정을 통해서 인공신경망은 데이터를 '학습'하게 된다. 즉 데이터를 기반으로 노드 사이의 가중치를 적절히 바꿔주면서 인공신경망을 구성하는 뉴런들의 연결이 최적의 의사결정을 할 수 있는 수학적 모델을 만드는 것이다.[*] 우리가 가지고 있는 데이터에 대해서 이러한 과정을 반복해서 거치면서 인공신경망을 '학습'시킬 수 있게 되고, 이 과정이 잘 작동한다면 우리가 가진 데이터를 잘 설명할 수 있는 인공신경망을 얻게 될 것이다.

사실 이 부분들은 복잡한 내용을 수식 없이 개념만으로 매우 간추려서 이야기하려고 노력했으나 이해가 쉽지 않을 수도 있다. 실제로 학습, 활성 함수, 오차 계산, 가중치 업데이트 등의 과정은 다양한 수학적 방법을 통해서 구현된다. 인공신경망의 기술적 부분을 더 깊게 공부하는 것은 지면 관계상 독자들의 몫으로 남기고, 다음 설명으로 넘어가도록 하겠다.

인공신경망의 발전과 도전

인공신경망을 대략 설명하였으니 이제 딥러닝에 활용되는 '심층' 인공신경망의 개념도 간략히 소개해보겠다. 딥러닝은 '심층 신경망을 이용한 기계학습 방법'이라고 정의할 수 있기 때문이다.

심층이라는 말은 여러 층으로 깊이 이뤄진다는 말이다. 앞서 설명했듯이 인공신경망은 여러 노드가 연결된 네트워크이며, 이 노드를 어떻게 연결하는지에 따라서 다양한 형태의 네트워크를 만들 수 있다. 그중에서 가장 일반적으로 사용되는 형태는 노드를 계층layer 적으

---

[*] 학습 데이터의 종류에 따라서 인공신경망을 훈련시킬 수 있는 '정답'이 있는 경우도 있고, 없는 경우도 있다. 기계학습에서 입력에 대한 정답이 있는 데이터를 학습시키는 것을 지도 학습supervised learning이라고 하며, 입력만 있고 정답이 없는 데이터를 학습시키는 것을 비지도 학습unsupervised learning이라고 한다. 지도 학습에서 학습은 '입력'에 대한 모델의 출력과 해당 '정답'의 차이가 줄도록 모델을 수정하는 과정이다. 여기서는 편의상 지도 학습을 가정하고 설명하였다.

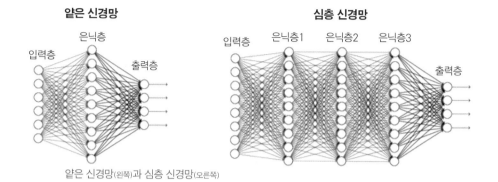

얕은 신경망   심층 신경망

얕은 신경망(왼쪽)과 **심층 신경망**(오른쪽)

로 표현하는 형태이다. 심층 신경망의 경우, 이 계층을 깊게 쌓는 것
이다.

인공신경망을 구성하는 계층은 크게 세 종류로 구분할 수 있다. (그
림 참조) 가장 왼쪽에 있는 것이 처음에 신호를 받아들이는 입력층,
가장 오른쪽에 있는 것이 인공신경망의 최종 결과를 내어놓는 출력
층이 된다. 그리고 이 입력층과 출력층 사이에 있는 것이 은닉층이라
고 부른다. 인공신경망은 이러한 은닉층을 더 '깊게' 쌓아가는 방식으
로 발전해왔다.

인공신경망 아이디어는 미국 일리노이 대학교 의대 정신과 교수인
워런 맥컬록과 당시 의대 학생이었던 월터 피츠가 1943년에 발표한
논문 「신경 활동에 내재한 개념들의 논리적 계산」에서 처음 제시됐
다.[1] 이때의 인공신경망은 입력층과 출력층만 있는 '단층 신경망'이
었다. 이후에 은닉층이 하나만 있는 '얕은shallow 신경망'으로(그림의 왼
쪽), 그리고 두 개 이상의 신경망을 갖춘 '심층deep 신경망'으로(그림의
오른쪽) 발전해왔다.

그런데 주목해야 할 사실은 은닉층이 없는 '단층 신경망'에서 은닉

층을 하나 추가하는 '얕은 신경망'으로 발전할 때까지는 1980년대까지 40여 년의 세월이 걸렸으며, 얕은 신경망이 두 층 이상의 은닉층을 가진 2000년대의 '심층 신경망'으로 발전되기까지는 또 20여 년이 걸렸다는 것이다.

　고작 은닉층이 하나가 추가되는데 이렇게 시간이 오래 걸렸다는 것이 의아하게 느껴질 수도 있다. 이 문제를 해결하는 데 그렇게 오랜 세월이 걸렸던 이유는 은닉층이 추가되었을 경우에, 이 네트워크를 학습시키는 것이 매우 어려워지기 때문이다. 앞서 인공신경망을 '학습'시킨다는 것을 학습 데이터에 대한 '오차'를 모델의 가중치를 수정한다는 것으로 설명하였다. 그런데 기존 방식으로는 은닉층의 뉴런에 오차를 반영 가능한 방법이 없었다.

　이 문제는 거의 40년 이후 1986년에 현재 소위 '딥러닝 4대 천왕'의 한 사람으로 불리는 토론토 대학의 제프리 힌튼 교수가 역전파 backpropagation 알고리즘을 제안함으로써 해결된다. 이 역전파 알고리즘이라는 것이 바로 은닉층의 오차를 어떻게 정의하고, 가중치를 어떻게 조절할 것인지에 대한 체계적인 방법이다. 이렇게 '얕은 신경망'의 학습 문제를 해결하면서 신경망은 또 많은 관심을 받게 된다.

　그런데 여기에도 또 다른 문제가 있었다. 얕은 신경망에 은닉층을 더 추가한 '심층 신경망'의 경우에는 이 역전파 알고리즘으로도 여전히 학습이 어렵다는 것이다. 또한 신경망이 깊어질수록 기하급수적으로 늘어나는 계산량을 1980년대 당시 하드웨어로는 수행하기가 어려웠다는 점도 있다.

마침내 딥러닝의 시대

이러한 문제는 또다시 20여 년간 해결되지 못하다가, 2000년대 중반에 이르러서야 여러 가지 기술적인 돌파구가 마련되면서 마침내 딥러닝의 중흥기가 도래하게 된다. 지면 관계상 이런 기술적 돌파구를 자세히 소개하기는 어렵지만, 심층 신경망의 학습이 원래 어려웠던 대표적인 원인으로는 그래디언트 소실vanishing gradient[*], 과적합overfitting[**], 그리고 너무 많은 계산량의 문제가 있다.[2]

그래디언트 소실, 과적합의 문제는 ReLu와 같은 활성 함수의 사용, 비용함수cost function로 크로스 엔트로피cross entropy 함수의 활용, 드롭아웃drop out 기법 등이 고안되면서 점차 해결되었다. 또한 과중한 계산량에 따른 학습시간이 너무 오래 걸리는 문제는 다중 연산이 가능한 그래픽처리장치GPU와 같은 고성능 하드웨어와 배치 정규화batch normalisation 등의 알고리즘 덕분에 상당 부분 개선되었다.

특히 이 그래픽처리장치가 바로 딥러닝의 과중한 계산량 문제의 해결에 결정적인 돌파구를 마련하는 역할을 했다. 사실 과거에는 엔비디아NVIDIA 등의 회사가 만드는 고성능 그래픽 처리 장치인 그래픽처리장치는 고화질 게임을 즐길 때나 필요했다. 엔비디아는 컴퓨터를 살 때 그래픽 카드를 선택하면서나 들어보는 이름이었다.

그런데 그래픽처리장치는 수천 개의 코어로 이루어져 있어서 수많

---

[*] 그래디언트 소실: 앞서 인공신경망을 학습시키는 방식으로 역전파 알고리즘을 설명했다. 역전파 알고리즘은 오차를 출력층에서 거꾸로 입력층 방향으로 반영시킨다. 그런데 이 방식으로는 출력층에서 멀어질수록 신경망의 오차가 잘 전달되지 않는 현상이 발생한다. 이 때문에 입력층에 가까운 은닉층이 잘 학습되지 않는 문제가 생긴다. 이를 그래디언트 소실 문제라고 부른다.

[**] 과적합 현상: 일반적으로 학습 데이터는 완벽하지 않고 대개 노이즈가 섞여 있게 마련이다. 이런 학습 데이터를 모두가 정답이라 생각하고 모델을 지나치게 여기에 맞추다 보면 오히려 성능이 떨어지는 모델을 얻게 된다. 이를 과적합 현상이라고 한다.

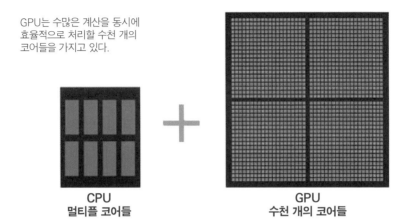

GPU는 수많은 계산을 동시에
효율적으로 처리할 수천 개의
코어들을 가지고 있다.

CPU
멀티플 코어들

GPU
수천 개의 코어들

은 연산을 '동시에' 병렬적으로 처리하는 데 최적화되어 있다. 고화질 모니터의 모든 픽셀에 동시에 그래픽 이미지를 나타내기 위해서는 수많은 계산을 동시에 병렬적으로 처리하는 것이 필요하기 때문이다. 일반 PC나 노트북 컴퓨터에 사용되는 중앙처리장치CPU가 대부분 수 개(쿼드코어는 4개, 옥타코어는 8개 등)의 코어로 이루어지는 것과 대비된다. 그런데 이렇게 그래픽처리장치가 수많은 계산을 동시에 수행할 수 있다는 것이야말로 심층 신경망의 학습에 필요한 것이었다 (이 때문에 엔비디아는 딥러닝 시대의 최고 수혜 기업 중 하나로 주목받으며 지난 5년 동안 주가도 10배 넘게 올랐다[3]).

잠시 후, 구글 브레인Google Brain의 이미지 인식 연구를 소개할 예정이다. 이에 앞서 이 연구에 구글이 투입했던 엄청난 계산력과 그래픽 처리장치GPU의 위력을 잠깐 비교해보도록 하자. 2012년 구글 브레인과 스탠퍼드의 앤드류 응Andrew Ng 교수는 유튜브 영상 이미지를 딥러닝으로 학습하는 연구를 수행했다.

이를 위해 구글은 1,000개의 서버를 병렬로 연결했다. 서버 하나당 2개의 중앙처리장치가 탑재되었으니 2,000개의 중앙처리장치가 사용되었다. 옥타코어(개당 8개) 중앙처리장치의 코어 개수를 계산해 보면 1만 6,000개가 된다.[4] 이러한 하드웨어 장비를 구축하기 위해서는 50억 원의 비용이 들며 전력 소모량도 60만 와트에 달한다.

하지만 그래픽처리장치의 경우 개당 수천 개의 코어로 이루어져 있다. 2015년 엔비디아의 인터뷰에 따르면 엔비디아 그래픽처리장치 서버의 경우 3대만 사용하면 1만 8,000개 이상의 코어를 가진 구글 브레인 수준의 환경을 만들 수 있다.[5] 이러한 병렬 서버의 구축 비용은 3,300만 원밖에 들지 않고 전기 소모량도 4,000와트에 그친다. 즉 그래픽처리장치를 활용하면 과거 구글과 같이 엄청난 비용을 들여서 병렬 서버를 구축하지 않아도, 딥러닝의 계산을 위한 환경을 저렴하게 만들 수 있게 된 것이다.

인공지능이 유튜브를 본다면

매우 기초적이기는 하지만 딥러닝의 대략적인 개념과 배경에 대해서 알아보았다. 이제 딥러닝의 몇 가지 특징에 대해서 살펴보자. 무엇보다도 딥러닝의 가장 큰 특징은 성능이 좋다는 것이다. 결국에는 이것이 딥러닝이 주목받게 된 가장 큰 특징이라고 할 수 있다.

흔히 기계학습 분야의 주요 연구 분야로 이미지 인식, 음성 인식, 자연어 처리를 꼽는다. '이미지 인식'이라면 물체의 사진을 보고 그것이 무엇인지 맞추거나, 페이스북에 올린 사람의 사진을 알아본다거나, 여러 엑스레이 사진 중에서 정상과 암이 있는 사진을 분류하는 문제가 있을 수 있다. '음성 인식'은 아이폰의 시리처럼 사람의 목소리를 인식하는 인공지능이다. '자연어 처리'는 인간의 언어를 이해하는 인공지능이다. 이러한 분야의 인공지능 연구는 오랜 역사를 가지고 있으며, 저마다 다양한 기계학습 방법론이 적용되며 개별적으로 발전해왔다.

그런데 2000년대에 딥러닝이 새롭게 등장하여 이미지 인식, 음성 인식, 자연어 처리 등 기계학습 분야에 모두 적용되면서, 주요 난제들에 대한 기록을 모조리 갈아치우고 말았다. 딥러닝은 이미 산업계에서도 활발하게 사용되고 있다. 사실 기계학습이 활용되는 서비스의 경우, 딥러닝을 사용하지 않는 곳을 고르기가 어려울 정도다.

예를 들어 애플 시리, 구글 나우, 스카이프 번역기 등 현재 모든 주요 상업 음성 인식 시스템을 비롯하여 최근 성능이 급격히 향상된 구글 번역기, 테슬라를 비롯한 자율주행차 역시 딥러닝 기술을 활용하고 있다.[6-13] 또한 소위 '딥러닝 4대 천왕'이라고 부르는 제프리 힌튼 토론토대 교수, 얀 리쿤 뉴욕대 교수, 그리고 앤드류 응 스탠퍼드대 교수 등은 구글, 페이스북, 바이두 등이 인공지능 연구 부분의 수장으로 영입되기도 했다.[14]

그뿐만 아니라 기존의 방법 대비 딥러닝의 또 다른 큰 특징이 있다. 바로 딥러닝은 데이터의 특징을 스스로 학습한다는 것이다. 딥러닝 이전의 기존 기계학습 방법으로 컴퓨터를 학습시키기 위해서는 데이터의 어떤 특징을 기준으로 볼 것인지를 사람이 정해주었다. 이 '특징'이라는 것을 기계학습 분야에서는 '피처feature'라고 부른다. 비유하자면, 과거에는 개와 고양이의 사진을 컴퓨터에게 구분하는 법을 가르친다면, 눈의 모양, 털의 색, 다리의 개수, 꼬리의 길이 등의 기준을 사람이 판단하여 지정해줘야 했다. 이러한 피처 중에 어떤 것은 개와 고양이를 구분하기 위해 유용할 것이고 어떤 것은 유용하지 않을 수 있다.

그러므로 과거의 기계학습 방법에서는 해당 데이터에 대해서 연구자가 가지고 있는 사전 지식이 중요했다. 개와 고양이의 특성과 차이점에 대해서 더 잘 알수록 유의미한 기준을 컴퓨터에게 알려줄 수 있기 때문이다. 이를 의료 영상에 빗대서 설명해보자. 컴퓨터에게 유방 엑스레이 사진에서 유방암 의심 병변을 골라내거나 조직 검사 사진에서 암세포와 정상 세포를 구분을 가르치려면 어떻게 해야 할까. 과거에는 연구자가 유방암 의심 병변이나, 암세포와 정상 세포를 구분하기 위한 특징을 정해줘야만 했다. 그러려면 암에 대한 배경 지식이 필요했다.

하지만 딥러닝의 위력은 이런 데이터의 특징을 사람이 미리 알려줄 필요가 없다는 것이다. 딥러닝은 스스로 학습한다. 이를 위해서 필요한 것은 그저 많은 데이터뿐이다. 예를 들어 개와 고양이를 구분한다면 수만, 수십만 장의 개와 고양이의 사진을 딥러닝에게 보여주면, 특징을 스스로 파악해서 학습할 수 있다는 것이다.

이는 아기가 태어나서 엄마의 얼굴을 익히는 과정과 비슷하다. 갓난아기가 사람의 얼굴이라는 것이 어떻게 생겼는지, 그중에서 엄마의 얼굴은 다른 사람과 어떻게 다른지를 누가 가르쳐줘서 아는 것이 아니다. 그냥 계속해서 보다 보면 자연스럽게 알게 될 뿐이다. 딥러닝이 학습하는 방식도 이와 같다. 인공신경망은 사람의 신경망, 즉 뇌를 본떠서 만들었기 때문에 비슷한 방식으로 배우는 것이다. 이것

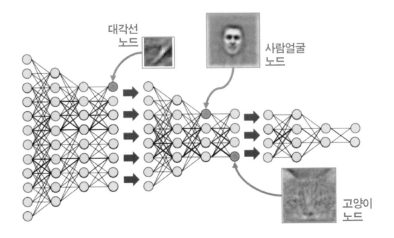

대각선
노드

사람얼굴
노드

고양이
노드

이 딥러닝의 큰 장점이자, 또 약점이기도 하다.*

이렇게 '사람처럼 스스로 학습한다'는 것을 잘 보여주는 사례 중의 하나가, 앞서 잠깐 언급했던 구글 브레인의 연구이다.[4, 12, 15, 16] 이 연구에서 구글브레인 연구진은 유튜브에서 갈무리한 정지화면 이미지 1,000만 장을 3일 동안 심층 신경망에 보여줘서 딥러닝으로 학습했다. 아무런 다른 추가 정보나 사전 지식 없이 그저 엄청나게 많은 사진을 컴퓨터에게 보여준 것이다. 그 결과 이미지들을 '스스로' 학습한 딥러닝은 이미지에서 사람의 얼굴이나, 고양이의 얼굴을 알아보는 능력을 갖추게 되었다. 이 방식으로 만든 분류 모델은 기존의 고양이 얼굴에 대한 특징(피처)을 가르치는 방식에 비해 정확도가 70%나 개선되었다.

즉 이 연구에서 딥러닝은 고양이의 얼굴이 어떻게 생겼는지 특징을 미리 알려주지 않았음에도 많은 데이터에서 그 특징을 스스로 학

---

* 약점은 딥러닝이 일종의 블랙박스라는 것으로, 왜 그러한 답이 나왔는지에 대한 설명력이 떨어진다는 것이다. 블랙박스 이슈는 특히 의료 인공지능에서 이는 문제가 될 수 있다. 이에 관해서는 12장 '인공지능이 의료사고를 낸다면'에서 자세히 다룬다.

| 얼굴 감지기 | 인간 몸 감지기 | 고양이 감지기 |

구글 브레인의 연구에서 딥러닝이 파악한 사람 얼굴, 사람의 신체, 고양이의 특징[16]

습했다. 이는 의료 인공지능에서도 시사하는 바가 크다. 딥러닝 이전의 기계학습 방법들의 한계는 뚜렷했다. 사람이 인공지능에 미리 알려주는 데이터의 피처를 기반으로 하므로, 사람이 골라주는 피처에 성능이 제한된다. 하지만 이 구글 브레인의 연구에 따르면 인공지능은 전혀 분류되지 않은 데이터를 알아서 인식하고 학습해 분류할 수 있다는 것이다. 이는 인간이 그 특징을 완전하게 파악하지 못하고 있는 미지의 데이터에 대해서도 스스로 학습할 수 있다는 것을 의미한다.[12] 이러한 부분은 결국 의료 인공지능에도 큰 의미를 가진다.

이미지넷: 영상 인공지능의 마중물

이제는 인공지능의 이미지 인식에 대해서 조금 더 설명해보겠다. 지금 우리는 인공지능의 두 번째 유형인 '이미지로 나타낼 수 있는 의료 데이터를 분석 및 판독하는 인공지능'을 설명하기 위한 배경 설명 중이라는 점도 잊지 말자. 딥러닝의 범위가 워낙 방대하고 영향력이 크면서도, 이해가 쉽지 않은 분야이기 때문에 사설도 다소 길 수밖에 없음을 양해해주기 바란다.

앞서 설명했다시피 딥러닝은 이미지, 음성, 텍스트 등 다양한 종류의 데이터에 두루 적용할 수 있다. 그중에서 현재 가장 주목받는 분야는 단연 이미지 분석이라고 할 수 있다. 딥러닝이 세상에 그 위력을 처음 증명했던 것이 바로 '이미지넷ImageNet'의 인공지능 이미지 인식 세계 대회였기 때문이기도 하다.

사실 이미지를 인식하는 '컴퓨터 비전' 분야의 인공지능을 설명하기 위해서 이미지넷 대회를 빼놓을 수는 없다. 앞서 강조했다시피 기계가 학습하기 위해서는 데이터가 필요하다. 그것도 매우 많은 양의 데이터가 말이다. 만약에 컴퓨터가 이미지를 보고 그 물체가 무엇인지를 학습하려면 많은 양의 이미지와 그 이미지에 대한 답도 달려 있어야 한다.

스탠퍼드 대학교의 컴퓨터 비전 연구실의 페이페이 리Fei-Fei Li 교수는 인공지능이 아이처럼 '보고' 학습할 수 있는 대규모 이미지 데이터를 만들기 위해서 2007년부터 이미지넷 프로젝트를 시작했다.[17, 18] 플리커 등 인터넷에서 무려 10억 장에 이르는 이미지를 내려받고, 아마존의 매커니컬 터크mechanical turk와 같은 크라우드 소싱 기술을 이용해서 전 세계 수많은 사람이 함께 이미지에 대한 답(레이블)을 붙이는 작업을 진행한 것이다.[18] 세계 167개국에서 5만 명에 가까운 작업자가 이미지를 정리하고 분류하는 작업을 도왔다.[18]

지금 돌이켜보면 인공지능의 발전을 위해 이러한 이미지 데이터베이스의 중요성은 너무도 명백하지만, 사실 작업을 진행하던 당시의 분위기는 꼭 그렇지도 않았다고 한다. 동료 교수들은 페이페이 리 교수에게, 종신교수가 되려면 논문을 쓸 수 있는 다른 프로젝트를 하라고 권유하기도 했다고 한다. 하지만 이들은 마침내 2009년에 사물을

2,200개의 종류로 분류한, 무려 1,500만 장의 이미지 데이터베이스를 공개하기에 이른다. 예를 들어 고양이의 경우 6만 2,000장의 다양한 모양과 자세, 집고양이부터 들고양이까지 망라되어 있다. 이 데이터베이스는 전 세계 누구나 사용할 수 있다. 그 결과 이미지넷의 풍부한 데이터는 딥러닝 기술이 이미지를 학습할 수 있는 가장 중요한 기반이 되었다.[17, 18]

이미지 인식 인공지능의 폭발적 발전

이미지넷이 이러한 데이터베이스를 기반으로 매년 진행해온 것이 바로 이미지넷 이미지 인식 대회 ILSVRCImageNet Large Scale Visual Recogni-

이미지넷 대회에 포함된 데이터들[19]

이미지 분류

양철 드럼

정답

양철 드럼 접히는 의자 큰 스피커	스케일 티셔츠 양철 드럼 드럼 스틱 진흙 거북	스케일 티셔츠 자이언트 팬더 드럼 스틱 진흙 거북
정확도: 1	정확도: 1	정확도: 0

위치 식별

양철 드럼

정답

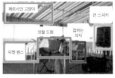

정확도: 1

정확도: 0

정확도: 0

물체의 분류와 위치 식별 문제[19]

tion Competition이다.[19] 이 대회에서는 1,000개의 카테고리로 나누어진 총 120만 장의 이미지를 인공지능이 학습한 다음, 15만 장의 이미지 중에 무작위로 고른 10만 장의 이미지를 분석하는 정확도를 평가한다. 2010년에 시작한 이 대회는 올해까지 매년 개최되어, 구글, 마이크로소프트, 퀄컴을 비롯한 전 세계의 쟁쟁한 기업, 대학, 연구진이 출전해 저마다 개발한 인공지능을 경쟁한다.

이 대회에서 참가자들은 물체 인식 및 검출, 분류, 동영상 물체 검출 등의 다양한 부문에서 경쟁하게 되고, 해마다 새로운 경쟁 부문이 추가되기도 한다. 이 중에서 2010년부터 첫 대회부터 진행한 '물체의 분류classification' 부문과 2012년 시작된 '위치 식별localization' 부문을 대표적으로 꼽을 수 있다. 물체 분류는 주어진 이미지에 대해서 최대 다섯 개까지의 답을 제출하여 그중에 정답이 있는지를 기준으로 오차율을 계산한다. 또한 위치 식별 문제는 이미지 속에 있는 물체의 이름과 위치까지도 파악하는 것으로, 역시 다섯 개의 답을 제출해야 한다.

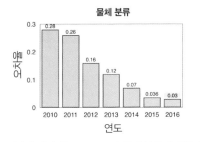

해마다 개선되는 ILSVRC의 물체 분류와 위치 식별 부문의 성적[23]

 딥러닝은 이 대회에 처음 참가한 2012년에 돌풍을 일으키게 된다. 토론토 대학의 제프리 힌튼 교수팀이 딥러닝으로 개발한 알렉스넷AlexNet이 오차율 16.4%로 전년도 우승팀 대비 큰 폭의 개선을 보이면서 우승하면서 주목받게 된 것이다.[20] 이 알렉스넷은 8개의 층으로 이루어진 '컨볼루션 신경망Convolution Neural Network', 흔히 CNN으로 불리는 영상 인식에 특화된 심층 신경망을 사용하였다.*

 CNN은 뇌의 시각피질이 이미지를 처리하고 인식하는 원리를 차용한 신경망으로, 알렉스넷 이후로 이미지 인식 분야에서 딥러닝은 대부분 CNN을 활용한다. 이 이름 정도는 꼭 기억해두는 것이 좋다. 사실 CNN은 이미 얀 리쿤Yann LeCun 교수가 1980년대에 고안한 기술이다.[22] 하지만 실제 현장의 복잡한 이미지를 처리하기에는 역부족이라는 이유로 한동안 잊혔다가, 알렉스넷을 통해서 2012년에 화려하게 부활한 것이다. 사실상 이 알렉스넷이 딥러닝 시대의 도래에 도화선 역할을 했다고 해도 과언이 아니다.**

 이후로 ILSVRC 대회의 우승팀은 모두 딥러닝(특히 CNN)을 사용

---

* 일부 도서에서는 '합성곱 신경망'이라고 한글로 풀어서 지칭하기도 한다.

** 알렉스넷을 발표한 제프리 힌튼 교수의 2012년 논문은 지금까지 무려 2만 2,000번 이상 인용되었다.

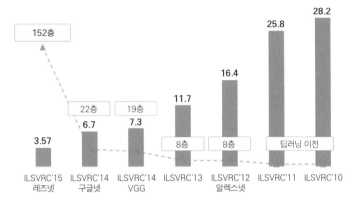

물체 분류 부문 오차율(%)

'분류' 부문 우승팀의 심층신경망의 '깊이$_{depth}$'는 해마다 더욱 깊어진다.

하면서, 해마다 오차율은 더욱 줄어들게 된다. 물체 분류 부문을 기준으로 보자면, 2014년에는 구글이 흔히 구글넷$_{GoogleNet}$이라고도 불리는 '인셉션$_{Inception}$' 아키텍처로 오차율 6.7%을 보이며 우승하였다. 2015년에는 마이크로소프트의 레즈넷$_{ResNet}$이 오차율을 3.57%까지 줄이면서 우승했다.* 구글 인셉션의 경우 22층의 계층을 가졌으나 마이크로소프트의 레즈넷의 경우 152층까지 계층을 늘린 것이 눈에 띈다. 2016년에는 중국 공안부 산하의 연구기관 트림스-소우시엔$_{Trimps-Soushen}$ 팀이 3.03%의 오차율을 보이며 우승을 차지했다.

참고로, 국내에서도 이 ILSVRC 대회에 참가하여 좋은 성과를 내었던 팀들이 있다. 인공지능 스타트업 중에서는 루닛과 뷰노가 대표적이다. 이 두 회사는 창업 초기이던 2015년에 참가하여 각각 위치 식별 및 분류 부문에서 세계 5위에 올랐다(2016년에는 모두 참여하지 않았다). 세계적인 수준의 딥러닝 기술력을 증명한 이 두 회사는 스타트

---

* 구글의 딥러닝 모델인 '인셉션'이라는 이름은 기억해두자. 뒤에서 계속 언급될 것이다.

업 업계에서도 세계적으로 주목받고 있다.[24] 그리고 향후 더 자세히 언급하겠지만, 두 기업 모두 다름 아닌 의료 인공지능 개발에 집중하고 있다.

인공지능의 시각적 인지능력

이처럼 인공지능이 이미지에서 물체를 인식하고 분류하는 능력이 갈수록 좋아지고 있다. 그런데 이런 인지능력이 어느 정도로 정확한 것일까. 사진에 있는 물체가 무엇인지를 알아보는 것은 사람도 아주 잘하니까 말이다. 만약 이미지에 대해서 사람과 인공지능의 인지능력을 비교한다면 누가 더 정확할까?

결론은 인공지능이다. 인공지능은 이미 사람의 시각적 인지능력을 뛰어넘고 있다. 적어도 앞서 설명한 ILSVRC 대회의 규칙하에서는 그러하다. 이미지넷 팀의 일원인 스탠퍼드 대학의 안드레 카파티Andrej Karpathy는 2014년 그의 블로그에 「내가 이미지넷에 대해 컨볼루션 신경망과 경쟁하면서 배운 것」이라는 흥미로운 글을 남겼다.[25] 2014년은 구글의 구글넷(인셉션)이 분류 부문에서 오차율 6.7%을 보이며 우승했던 해다.

그는 구글넷의 성과를 보면서 흥미로운 질문이 떠올렸는데 '인간이 이미지넷 문제를 직접 풀어보면 어느 정도로 정확할까?' 하는 것이었다. 이를 위해서 그는 누구나 이미지넷 테스트를 직접 해볼 수 있는 웹페이지를 만들어서 공개했다.* 이 웹페이지에서는 사람이 사진을 보고, 해당 사진이 어떤 범주에 들어가는지를 수작업으로 직접

---

* https://cs.stanford.edu/people/karpathy/ilsvrc/

ILSVRC에서 우리가 인공지능을 이길 수 있을지 직접 테스트해볼 수 있다!

분류해볼 수 있다.

안드레 카파티는 자신도 열심히 연습한 결과, 분류 부문에서 오차율을 5.1%까지 줄일 수 있었다고 언급한다. 2014년 당시 우승팀인 구글넷의 오차율인 6.7%와 비교하면, 통계적으로 계산해보면 유의미하게(p-value=0.022) 자신의 분류 능력이 더 좋다고 언급하고 있다.

그런데 앞에서 언급했다시피 2015년, 2016년에는 인공지능의 오차율이 3%대로 떨어진다. 이제는 적어도 ILSVRC의 문제에 대해서라면 인간이 인공지능을 이기기는 어려워 보인다.

물론 인공지능이 인간의 시각적 인지능력을 모든 부문에서 뛰어넘었다고 하기는 어려울지 모른다. 앞서 '적어도 ILSVRC의 문제에 대해서라면'이라는 조건을 단 것도, 이 대회 데이터의 특성이 인공지능에 더 유리할지도 모르기 때문이다. 예를 들어 이미지넷 데이터에는 무려 120종의 강아지가 포함되어 있다. 개인적으로 필자는 강아지는 잘 알아보지만, 강아지가 무슨 종인지는 거의 구분하지 못하는 편이

페이스북이 CNN을 기반으로 만든 안면 인식 인공지능 딥페이스[26]

다. ILSVRC에서는 동물의 자세한 종까지 맞춰야 하므로 배경지식이 없는 사람에게는 더 불리할 수 있다.[25]

사람보다 사람을 더 잘 알아보다

그럼에도 불구하고 이미지 데이터에 대한 인공지능의 인지능력은 여러 방면에서 인간과 비슷한 수준이거나 이를 능가하고 있다. 예를 들어 사람의 얼굴을 알아보는 문제가 그러하다. 페이스북을 즐겨 하는 독자들은 쉽게 이해하겠지만, 이제 인공지능은 사람의 얼굴을 무척 정확하게 알아본다. 사람의 얼굴이 포함된 사진을 페이스북에 올리게 되면, 자동으로 이 얼굴이 누구인지를 태그해주기도 한다. 그 정확도는 매우 높다. 모두 컨볼루션 신경망CNN 기반의 딥러닝을 통해서 인지하는 것이다.

페이스북의 연구자들은 2014년에 컨볼루션 신경망 기반의 '딥페이스DeepFace'라는 얼굴을 인식 인공지능을 만들었다.[26] 이 인공지능은 사람과 거의 같은 정확도로 얼굴을 인식했다. 6,000쌍의 사진으로 이루어진 데이터에 대하여 같은 사람인지 아닌지를 판별하는 문제에서 사람의 정확도는 97.5%였으며, 딥페이스의 정확도는 97.35%로

바이두의 얼굴 인식 인공지능이 틀렸던 14개의 사례. 그런데 이 중에 오히려 5개의 경우(붉은 사각형)에는 정답이 틀리고, 인공지능이 정확했던 것으로 드러났다.[28]

거의 비슷했다.

2015년 3월에 구글의 연구자들은 딥페이스의 실력을 능가하는 '페이스넷FaceNet'이라고 하는 인공지능을 발표했다.[27] 역시 컨볼루션 신경망을 기반으로 한 이 인공지능은 같은 데이터에 대하여 99.63%의 정확성을 보여주었다. 즉 사람보다 사람의 얼굴을 더 정확하게 알아보는 인공지능이다. 특히 이 페이스넷은 사진 속 사람들의 자세가 다르거나, 어두워서 전체 얼굴이 모두 보이지 않는 경우에도 정확도가 높았다.

불과 3개월 후에는 중국의 바이두가 조금 더 나은 안면 인식 인공지능을 발표했다.[28] 이 인공지능의 정확도는 99.77%로 사람은 물론 페이스북과 구글의 인공지능을 능가한다. 당시 바이두의 인공지능 연구진을 이끌던 앤드류 응 박사는 이 인공지능이 사람보다 정확함은 물론 더 빠르기 때문에 본인 확인 검사 용도로 활용할 수 있다고 언급하기도 했다.[29]*

바이두의 얼굴 인지 인공지능의 실력을 조금 더 살펴보자. 6,000쌍의 얼굴 사진 중에 바이두의 인공지능은 불과 14쌍만을 잘못 판단했다(왼쪽 그림 참고). 그중 12쌍은 실제로 같은 사람의 사진인데 인공지능은 같은 사람이 아니라고 잘못 판단했다(그림의 False Reject 부분). 나머지 2쌍에 대해서는 실제로는 다른 사람인데 같은 사람이라고 잘못 판단했다(그림의 False Accept 부분).

그런데 알고 보니 바이두의 인공지능이 틀렸다고 생각했던 14쌍 중에, 5쌍의 사진은 오히려 정답에 오류가 있었고, 실제로는 인공지능이 정확했던 것으로 드러났다(그림에서 붉은 사각형으로 표시된 부분). 사실 정답에 오류가 없던, 즉 붉은색의 사각형이 표시되지 않은 사진들의 경우에도 인간인 우리 눈에도 좀 알쏭달쏭한 것들이 있다.

이미지를 이해하고 설명하는 인공지능
이렇듯 인공지능은 이제 많은 부분에서 인간의 인지능력을 뛰어

---

* 2014년 바이두의 최고 과학 책임자로 부임했던 앤드류 응 스탠퍼드 교수는, 다시 2017년 3월 바이두를 떠났다.

이미지의 내용을 파악하여 문장으로 설명해주는 인공지능의 실력[31]

넘고 있다. 그런데 단순히 사진 속의 물체를 분류하고, 위치를 맞추고, 같은 사람의 얼굴을 구분한다고 해서 인공지능이 이미지의 내용을 이해한다고 보기는 어려울 수도 있다. 하지만 이에 대해서 좀 더 도전적인 연구도 진행 중이다. 이미지를 '이해'한다는 것은 여러 가지로 정의할 수 있을 것이다. 만약 인공지능이 주어진 이미지를 보고 어떤 내용인지를 설명할 수 있다면 '이해'한 것으로 간주해도 되지 않을까?

구글과 마이크로소프트 등은 사진을 이해하고 이를 문장으로 설명해주는 인공지능을 개발하고 있다. 사진을 보고 어떤 물체가 어디에 있는지를 인식한 다음 그 상황이나 내용을 가장 잘 설명할 수 있는 문장을 만들어내는 것이다.[30, 31] 참고로 구글의 경우 두 단계의 딥러닝을 사용해서 이 문제를 해결하려고 한다. 첫 단계에서는 이미지를 분석하기 위해서 CNN을 사용하고, 두 번째 단계에서는 이미지를 설명할 수 있는 문장을 만들기 위해 순환신경망RNN, Recurrent Neural Network 이라는 방법을 사용한다. 순환신경망은 CNN과 함께 딥러닝에 사용되는 대표적인 심층 신경망이다.

이렇게 이미지를 이해하고 설명하는 '자동 영상 캡션' 인공지능의 실력은 아직 인간에게 미치지는 못한다. 하지만 이 분야의 경우에도 딥러닝의 적용 이후 정확도는 크게 올라갔다. 구글과 마이크로소프트의 연구결과를 보면 매우 정확한 결과를 보여주는 경우도 있고, 다소 부정확한 답을 주는 경우도 있다. 논문에 나온 그림을 보면, 가장 왼쪽의 사진의 경우 '더러운 도로에서 사람이 모터사이클을 타고 있다.' '한 무리의 젊은이들이 프리스비 게임을 하고 있다.' '한 무리의 코끼리가 마른 초원을 가로질러 걷고 있다.' 등으로 설명이 정확하다(왼쪽의 그림 참조). 오른쪽으로 갈수록 설명이 부정확해지지만, 꽤 그럴듯한 설명을 해주는 것도 많다. 이렇게 이미지를 이해하는 인공지능의 역량이 커질수록 영상 의료 데이터의 분석에도 더 폭넓게 활용될 수 있을 것이다.

딥러닝을 이용한 의료 인공지능

인공신경망과 딥러닝의 개념을 설명하느라 상당히 많은 지면을 할애했다. 드디어 이제 딥러닝을 활용한 의료 인공지능에 대해서 본격적으로 이야기해보려 한다. 지금까지 설명한 것을 종합해보면, 딥러닝의 발전으로 인해 인공지능은 인간의 전유물로 여겨졌던 많은 영역에서 큰 성과를 보이고 있다. 특히 영상을 분석하는 영역에서는 인

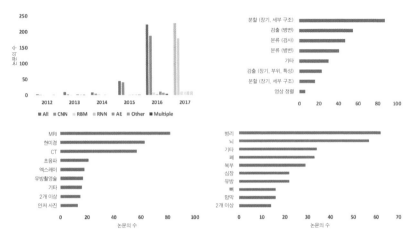

딥러닝을 활용한 영상 의료 데이터 분석 연구의 현황32

간이 알려주지 않아도 이미지 속에 등장하는 대상의 특징을 스스로 파악하고, 인식하고, 종류를 가려내며, 내용까지도 이해할 수 있다.

이러한 인공지능의 역량이 엑스레이, MRI, CT 등의 영상 의료 데이터의 분석으로 이어진 것은 어찌 보면 자연스러운 일인지도 모르겠다. 사람의 건강과 생명이 달린 중요한 이미지 데이터의 분석인 만큼 혁신적인 성과를 내는 기술이 가장 먼저 적용될 영역이기도 하다. 또한 의료 영역의 전문가, 즉 '사람'이 판단하는 과정에서 많은 부분 오류의 가능성이 있거나, 판독 결과가 일관적이지 못하고, 효율도 높지 않다는 문제가 있다. 이러한 부분 때문에 인공지능의 도입은 기존에 '사람의 인지능력'을 바탕으로 영상 데이터를 분석하던 영상의학과 전문의나 병리과 전문의 등의 일에 큰 영향을 주게 될 것이다.

인공지능은 매우 다양한 영역의 영상 의료 데이터 분석에 다양한 목적으로 적용이 시도되고 있다.[32-34] 대상 신체 부위로 따지자면 뇌, 폐, 복부, 심혈관, 유방, 뼈, 안구 등에 관한 연구가 진행되고 있으며,

조직검사 등의 병리 데이터도 주요한 연구 영역이다. 영상 데이터의 종류로는 MRI, CT, 초음파, 엑스레이, 현미경, 유방 촬영술mammography, 안저 사진, 피부 사진 등이 있다. 이렇게 진행되는 연구의 종류를 보면 영상을 활용한 영역 대부분을 망라하고 있다고 해도 과언이 아닐 정도이다. 이러한 연구에는 역시나 딥러닝 중에 이미지 분석의 왕좌를 차지하고 있는 CNN이 대부분 활용되고 있다.[32]

이러한 의료 영상 연구는 대학이나 병원에서 이뤄지는 경우도 있지만, 최근에는 딥러닝 기술력을 가진 스타트업이 이끄는 경우가 많다. 앞서 언급한 뷰노나 루닛 외에도, 미국의 엔리틱Enlitic이나 이스라엘의 지브라 메디컬 비전Zebra Medical Vision 등의 스타트업이 이 분야에서 좋은 성과를 보여주고 있다. 이 회사들은 대부분 앞서 언급한 의료 영상 종류 중에서 한 가지 이상의 영역에 대한 연구를 진행하고 있다. 예를 들어 루닛의 경우에는 유방 엑스선 검사, 흉부 엑스레이, 유방암 병리 데이터 등을, 뷰노의 경우 흉부 CT, 골연령, 안저, 소화기암 병리 데이터 등을 다루고 있다.

이번 장에서는 딥러닝의 기본적인 개념과 발전 과정과 주요 연구 결과들에 대해서 살펴보았다. 이렇게 딥러닝에 대해서 자세하게 알아본 이유는 바로 의료 분야에서 딥러닝이 구체적으로 활용되는 사례들을 더 효과적으로 이해하기 위해서다. 드디어 다음 장에서는 영상의학과, 병리과, 안과, 피부과 등의 영역에서 딥러닝이 영상 의료 데이터를 판독하는 다양한 사례들을 다뤄보도록 하겠다. 이러한 인공지능들의 경우, 많은 경우 이미 해당 분야 전문의와 비슷하거나 혹은 오히려 더 나은 실력을 보여주고 있다.

6장

의사를 능가하는 딥러닝의 영상 판독

앞서 살펴본 바와 같이 딥러닝의 기술적 발전, 특히 이미지 데이터 분석과 관련된 딥러닝의 발전은 결국 의료 분야에서의 의료 영상 데이터 분석의 발전으로 직결된다. 이제는 더욱 구체적인 사례를 들어 딥러닝을 이용한 영상 의료 데이터의 판독에 관해서 설명해보도록 하겠다.

그런데 더 논의하기에 앞서, 인공지능이 어느 정도의 수준이 되어야 '정확하다'고 이야기할 수 있을까? 인공지능의 역량을 판단하려면 비교할 수 있는 기준과 근거가 있어야 한다. 앞서 IBM 왓슨에 대해 알아볼 때도 정확성의 판단을 위한 기준과 근거의 중요성에 대해서 언급한 바 있다. 특히 의료 인공지능의 경우에는 실제 의사의 판독에 도움을 줄 수 있는가, 판독 효율을 높여주는가, 환자의 치료 결과 개선에 도움이 되는가, 의료 비용을 낮출 수 있는가 등의 다양한 기준이 적용될 수 있을 것이다.

이렇게 여러 기준이 있을 수 있겠지만, 인공지능의 정확성을 판단할 수 있는 가장 직관적이고 이해하기 쉬운 기준은 역시 의사의 판독 실력과 직접 비교하는 것이다. 최근 발표되는 많은 의료 인공지능은 전문의 실력과 비교했을 때 비슷한 수준이거나, 오히려 더 나은 정확성을 보여주는 경우가 많다.

딥러닝 기반 유방암 엑스레이 판독

먼저 살펴볼 것은 이스라엘의 의료 인공지능 스타트업인 '지브라 메디컬 비전'에서 내어놓은 유방 촬영술mammography 엑스레이 사진의 판독 연구이다.[1] 참고로 지브라 메디컬 비전은 세계적으로 잘 알려진 의료 인공지능 스타트업으로, 최근 몇 년간 총 2,000만 달러를 투자받아서 동종 업계에서는 가장 큰 규모의 투자를 유치한 스타트업 중하나이다.[2] 특히 '미래에 80%의 의사가 컴퓨터로 대체될 것'이라는 도발적인 주장을 했던 비노드 코슬라가 이끄는 실리콘밸리의 유명 벤처캐피털 코슬라 벤처스가 2015년 지브라에 투자를 주도했다.[3]

유방암은 가장 발병률이 높은 암종 중 하나로 미국에서만 매년 23만 명이 새롭게 진단을 받고, 4만 명이 유방암으로 사망한다. 다른 많은 암과 마찬가지로 유방암도 조기 발견이 중요하다. 유방 촬영술은 엑스레이 촬영을 통해서 유방암 의심 병변을 발견할 수 있는 검사로, 미국 산부인과학회ACOG는 40세부터 유방촬영술을 2년마다 받는 것을 권고하고 있다.[4] 정기적인 유방 촬영술을 통한 검진은 지난 30년간 유방암 환자의 사망률을 30% 정도 감소시켰다는 연구결과도 있다.[5]

이러한 유방촬영술 이미지의 판독에 대해서 영상의학과 전문의들의 실력은 어떠할까. 기존 연구에 따르면, 민감도는 62%~87% 정도

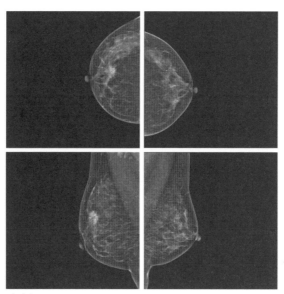

유방 촬영술 이미지 (출처: Sci Rep)

이며, 특이도는 75%~91% 정도이다.[6-9] 딥러닝으로 유방촬영술 판독에 대하여 비슷한 수준의 민감도와 특이도를 달성할 수 있다면, 영상의학과 전문의 수준에 도달했다고 해도 무리가 없을 것이다.[*]

지브라는 이 문제를 해결하기 위하여 구글이 이미지넷 대회에서 좋은 성과를 거두었던 인셉션Inception 모델을 가져와서 여기에 추가로 유방 엑스레이 사진을 학습시켰다(더 구체적으로는 CLAHE라는 이미지 전처리 과정 등의 다른 기법들을 사용했지만, 여기서는 세부적인 사항에 대한 설명은 생략하도록 한다). 앞서 언급했다시피, 구글의 인셉션은 이미지넷 대회에서 120만 장의 일반적인 이미지를 이미 학습한 딥러닝 모델이다.

---

[*] 인공지능이나 진단기법 등의 정확성은 흔히 민감도sensitivity와 특이도specificity라는 두 가지 척도를 통해서 평가한다. 쉽게 말해서 민감도는 실제로 질병이 있는 사람을 검사했을 때 '질병이 있다'고 정확하게 판단하는 비율이며, 특이도는 질병이 없는 사람을 검사했을 때 '질병이 없다'고 정확하게 판단하는 비율이다.

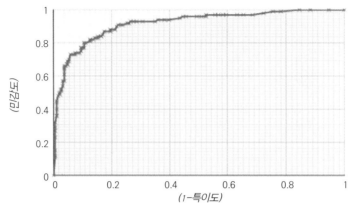

지브라의 유방 촬영술 판독 인공지능에 대한 ROC 커브

    딥러닝의 장점 중 하나가 이렇게 이미 학습된 모델을 재사용하여, 다른 영역의 데이터를 추가로 학습시키는 전이 학습transfer learning이 가능하다는 점이다.[10] 완전히 처음부터 새롭게 인공신경망을 학습시키는 것보다, 이렇게 기존 모델에 추가로 학습시키면 학습의 속도가 빨라지거나 최종 모델의 성능이 높아진다고 알려져 있다.[11] 인셉션의 경우, 이미지넷 데이터를 통해 점, 선, 색, 모양 등의 이미지를 인식하는 기본적인 능력이 학습되어 있을 것이므로, 여기에 엑스레이 판독을 추가로 학습시키는 것이 효과적이었을 것이다.

    이러한 전이 학습은 학습시킬 데이터가 부족한 경우나, 의료 인공지능 영역에서 널리 활용되고 있다.[12, 13] 앞서 필자가 '구글의 인셉션은 계속 언급되니 기억해두라'고 한 것도 이 전이학습 때문이다. 앞으로 소개할 연구들에서도 많은 경우 구글의 인셉션을 기반으로 전이 학습을 하므로 한 번 더 기억해두자.*

---

*   전이학습에 구글 인셉션만 사용되는 것은 당연히 아니다. 이미지넷의 분류classificaion 부문에서 인셉션은 2014년 우승하였고, 2015년에는 마이크로소프트의 레즈넷ResNet이 우승하였다. 최근에는 이 레즈넷을 기반으로 전이학습을 하는 연구도 많다.

그렇게 고안한 모델을 기반으로 지브라는 유방촬영술 영상을 '의심스러운'과 '의심스럽지 않은'의 두 가지 종류로 구분해보았다. 그 결과 ROC 커브에 대한 AUC_{Area Under the Curve}는 0.922로 상당히 우수하게 나왔다.[*] 이러한 결과는 최근까지 보고된 유방촬영술 인공지능 중에는 가장 정확하다고 할 수 있다. 또한 이 결과는 특이도를 80%로 하였을 경우, 민감도는 91%에 해당한다. 앞서 영상의학과 전문의의 민감도는 62%~87% 정도이며, 특이도는 75%~91% 정도라고 언급한 바 있다. 따라서 지브라가 개발한 딥러닝 기반의 인공지능은 적어도 유방촬영술 이미지 판독에 대해서는 영상의학과 전문의의 실력과 비슷한 수준이라고 해도 무리가 없을 것이다.

뷰노의 골연령 판독 인공지능

영상 의학 분야의 또 다른 인공지능에 대해서도 알아보자. 이번

---

[*] 4장에서도 언급되었던 AUC를 여기에서 좀 더 자세하게 설명해보겠다. AUC 값의 정의는 ROC 곡선과 함께 설명해야 이해하기 쉽기 때문에 지금까지 설명을 미루었다. AUC와 ROC 커브는 뒤에서도 계속 언급되기 때문에 확실히 이해하고 넘어가도록 하자.
인공지능의 정확도를 평가하기 위한 수치인 민감도와 특이도에 대해서는 앞에서 여러번 설명했다. 민감도는 실제로 질병이 있는 사람을 검사했을 때 '질병이 있다'고 정확하게 판단하는 비율이며, 특이도는 질병이 없는 사람을 검사했을 때 '질병이 없다'고 정확하게 판단하는 비율이다.
그런데 이 민감도와 특이도는 서로 상반되는 값이기 때문에 둘 모두 높은 값을 얻기란 매우 어렵다. 판단 기준threshold을 낮추는 경우를 생각해보자. 민감도는 높아지지만 특이도는 낮아질 가능성이 많다. (예를 들어 판단 기준을 극도로 낮춰서, 모든 대상자에 대해서 '질병이 있다'고 판단해버리는 경우를 생각해보자. 이 경우 민감도는 100%이겠지만, 특이도는 0%가 될 것이다)
ROC_{Receiver Operator Characteristic} 곡선은 '판단 기준'을 최소값부터 최대값까지 바꿔가면서 민감도와 특이도를 동시에 시각화한 곡선으로, 민감도와 특이도 수치를 동시에 볼 수 있다. 보통 y 축에는 민감도, x 축에는 1에서 특이도를 뺀 값을 표시한다. 이 곡선 아래의 면적을 바로 AUC_{Area Under the Curve}라고 정의하여, 민감도와 특이도를 모두 고려한 진단 기법의 성능으로 사용한다. AUC 값이 높을수록 진단 기법의 성능은 높아지며, AUC 값이 1이면 100% 완벽한 판단 방법이다. 경험적으로 0.9 보다 높으면 아주 정확하다고 볼 수 있다.

에는 필자가 자문하고 있는 국내 인공지능 스타트업 뷰노에서 개발한 딥러닝 기반 골연령 판독 인공지능이다. 뷰노는 서울아산병원과 공동 연구를 통해 2017년 12월 발표한 논문에서 골연령bone age 판독 인공지능의 의사 대비 정확도와 임상 현장에서의 활용 가능성을 보여주었다.[14] 참고로 이 골연령 판독 인공지능은 2018년 5월 한국에서는 최초로 인공지능 기반의 의료기기로 식약처의 허가를 받았다.[15, 16]

흔히 성장판 검사라고 부르기도 하는 골연령 검사는 말 그대로 뼈의 성숙도를 측정하기 위한 검사다. 부모들은 자녀의 키가 또래에 비해 크지 않을 경우 성장 클리닉 등을 찾는다. 출생 후 청소년기를 거쳐 성장판이 닫혀 성장이 완료될 때까지, 미성숙 뼈는 정해진 순서에 따라서 모양과 크기가 변화한다. 의사는 주로 대상자의 왼손의 엑스레이 사진을 찍어서, 화골핵(뼈 발생 중심ossification center)의 수와 크기, 골단부의 형태, 밀도 및 선명함 등을 종합적으로 판단하여 골연령을 판독한다. 이렇게 뼈의 성숙도를 측정하여 아이의 성장 발달이나 성조숙증 등을 진단하기도 한다.

골연령을 측정하기 위한 대표적인 방법의 하나는 '그로일리히-파일Greulich-Pyle' 방법이다. 이 방법은 쉽게 말해 책에 실린 표준 엑스레이 손 사진 중에 환자의 엑스레이 사진과 가장 비슷한 것을 찾아서 골연령을 결정하는 것이다. 이렇게 책과 비교를 하는 과정에서 의사별 역량이나 경험, 시각적 인지능력에서 편차가 있을 수 있다. 무엇보다도 반복적이고 판독에 적지 않은 시간이 소요되기 때문에 의사들이 번거로워하는 경우가 많다.

뷰노는 서울아산병원에서 그로일리히-파일 방법으로 골연령을 판

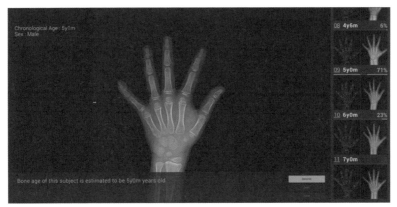

뷰노의 골연령 판독 인공지능의 화면

독해놓은 1만 8,940장의 엑스레이 사진을 딥러닝으로 학습하여 뷰노메드 본에이지VUNO-Med Bone Age라는 인공지능을 개발했다. 이 인공지능은 엑스레이 사진을 분석하여 대상자의 골연령을 계산하고, 골연령 및 그에 맞는 그로일리히-파일 법의 표준 사진을 가장 확률이 높은 것부터 순서대로 보여준다. 즉 기존에 의사가 책을 뒤지면서 가장 비슷한 사진을 찾던 과정을 인공지능이 대신해주게 되는 것이다. 의사는 이렇게 인공지능이 계산한 골연령과 제시된 표준 사진을 참고하여 대상자의 골연령을 최종적으로 결정할 수 있다.

연구진은 이 인공지능의 성능을 테스트하기 위해서 새로운 환자 200명의 골연령을 측정해보았다. 이 연구의 디자인은 상당히 흥미롭다. 먼저 인공지능의 정확도가 어느 정도인지 알기 위해서 영상의학과 의사 두 명의 정확도와 비교했다. 한 명의 의사는 서울아산병원 영상의학과에서 소아 영상을 세부 전공하고 전임의fellow로 근무하는 영상의학과 전문의로 500례 이상의 골연령 판독 경험이 있었다. 다른 한 명의 의사는 영상의학과 2년 차 레지던트로 기존에 소아 영상 판독 경험은 없었으나, 이번 연구를 위해 하루 동안의 판독 교육을 받고 20례를 판독해보았다.

이렇게 약간의 경력 차가 나는 두 명의 의사는 각각 두 번의 세션에서 200명의 엑스레이 사진을 분석하였다. 첫 번째 세션에서는 그로일리히-파일 방법으로(즉 책의 사진과 비교하면서) 판독하였다. 일주일의 시간이 흐른 뒤의 두 번째 세션에서는 같은 데이터에 대해 뷰노의 인공지능을 보조 도구로 참고하여 판독을 진행하였다.

이렇게 인공지능과 인간 의사의 골연령 판독 정확도를 평가하기 위해서는 '정답'도 필요하다. 이 정답은 경험 많은 소아 영상의학과 전문의 두 명(각각 18년, 4년 경력)이 합의하여 결정했다. 이 둘 사이에 결론이 나지 않으면 24년 경력의 세 번째 의사가 관여하여 결론을 내렸다.

영상의학과 의사와 인공지능의 시너지

먼저 뷰노의 인공지능을 통해서 200명의 환자의 골연령을 측정해보았더니 정확성이 매우 높았다. 인공지능이 내놓은 세 가지의 답 중에 1등만을 비교하였을 경우 정답과의 일치율은 69.5%였다. 2등까지 포함하면 정답률은 86.5%, 3등까지 포함하면 93%의 경우에 정답이 포함되었다. 또한 인공지능이 1등으로 내놓은 골연령을 정답과 비교해보면 매우 높은 상관관계가 나타났다. 즉 인공지능이 1등으로 도출한 답이 정답을 정확하게는 맞추지 못하는 경우라도 상당히 근접한 결과를 준다는 것을 의미한다.

이러한 인공지능의 결과를 앞서 설명한 인간 의사 두 명의 정확성과 비교해보았더니 인공지능의 실력이 더 높았다. 의사들이 책을 참

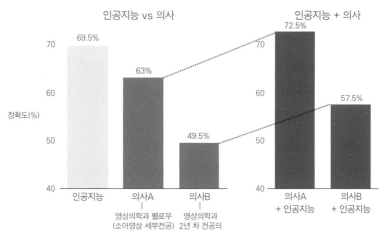

인공지능 vs 의사

인공지능 + 의사

골연령 판독에 인간 의사와 인공지능의 시너지 효과

고하여 판독한 첫 번째 세션의 정답률은 각각 63%, 49.5%로 나왔기 때문이다. 그런데 흥미로운 것은 이 두 명의 의사가 인공지능의 결과를 참고하여 판독한 두 번째 세션의 결과이다. 이번에는 정답률이 각각 72.5%와 57.5%로 상승하였다.

단 두 명의 의사를 대상으로 하였기 때문에 무척 제한적이기는 하지만, 이 결과에서 우리는 인간 의사가 인공지능을 잘 활용하기만 한다면 충분히 시너지 효과를 낼 가능성이 있다는 것을 알 수 있다. 판독에 대해서 일정 수준의 훈련과 경험을 가진 첫 번째 의사가 인공지능을 활용하여 판독하면 자기 혼자(63%) 혹은 인공지능 단독(69.5%)으로 판독하는 것보다, 더 높은 성과(72.5%)를 낼 수 있었기 때문이다. 반면 아직 충분히 훈련받지 못한 의사는 인공지능을 활용하더라도(57.5%), 인공지능이 단독으로 판독한 정확도(69.5%)보다 못한 결과를 내었다.

이 연구에서는 영상의학과 전문의가 인공지능을 활용하면 정확성

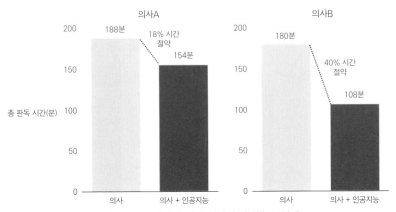
골연령 판독에서 인공지능을 활용하면 총 판독 시간의 절감할 수 있다.

을 더 높일 수 있다는 것뿐만이 아니라 더 나아가 골연령을 판독하는 데 걸리는 시간을 절감할 수 있다는 결과도 보여주고 있다. 두 명의 의사는 책을 기반으로 200명의 환자 데이터를 판독할 때는 각각 188분, 180분 정도가 걸렸다. 하지만 인공지능을 보조적으로 활용하였을 때는 판독 시간이 154분과 108분으로 줄어들어 각각 18%와 40%의 판독 시간을 절약할 수 있었다.

유튜브에 소개된 뷰노의 본에이지 솔루션 소개 영상에는 서울아산병원 영상의학과의 이진성 교수(이 논문의 저자 중 한 명이기도 하다)가 기존에는 골연령 판독에 5분이 걸렸으나, 인공지능을 활용하면 5초 정도로 줄었다고 소개하고 있기도 하다.[*] 이러한 부분을 고려할 때 인공지능을 활용하여 판독 시간을 단축하는 정도에도 개인 차가 있을 것으로 예상한다.

이렇게 의료 현장에서 격무에 시달리는 의사들의 시간을 절약해주고, 판독의 효율을 높일 수 있다는 것은 매우 중요하다. 특히 의사들

---

[*] VUNO MED — BONE AGE (https://www.youtube.com/watch?v=CPJT1IT1xpc)

이 골연령 판독처럼 반복적이고 시간도 많이 걸리는 번거로운 업무에 인공지능 도입을 반기지 않을 이유가 없다.

당뇨 합병증을 진단하는 안과 인공지능

이번에는 안과 영역의 의료 영상 데이터 분석으로 넘어가 보자. 일반인에게도 '당뇨병 환자가 합병증으로 실명의 위험이 높다'는 사실은 잘 알려져 있다. 이는 당뇨성 망막병증diabetic retinopathy이라는 망막에 생기는 당뇨 합병증 때문이다. 이러한 당뇨성 망막병증을 딥러닝 기반의 인공지능이 안과 전문의보다 더욱 정확하게 판독할 수 있다는 연구가 2016년 11월 『미국의학회저널JAMA』에 발표되었다.[17, 18]

이 연구는 발표되었을 때 의료계에서 여러모로 화제를 불러일으켰다. 특히 『미국의학회저널』은 의학연구자라면 누구나 아는 세계적으로 저명한 의학 전문 학술지인데, 이 학술지에 연구를 발표한 사람들이 다름 아닌 구글의 엔지니어들이었기 때문이다. 세계적 '의학' 저널에 '구글'이 '인공지능' 논문을 발표했다는 것은 의료계 연구자들에게 매우 낯선 일이었다. 참고로 이 논문은 인공지능의 실력뿐만 아니라, 데이터를 학습시키는 방법 등 의료 인공지능 연구를 진행하는 방법론 측면에서도 참고할 것이 많은 논문이다. 관련 분야에 있는 분은 (아직도 이 논문을 읽어보지 않았다면) 원문을 꼼꼼하게 읽어보는 것을 권한다. 식약처에서 인공지능 의료기기 가이드라인을 만들 때도 이 논문의 연구 디자인을 많이 참고했다.

당뇨병은 전 세계적으로 19명 중의 한 명이 겪을 정도로 흔하고도 심각한 질병이다. 당뇨병 환자들은 혈당을 적정한 수준으로 조절

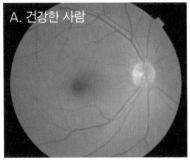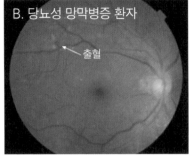

A. 건강한 사람

B. 당뇨성 망막병증 환자

출혈

당뇨성 망막병증의 진단을 위하여 찍은 안저 사진의 예시. (A)는 건강한 사람, (B)는 당뇨성 망막병증 환자. (B)에서는 여러 군데의 출혈hemorrhages을 관찰할 수 있다.[18]

하지 못하기 때문에 장기적으로 여러 합병증으로 고통받게 된다. 그 중에 가장 대표적인 것이 바로 당뇨성 망막병증Diabetic retinopathy이다.[19] 이 질병은 당뇨병력이 30년 이상인 환자의 90%에게 발병하며, 세계 각국에서 실명의 주요 원인이 되고 있다. 이 당뇨성 망막병증 환자는 세계적으로 빠르게 증가하고 있으며, 약 4억 명 이상의 환자들이 위험군에 속한다.

당뇨성 망막병증을 진단하기 위한 가장 일반적인 방법은 안과 전문의가 안저(안구의 안쪽)를 사진으로 찍어서 판독하는 것이다. 안과 전문의들은 이 안저 사진을 눈으로 판독하여, 망막 내 미세혈관 생성, 출혈, 삼출물 정도를 파악하여 이 질병의 진행 정도를 판단하게 된다.

인공지능 안과의사의 필요성

당뇨성 망막병증은 적절한 시기에 진단을 받고 치료를 시작하면 실명 가능성을 현저히 낮출 수 있다. 하지만 문제는 전 세계적으로 안과의사가 크게 부족한 곳이 많다는 것이다.[20-22] 선진국에서는 고

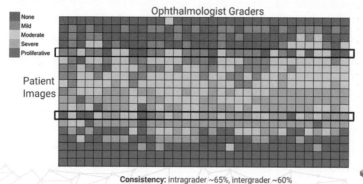

Even when available, ophthalmologists are inconsistent

Ophthalmologist Graders

None
Mild
Moderate
Severe
Proliferative

Patient
Images

Consistency: intragrader ~65%, intergrader ~60%

안과 전문의들 사이에서도 판독 결과가 다른 경우가 많다.[22]

령화로 수요가 늘어나기 때문이며, 저개발국가에서는 배출되는 의사가 적기 때문이다. 특히 저개발국가일수록 상황은 심각하다. 2012년 한 안과 전문 학술지가 192개국을 조사한 결과에 따르면, 인구 100만 명당 안과 전문의가 4명 이하인 나라는 30개국이나 된다. 반면 인구 100만 명당 안과의사가 100명 이상인 나라는 18개국에 지나지 않는다.[22]

또한 당뇨병 환자의 많은 수가 후진국에 살고 있다는 점도 문제다. WHO가 2016년 4월 발표한 '세계 당뇨병에 관한 보고서'에 따르면 당뇨병 유병률은 선진국보다 후진국에서 많이 증가하고 있다.[23] 즉 저개발국가의 경우 당뇨병 유병률이 많이 증가하고 있으나, 합병증인 당뇨성 망막병증을 진단할 수 있는 안과 의사의 수는 매우 적다.

또 다른 문제는 안과 의사들 사이에서도 판독 결과에 대한 큰 격차가 존재한다는 것이다. 위 그림은 이번 연구와 관련해서 구글이 제시한 결과 중 하나로, 같은 환자에 대해서 안과 의사들 사이에 판독 결과에 일관성이 낮을 수 있음을 잘 보여주고 있다. 파란색은 당뇨성 망막병증이 없는 것이고, 붉은색에 가까워질수록 당뇨성 망막병증이 심각하다는 것이다.

어떤 환자의 경우 대부분 의사의 판독 결과가 비슷하기도 하지만, 몇몇 환자들의 경우(특히 검은색 사각형으로 처리된 환자의 경우)에는 질병이 없다는 것부터 당뇨성 망막병증이 심각하다는 해석까지 모두 나오는 경우도 있다. 이렇게 안과의사들 사이에서도 편차가 존재하는 것은 실력의 차이일 수도 있고, 그날의 컨디션 차이일 수도, 혹은 해당 환자의 사례가 특히 애매하기 때문일 수도 있다.

다시 말해 안과의사도 인간이기 때문에 인간으로서 가지는 인지능력의 한계는 존재하게 마련이다. 이런 경우에 인간의 인지능력의 한계를 뛰어넘는 인공지능을 적용하면 안과의사의 능력을 보조하여 판독의 일관성과 효율성을 높이거나, 혹은 그 자체로 안과의사보다 더 정확한 성능을 보여줄 수도 있다. 이러한 측면에서 안저 사진의 판독은 의료 분야에서 딥러닝이 가장 먼저 적용될 수 있는 문제 중 하나로 손꼽혀왔다.

구글의 인공지능 안과의사

구글은 CNN을 이용하여 안저 사진을 분석하여 당뇨성 망막병증을 진단할 수 있는 딥러닝 기반의 인공지능을 만들었다.[17, 18] 특히 우리가 주목할 만한 것은 딥러닝이 학습할 수 있는 데이터를 만들었던 과정이다. 구글은 미국의 안과 전문의 및 고년 차 레지던트 54명을 고용하여, 무려 13만 장에 가까운 방대한 안저 사진을 3~7회에 걸쳐서

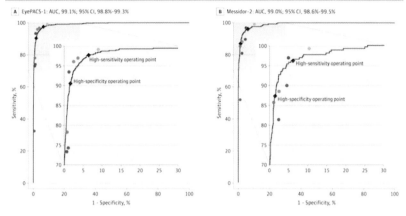

Figure 2. Validation Set Performance for Referable Diabetic Retinopathy

거의 완벽한 성능을 보여주는 구글의 인공지능17

중복 판독시켰다. 이는 앞서 언급한 안과의사들 사이에 발생할 수 있는 판독 편차를 여러 명의 의사가 중복으로 판독함으로써 해결하려고 한 것이다. 이 판독은 2015년 3월부터 12월에 걸쳐 이뤄졌으며, 참여한 의사 한 명당 평균적으로 9,774장의 안저 이미지를 판독했다.

구글은 이렇게 만든 학습 데이터를 인셉션 모델에 '전이 학습' 시켜서 안저 사진을 판독하는 인공지능을 개발했다. 이렇게 개발한 인공지능을 아이팩스-1EyePACS-1과 메시도르-2Messidor-2라는 대규모 안저 사진 데이터에 대해서 검증하였다. 아이팩스-1은 4,997명의 환자로부터 얻은 9,963개의 안저 사진으로 구성되어 있으며, 메시도르-2는 874명의 환자의 1,748개의 안저 사진으로 구성된다. 인공지능의 성능을 검증하기 위해서 ROC 곡선을 그렸을 뿐만 아니라, 이 연구에 참여했던 54명의 안과의사 중에 일관된 판독을 보여주었던 7~8명의 판독 결과와 비교해보았다.

그 결과 이 인공지능의 성적은 매우 우수했다. 아이팩스-1과 메시도르-2의 두 테스트 데이터 세트에 대해서 ROC 커브를 그려보면, 앞 그림과 같이 매우 우수하게 나온다(그림에서 곡선이 왼쪽 위에 붙을수록 성능이 우수한 것이다). 아이팩스-1과 메시도르-2의 두 테스트 데이터에 대한 AUC 값은 각각 무려 0.991, 0.990에 달한다(AUC 값이 1이면 100% '완벽'한 진단법이라는 것을 다시 한번 상기해보자). 참고로 이 연구가 진행될 당시에 활용된 인셉션 버전3는 이미 옛날 버전이며, 현재 그다음 버전인 4가 공개되었다. 업데이트된 버전의 아키텍처의 성능은 당연히 더 좋으며, 같은 데이터를 인셉션 버전4에 학습시킨다면 성능은 아마도 더 개선될 것이다.

인간 안과의사의 판독을 능가

특히 앞의 그래프에 색깔별로 표시된 점들이 있다. 이 점들은 구글의 인공지능 학습에 사용된 안과 전문의 7~8명의 성적을 나타낸 것이다. 이 점들이 ROC 곡선보다 위쪽에 위치하면 인공지능보다 나은 성적을 보여준 의사들, 곡선보다 낮은 곳에 있으면 인공지능보다 판독 성적이 좋지 않은 의사들이다. 점들 대부분이 ROC 곡선의 주위에 위치한다는 것을 보면 인공지능의 성능이 안과 전문의와 거의 동등한 수준이라는 것을 알 수 있다.

더 나아가 F-스코어로 비교해보면 인공지능의 판독 성능이 안과 전문의보다 더 우수한 것으로 드러났다.[*] 안과 전문의들의 F-스코어

---

[*] F-스코어는 모델의 종합적인 정확도를 나타내는 수치라고 보면 된다. 더 정확하게는 정밀도precision와 재현율recall의 조화평균값이다. 정밀도는 질병이 있다고 모델이 예측한 환자 중에 정말 질병이 있는 환자가 얼마나 있는지의 비율이다. 재현율은 민감도와 동의어로, 실제로 질병이 있는 환자 중에 질병이 있다고 정확하게 예측한 비율을 의미한다.

는 0.91인 것에 비하여, 구글 인공지능은 0.95로 약간 더 높았다. 특히 이 7~8명의 의사가 인공지능 학습 데이터를 만들었던 54명의 의사 중에서 우수한 분들임을 고려하면, 구글의 인공지능은 평균적인 안과 전문의보다 적어도 안저 판독에 대해서는 더 정확하다고 주장해도 무리가 없을 것이다. 또한 논문에서는 당뇨성 망막병증의 중증도나 안저 사진의 질, 동공확대를 시킨 사진과 그렇지 않은 사진 등다양한 조건으로 구글의 인공지능의 성능을 테스트해보았으나, 그정확성은 크게 변하지는 않았다.

구글의 전설적인 개발자 제프 딘Jeff Dean은 이 연구결과를 발표한구글의 공식 블로그에서 "기계학습 모델이 당뇨성 망막병증의 판독에 대해서 평균적인 안과 전문의보다 성적이 더 좋다A machine learning model that is better than the median board-certified ophthalmologist in assessing signs of diabetic retinopathy."라고 이야기하기도 했다.[18]

이러한 인공지능의 가장 큰 장점은 안저 데이터에 대해서 일관적인 판독을 높은 정확도, 즉 민감도와 특이도가 매우 높은 수준으로 해준다는 것이다. 과거에도 안저 사진을 판독하는 많은 연구에서 민감도와 특이도 둘 중 하나는 90% 후반대까지 기록한 경우가 있었으나, 이 연구처럼 민감도와 특이도 모두 높은 수치를 얻지는 못했다. [25-27]

이러한 인공지능은 사용 목적에 따라 여러 형태로 활용할 수 있다. 특히 대량의 데이터를 처리해야 하는 검진 센터 등에서 이러한 인공지능이 인간 의사와 함께 판독에 참여하여 '혹시 인간 의사가 놓친당뇨성 망막병증이 없는지'를 파악하기 위해서 민감도를 극대화하여사용할 수 있다. 혹은 안과의사가 부족한 저개발국가에서는 의사에게 진료받기 전에 당뇨성 망막병증의 위험군을 미리 골라내기 위해서 특이도를 극대화하여 사용해볼 수도 있을 것이다(특이도는 '질병이 없는' 사람을 검사하여 '질병이 없다'고 정확하게 판단하는 비율이므로, 의사에게 추가적인 검진이 필요 없는 사람을 정확하게 골라낼 수 있다).

피부암을 진단하는 인공지능

이번에는 피부과의 의료 영상 데이터 분석 연구를 살펴보자. 스탠퍼드 대학교의 연구진은 피부암을 피부과 전문의 수준으로 정확하게 진단할 수 있는 인공지능을 딥러닝으로 개발했다. 2017년 2월 『네이처』에 발표된 이 연구에서 인공지능은 피부 병변 사진의 판독을 피부과 전문의보다 더 정확하게 수행했다.[28] 앞서 소개한 구글의 당뇨성 망막병증 판독 인공지능에 이어 몇 달 지나지 않아 발표된 이 연구는 마찬가지로 의료계의 큰 관심을 끌었다.

피부암은 매년 미국에서만 540만 명의 신규 환자가 발생할 정도로 빈번한 질병이다. 특히 피부암은 조기 발견이 중요하다. 피부암 중에서 가장 악성이며 예후가 좋지 않은 흑색종melanoma의 경우 5년 생존율이 조기에 발견하면 97%로 양호하지만, 말기에 발견하면 14%로 매우 낮기 때문이다. 하지만 피부암은 초기에 자각 증상이 없는 경우가 많고, 피부에 있는 다른 점, 검버섯, 사마귀와 구분이 어려운 경우가 많으므로 환자들은 출혈 등의 이상 증상이 생긴 다음에야 뒤늦게 병원을 찾는 경우가 많다.

의사들은 흑색종 의심 병변을 구분하기 위해서 소위 ABCDE라는 기준을 사용한다. 일반적인 점과 흑색종을 구분할 수 있는 기준을 간략히 표현한 것으로 점의 좌우가 대칭적인지Asymmetry, 경계가 명확한지Border, 색깔이 단일한지Color, 특히 흰색이나 파란색이 섞여 있지 않은지, 직경이 6밀리미터를 넘지 않는지Diameter, 점의 크기나 모양 및 색깔이 시간이 지남에 따라서 변화Evolving하고 출혈이 있는지가 기준이다.

즉 이렇게 피부과 전문의도 일단 의심스러운 병변을 눈으로 보거나 혹은 일종의 휴대용 현미경인 더마토스코프dermatoscope를 사용해서 진단을 내리게 된다. 더마토스코프는 저 배율로 피부를 확대해서 맨눈으로 관찰하기 어려운 피부의 색조변화 등 형태학적 특성을 관찰할 수 있으므로 진단에 도움이 된다. 피부과 의사에게 청진기와 같은 도구라고 할 수 있다. 만약 이런 검사에서 결론을 내리기 어렵거나, 암이 의심될 경우에는 병변을 직접 떼어내어(이를 생검biopsy이라고 한다), 병리과에서 조직 검사를 통해 암인지, 어떤 암인지, 몇 기인지 등을 확진하게 된다.

이렇게 피부암의 의심병변인 경우에도 우선 피부과 전문의들이 '시각적 인지능력'을 바탕으로 진단하게 된다. 이 부분에서 앞서 소개한 연구들과 마찬가지로 인공지능을 적용할 수 있다.

피부암에 딥러닝을 적용하기까지

사실 피부암은 예전부터 기계학습의 이미지 인식 기술을 활용하여 판독을 시도해오던 분야이다. 심지어는 스마트폰 카메라로 찍은 사진을 통해 흑색종을 진단해주겠다는 앱도 여럿 나와 있을 정도이다. 하지만 그 정확도는 높지 않았고, 정작 의료기기 인허가를 받은 것도 별로 없었다.

사실 미국에서는 흑색종을 '진단할 수 있다'고 과대 주장하는 멜앱

MelApp과 몰디텍티브Mole Detetive라는 두 앱이 미국의 공정거래위원회 FTC에서 2015년 2월 벌금을 부과받은 사례도 있다.[29] 이러한 기존 앱의 정확도에 대해서 2013년 4월에 『미국의학저널JAMA 더마톨로지』에 출판된 논문을 참고할 만하다.[30] 이 연구가 어떤 내용인지는 논문의 제목만 보면 쉽게 알 수 있다. 제목이 "흑색종 검출을 위한 스마트폰 애플리케이션의 진단 부정확성Diagnostic Inaccuracy of Smartphone Applications for Melanoma Detection"이기 때문이다.

이 연구에서는 흑색종을 진단해주겠다는 네 가지 익명의 스마트폰 앱의 정확성을 분석했다. 흑색종 및 정상 사진을 앱으로 분석했고, 이 결과를 피부과 전문의들의 판독과 비교하여 정확성을 평가했다. 그 분석 결과, 네 개의 앱들 사이에서도 흑색종 판독 결과가 매우 편차가 컸다. 특히 30% 이상의 경우에 잘못된 판독을 내렸는데, 이미지 분석 알고리즘을 통해 자동으로 판독해주는 앱의 정확도가 상대적으로 더 좋지 않았다. 그나마 정확도가 괜찮았던 앱은 이미지를 원격으로 피부과 전문의에게 전송해서 판독을 해주도록 하는 앱이었다.

이러한 결과만 놓고 보면 꽤 실망스러운 결과라고 할 수 있다. 그런데 이 연구는 2012년에 제출된 논문이다. 연구 시기를 고려해보면 알렉스넷을 통해서 딥러닝이 대두되기 이전에, 기존의 기계학습 방법으로 개발된 앱을 연구한 것이다. 똑같은 목적의 앱을 딥러닝을 기반으로 만들면 결과가 완전히 달라지리라고 예측하던 와중에, 실제로 그러한 결과가 『네이처』에 논문으로 출판된 것이다.

딥러닝의 피부암 데이터 학습

이 『네이처』에 발표된 논문에 따르면, 스탠퍼드 대학교 연구진들은 역시 컨볼루션 신경망을 활용하여 많은 양의 피부 병변 이미지를 학습시켰다. 피부암에 대해서는 심층신경망에 학습시킬 정도로 충분히 많은 양의 데이터가 없었기 때문에 연구자들은 이 데이터부터 직접 만들어야 했다.[31]

연구자들은 대규모 피부 병변 데이터들을 스탠퍼드 대학교 병원 자체 데이터를 포함한, 에든버러 대학교의 이미지 라이브러리 등 여러 연구소의 데이터베이스 등 긁어모았다. 이 병변의 이미지들은 각도, 배율, 밝기 등이 저마다 달랐는데, 18명의 의사가 참여하여 이 사진들을 일일이 판독하는 무지막지한 과정을 거쳤다.

또한 체계적으로 질병명을 지정해야 학습과 검증에 효과적이므로, 아예 다양한 피부과 질병의 계층 관계taxonomy를 정의하기도 했다. 그 결과 2,000개 이상의 질병으로 체계적으로 판독된 무려 13만 장의 피부 병변 이미지 데이터를 만들 수 있었다. 이렇게 만든 피부 병변 데이터를 이번에도 구글의 인셉션 버전3 아키텍처를 약간 변형시켜서 '전이 학습'시킴으로써 피부암을 판독하는 인공지능을 만들 수 있었다.

인공지능의 피부암 진단 정확도

이렇게 개발한 인공지능의 성능을 검증하기 위해서 조직검사를 통해 기존에 확진해놓은 피부 병변 이미지를 활용했다. 특히 의학적으로 구분이 중요한 세 가지 경우에 대해서 테스트를 진행했다.

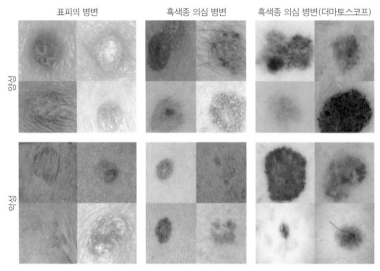

표피의 병변　　흑색종 의심 병변　　흑색종 의심 병변(더마토스코프)

양성(윗줄)과 악성 종양(아랫줄) 이미지의 예시[28]

- 표피세포 암keratinocyte carcinoma과 지루각화증benign seborrheic keratosis 의 구분
- 악성 흑색종과 양성 병변 구분(일반 이미지 기반)
- 악성 흑색종과 양성 병변 구분(더마토스코프로 촬영한 이미지 기반)

　다음의 사진에는 이러한 세 가지 경우에 해당하는 사진의 예시들이 나온다. 위쪽 사진이 양성benign이고 아래쪽 사진이 악성malignant 이다. 언뜻 눈으로 보아서는 앞서 언급한 ABCDE를 기준으로 하더라도 구분이 쉽지 않다.

　세 가지 경우에 해당하는 각각 135개, 130개, 111개의 피부 병변 이미지로 인공지능의 판독 결과와 21명 이상의 피부과 전문의들의 판독 결과를 비교해보았다. 그 결과 놀랍게도 세 경우 모두 인공지

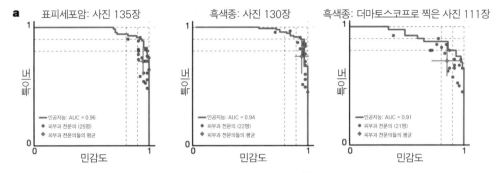

| 표피세포암: 사진 135장 | 흑색종: 사진 130장 | 흑색종: 더마토스코프로 찍은 사진 111장 |

딥러닝과 피부과 전문의의 피부암 이미지 판독 정확도 비교[28]

능의 판독 성적이 인간 피부과 전문의들을 능가했다. 이번에도 ROC 곡선을 그리고, 곡선 아래의 면적인 AUC 값을 계산하여 인공지능의 성능을 평가해보았다(앞선 ROC 곡선과는 달리 좌우가 반전되었음에 유의하자. 이번 곡선은 오른쪽 위로 갈수록 더 정확한 것이다). AUC 값은 각각 0.96, 0.94, 0.91으로 매우 높게 나왔다.

또한 그림에서 붉은색 점은 피부과 전문의들의 판독 정확도를 보여주는 것이다. 즉 파란색 선의 왼쪽, 아래에 붉은 점들이 다수 있다는 것은 인공지능보다 정확성이 낮은 피부과 전문의들이 상당수 있다는 의미다. 또한 의사들 성적의 평균을 나타내는 초록색 점 역시 파란선 아래에 있으므로, 피부과 전문의들의 평균 성적 역시 인공지능에 비해 좋지 않다는 것을 보여준다.

사실 논문 제목이나 이 연구를 보도한 기사들에서는 '피부과 전문의 수준'의 인공지능이라고 언급하고 있다. 그러나 논문 데이터를 보면 적어도 사진을 바탕으로 한 피부암 판독에 관해서는 인공지능이 평균적인 피부과 전문의들의 실력을 능가하고 있다.

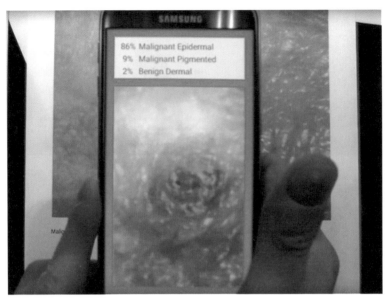

연구진은 이 인공지능이 스마트폰으로도 작동됨을 시연했다.[32]

스마트폰으로 피부암 검사

연구진들이 직접 밝힌 이번 연구의 의미 중 하나는 의료 접근성이 떨어지는 곳, 특히 피부과 전문의가 없는 곳에서도 스마트폰만 있으면 딥러닝을 통해 흑색종을 진단할 가능성을 열었다는 것이다. 앞서 소개한 2013년 『미국의학회저널 더마톨로지』 논문에서는 기존의 스마트폰 앱의 부정확성에 대한 논문을 소개하고 있지만, 이제는 딥러닝을 통해서 앱으로도 피부과 의사보다 더 높은 정확도로 판독이 가능해진 것이다. 이 역시 의사나 검사 장비가 부족한 곳에서도 진료할 수 있는, 의료의 민주화를 구현하는 데 도움이 될 것이다.

실제로 논문의 주저자 중 한 명인 스탠퍼드 대학의 브렛 쿠프렐Brett Kuprel은 2017년 한 인공지능 학회에서, 이 인공지능이 스마트폰에서 구동되는 것을 직접 시연하기도 했다.[32] 시연을 보면 피부 병변 사진에 스마트폰을 가져다 대면 실시간으로 악성 피부암일 확률과 양성일 확률 등이 계산되어 나오는 것을 볼 수 있다.

더 나아가서는 스마트폰에 더마토스코프를 부착하여 피부 병변을 촬영하고, 이를 인공지능으로 판독하는 것도 생각해볼 수 있다. 스마트폰용 더마토스코프는 이미 시중에 다양한 형태로 판매되고 있다. 대부분 100달러 내외의 가격이면 스마트폰 카메라에 렌즈를 부착하여 의료 전문가가 사용하는 수준으로 사진을 찍을 수 있다.

양적, 질적으로 우수한 데이터

앞서 살펴본 구글의 당뇨성 망막병증 판독 인공지능과 스탠퍼드 대학교의 피부암 판독 인공지능 연구는 방법론적으로 유사한 부분이 많다. 의료 영상 학습 데이터를 구성한 다음, 잘 증명된 구글의 딥러닝 아키텍처를 바탕으로 전이 학습시켜 인공지능을 만들고, 이를 인간 전문의와 정확성을 비교했다는 것이 골자이다.

여기서 주목해야 할 것은 인공지능을 개발하기 위해 양적으로도, 질적으로도 매우 우수한 데이터를 직접 만들었다는 점이다. 구글의 연구에서는 안과 의사 54명이 참여하여 13만 장에 가까운 안저 사진을 5개의 등급으로 3~7회 중복해서 판독하였다. 구글에서는 의사들이 판독을 편하고 효율적으로 할 수 있도록 별도의 프로그램도 제공했다. 스탠퍼드 대학교의 피부암 인공지능 연구도 비슷한 규모인 13만 장 정도의 데이터에 18명의 의사가 직접 참여했으며, 판독과 학습에 일관성이 있도록 피부과 질환에 대한 계층을 새롭게 정의했다.

이렇게 딥러닝으로 우수한 성능의 인공지능을 만들기 위해서는 심층 인공신경망 자체의 디자인도 중요하지만, 어떤 데이터를 학습할지가 중요하다. 그 데이터는 단순히 양도 중요하지만, 누가 어떻게 판독하고 어떠한 양식으로 정답을 달아놓은 양질의 데이터였는지도 역시 중요하다.

이 연구들에서 우리는 방대한 데이터를 다수의 의사가, 다수의 등급으로, 중복 판독을 거친 데이터일수록 좋다는 교훈을 얻을 수 있다. 사실 이렇게 양적, 질적으로 우수한 데이터를 직접 만드는 일은 구글과 같은 대형 기업이 아닌, 개별 스타트업이나 개별 병원이 혼자서 하기 어려운 일일지도 모른다. 단적으로, 국내에 가장 큰 대학병원을 보더라도 한 진료과에 50명 이상의 전문의가 소속된 병원은 없다. 이는 결국 우수한 인공지능을 만들기 위해서는 다수의 병원 및 기업 간의 협업이 필요하다는 의미이며, 이를 실현하기 위해 적절한 협업 체계 및 충분한 보상 체계도 갖출 필요가 있다.

또한 이러한 연구에서 인간 의사의 역할이 과연 무엇이었는지를 보면 여러 복잡한 생각이 든다. 단적으로 이야기해서, 연구에 참여한 의사의 역할이 인공지능이 학습할 데이터를 만들어주고, 학습 체계를 잡아주는 것, 그리고 그렇게 개발된 인공지능과 실력을 비교당하면서 결과적으로 인공지능의 우수성을 보여주는 데 그치고 있기 때문이다.

더 무서운 것은 이러한 '인간' 전문가들의 노력을 통해 특정 주제에 대해서 거의 완벽하거나 인간을 능가하는 인공지능이 만들어지면, 그 이후부터는 그 인공지능을 만드는 데 기여한 인간 전문가들의 필요성이 (적어도 해당 문제에 대해서는) 줄어들 수밖에 없다는 아이러니이다. 최근에도 이러한 방식의 인공지능 연구는 더 많이 쏟아지고 있으며, 비록 개별 문제에 국한된다고 할지라도 '인간 의사와 맞먹는' 혹은 '의사를 능가하는' 실력의 인공지능은 계속 늘어나고 있다.

진단의 최종 결정권자 병리과

영상의학과, 안과, 피부과에 적용되는 의료 인공지능에 이어서 이번에는 병리과의 의료 인공지능을 알아보려 한다. 여러 진료과 중에서 병리과는 의료 인공지능 연구가 가장 활발한 분야 중의 하나이다. 지난 장에서 언급했듯이, 의료 인공지능의 논문 수를 적용 분야별로 따져보면 병리과가 가장 많다.[32]

일반 환자에게 병리과는 그리 익숙하지 않은 진료과다. 진료를 받으며 직접 의사를 만날 수 있는 내과, 안과, 이비인후과 등과는 달리 병리과 의사들은 직접 환자를 대면하지 않기 때문이다. 의료에서 병리과는 진단을 최종적으로 내리는 중요한 역할을 맡는다. 환자로부터 채취된 조직이나 세포 검체를 분석하여 확진을 내리는 것이다.

예를 들어 암이 의심되는 환자가 있으면 조직 검사를 하게 된다. 생검을 통해 해당 조직을 직접 떼어내어 검사하여 확진을 내리게 된다. 그 검사를 시행하는 곳이 바로 병리과다. 이런 조직검사를 통해 종양의 유무, 악성과 양성의 여부, 암이 있으면 얼마나 심각한지, 혹은 특정 약으로 치료할 수 있는 유형의 암인지를 판단하고, 환자의 예후를 예측하기도 한다.

의료에서 병리과가 내린 결론은 절대적인 정답으로 여겨진다. 다른 과에서 의뢰한 검사에 대해 병리과에서 확진을 내리면, 그 진단을

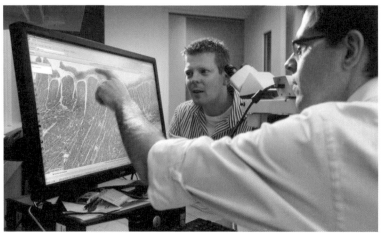
병리과에서는 조직을 현미경으로 보고 최종적인 진단을 내린다.

토대로 모든 진료와 치료 방법 결정 등이 이뤄진다. 병리과에서 내린 판단은 진료 및 연구를 수행할 때에도 정확성에 의심의 여지가 없는 '완전한 정답ground-truth'이 되는 것이다. 따라서 병리과의 판독 정확성은 매우 중요하다고 할 수 있다.

병리과의 판독은 의료 인공지능을 개발할 때의 역할도 크다. 인공지능을 학습시키는 의료 데이터에 '정답'을 가장 확실하게 달아줄 수 있기 때문이다. 의료 데이터에서 병리과의 판독이 있는 데이터를 가장 양질의 데이터로 간주한다. 앞서 소개한 피부암, 유방암 등을 판독하는 인공지능도 가장 확실한 '병리과에서 확진을 내린 결론'을 정답으로 학습하여 개발되었다.

그런데 우리는 여기서 한 가지 질문을 던져볼 수 있다. 과연 병리과 의사의 판독은 얼마나 정확할까. 이 조직검사 역시 인간의 시각적 지각능력을 바탕으로 한다. 19세기 중반부터 지금까지 병리과 의사들의 가장 중요한 도구를 하나만 꼽으라면 바로 현미경이 될 것이다.[34] 병리과 의사는 조직 검사 시에 환자의 검체를 얇은 슬라이드(절편)로 깎아서 염색한 후에 세포 및 조직 등의 세부적인 구조, 모양, 색깔, 길이, 표면적 등을 눈으로 보고 판단을 내린다.

최근에는 디지털 현미경을 사용하는 병원도 증가하고 있지만, 국내 대학병원 의사 중에서는 여전히 기존의 광학 현미경을 선호하는 분도 많다. 광학 현미경이든, 디지털 현미경이든 여전히 사람이 눈으로 보고 판단을 내린다는 것은 마찬가지다. 이러한 과정은 지난 100년이 넘는 기간 동안 병리과에서 크게 변화가 없던 과정으로, 이 부분 역시 이미지 분석 인공지능의 개입으로 개선될 여지가 있다고 여겨져 왔다.[34] 지난 수십 년 동안 다양한 방법으로 병리과 의사들의 이미지 분석을 보조하려는 연구들이 수행되었던 것도 이 때문이다.[34-37]

병리과의 인공지능을 논하기에 앞서서, 과연 이 분야에 인공지능의 도입이 필요할지를 먼저 살펴보자. 왜냐하면 병리과 의사가 기존의 방식으로도 완벽한 결정을 내린다면 굳이 인공지능을 도입해야 할 필요가 적기 때문이다.

병리과 의사 간의 진단 불일치율

연구에 따르면 병리과 의사도 인간이기 때문에, 현미경을 통해 조직을 눈으로 보고 판단하는 과정에서 오류나 판독의 불일치가 존재한다.[39, 40] 그것도 의사 간의 불일치율이 꽤 높다.

사실 병리 데이터의 판독 과정은 시간이 오래 걸리며 노동 집약적인 경우가 많다. 예를 들어 현미경으로 보는 한 장의 병리 슬라이드에는 수백만 개의 세포가 들어 있다. 이런 슬라이드를 하루에도 수백

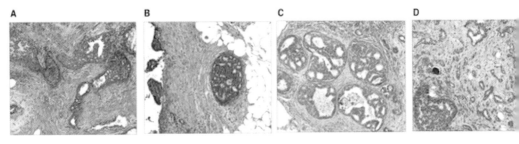

병리과 의사는 이러한 조직을 현미경으로 보고 판독한다. 이 네 가지 사진은 유방암 병리 데이터를 블라인드 테스트한 『미국의학회저널JAMA』의 연구에서 병리과 의사들 사이의 판독 결과가 특히 상이하게 나온 사례를 모은 것이다.[38]

장씩 오류 없이 일관성을 유지하며 판독하는 것은 그 자체로 인간의 역량을 넘어서는 것인지도 모르겠다.

2015년 『미국의학회저널JAMA』에는 '유방암 생검 검체의 판독에 대한 병리학자들의 불일치'라는 제목의 논문이 실렸다.[39] 이 연구는 유방암 조직을 검사하여 병기를 판독하는 데 개별 병리과 전문의들 사이에서 얼마나 큰 편차가 있는지 잘 보여준다. 미국의 병리과 전문의 수천 명을 대상으로 총 240개의 검체를 정상benign without atypic, 비정형 세포atypia, 유방 관상피내암DCIS, ductal carcinoma in situ, 침윤성 유방암invasive carcinoma의 4가지로 구분하는 블라인드 테스트를 수행했다. 그 결과 총 6,900번의 판독 중에 정답과 일치하는 경우는 5,194번으로 그 비율은 75.3%에 지나지 않았다. 여기에서 '정답'은 경험 많은 병리과 전문의 세 명이 합의하여 결정한 것이다.

오른쪽의 그림을 보면 하나의 검체에 대해서도 병리과 전문의들의 판독이 얼마나 다양할 수 있는지 잘 보여주고 있다. A, B, C, D는 각각 정상, 비정형 세포, 유방 관상피내암, 침윤성 유방암이 '정답'인 사례들이다. 이 사례들에 대해서 흰색, 노란색, 주황색, 붉은색은 각각

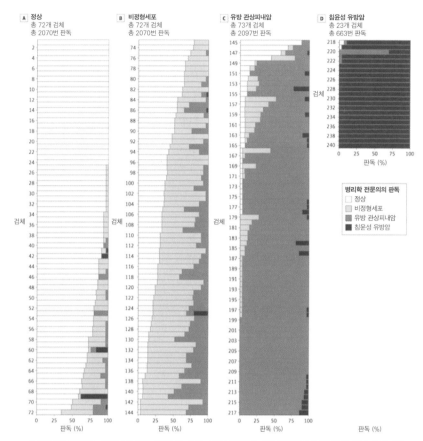

240가지 유방암 생검 검체에 대해서 수천 명의 병리과 전문의들을 블라인드 테스트한 결과, 판독의 편차가 크게 나타났다.[38]

정상, 비정형 세포, 유방 관상피내암, 침윤성 유방암으로 판독한 의사들의 비율을 의미한다. 그림을 보면 어떤 사례들은 진단에 참여한 모든 의사가 같은 판단을 내린 사례도 있지만(하나의 색깔만 있는 경우), 또 어떤 사례들은 같은 검체에 대해서 세 가지 혹은 네 가지의 판독을 내린 사례도 있다(예를 들어 검체 69번, 154번, 218번 등).

한 명의 환자가 정상인 동시에 암에 걸렸을 수는 없으므로 이런 경우에는 결국 판독이 정확하지 않은 경우가 있었다는 것이다. 의료에서 '완전한 정답'으로 여겨지는 병리과의 판독이다. 하지만 이 역시 인간이 하는 일이기 때문에 고도로 훈련된 전문가도 놓치는 것이 있을 수 있으며, 전문가 사이에서의 실력 편차가 있을 수밖에 없다. 이는 앞서 설명한 영상의학과, 피부과, 안과 전문의들과 마찬가지다. 이 부분에서 역시 인공지능이 도움을 줄 수 있다.

병리과 인공지능

이러한 이유로 병리 데이터의 판독 효율성, 일관성, 정확성을 높이기 위해 병리과의 다양한 영역에서 이미지 인식 인공지능 기술이 접목되었다. 이 중에서 딥러닝이 먼저 활발하게 적용되었던 문제 중 하나는 유방암 병리 슬라이드에서 유사분열mitosis 세포를 검출하고 그 숫자를 세는 것이었다.[40, 41]

악성 유방암의 등급을 나누고 환자의 예후를 판단하는 중요한 기준 중의 하나가 바로 유사 분열이 얼마나 활발한지를 측정하는 것이다. 하지만 유사분열 세포는 크기도 아주 작고 다양한 모양을 가지고 있기 때문에 까다롭고 혼동되기도 쉽다. 그렇기 때문에 이를 측정하는 것은 일관성과 재현성도 낮고 전문가 사이의 편차도 크다고 알려져 있다.[41]

컨볼루션 신경망CNN 기반의 딥러닝은 이러한 유사분열 세포 검출 대회에서도 두각을 나타낸다. 2012년 열린 ICPR12과 2013년 AMIDA13라는 유사분열 세포의 검출 대회에서도 컨볼루션 신경망 기반의 인공지능을 활용한 팀이 우승하게 된다.[40, 42] 한국에서는 의료 인

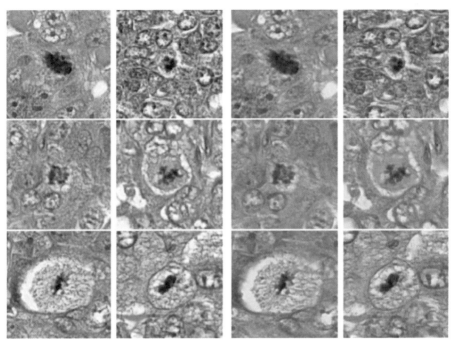

유사분열하는 세포들의 예시[41]

공지능 스타트업 루닛에서 개발하는 인공지능 중 하나도 유방 병리 데이터 분석에 관한 것이다. 루닛은 2016년에 병리 슬라이드 데이터를 바탕으로 유방암의 진행 정도를 예측하는 대회인 TUPACTumor Proliferation Assessment Challenge에서 좋은 성적을 거두었다. 약 800장의 병리 슬라이드를 바탕으로 유사분열 세포의 검출과 유전자 발현 등을 통해 유방암 진행을 예측하는 등의 세 부문 모두 루닛이 1위를 차지했다.[43, 44]

또한 2017년에는 유방암 병리 데이터에 대해서 치료법 결정에 중요한 특정 유전자의 발현 여부를 병리과 전문의 수준으로 정확하게 판독하는 인공지능도 발표되었다.[45] HER2라는 유전자는 유방암의 가장 중요한 생체 표지자 중 하나로 전 세계 270만 명의 유방암 환자 중에 15~20% 정도에서 과발현된다. 이 경우 허셉틴Herceptin 등의 표적항암제를 투여할 수 있기 때문에 치료 방법의 결정을 위해서 병리학 슬라이드에서 HER2가 과발현되는지 여부를 확인하는 것은 매우 중요하다. 다국적 제약사 아스트라제네카의 연구진은 컨볼루션 신경망을 기반으로 개발한 인공지능이 병리과 전문의와 비슷한 수준으로 검체의 HER2 과발현 여부를 판독할 수 있다는 것을 증명했다.[45]

하버드 대학교의 인공지능 병리학자

병리과 인공지능의 사례에 대해서 조금 더 깊이 살펴보자. 이번에는 카멜리온16Camelyon16이라는 대회의 우승팀을 중심으로 살펴보려고 한다. 이 대회는 유방암 병리 데이터로 유방암의 겨드랑이 림프절 전이 여부를 판독하는 정확도를 경쟁하여 우승팀을 가려낸다. 유방암이 림프절에 전이되었는지 여부는 유방암의 진행 정도와 예후, 치료법을 결정하기 위해서 매우 중요하다. 그렇기 때문에 미국에서만 연간 23만 명의 유방암 환자들이 림프절 전이 검사를 받는다.

카멜리온16 대회에서는 총 270장의 병리 슬라이드가 학습용으로 주어지고, 이를 학습하여 만든 모델로 130장의 슬라이드를 판독해야 한다. 대회는 크게 두 부문으로 나누어져 있다. 하나는 주어진 슬라이드가 암인지 아닌지를 판독하는 것이고, 다른 하나는 병리 슬라이드에서 암이 어디에 있는지 위치까지 맞춰야 한다. 2016년도 대회에는 전 세계 200개 이상의 팀이 이 대회에 참가했다. 이 중 하버드 대학교의 앤드루 백Andrew Beck 교수팀이 두 부문 모두에서 우승을 차지했다.[46]

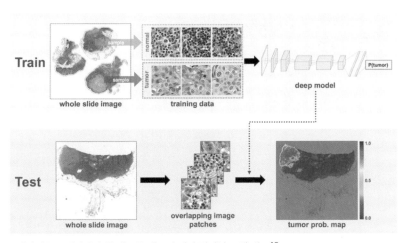

카멜리온16에서 우승한 앤드루 백 교수팀의 딥러닝 모델 개요[46]

　앤드루 백 교수팀은 구글의 인셉션 아키텍처에 전이 학습시켰다. 이 과정에서 인셉션, 알렉스넷, 구글의 얼굴 인식 딥러닝 모델인 페이스넷 등을 시험해본 결과 인셉션의 성능이 가장 우수했다. 학습 데이터로 주어진 병리 슬라이드가 270장으로 수가 많지 않고, 이미지 크기도 컸기 때문에 작은 패치 형태로 쪼개어서 암에 해당하는 패치와 정상 패치를 인셉션에 학습시켰다. 이를 바탕으로 전체 슬라이드가 암인지 아닌지와 해당 슬라이드에서 암이 어느 곳에 있는지 등을 계산할 수 있었다.

　그 결과 앤드루 백 교수팀의 인공지능은 슬라이드가 암인지 아닌지를 판단하는 문제에 대해서 AUC 값이 0.925(에러율 7.5%)의 높은 정확도로 우승을 차지했다.* 같은 병리 슬라이드에 대한 인간 병리학자들의 정확성을 평가해본 결과 AUC 값이 0.966으로 좀 더 높았다. 다만, 이 경우에 인간 병리학자들은 무제한의 시간을 썼다. 시간 제

---

* 앤드류 백 박사팀은 에러율Error Rate을 1 -AUC 로 정의하였다

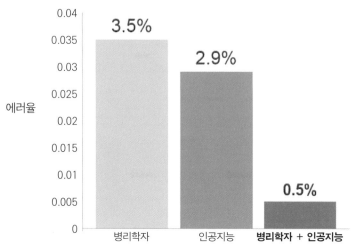

병리학 전문의와 인공지능이 개별적으로 판독하는 것보다, 서로 힘을 합치게 되면 훨씬 더 좋은 정확도를 보여준다.[47]

약이 있는 실제 진료 현장에서는 에러율이 10% 이상일 때도 있다는 것을 고려한다면 병리과 전문의와 거의 맞먹는 실력이라고 해도 무리는 없을 것으로 보인다.

더 나아가, 대회 이후 앤드루 백 교수팀은 알고리즘을 더 발전시킨 결과 AUC 값을 0.971%(에러율 2.9%)까지 높였다.[47] 이는 무제한의 시간을 쓴 병리학자의 정확도보다 더 나은 수치이다. 그런데 여기서 흥미로운 것은 인간 병리학자와 인공지능이 힘을 합쳤을 경우다. 이 경우에 인공지능은 인간 병리학 전문의를 보조함으로써, 인간의 오류를 약 85% 감소시켜 AUC 값을 0.995를 달성했다. 이는 불과 에러율이 0.5%에 그치는 것이다. 인간과 인공지능이 정확히 어떠한 방식으로 협력했는지는 설명되어 있지는 않으나, 아마도 인공지능이 판독한 결과를 참고하여 인간 병리학 전문의가 최종적인 판단을 내렸을 것으로 생각한다. 인공지능의 판독 결과에는 슬라이드의 어느 부

	Error Rate
Pathologist in competition setting	3.5%
Pathologists in clinical practice (n = 12)	13% - 26%
Pathologists on micro-metastasis (small tumors)	23% - 42%
Beck Lab Deep Learning Model	**0.65%**

최근 앤드루 백 교수팀은 에러율을 더욱 개선했다고 발표했다.[48]

위가 암으로 의심되는지 확률이 색깔로 표시해놓았으므로 병리과 전문의가 해당 부위를 더 유심히 살펴볼 수 있었을 것이다.

1부의 말미에 의료 인공지능을 논의하기 시작하면서 필자는 인간과 인공지능은 서로 경쟁 관계에 있는 것이 아니며, 어떻게 협력할지가 관건이라고 강조한 바 있다. 이러한 병리 데이터의 경우에 시간이 오래 걸리고 노동 집약적이며 인간의 인지능력에 전적으로 좌우된다. 따라서 인공지능과 힘을 합치면 병리학자의 정확성이 극적으로 개선될 수 있다는 점을 보여준다.

대회 이후에 앤드루 백 박사는 패쓰AIPathAI라는 인공지능 스타트업을 창업했고, 이 딥러닝 인공지능을 더욱 개선했다. 그 결과 인공지능 자체의 에러율을 0.65%까지 달성했다고도 발표했다.[48]

구글의 인공지능 병리학자

2017년 3월 구글의 연구진은 앞서 설명한 앤드루 백 교수팀의 연구를 더욱 발전시켰다.[49, 50] 딥러닝에 여러 테크닉을 추가하여 정확성을 좀 더 높인 것이다. 연구진은 병리 데이터의 배율을 조정하는

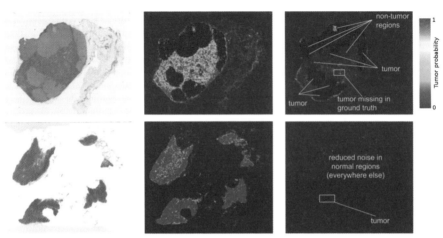

구글이 개발한 유방암 병리 인공지능[50]

등으로 여러 딥러닝 모델을 만들어서 시험해보았다.

그 결과 단순히 AUC 값을 기준으로 한다면 이 구글의 정확도는 0.967~0.986 정도로 인간 병리학자의 정확도(0.966)와 비슷했지만, 앞서 소개한 앤드루 백 교수팀의 모델에 비해서 대폭 개선된 성능을 보여줬다고 하기는 어렵다. 하지만 이 연구의 병리 인공지능은 또 다른 큰 의미를 가진다. 왜냐하면 인간 병리학 전문의와 인공지능이 왜 시너지가 있을 수 있을지에 대한 힌트를 주기 때문이다.

연구진은 이 인공지능을 추가적으로 검증하기 위해 카멜리온16 대회의 데이터에 속하지 않은 또 다른 병리 데이터에 대해서도 테스트해보았다. 일반적으로 병리 데이터를 포함한 의료 영상에서는 촬영하는 기기나 제조사 등에 따라서 데이터의 특성이 달라질 가능성도 있다. 최악의 경우 A라는 제조사에서 촬영한 영상으로 학습하여 높은 성능을 보여주는 인공지능이, B 제조사의 기기로 촬영한 데이터에 대해서는 정확도가 낮은 경우도 배제할 수 없다. 이 연구에서는 다른 환자군에 대해서 다른 제조사의 디지털 스캐너로 스캔한 110장의 병리 슬라이드에 대해서 인공지능을 테스트했다. 그 결과 AUC 값이 0.976으로 카멜리온16 데이터로 테스트한 결과와 거의 동일하다는 것을 증명했다.[49]

더 나아가 이 인공지능은 카멜리온16 대회에서 정답으로 주어진 학습 데이터 중 '정상'으로 분류된 슬라이드에 실제로는 암세포가 존재한다는 것까지도 밝혀냈다. 확인 결과 대회 측의 데이터 처리 과정에서 오류가 있었던 것으로 드러났고, 다행히도 환자에게는 영향이 없었던 것으로 밝혀졌다.

병리학자와 인공지능의 시너지

하지만 우리가 이 연구에서 주목해야 할 것은 FROC와 @8FP 값이다. 앤드루 백 교수팀의 연구에 비해서 구글의 인공지능은 이 FROC와 @8FP 값에서 큰 개선을 나타내었다. 결론부터 말해서 이 수치는 인공지능이 인간 병리학자와의 시너지 효과에 대한 가능성을 보기 위해서 중요하다고 할 수 있다.

이 두 수치는 조금 설명이 필요하다. 두 수치는 인공지능에게 약간의 오류를 허용했을 때 성능이 어떻게 좋아지는지를 평가하기 위한 값이다. 인공지능의 성능을 평가하기 위해서 사용되는 민감도sensitivity와 특이도specificity가 상반되는 값이라는 것은 앞서 여러 번 강조한 바 있다. 이 연구에서 민감도는 실제로 암이 있는 슬라이드를 검사하여 '암이 있다'고 정확히 판단하는 비율이며, 특이도는 암이 없는 슬라이드를 검사하여 '암이 없다'고 정확히 판단하는 비율이다.

그런데 인공지능이 슬라이드 한 장을 판독할 때 '실제로는 암이 아니지만, 암이라고 잘못 판단하는' 오류를 하나 정도는 눈감아주고 민감도를 계산하면 어떨까?[*]

이러한 유형의 실수를 인공지능이 저지르는 것을 조금 봐준다면, 우리는 더욱 높은 민감도를 달성할 수 있을 것이다. 즉 실제로 암이 있는 슬라이드는 거의 놓치지 않고 검출할 수 있게 된다. 다만, 이 경우에는 우리가 조금 눈감아준 실수 때문에 인공지능이 암이라고 판독한 것 중에 실제로는 정상적인 슬라이드의 비중이 조금 높아지는 것을 감수해야 한다.

이러한 경우를 고려하여 인공지능의 성능을 평가하기 위한 수치가 FROC와 @8FP이다. @8FP의 경우는 우리가 슬라이드 한 장당 인공지능이 평균 8개까지 '실제로는 암이 아니지만, 암이라고 잘못 판단한' 실수를 봐주었을 경우에 달성할 수 있는 민감도다. 구글의 인공지능은 @8FP를 최대 92.9%까지 달성했다. FROC도 이와 비슷한 수치를 설명한다고 이해하면 되는데, 구글의 인공지능은 88.5%를 달성했다.[**]

이것이 의미하는 바는 바로 인간 병리학 전문의와 인공지능의 시너지가 있을 수 있다는 것이다. 이번 연구에 따르면 인간 병리학 전문의는 민감도를 73.3%를 달성하였다. 인공지능보다 약간 낮은 수치다. 그런데 인간 의사들은 인공지능과 달리 '실제로는 암이 아니지

---

[*] '실제로는 암이 아니지만, 암이라고 잘못 판단하는' 경우를 위양성(false positive)라고 한다. 학계에서는 위양성이나, 'false positive'라는 용어를 그대로 쓰지만, 본문에서는 일반 독자의 이해를 돕기 위해서 '실제로는 암이 아니지만, 암이라고 잘못 판단하는'이라고 풀어서 설명하였다.

[**] FROC의 경우 위양성을 슬라이드당 평균 1/4, 1/2, 1, 2, 4, 8개를 허용하면서 나타나는 민감도의 평균을 구한 것이다.

만, 암이라고 잘못 판단하는' 실수는 한 번도 저지르지 않았다. 즉 특이도가 극히 높았다.

반면 구글의 인공지능은 '실제로는 암이 아니지만, 암이라고 잘못 판단하는' 실수를 조금 눈감아준다면, 매우 효율적이고 일관적으로 암이 있는 슬라이드는 거의 모두 정확하게 검출할 수 있다. 즉 특이도의 희생을 조금 감수한다면, 매우 높은 민감도를 달성할 수 있다는 것이다.

이렇게 병리학 인공지능과 인간 병리학자는 서로 다른 부분에 강점이 있다는 것을 알 수 있다. 따라서 인간 병리학자와 인공지능의 힘을 효과적으로 합치면 높은 민감도와 높은 특이도를 모두 달성할 수 있을 것이다. 예를 들어 인공지능이 먼저 대량의 슬라이드를 판독하여 암일 가능성이 있는 슬라이드를 먼저 추려주고 해당 슬라이드에서 암으로 생각되는 후보 위치까지도 선정해줄 수 있다. 이 과정에서 인공지능은 (민감도가 높으므로) 암이 있는 슬라이드를 거의 놓치지 않는다. 이러한 결과를 참고하여 인간 병리과 의사가 한 번 더 판독하여 확진을 내린다. 이 과정에서 인간 병리학 전문의는 (특이도가 높으므로) 암처럼 보이지만 암이 아닌 슬라이드를 매우 정확하게 골라낸다.

특히 인공지능은 판단이 매우 빠르고, 훨씬 더 많은 양의 데이터를 한 번에 처리하고도 피로를 느끼지 않으므로 인간 의사가 효율적이고 일관된 판독을 할 수 있도록 도울 수 있을 것이다. 이렇게 이번 구글의 연구에서는 이러한 인간+인공지능의 시너지에 대해서 충분한 가능성을 엿볼 수 있지만, 직접 그 시너지를 증명하지는 않았다.[50]

하지만 과거의 병리과 인공지능 연구들을 보면 그 가능성을 좀 더 탐색한 것들이 있다. 2016년 한 연구에서는 딥러닝을 활용하는 것이 병리과 의사들의 업무를 줄여주고 정확성과 효율성을 모두 높일 수 있다는 것을 발견했다.[51] 이 연구에서는 역시 컨볼루션 신경망CNN을 활용하여 전립선암과 유방암의 병리 데이터를 판독하는 인공지능을 개발했다.

그 결과 전립선암 슬라이드의 경우, 인공지능으로 전체 데이터 중에서 32%를 암이 확실하게 없는 것으로 정확하게 판단하여 미리 제외할 수 있었다. 유방암의 경우에 미리 제외할 수 있었던 비중은 44%에 달했다. 이렇게 인공지능을 활용하여 암이 확실하게 없는 슬라이드의 상당수를 미리 제외함으로써 병리과 의사들의 업무 부담을 줄이고 판독 효율성을 높일 수 있을 것이다.

구글의 미국암연구협회AACR 18 기조연설

더 나아가, 구글은 2018년 4월 병리과 인공지능과 병리과 전문의의 시너지가 있다는 것을 미국암연구협회AACR 연례학술대회의 기조연설에서 공개했다. 참고로 미국암연구협회는 미국임상종양학회ASCO와 함께 암 연구에 관한 가장 권위 있는 학회로, 기존에 의학 연구자들의 전유물로 이뤄지던 곳에서 다름 아닌 구글이 기조연설을 했다는 것이 큰 화제가 되기도 했다.

구글에서 병리학 인공지능 관련 연구를 이끄는 마틴 스텀페Martin Stumpe 박사와 병리학 전문의인 제이슨 힙Jason Hipp 박사는 앞서 설명한 구글의 병리 인공지능을 병리과 의사들이 사용하였을 경우에 판독 정확성과 총 판독 시간에 대해서 시너지가 있을 수 있다는 가능성을 직접적으로 보여주었다. 발표에서 언급된 이 연구 결과는

미국암연구회AACR 18에서의 구글의 기조연설

2018년 10월 병리의학 분야 주요 저널인『미국 외과 병리 저널The American Journal of Surgical Pathology』에 논문으로 정식 발표되었다.[52]

이 연구에서는 총 6명의 미국 병리과 전문의가 유방암의 림프절 전이 여부를 총 70개의 병리조직을 판독하기 위해서, 인공지능을 사용했을 경우와 사용하지 않았을 경우의 정확도와 총 판독 시간을 비교해보았다. 70개 중에 정상 조직은 24개, 미세 전이micrometastasis 19개, 큰 전이macrometastasis 19개, 고립종양세포ITC, isolated tumor cells 8개 였다.

참고로 유방암에서는 종양의 크기가 2밀리미터를 넘으면 큰 전이, 0.2밀리미터에서 2밀리미터 사이면 미세 전이로 분류한다. 큰 전이 는 현미경의 저배율 렌즈에서도 쉽게 눈에 띄지만, 미세전이는 배율 을 올려서 림프절 전체를 확인해야 하기 때문에 찾기도 어렵고 시간 도 오래 걸린다. 따라서 유방암의 림프절 전이 판독에 인공지능을 활

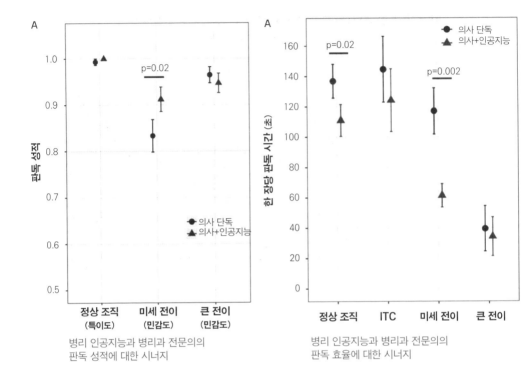

병리 인공지능과 병리과 전문의의
판독 성적에 대한 시너지

병리 인공지능과 병리과 전문의의
판독 효율에 대한 시너지

용하게 된다면, 큰 전이보다는 미세 전이에 활용될 가능성이 높다. 이렇게 이 연구에서는 병리학 전문의가 인공지능을 실제로 활용할 수 있는 데이터를 보다 세부적으로 나눠서 판독 시간과 정확성에 대한 시너지 여부를 살펴보았다.

그 결과 정상 조직과 미세 전이 조직을 판독하는 경우 인공지능을 사용했을 때 판독 시간이 유의미하게 감소했다. 미세 전이 조직의 경우 판독에 120초 가까이 걸렸으나, 인공지능을 활용하면 60초 정도로 판독 시간을 절감할 수 있다. 또한 정상 조직의 경우는 평균 130초 후반에서 인공지능을 활용하면 110초가량으로 판독 시간이 줄어든다. 다만, 큰 전이의 경우에는 판독 시간에는 큰 변화가 없었다.

판독 성적performance도 인공지능을 활용하는 경우에 더 높았다. 인공지능의 보조를 받았을 경우 전반적인 정확도가 상승하였을 뿐만 아니라, 특히 미세 전이의 경우 민감도sensitivity가 통계적으로 유의미하게 상승하였다(다만, 정상 조직과 큰 전이의 경우에는 인공지능의 사용 여부와 관계없이 모두 90% 후반대로 큰 변화는 없었다).

이처럼 구글의 병리 인공지능은 적어도 특정 종류의 유방암 전이 조직에 대해서는 판독 시간과 정확도에서의 병리학자와의 시너지가 있다는 것을 보여주고 있다. 필자가 항상 강조하는 바이지만, 의료 인공지능이 실제로 병원 내로 도입되고 진료 현장에서 널리 사용되기 위해서는 단순히 인공지능 단독의 높은 정확성을 증명하는 것만으로는 충분하지 않다.

앞서 설명한 뷰노의 골연령 측정 인공지능이나, 앤드루 백 박사의 병리 인공지능, 그리고 이번에 소개한 구글의 병리 인공지능과 같이 의사가 인공지능을 활용하였을 경우에 기대할 수 있는 정확도나 총 판독 시간 등에서의 효용을 직접적으로 증명하는 것이 필요하다.

최근 연구 동향을 보면 단순히 인공지능이 높은 정확도를 달성했다는 것을 보여주는 것에 그치지 않고, 이렇게 인공지능의 도입으로 의사가 어떠한 효용을 얻을 수 있는지도 직접적으로 증명하고 있다. 이처럼 효용이 증명된 인공지능이라면 이를 활용하는 의사나 인공지능의 도입을 결정하는 병원의 입장에서도 그 필요성이나 지불 가치에 동의하기 수월해질 것이다.

7장

실시간 모니터링을 통한 질병 예방 및 예측

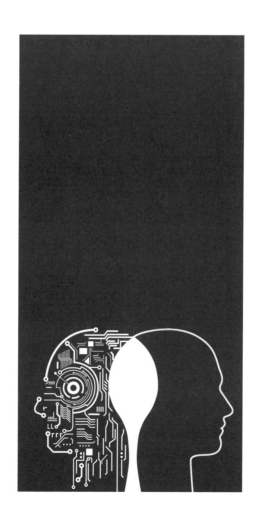

이제 마지막 세 번째 유형의 의료 인공지능에 대해서 알아보자. 바로 생체 신호를 실시간으로 모니터링하고 분석하여 질병을 예측 및 예방하는 인공지능이다. 이 유형의 인공지능에 대한 쉬운 비유는 다름 아닌 자동차와 비행기다.

과거에는 자동차 타이어에 펑크가 났는지, 혹은 엔진 오일이 부족하거나 배터리가 부족한지 정기적으로 점검하지 않으면 제때 알기 어려웠다. 필자가 어릴 적 아버지는 명절 연휴 장거리 운전을 하시기 전에 타이어를 발로 밟아보거나 차체를 눌러서 타이어 공기압을 가늠하시고, 보닛을 직접 열어서 엔진 오일을 확인하시곤 했다.

하지만 이제 많은 자동차에서는 타이어 공기압이 부족하거나, 엔진 오일의 보충이 필요하면 미리 경고등으로 알려준다. 자동차에 내장된 수많은 센서가 주행 중에도 자동차의 상태를 모니터링하여 이상이 있는 경우 조기에 경고함으로써 사고를 예방하는 것이다. 이는 비행기 터빈의 경우에도 마찬가지다. 비행 도중에도 수많은 센서가

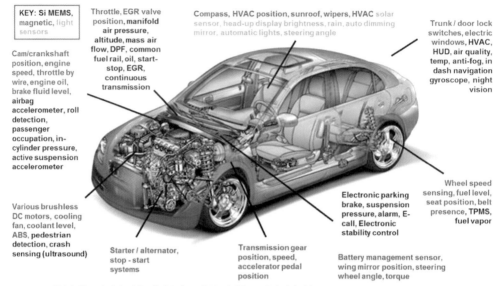

KEY: Si MEMS, magnetic, light sensors

Cam/crankshaft position, engine speed, throttle by wire, engine oil, brake fluid level, airbag accelerometer, roll detection, passenger occupation, in-cylinder pressure, active suspension accelerometer

Throttle, EGR valve position, manifold air pressure, altitude, mass air flow, DPF, common fuel rail, oil, start-stop, EGR, continuous transmission

Compass, HVAC position, sunroof, wipers, HVAC solar sensor, head-up display brightness, rain, auto dimming mirror, automatic lights, steering angle

Trunk / door lock switches, electric windows, HVAC, HUD, air quality, temp, anti-fog, in dash navigation gyroscope, night vision

Various brushless DC motors, cooling fan, coolant level, ABS, pedestrian detection, crash sensing (ultrasound)

Starter / alternator, stop - start systems

Transmission gear position, speed, accelerator pedal position

Electronic parking brake, suspension pressure, alarm, E-call, Electronic stability control

Battery management sensor, wing mirror position, steering wheel angle, torque

Wheel speed sensing, fuel level, seat position, belt presence, TPMS, fuel vapor

자동차에는 이미 수많은 센서들이 주행 중 안전을 모니터링한다.[1]

터빈의 기능과 이상을 감시하고 점검한다.

필자는 자동차와 비행기에 전문가는 아니지만, 사람의 생명과 건강도 자동차와 비행기 못지않은 복잡한 원리에 의해서 유지된다는 것은 알고 있다. 자동차와 비행기에서 지속적인 데이터의 측정을 통해 사고를 미리 방지할 수 있다면, 우리의 신체와 건강과 질병에 대한 데이터를 계속 측정함으로써 질병을 예측하고 예방할 수 있지 않을까. 만약 혈당 수치를 바탕으로 저혈당 쇼크의 가능성을 한 시간 전에 예측할 수 있다면, 혹은 가슴에 부착하는 심전도 센서를 통해 심장 마비의 징후를 하루 일찍 파악할 수 있다면 많은 생명을 구할 수 있을 것이다. 이를 통해 우리는 미래 의료의 주요한 목표로 꼽히는 예방 의료, 예측 의료의 구현에 한 발짝 더 다가갈 수 있다.

빅데이터 분석을 통한 예방과 예측 의료

한 사람이 생명을 유지하고 있다는 것은 결국 끊임없이 데이터를 만들어내고 있다는 의미이기도 하다. 우리가 살아 있는 이상 숨을 쉬고, 심장이 뛰고, 혈압이 바뀌며, 먹고, 싸고, 움직이며, 잠을 잔다. 이 과정에서 호흡수, 체온, 심전도, 심장박동, 혈당, 체온, 산소포화도, 활동량, 뇌파, 피부전도도, 장내 미생물의 구성 등이 끊임없이 바뀐다. 이러한 다양한 수치들은 우리의 건강 상태를 직간접적으로 나타내는 지표이다.

이러한 데이터는 병원에 있는 환자로부터는 물론, 우리의 일상생활 속에서도 쏟아지고 있다. 중환자실이나 응급실에 입원한 환자나 수술 중인 환자들의 경우, 활력징후를 비롯한 다양한 데이터를 실시간으로 측정한다. 더 나아가서 우리는 언제 어디서나, 혹은 평생에 걸쳐 이러한 데이터를 일상적으로 측정하고 저장하며 전송할 수 있게 되었다. 휴대용 의료기기, 사물인터넷과 웨어러블 센서, 스마트폰 및 클라우드 컴퓨팅 기술 등의 발전 덕분이다.

하지만 이러한 데이터를 바탕으로 예방 및 예측 의료를 실현하기 위해서 또 하나의 난관이 있다. 바로 이렇게 모니터링하고 있는 방대하고도 다차원적인 데이터를 어떻게 분석하여 적시에 질병을 예측할 것인지이다. 사물인터넷이나 웨어러블 센서에 의해서 측정되는 데이터의 양은 늘어나고, 측정하는 빈도는 계속 높아질 것이다. 이러한 기술의 발전은 결국 실시간 상시 모니터링으로 이어지게 된다.

건강에 대한 복잡다단한 데이터를 실시간으로 체크하고 분석해야 한다고 가정해보자. 24시간, 365일 계속 쏟아져 나오는 데이터를 실시간으로 분석하고 정확하게 예측한다는 것은 인간의 힘으로 불가능

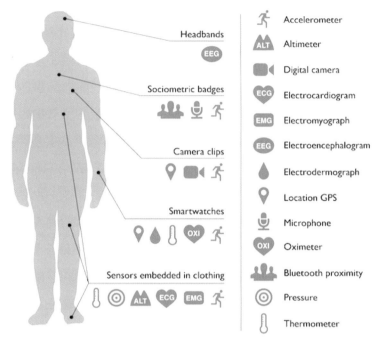

웨어러블 센서의 발달로 다양한 헬스케어 데이터의 지속 측정이 가능해졌다.[2]

하다. 징후의 변화에는 사람이 인식하기에는 어려울 정도로 미세한 것도 있을 것이며, 특정 패턴을 파악하고 질병을 예측하기 위해서는 정교한 모델이 필요하다. 그렇기 때문에 인공지능이 위력을 발휘할 수 있다. 인공지능이라면 끊임없이 생산되는 방대한 데이터도 실시간으로 분석하여 결과를 예측하고 위험도를 계산할 수 있으며, 인간이 미처 인지하기 어려운 미세한 변화와 패턴도 찾아낼 가능성이 있다.

이렇게 연속적인 데이터를 지속적으로 모니터링함으로써 질병을 예방 및 예측하는 세 번째 유형의 인공지능에 대한 구체적인 사례들을 하나씩 살펴보도록 하자. 패혈증, 당뇨병, 부정맥, 심정지 등 급성질환의 예측이나 만성질환의 관리가 그러한 사례이다.

인공지능으로 패혈증 예측하기

먼저 신생아 중환자실에서 미숙아의 패혈증을 예측하려 했던 IBM과 캐나다 온타리오 공과대학의 '프로젝트 알테미스Project Artemis'를 살펴보자.[3-7]

병원에 입원한 환자들이 사망하는 큰 이유 중의 하나는 바로 병원 내 감염이다. 환자들은 다양한 경로를 통해서 감염된다. 특히 면역력이 약한 중증 환자, 고령 환자나 신생아의 경우 원내 감염에 취약하다. 이러한 감염이 진행되어 패혈증으로 발생하면 문제가 심각해진다. 패혈증은 세균이 사람의 면역 체계와 싸워서 이긴 상태로 세균이 혈액 속에서 번식하여 전신에 감염증을 일으킨다. 중상을 입었을 때 사망하는 직접적인 원인 중의 하나가 바로 이 패혈증이다.

패혈증은 조기에 발견하는 것이 매우 중요하다. 초기에 항생제를 집중적으로 투여하여 적절히 치료하면 사망률을 크게 낮출 수 있기 때문이다. 하지만 조기 발견에 실패하면 시간이 갈수록 치사율이 크게 높아진다. 감염 직후 한 시간 내에 진단 및 치료가 되면 생존율이 80%이지만, 여섯 시간이 지난 후에는 생존율이 30%로 낮아지게 된다. 패혈증은 적절한 치료를 받지 못할 경우, 중증 패혈증, 그리고 패혈성 쇼크로 발전해 치사율이 급격히 올라간다.

패혈증의 초기에는 체온의 변화, 자극에 대한 반응 감소, 혈압 저하, 호흡수 증가 등의 변화가 나타난다. 이러한 수치의 변화를 정확하게 감지한다면 초기에 패혈증을 진단할 수 있을 것이다. 더 나아가, 이런 징후의 미세한 변화를 조기에 파악한다면 아예 패혈증이 발생하기 전에 감염의 징후를 미리 파악할 수 있을지도 모른다.

IBM의 신생아 패혈증 예측

IBM은 2008년부터 캐나다의 온타리오 공과대학의 연구진과 공동 연구를 통해 신생아 중환자실에 입원한 미숙아들의 패혈증 등의 이상 징후를 사전에 예측하는 '프로젝트 알테미스'를 진행한다고 밝혔다.[3-7]

기존의 연구를 통해 밝혀진 바에 따르면, 조산아들의 패혈증 증상이 나타나기 전 최대 24시간까지 먼저 활력 징후에 미세한 변화가 나타난다.[8] 그 변화 중의 하나는 심장박동의 변화가 낮아진다는 것이다. 시간에 따라 심박수가 변화하는 정도를 심박변이도heart rate variability라고 한다. 정상적인 상태에서 심장박동은 시간에 따라 자연스럽게 오르거나 내리면서 변화한다. 하지만 패혈증에 걸린 조산아의 경우에는 심장박동의 변화가 지나치게 규칙적으로 변한다는 것이 알려진 것이다.

프로젝트 알테미스에서는 이러한 심장박동의 변화 정도와 혈압과 호흡수 등을 바탕으로 패혈증을 예측하려고 시도했다. 사실 신생아 중환자실에서는 기존에도 환자들의 상태를 모니터링하기 위해 다양한 데이터를 측정한다. 하지만 이는 1초에 수천 개의 데이터가 쌓일 정도로 방대한 데이터이기 때문에 기존의 병원 시스템에서는 저장되지 못하고 버려지기 마련이었다. 2010년 발표된 알테미스 관련 논문에서 저자들은 '의사와 간호사들은 온라인 쇼핑, 금융, 음악 등에서는 최신 기술을 활용하지만, 정작 신생아 중환자실 내에서는 20년 전의 기술을 여전히 활용하고 있다'고 지적했다.[4]

이러한 연구를 진행하기 위해서 신생아들의 데이터를 측정하는 것에서 시작했다. 2009년 토론토의 아동병원The Hospital for Sick Children에는

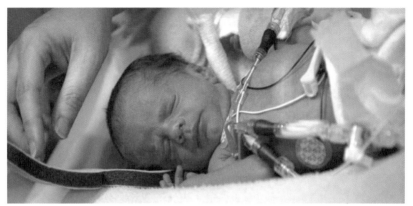
미숙아의 패혈증을 예측하기 위한, 프로젝트 알테미스 (출처: IBM)

이 프로젝트를 위해 200명의 신생아 데이터를 연구했다. 이후 2010
년에는 프로비던스의 여성아동병원Women and Infants Hospital의 신생아 중
환자실 80병상에서 클라우드를 이용해 데이터를 측정하기 시작했
다. 이후 이 프로젝트는 중국의 상하이와 선전, 그리고 호주의 신생
아 중환자실로 확대되었다.

사실 이 프로젝트 알테미스의 결과는 아직 논문으로 출판되지는
않았다. 하지만 IBM의 자료에 따르면 이 시스템을 통해서 신생아 중
환자실의 감염 징후를 최대 24시간까지 미리 파악할 수 있으며, 연구
를 이끄는 온타리오 공과대학의 캐롤린 맥그레거Carolyn McGregor 박사
역시 연구의 초기 결과는 아주 유망하다고 밝힌 바 있다.[6, 7]

존스 홉킨스의 패혈증 예측

더 나아가 존스 홉킨스 의과대학의 연구진은 IBM의 프로젝트 알
테미스와 유사한 패혈증 예측의 인공지능을 개발하여 2015년 논

문으로 발표했다.[9] 이 연구는 신생아 환자가 아니라 일반 중환자실의 환자를 대상으로 진행된 것이다. 논문에 따르면 패혈증이나 패혈성 쇼크가 진행 중인지 포착하는 방법은 기존에도 존재했지만, 패혈성 쇼크를 사전에 예측하기 위한 목적의 연구는 최초라고 언급하고 있다.

이 연구에서는 전자의무기록에 매일 기록되는 체온, 호흡수, 심장박동 수, 혈압 등 환자의 일상적인 데이터를 바탕으로 패혈성 쇼크의 위험이 높은 환자를 예측할 수 있는 TREW 스코어Targeted Real-Time Early Warning Score, 즉 '실시간 조기 경고 점수'를 개발했다.

1만 3,014명 환자의 데이터로 학습시킨 TREW 스코어를 새로운 환자에게 적용해보았더니 AUC가 0.83으로 상당히 우수했다. 특히 패혈성 쇼크 발생보다 평균 28.2시간이나 일찍 예측할 수 있었다.* 이렇게 인공지능 기반의 패혈성 쇼크 예측의 성능은 기존에 병원에서 사용되던 다른 방식들에 비해서도 민감도와 특이도가 모두 우수했다.

또한 TREW 스코어는 장기 기능 장애도 사전에 예측할 수 있었다. 패혈성 쇼크와 관련된 중요한 기준이 바로 장기 기능 장애로, 이후부터 사망률이 급격히 증가한다. TREW 스코어는 민감도 0.85의 수준으로 68.8%의 환자에 대해 평균 7.43시간 미리 패혈증과 관련된 장기 기능 장애를 예측할 수 있었다.

이러한 수준의 정확도는 병원에서 본격적으로 활용되기 위해서는 부족할 수 있으며, 추가적인 임상시험이 필요할 수 있다. 또한 이런 시스템이 실제 병원에서 활용되기 위해서는 많은 수의 환자에 대해서 다양한 데이터를 지속적으로 측정하고, 저장하며, 실시간으로 분

---

* 더 정확히는, 평균average이 아니라 중앙값median을 기준으로 한 수치이다.

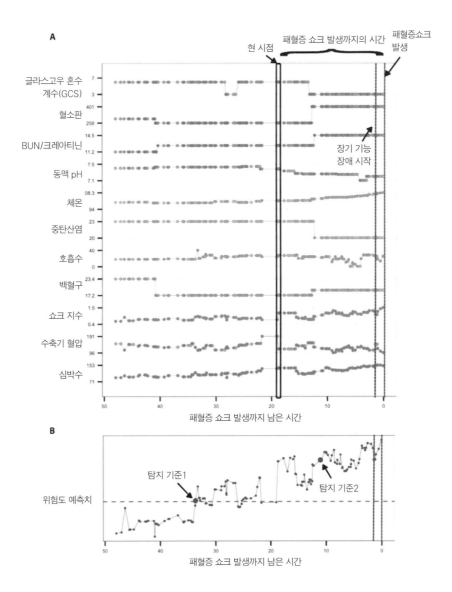

석할 수 있어야 한다. 그뿐만 아니라, 이 분석 결과를 의료진의 기존 진료 프로세스에 적절하게 녹여낼 수 있어야 하므로 그리 간단한 문제는 아니다. 하지만 이렇게 환자의 위험을 사전에 정확하게 알려줄

수 있다면 결과적으로 환자의 건강뿐만 아니라, 의료진의 업무와 의료 비용 측면에서도 긍정적인 효과를 기대할 수 있다.

국내 스타트업 뷰노는 아주대학교병원과의 협업을 통해서 패혈증 예측 인공지능을 개발하고 있다. 2016년 11월 아주대병원과 뷰노는 환자의 응급상황을 최대 3시간 이전에 예측하는 인공지능의 개발을 시작했다고 발표했다.[10] 외상센터, 응급실, 중환자실 환자의 혈압, 맥박, 산소포화도, 뇌파, 체온 등 8가지 생체 데이터를 실시간으로 모니터링하고 딥러닝으로 분석하여 부정맥, 패혈증, 급성호흡곤란증후군 ARDS 등의 응급 상황을 사전에 예측하는 것이 목적이다. 이를 위해서는 우선 인공지능을 학습시킬 수 있는 데이터를 확보해야 한다. 아주대병원에서는 총 80개 병상에서 8가지 생체 데이터를 측정하고 저장할 수 있는 인프라를 갖추었다. 이 데이터에 기반하여 뷰노가 인공지능을 개발하고 있는 것으로 알려졌다.

인공지능 혈당 관리

다음으로 살펴볼 사례는 인공지능을 통한 당뇨병 환자의 혈당 관리에 관한 것이다. 혈당 역시 우리가 살아가면서 끊임없이 변화하는 중요한 수치 중 하나이다. 일반적으로 탄수화물 함량이 높은 음식을 먹으면 혈당이 올라가고, 운동과 같은 신체 활동을 하면 혈당이 내려가게 된다.

정상인의 경우 과식을 하거나 격렬한 운동을 하더라도 대개 호르몬 등의 정상적인 조절을 통해서 혈당은 적정한 수준에서 유지된다. 하지만 당뇨병 환자의 경우는 혈당을 적절한 수준에서 조절하지 못한다. 혈당이 지나치게 높으면 앞서 살펴본 당뇨성 망막병증 등 각종 합병증의 원인이 되고, 지나치게 낮으면 저혈당 쇼크로 생명이 위험해질 수도 있다. 당뇨병 환자의 혈당은 식습관, 생활 습관, 인슐린 사용 등에 따라서 급격히 바뀔 수도 있으므로, 이들에게 적정 수준에서 혈당을 유지하는 것은 어렵고도 번거로운 일이다.

일반적인 혈당계는 손가락에 피를 내어서 혈당을 측정한다. 이 경우에는 피를 내어야 하니 불편함이 있을 뿐만 아니라, 그 '순간'의 혈당만을 측정하므로 현재 혈당이 오르는 중인지 혹은 내려가는 중인지의 추이를 알기 어렵다. 하지만 메드트로닉이나 덱스콤 등의 회사가 개발한 연속혈당계가 상용화되면서, 혈당을 실시간에 가깝게 '지속적'으로 측정할 수 있게 되었다. 이는 혈당 변화 추이를 파악할 수 있을 뿐만 아니라, 이러한 데이터 기반의 인공지능으로 향후 혈당 변화를 예측하여 당뇨병 환자의 혈당 관리에 큰 도움을 수 있다.

IBM 왓슨을 이용한 혈당 관리 앱

의료기기 회사 메드트로닉은 2016년 9월 연속 혈당계로 얻은 혈당 수치와 사용자가 입력한 식습관, 인슐린 사용법 등의 데이터를 토대로 IBM 왓슨이 몇 시간 뒤의 혈당 변화를 예측해주는 슈거아이큐 앱을 발표했다.[11] 하지만 발표 당시 이 앱의 구체적인 정확도와 환자 대상의 성과에 대해서는 언급하지 않았다.*

이후 2017년 6월 샌디에이고에서 열린 미국당뇨협회ADA 2017 학

---

* 이 경우 IBM의 인공지능 기술을 활용하였기 때문에 왓슨이라는 브랜드를 사용한 것으로 보인다. 앞서 언급한 IBM 왓슨 포 온콜로지와는 별개의 인공지능으로 보는 것이 맞다.

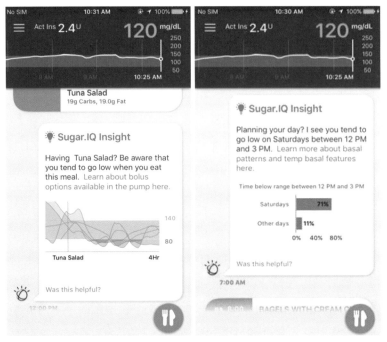

슈거아이큐11

회에서 메드트로닉의 연구자는 2017년 3월부터 5월까지 이뤄진 81명의 환자 대상의 소규모 임상연구결과를 발표했다. 환자들은 평균 2주간 앱을 사용하였다. 사용하기 한 달 전의 혈당과 사용하는 경우의 혈당이 어떻게 관리되었는지를 비교하였다. 이 연구는 비록 단기간에 걸쳐 이뤄진 소규모 연구였지만, 그 결과 나타난 혈당 관리 성과는 놀라울 정도였다.*

슈거아이큐를 활용하면 혈당이 적절한 범위 안에 유지되는 시간이 하루 평균 37분이 늘었으며, 저혈당이나 고혈당을 겪는 횟수가

---

* 이 자료는 미국당뇨협회 2017에 참석하셨던 서울의료원 내분비내과 김태호 과장님께서 보내주셨다. 이 지면을 빌어 다시 한 번 감사의 말씀을 드린다.

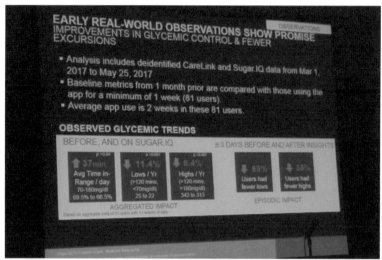

2017년 미국당뇨협회 학회에서 발표된 슈거아이큐의 임상연구결과

각각 11.4%, 8.4% 감소했다. 또한 이 앱을 통해서 혈당 관리에 대한 조언을 받기 3일 전과 받고 난 뒤 3일 후를 비교해보면 저혈당과 고혈당을 겪는 빈도가 각각 65%, 55% 감소했다. 그뿐만 아니라 저혈당증을 예측하는 인공지능의 정확도에 대해서도 구체적으로 공개했다. 1만 명 이상의 데이터 학습을 통해서 2시간에서 4시간 이후의 혈당을 AUC 0.9 이상의 상당한 정확도로 예측할 수 있다고 한다.

슈거아이큐의 활용 사례

이 앱은 개별 환자의 혈당 변화와 인슐린 사용 습관 등을 바탕으로 혈당 변화를 예측하고, 혈당 관리에 유용한 조언을 실시간으로 제공한다. 이를 통해 혈당 관리에 좋은 습관은 더 강화하고, 좋지 않은 습관은 줄이도록 유도하는 것이다. 예를 들어 환자가 특정 요일이나 시간대, 혹은 특정 장소에서 혈당 관리가 잘되지 않는다면 이러한 패턴을 파악하여 적절한 조언을 제공한다.

발표에서는 두 환자의 사례가 소개되었다. 첫 번째 환자는 28년 동안 인슐린을 사용해온 제1형 당뇨병 환자로 49세의 여성이었다. 그녀는 혈당이 200mg/dL으로 높아졌을 때 고용량의 인슐린을 종종 사용했다. 이런 인슐린 때문에 오히려 혈당이 지나치게 낮아져서 50mg/dL 이하의 저혈당을 겪곤 했다. 슈거아이큐 앱은 환자의 이러한 습관을 파악하고 인슐린의 용량을 줄이라는 조언을 제공했고, 그 결과 야간 저혈당의 발생이 줄어들게 되었다.

두 번째 환자는 65세의 남성 환자로 20년 동안 인슐린을 사용해 왔던 제2형 당뇨병 환자이다. 이미 많은 합병증을 겪고 있는 환자였다. 슈거아이큐는 이 환자가 점심으로 45~60그램의 고탄수화물 식사를 하는 경우에는 식사 후 2.5시간 동안 고혈당 상태가 유지되는 것을 발견했다. 반면 45그램 이하의 낮은 함량의 탄수화물로 이루어진 식사를 하는 경우 고혈당의 빈도가 낮았다. 슈거 아이큐는 저 탄수화물 점심 식사를 권유했고 그 결과 식후 고혈당이 1.5시간으로 줄어들었다.

이 연구결과는 짧은 기간 동안 제한적인 숫자의 환자를 대상으로 하였기 때문에, 슈거아이큐가 혈당 관리에 정말 도움이 되는지를 밝히기 위해서는 추가적인 연구가 필요하다. 하지만 연속 혈당계를 통해서 환자들의 혈당 상태를 실시간으로 모니터링할 수 있으며, 이 연속 혈당 데이터가 식습관, 생활 습관, 인슐린 사용 등의 데이터와 결합하면서 혈당 관리에 인공지능의 역할은 향후 더욱 커질 것으로 본다.

부정맥의 한 시간 전 예측

이번에는 환자의 부정맥, 심정지와 같은 심혈관계 질환이 발생하기 전에 예측하는 인공지능들을 살펴보자. 먼저 서울아산병원의 연구이다. 연구진은 심장내과 중환자실에 입원한 백여 명의 환자를 모니터링한 데이터를 바탕으로 부정맥의 일종인 심실빈맥ventricular tachy-cardia을 발생하기 한 시간 전에 높은 정확도로 예측하는 인공지능을 발표했다.[12]

부정맥은 심장박동이 불규칙한 상태를 의미하는데, 심장박동이 갑자기 멈추는 돌연심장사의 원인 중 80%가 심실부정맥 때문이다. 치명적인 심실부정맥의 가장 큰 원인 중 하나가 바로 심실빈맥으로, 심실에서 이상이 발생하여 심장이 비정상적으로 빨리 뛰는 상태다. 이러한 심실빈맥을 사전에 예측할 수 있다면, 적절한 사전 조치를 통해 부정맥 발생을 예방하거나 발생 후에도 빠르게 대처하여 환자의 생존율을 높일 수 있을 것이다.

서울아산병원 연구진은 심실빈맥이 발생했던 52명의 환자와 정상적인 환자 52명의 데이터를 하나의 은닉층을 가진 얕은 인공신경망에 학습시켜 심실빈맥을 1시간 전에 예측할 수 있는 인공지능을 개발했다. 앞서 언급하였듯이 심층 인공신경망, 즉 딥러닝과는 달리 얕은 인공신경망의 경우에는 인공지능이 데이터에서 어떤 특징, 즉 피처feature를 중점적으로 볼 것인지를 사람이 미리 지정해줘야 한다.

이에 연구진은 환자의 심박변이도HRV, heart rate variability와 관련된 11가지 피처와 호흡변이도RRV, respiratory rate variability와 관련된 3가지 피처를 합하여 총 14가지 피처로 인공지능을 학습시켰다. 심박변이도와 호흡변이도는 각각 심장 박동과 호흡의 주기가 어떻게 변화하는지에 대한

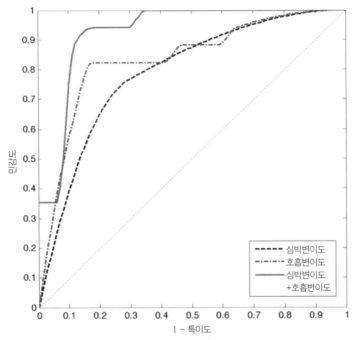

서울아산병원의 심실빈맥 예측 인공지능의 정확도[12]

수치이다. 결과적으로 이렇게 개발한 인공지능이 심실빈맥을 한 시간 일찍 예측하는 정확도가 AUC 0.93으로 매우 높았다. 만약 이러한 인공지능이 심장내과에서 사용된다면 입원 환자들의 심실빈맥을 예측하고 예방하기 위해서 큰 도움이 될 수도 있다.

하지만 이 연구에서 발표된 인공지능이 실제 병원에서 활용되기 위해서는 넘어야 할 산도 적지 않다. 무엇보다 적은 수의 환자에서 얻은 데이터를 기반으로 검증한 결과이기 때문에, 더 많은 수의 환자에 대해서 검증할 필요가 있다. 이를 위해서 연구진들이 추가적인 심실빈맥 환자의 데이터를 더 많이 축적하는 것이 필요하다. 이 과정에서 적지 않은 시간과 연구비가 소요된다.

논문의 저자 중 한 명인 성균관대학교 디지털헬스학과 신수용 교수는 '논문에 발표된 결과는 우수했지만, 의료 현장에서 실제로 활용되기 위해서는 추가적인 임상연구 등 거쳐야 할 단계가 많다'고 언급했다. 또한 인공신경망이 아니라 딥러닝을 활용하면 성능이 더욱 개선될 가능성도 있을 것이다.

심장마비의 하루 전 예측

병원에 입원한 환자들의 상태가 급변하는 것을 사전에 예측하는 시스템의 개발은 폭넓게 이루어지고 있다. 그 대표적인 사례는 뷰노가 세종병원과 함께 개발하고 있는 심정지cardiac arrest 예측 인공지능으로, 이미 상당히 인상적인 성과를 보여주고 있다.[13, 14, 15]

세계적으로 입원환자 1,000명당 5명에게서 심정지가 발생한다고 한다. 심정지는 발생 후 신속하게 심폐소생술을 받더라도 그중 4명은 결국 사망하게 될 정도로 예후가 좋지 않다.[14] 따라서 만약 인공지능이 심정지 발생을 예측할 수 있다면 더 많은 환자들의 생명을 구할 수 있을 것이다.

사실 기존의 기계학습 방법을 활용해서 심정지를 예측하려는 시도는 많이 있었으며, 병원에서도 의료진이 심정지의 위험이 있는 환자를 파악하기 위한 지표인 수정조기경보점수MEWS, Modified Early Warning Score 등의 방법을 사용하고 있다. 하지만 기존 방식은 정확도가 높지 않아서 의료 현장에서 활용도가 떨어졌다. 특히 거짓 경보false alarm의 빈도가 높다는 것이 문제였다. 거짓 경보가 많으면 소위 경고 피로alarm fatigue에 걸린 의료진이 경보 자체를 무시하게 되기 때문에 효용

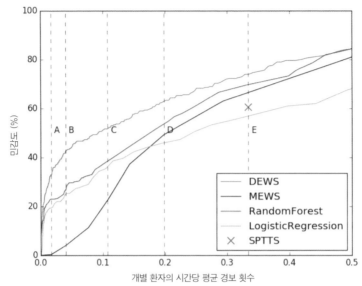

시간당 평균 경보 수를 기준으로 한 민감도 차이[15]

이 많이 줄어든다.

뷰노의 연구진은 전자의무기록에 저장되는 호흡수나 심장박동수 등 환자의 7가지 데이터를 딥러닝으로 학습했다. 여기에는 딥러닝의 여러 방법 중에 시간에 따른 데이터의 변화를 고려할 수 있는 순환신경망RNN, Recurrent Neural Network을 활용했다. 연구진은 특이도를 높여 거짓 경보의 빈도를 줄이기 위해 노력하여 우수한 성능의 DEWS를 개발했다.

2017년 9월 서울아산병원에서 열린 딥러닝 워크숍에서 뷰노가 발표한 내용에 따르면, DEWS의 AUC 값은 0.85로 기존에 병원에서 사용하던 수정조기경보점수MEWS의 AUC 값인 0.67을 크게 뛰어넘었다. 또한 DEWS는 수정조기경보점수MEWS와 비교하여 경고 횟수가 17배 적어서, 의료 현장의 활용에 걸림돌이었던 거짓 경고 문제도 크게 개

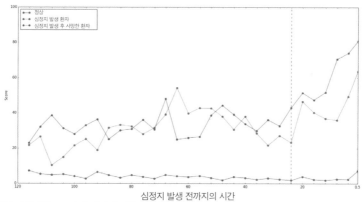

심정지 발생을 24시간 이전에 예측 가능[15]

선되었다고 할 수 있다. 특히 대학병원의 신속 대응팀에서 처리 가능한 수준의 경고 수를 기준으로 기존의 수정조기경보점수MEWS와 민감도에 더 큰 차이를 보였다.

더욱 인상적인 것은 이러한 시스템이 심정지 위험군의 환자를 24시간 이전부터 예측할 수 있다는 것이다. 연구진에 따르면 심정지 환자의 경우 심정지 발생 24시간 전부터 정상 환자와 DEWS의 위험도 차이가 극명하게 나타난다. 한 기사에 따르면 이 인공지능 덕분에 한 명의 환자가 이미 목숨을 구했다고도 한다.[14]

애플워치로 부정맥 측정하기

앞서 설명한 서울아산병원과 뷰노의 인공지능은 중환자실 등 병원에 입원한 환자를 대상으로 부정맥과 심정지를 예측하는 시스템이다. 이렇게 병원 내의 환자뿐만이 아니라, 웨어러블 디바이스로 일상생활 속에서 사용자 심장의 건강을 모니터링할 수 있으면 더 좋을 것이다.

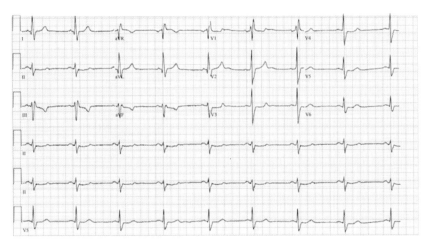

부정맥을 의학적으로 진단하기 위해서는 심전도를 측정해야 한다.

하지만 아직 핏빗이나 애플워치 등의 웨어러블 디바이스를 활용하여 부정맥을 '예측'하는 시도는 별로 없어 보인다. 다만 웨어러블에서 얻은 데이터를 바탕으로 사용자가 현재 시점에서 부정맥을 겪고 있는지를 측정하려는 시도는 다양한 방식으로 폭넓게 이뤄지고 있다.

실리콘밸리의 스타트업 카디오그램cardiogram은 애플워치의 심박센서로 측정한 심박수 데이터만으로 사용자가 부정맥의 일종인 심방세동이나 심방조동을 측정할 수 있다고 주장한다. 사실 심장내과 전문의가 부정맥을 의학적으로 확진하기 위해서는 심전도 검사를 해야 한다. 심장의 근육 세포들은 전류에 반응하여 수축/이완을 반복하는데, 심전도는 심장의 전기적 활동을 분석하여 파장의 형태로 기록한 것이다. 의학 드라마에서 환자의 죽음이나, 심폐소생술 후의 소생을 보여주기 위해서 자주 등장하는 익숙한(?) 수치이기도 하다.

한쪽 손목에 착용하는 애플워치로는 (별도의 다른 기기를 부착하지 않는다면) 심전도가 아니라 심박수 데이터만 얻을 수 있다.[*] 심박수로는 심장이 뛰는 리듬만 알 수 있을 뿐, 심전도 검사처럼 심장의 자세한 전기적인 활동은 파악할 수 없기 때문에 모든 종류의 부정맥을 파악하기는 어렵다. 하지만 심장 박동의 '리듬'이 특정한 유형으로 변화하는 일부 부정맥은 심박수로 탐지해낼 가능성도 있다.

또한 심장박동은 스마트워치를 통해 오랜 기간에 걸쳐 손쉽게 측정할 수 있다는 장점도 있다. 환자에 따라 부정맥은 며칠, 혹은 몇 주에 한 번 증상이 나타나기도 한다. 이 경우 심전도 검사로는 포착하기가 쉽지 않기 때문이다. 만약 심장박동 분석만으로 일부 부정맥이라도 측정할 수 있으면, 이러한 환자들에게는 도움이 될 수 있다.

참고로 우리의 심장 박동이 변화하는 정도는 다소 불규칙한 것이 정상이다. 독자들도 경험적으로 알겠지만 심장이 얼마나 빨리 뛰는지는 우리 신체 상태와 감정 상태 등에 따라서 계속 바뀐다. 예를 들어 격렬한 운동을 하거나, 커피를 마시거나, 스트레스를 받거나, 숙면을 취하는 등의 상태에 따라 심박수는 바뀌는 것이 정상이다. 의학적으로는 우리는 이렇게 건강한 심장의 리듬이 '규칙적으로 불규칙적 regularly irregular'이라고 한다. 하지만 부정맥 환자는 조금 다른 유형의 심장 박동을 보이게 된다.

카디오그램은 애플워치로 얻은 심박수를 딥러닝으로 분석하여, 여러 부정맥 중에서 심방세동과 심방조동을 알아낼 수 있다고 주장한

---

[*] 심전도는 심장의 전기적 활성을 보기 때문에 심장을 대칭으로 최소한 두 개의 전극을 몸에 붙여야 한다. 손목에 착용하는 스마트워치의 경우에는 시곗줄 안쪽과 바깥쪽에 전극을 각각 부착한다. 안쪽의 전극은 시계를 착용한 손목에, 바깥쪽의 전극은 다른 손의 손가락을 접촉시키는 방식으로 심전도를 측정하는 것이다. 다만 이 경우에는 별도의 시곗줄 디바이스가 필요하다. 참고로 얼라이브코AliveCor에서 나온 애플워치용 심전도 측정 시곗줄 기기는 2017년 FDA의료기기 인허가를 받았다.

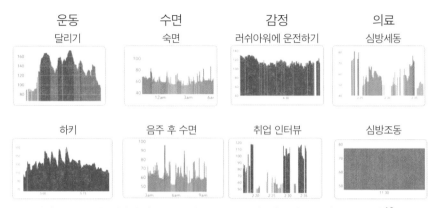

카디오그램은 애플워치의 심박수로 여러 활동과 부정맥도 측정할 수 있다고 주장한다.[16]

다.[16] 심방세동은 심장의 보조 펌프에 해당하는 심방의 수축과 확장이 규칙적이지 못해서 심장이 가늘게 떨고 있는 (세동) 상태를 말한다. 즉, 맥박이 불규칙적으로 불규칙irregularly irregular하며, 대체로 맥박이 매우 빠르게 된다. 이에 반해, 심방조동은 맥박이 빠르면서도 지나치게 규칙적mechanically regular으로 뛴다는 것이 특징이다. 심방세동과 심방조동은 맥박의 패턴으로 드러나는 변화가 비교적 명확하기 때문에, 심전도 검사 없이 단순히 심박 센서만으로도 검출할 가능성이 있다는 것이다.

2017년 5월 카디오그램은 캘리포니아 대학교 샌프란시스코UCSF와의 공동연구를 통해 애플워치로 측정한 심박수를 통해 정상일 때와 심방세동을 겪을 때를 정확하게 구분할 수 있다는 것을 보여주었다. 딥러닝 기반의 인공지능을 활용하였는데, 정상 상태와 심방세동의 구분 정확도가 AUC 0.97로 매우 높았다.[17] 다만 이 연구에서는 심방세동과 그 외 다른 부정맥과의 구분 능력까지 보여준 것은 아니었기 때문에, 어느 정도 가능성 정도를 보여주었다고 평가할 수 있겠다.

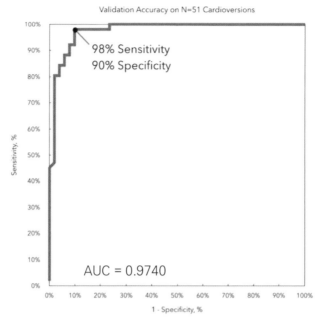

Validation Accuracy on N=51 Cardioversions

98% Sensitivity
90% Specificity

AUC = 0.9740

카디오그램은 애플워치의 심박 데이터로 정상일 때와 심방세동을 겪을 때를 정확히 구분할 수 있다.

    카디오그램 이외에도 웨어러블의 심박센서로 측정한 데이터로 심방세동을 측정하겠다는 시도는 더욱 확대되고 있다. 손목에 착용하는 대부분의 웨어러블에는 심박센서가 이미 내장되어 있으므로, 일반 사용자들에게 접근성이 매우 높은 센서이기 때문으로 보인다. 단순히 활동량을 측정하는 것을 넘어 의료 분야로도 활용도를 늘려가려는 핏빗은 2017년 8월 역시 심박센서로 얻은 데이터를 통해 심방세동을 측정하는 기능을 개발하고 있다고 발표했다.[18] 애플 역시 애플워치로 심방세동을 측정할 수 있는지를 스탠퍼드 대학 및 원격의료 회사인 아메리칸 웰Americal Well과 함께 연구하고 있다고 알려졌다.[19]

심장내과 전문의 vs. 딥러닝

그런가 하면, 웨어러블 디바이스로 얻은 심전도 데이터에서 부정맥을 딥러닝이 심장내과 전문의cardiologist보다 더 정확하게 파악할 수 있다는 연구결과도 있다. 소위 '딥러닝 4대 천왕' 중 한 명으로 앞서 몇 번 언급된 바 있는, 스탠퍼드 대학교의 앤드류 응 교수팀에서 이러한 연구결과를 2017년 7월 발표했다.[20, 21] 논문의 제목은 '심장내과 전문의 수준'이라고 되어 있지만, 본문을 보면 적어도 연구에 사용한 환경에서는 다양한 종류의 부정맥을 딥러닝이 의사보다 더 정확하게 골라낸다.[21]

논문에 따르면 기존에 자동으로 심전도를 분석하여 부정맥을 진단하려는 컴퓨터 알고리즘은 그리 정확하지 않았다. 심박과 달리 심전도를 자동으로 분석하기 위해서는 시간에 따른 심전도 파형의 모양과 각 파형 사이의 복잡한 관계를 파악할 수 있어야 하기 때문이다. 파형은 환자마다 약간씩 다르기도 하고, 노이즈도 섞여 있기 때문에 자동 분석은 더 어려워진다.

이 연구에서 앤드류 응 교수팀은 약 3만 명의 환자에게서 얻은 6만 4,000여 건의 심전도 데이터를 34층 깊이의 딥러닝에 학습시켰다. 이는 기존의 연구에 비해 500배 이상 더 방대한 데이터를 학습시킨 것이다. 특히 이 심전도 데이터는 다름 아닌 지오zio 패치라는 손바닥 크기의 웨어러블 디바이스에서 얻은 것이다. 지오 패치는 2009년에 FDA에서 인허가받은 의료기기로, 가슴에 최대 2주까지 붙이고 다니면서 지속적으로 심전도를 측정한다.

참고로 병원에서 측정하는 표준 심전도는 12 종류(12채널)의 심전도를 유도하기 위해 10개의 센서를 가슴과 손발에 부착한다. 하지만

휴대용 심전도 측정기 지오 패치

이 기기를 일상생활 속에서 계속 부착하고 있을 수는 없기 때문에, 주로 홀터 모니터라는 기기를 활용한다. 홀터 모니터는 심전도 기기를 작게 만든 것으로 보통 세 가지의 심전도를 24시간 동안 측정한다. 하지만 몇 주 이상의 간격으로 발생하는 부정맥은 홀터 모니터로도 진단이 어렵다. 반면, 지오 패치는 비록 한 종류(단일 채널)의 심전도밖에 기록하지 못하지만, 2주 동안 부착하여 지속적으로 심전도 측정이 가능하다는 큰 장점이 있다.

이 연구에서는 336명에게서 얻은 지오 패치의 심전도 데이터를 세 명의 심장내과 전문의들이 상의하여 정답을 매겨 정상 및 총 12가지 종류의 부정맥으로 분류했다. 이 데이터에 대해서 또 다른 총 6명의 심장내과 전문의들과 앤드루 응 교수팀의 인공지능이 부정맥의 발생 여부와 부정맥 종류까지 얼마나 정확하게 맞추는지를 비교해보았다.

부정맥의 판독 정확도는 크게 두 가지를 기준으로 평가되었다. 이 연구에 활용된 심전도 데이터는 총 30초 길이였는데, 인공지능은 1초마다 판독 결과를 내어놓는다. 따라서 연구진은 부정맥의 종류를 시간대에 맞게 맞추는지(예를 들어 1초부터 10초까지는 정상, 10초부터 30초까지는 심방세동), 또한 데이터 전체에서 나타나는 부정맥을 맞추

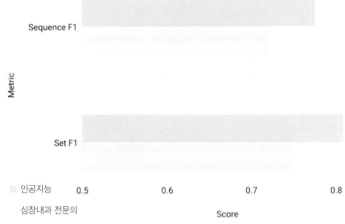

Sequence F1

Metric

Set F1

■ 인공지능   0.5   0.6   0.7   0.8
심장내과 전문의   Score

딥러닝은 두 기준에서 모두 심장내과 전문의의 정확도를 넘어섰다.[20]

는지의 두 가지 기준으로 비교했다. 이를 각각 시퀀스Sequence F1과 세트Set F1이라고 불렀다.*

결과적으로 딥러닝이 이 두 가지 기준 모두에서 심장내과 전문의들의 정확도를 넘어섰다. 모든 데이터를 통틀어서도 딥러닝이 시퀀스 F1과 세트 F1 모두 높았으며, 12가지의 개별적인 부정맥에 대해서도 심실빈맥vт 등을 제외하고는 대부분 딥러닝의 정확도가 높았다(오른쪽 표 참고). 특히 개별 부정맥 간에 비교한 결과를 보면 일반적으로 심장내과 전문의들도 구분을 까다로워하는 방실 차단의 두 가지 유형(Wenckebach과 AVB TYPE2)과 방실 완전 차단cнв을 인공지능은 잘 구분해낸다는 것을 높게 평가하기도 했다.

이러한 결과만으로 딥러닝이 모든 경우에 심장내과 전문의보다 부정맥 판독이 더 정확하다고 단정 짓기는 어렵다. 또한 임상 현장에서는 지오 패치와 같은 한 종류(단일 채널)의 심전도보다는 12가지(12채

---

* F1 스코어(F-스코어라고 부르기도 한다)의 개념에 대해서는 220쪽 주석 참고.

	Seq		Set	
	인공지능	심장내과 전문의	인공지능	심장내과 전문의
각 부정맥 유형별 F1 스코어				
AFIB	**0.604**	0.515	**0.667**	0.544
AFL	**0.687**	0.635	**0.679**	0.646
AVB_TYPE2	**0.689**	0.535	**0.656**	0.529
BIGEMINY	**0.897**	0.837	**0.870**	0.849
CHB	**0.843**	0.701	**0.852**	0.685
EAR	**0.519**	0.476	**0.571**	0.529
IVR	**0.761**	0.632	**0.774**	0.720
JUNCTIONAL	0.670	**0.684**	**0.783**	0.674
NOISE	**0.823**	0.768	**0.704**	0.689
SINUS	**0.879**	0.847	**0.939**	0.907
SVT	**0.477**	0.449	**0.658**	0.556
TRIGEMINY	**0.908**	0.843	**0.870**	0.816
VT	0.506	**0.566**	0.694	**0.769**
WENCKEBACH	**0.709**	0.593	**0.806**	0.736
종합결과				
정밀도	**0.800**	0.723	**0.809**	0.763
재현율	**0.784**	0.724	**0.827**	0.744
F1	**0.776**	0.719	**0.809**	0.751

딥러닝과 심장내과 전문의의 부정맥 판독 정확성 비교[20]

널)의 심전도를 바탕으로 진단을 내리는 것이 표준이다. 다만 인공지능 기술의 발전으로 이제 인간 심장내과 전문의와 부정맥 측정을 비교할 수 있는 수준까지 도달했다는 정도로 해석하는 것이 좋겠다.

또한 사용되는 환경에 따라 이러한 종류의 인공지능이 크게 의미가 있다는 의견도 있다. 동아대학교 의과대학 응급의학과 권인호 교수는 "응급의학과 입장에서 큰 의미가 있는 연구이다. 심폐소생술 상황이나 구급차 이송 중 등의 응급 상황에서는 12채널의 심전도를 모두 얻을 수 없을 때가 많다. 이러한 경우 일부 부정맥에 대해서라도 사람보다 높은 확률로 판독할 수 있다는 것은 매우 고무적인 일이다."라고 언급하기도 했다.

앞서 살펴본 서울아산병원의 심실빈맥 예측 인공지능이나 뷰노와 세종병원의 심정지 예측 인공지능과 달리, 애플워치의 심박수나 지오 패치의 심전도 분석 인공지능의 경우 부정맥을 '예측'하지는 않는다. 심박수나 단일 채널 심전도의 경우에 예측을 위해서는 더 정교한 인공지능이 필요할 것이다. 하지만 연속적인 데이터를 실시간으로 분석하여 환자에게 의료적인 가치를 제공한다는 부분은 같다. 또한 병원 환경에서 얻은 데이터뿐만 아니라, 이렇게 웨어러블 디바이스를 통해 일상생활에서 얻는 연속 데이터의 경우에도 인공지능을 통한 질병의 진단에서 예측으로 발전하게 될 것이다.

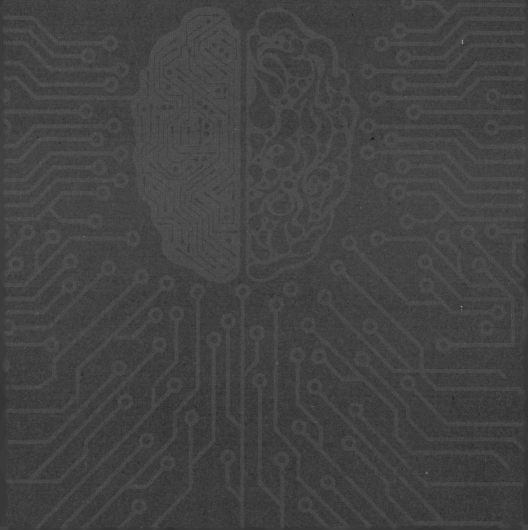

3부

미래를 어떻게 맞이할 것인가:
이슈, 함정, 그리고 희망

8장

인공지능은 의사를 대체하는가

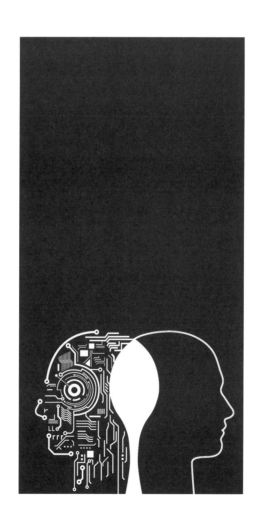

우리는 지금까지 다양한 의료 인공지능에 대해서 자세히 살펴보았다. 그중에는 아직 검증이 덜 되었거나 여전히 개발 중인 것도 있지만, 때로는 인간 전문의 수준과 동등하거나 일부 측면에서는 더 나은 것도 있었다. 한 가지 확실한 것은 의료 인공지능이 앞으로 더욱 발전할 것이며, 발전의 속도는 갈수록 더욱 빨라질 것이라는 점이다.

이렇게 발전하는 의료 인공지능은 이미 의료계 내외에서 복잡한 이슈를 낳으며 주목받고 있다. 역시 가장 대표적인 것은 인공지능이 의사를 대체할 수 있는지에 관한 논쟁이다. 또한 인공지능이 의료사고를 내면 그 책임은 누가 져야 하는지, 혹은 의료 인공지능의 정확성과 안전성, 효용을 어떻게 검증할 것인지에 대해서도 많은 의견이 있다. 또한 이러한 시대를 살아갈 미래의 의사를 어떻게 교육할 것인지도 문제다. 이러한 이슈들은 의료계뿐만이 아니라 규제기관, 법조계, 교육계, 심지어 철학계에서도 관심을 표하고 있다.

사실 이런 복잡한 이슈에 정답이 있을 수는 없다. 오히려 그 정답은 우리에게 달려 있다. 의료 인공지능은 지금도 활발하게 연구 개발되고 있는 현재진행형의 기술이다. 그 발전 과정에서 우리가 어떠한 방향으로 접근하며, 어떤 구도에서 평가할 것인지에 따라 의료 인공지능의 미래는 상당히 다르게 나타날 수 있다.

현명한 방향을 잡기 위해서는 의료 인공지능에 대해 더욱 현실적이고 합리적인 시각이 필요하다. 앞서 2부에서 우리는 의료 인공지능이 어디까지 발전했는지 그 현주소를 살펴보았다. 비록 인공지능이 기술이 빠르게 발전하고 있기는 하지만, 결코 만능은 아니다. 하지만 또 한편으로는 특정 영역에서 이미 인간 의사보다 더 뛰어난 능력을 보여주고 있기도 하다. 따라서 의료 인공지능에 대한 지나친 기대와 환상도 금물이지만, 그 영향력을 무시하거나 배척하는 것도 결코 현명한 일은 아닐 것이다.

3부에서는 의료 인공지능이 일으키는 몇 가지 주요한 이슈들에 대해서 논해보려고 한다. 첫 번째로 살펴볼 이슈는 아마도 가장 이목이 쏠리는 문제일 것이다. 바로 인공지능이 정말로 의사를 대체할 수 있는지에 대한 것이다.

인공지능이 80%의 의사를 대체할까?

1부 서두에서도 언급했듯이, 인공지능의 의사 대체 가능 여부 문제에 대해서 가장 유명한 발언은 비노드 코슬라의 "인공지능이 80%의 의사를 대체한다."라는 주장이다.[1-3] 이 발언은 2012년 처음 나온 것인데, 여전히 미국 현지에서도 회자되고 있을 정도이다.

필자는 사실 현재 미국 샌디에이고에서 이 글을 집필하는 중이다.

디지털 헬스케어 분야의 거두인 에릭 토폴 박사가 소장으로 있는 스크립스 중개과학연구소Scripps Translational Science Institute가 주최하는 디지털 의료 관련 학회에 참석하기 위해 잠시 미국에 머물고 있다. 마침 이 학회 행사 중 어제 다름 아닌 비노드 코슬라가 초청되어 에릭 토폴 박사와 단독으로 대담하는 시간을 가졌다. 이 대담에서도 "80% 의사 대체" 발언은 여전히 높은 관심을 받았다.

비노드 코슬라는 그 외에도 의료의 미래에 대한 과감한 발언을 여지없이 쏟아냈다.* 그중에는 필자를 깜짝 놀라게 할 만큼 과감한 것도 있었다. 예를 들어 아래와 같은 것들이 있었다.

"인공지능을 이용하면 순식간에 인간보다 더 높은 특이도와 민감도로 판독을 받을 수 있다. 나는 이제 이런 인공지능 없이 영상의학과 판독을 하는 것이 범죄행위와 같다고 생각한다." "나는 몇 년 전 스탠퍼드 대학교 의대에 가서 이렇게 이야기했다. 만약 당신이 훌륭한 의사diagnostician가 되고자 한다면 의대가 아니라 수학과로 가야 한다."

코슬라 이외에도 또 다른 흥미로운 발언을 한 사람이 있다. 바로 토론토 대학의 제프리 힌튼 교수다. 힌튼 교수는 5장에서 소개했듯이, 컨볼루션 신경망CNN 기반의 알렉스넷으로 이미지넷 대회에서 우승하며 오늘날 딥러닝의 중흥기를 이끈 장본인이다. 그는 2016년 한 인공지능 행사에서 "영상의학과 전문의를 양성하는 것을 당장 그만둬야 한다.[4, 5] 5년 안에 딥러닝이 영상의학과 전문의를 능가할 것은 자명하다."라고 구체적인 진료과와 기간까지 특정하여 이야기했다. 필자가 이 영상을 발견하여 페이스북에 공유했을 때 의료 전문가들

---

* 필자는 스마트폰으로 페이스북에 이 대담을 생중계 했는데, 영상이 좀 흔들리기는 하지만 다음의 주소에서 볼 수 있다. https://www.facebook.com/yoonsup.choi/posts/1819886771384612

제프리 힌튼 교수는 2016년 한 인공지능 행사에서 "영상의학과 전문의를 양성하는 것을 당장 그만둬야 한다."고 말했다.

사이에서도 반향이 아주 뜨거웠다.*

　자, 더 논의를 진행하기에 앞서서 독자들은 먼저 이 질문에 스스로 대답해보자. 답은 반드시 '예/아니요' 중 하나로 해야 한다.

인공지능은 의사를 대체할 수 있을까?

　만약에 이 질문에 '예/아니오'로 대답해야 한다면, 필자는 아마도 '예'를 택해야 할 것 같다. 필자가 강의에서 이 질문을 청중에게 물어보면 (심지어 의사를 대상으로 한 강의에서도) 예와 아니오에 손을 드는 사람들이 모두 있다. 그런데 눈치챘는지 모르겠지만, 이 질문 자체가 별로 좋은 질문이 아니다. 올바른 질문을 던지지 않으면 올바른 답을 얻을 수가 없다. 그렇다면 이 질문을 아래와 같이 조금 더 바꿔보는 것은 어떨까?

---

* https://www.facebook.com/yoonsup.choi/posts/1601658096540815

인공지능이 의사를 '모두' 대체할 수 있을까?

이 질문에는 아마도 '아니오.'라고 답을 해야 할 것 같다. 하지만 이 질문도 그리 좋은 질문이 아닐지도 모른다. 우리가 '대체'라는 과격한 표현에 너무 신경을 쓰고 있기 때문일지도 모른다.

그런데 잘 생각해보면 의사라는 직업은 단 한 가지의 역할만을 하지는 않는다. 일단 의사의 역할은 내과, 외과, 소아청소년과, 안과, 이비인후과 등 다양한 진료과로 나누어져 있다. 또 개별 진료과에서 의사가 하는 역할도 매우 다양하다. 심지어 이는 임상진료를 하는 의사의 역할에만 국한해서 이야기하는 것이다. 진료 외에도 의사가 전문적인 의학적 지식과 역량을 바탕으로 사회에서 하는 일들은 의료 기술 개발, 신약 개발부터 사업까지 매우 다양하다.

그러므로 의사를 대체한다는 문제는 '인공지능 때문에 100명의 의사 중에 80명이 일자리를 잃는가?'의 구도로 접근하는 것은 그리 바람직하지 않다. 대신, 의사가 맡은 개별적인 여러 세부 역할을 기준으로 접근하는 것이 이 문제의 실마리를 찾는 데 도움이 될 것이다. 분명한 것은 인공지능이 의사의 역할을 크든 작든 변화시킬 것이라는 점이다. 이 전제 자체에 동의하지 않는 사람은 별로 없다고 본다. 그렇다면 인공지능의 도입에 따른 의사의 역할 변화는 다음과 같이 세 가지로 구분할 수 있을 것이다.

- 사라지는 역할
- 유지되는 역할
- 새롭게 생길 역할

흔히 인공지능의 영향에 따라서 사라지는 역할에만 집중하기 쉽다. 관련 토론을 보더라도 '무엇이 사라질 것인가?'를 중심으로 논의하는 경우가 많다. 하지만 그러한 과정에서도 계속 유지되는 역할과 무엇보다도 새롭게 생겨나는 역할도 있을 것이다. 우리는 사라지는 역할보다는 오히려 유지되는 역할과 새롭게 맡게 되는 역할에 집중해야 한다.

특히 이러한 세 가지 역할의 구분은 진료과별로 따로 접근하는 것이 좋을 것이다. 어떤 진료과는 사라지는 역할의 비중이 특히 클 수도 있고, 또 다른 진료과는 유지되는 역할이나 새롭게 생겨나는 역할의 비중이 클 수도 있다. 나중에 더 강조하겠지만, 이러한 변화에 발맞춰 의과대학의 교육 과정이나, 인턴이나 레지던트 등 의사들의 수련 과정에도 변화가 필요하다고 본다.

자동 마취 기계와 러다이트 운동

인공지능의 영향으로 나뉘는 세 가지 역할을 더 논의하기 전에 노파심에서 한 가지를 더 강조하고 넘어가려고 한다. 바로 이러한 변화의 흐름을 막는 것은 불가능하다는 것이다. 의료 인공지능의 발전에 대한 의료계의 대처 방안 중에 그 발전이나 도입을 막는다는 옵션은 존재하지 않는다는 것을 명심하자. 이는 단기적으로는 가능한 옵션처럼 보일 수도 있겠지만, 장기적으로는 가능하지도 않을 뿐더러 의료 발전에도 도움이 되지 않을 것이다.

그런데도 국내외를 불문하고 의료계에서는 변화에 저항하기 위한 반응을 보이는 경우가 적지 않다. 대표적인 예시로 바로 존슨앤드존

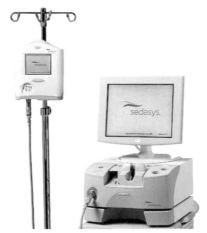
존슨앤드존슨의 자동 수면 마취 기기 세데시스

슨의 수면 마취 유도 장치인 세데시스Sedasys의 사례를 들 수 있다.[6-11]
세데시스는 결장 검사 및 내시경 검사 때 마취약을 자동으로 주사해
환자의 수면 마취를 유도하는 의료용 장비다. 또한 검사 중간에 환자
가 깨지 않도록 심박수, 산소포화도, 심전도, 혈압 등의 활력 징후에
따라 투약량을 조절한다.[9]

　　FDA는 2013년 이 기계를 허가하였고, 2014년부터 미국, 호주, 캐
나다 등의 병원에 판매되기 시작했다. 이 자동 마취 기계의 가장 파
격적인 부분은 수면 내시경의 의료비를 10분의 1로 낮췄다는 것에
있다. 기존의 마취과 전문의를 통해서 내시경을 받으면 2,000달러에
달하는 비용을 세데시스를 사용하면 150~200달러까지 낮출 수 있
었기 때문이다. 미국에서는 의료 비용이 국내총생산GDP의 20%에 육
박할 정도로 높기 때문에 의료 비용의 절감은 국가적으로도 큰 의미
가 있다.

　　하지만 이러한 자동 마취 로봇의 도입에 미국의 마취과 의사 협회

에서 택한 옵션은 무엇이었을까? 바로 이 변화를 거부하는 것이었다. 이 기계가 개발될 당시 협회에서는 대대적인 반대 캠페인을 벌이고, 정치권에 로비를 전개했다. 사람을 마취하는 것은 '예술의 영역'이기 때문에, 기계가 절대로 따라 할 수 없다는 이유를 들었다.[6] 또한 "세데시스의 사용 중에 돌발 사태가 발생하는 경우, 환자의 안전을 책임질 수 없다"는 환자 안전의 문제 가능성도 제기했다.[11] 결국 존슨앤드존슨은 애초 계획보다 더 좁은 범위에 대해서 FDA 인허가를 받았다. 건강한 환자의 위장내시경에 대해서만 허가받았으며, 이 기계를 사용할 때 마취과 의사 혹은 전문 간호사가 반드시 있어야 한다는 조건도 달았다.

그러나 불과 몇 년 지나지 않은 2016년 존슨앤드존슨은 끝내 스스로 이 제품을 시장에서 철수하기로 했다. 이러한 결정에 대해 의료계에서는 "결국 안전 문제 때문에 시장에서 철수했다"고 반응했지만, 존슨앤드존슨 측은 안전 문제가 아니라 "경영적 판단"이라고 말하고 있다. 의료계의 반발로 소수의 병원밖에 채택되지 않아서 매출 발생이 미미했기 때문이다. 또한 일각에서는 의료계의 반대를 무릅쓰고 무리하게 사업을 진행했다가, 다른 사업 부문의 타격을 받을 우려 때문이었다고 해석하기도 한다.[12]

그런데 FDA 승인을 받기 위해 진행했던 임상연구의 결과를 보면 세데시스는 기존 방식에 대해 효과가 더 좋을 뿐만 아니라 더 안전하기까지 했다.[13] 약 500여 명을 대상으로 했던 초기 임상연구에 따르면 이 자동 마취 로봇을 활용하면 마취된 환자들이 더 빠르게 회복하며, 마취 시 저산소증 문제도 더 적게 겪는 것으로 나타났다. 심지어는 의료진의 만족도 역시 세데시스를 활용하는 경우 더 높았으며, 부

작용의 발생도 더 적었다.[13]

한편으로는 로봇의 기능에 대한 한계를 실제로 지적하는 논문도 없지 않았으나[10], 의사들 사이에서도 세데시스의 혁신성에 대해서 기대하는 목소리도 있었으며, 몇몇 병원에서는 이 기계를 도입해서 사용하기도 했다. 워싱턴포스트에 따르면 뉴욕주립대학교SUNY 다운스테이트 병원의 레베카 트월스키Rebecca Twersky는 "이 기계는 파괴적 혁신이다."라고도 평가했다.[6] 하지만 이 기계를 도입한 병원에서는 도입 과정에서 마취과 의사들의 반대가 극심했으며, 『워싱턴 포스트』가 보도한 세데시스에 대한 기사에 화난 마취과 의사들의 항의가 빗발쳤다는 것이 알려지기도 했다.[9]

우리는 이러한 사례를 어떻게 바라봐야 할까? 물론 세데시스에 대한 (앞서 언급한 임상시험에서 밝혀지지 않은) 안전성 문제가 있었을 수도 있다. 하지만 이 기계가 시장에서 퇴출시키는 것만이 마취과 의사들이 택할 수 있는 최고의 선택이었을지에 대해서는 다시 생각해볼 여지가 있다. 예를 들어 이러한 기계를 활용해서 마취과 의사를 보조하고 능력을 증강augment할 수 있는 방법은 정말로 없었던 것일까.

더 나아가, 앞으로 맞닥뜨릴 비슷한 변화들에 대해서도 이와 같은 대응 방식이 성공을 거둘 수 있을지도 생각해봐야 한다. 만약 마취과 협회에서 제기한 안전성 문제들을 해결한 새로운 자동 마취 기계가 등장한다면 어떨까? 실제로 세데시스보다 더 개선된 기계의 개발을 위한 연구는 계속되고 있다.[6,14,15] 앞으로도 언제까지고 의료계가 같은 방식으로 대처하기는 어려울 것이다.

물론 존슨앤드존슨의 최초 시장 진입 전략에도 문제는 있었다.[10] 기계의 특성상 마취과 의사들의 반발을 충분히 예상할 수 있었음에도 충분히 대비하거나 합의를 끌어내지 못했기 때문이다. 활용 대상, 활용 방식 측면에서 환자에게 발생할 수 있는 안전 문제를 대비하고, 거부감을 느낄 의사들과 공존할 방안을 마련했더라면 시장 철수라는 극단적인 사태까지 벌어지지는 않았을 수 있다. 이러한 사례는 향후 의료 인공지능 분야에 진출할 기업에 시사하는 바도 적지 않다.

아무튼 의료계에서도 인공지능의 도입에 반발하고 거부하는 방식으로 계속 대처할 수는 없을 것이다. 이러한 대응이 장기적으로 성공적일 수 없다는 것을 러다이트 운동의 결과에서 알 수 있다. 러다이트 주의자들은 산업혁명 시대에 공장 자동화를 막기 위해서 기계 파괴 운동을 전개하였으나, 그 결과가 어땠는지를 우리는 모두 알고 있다.

쓰나미에 거슬러 헤엄칠 것인가

하지만 국내 의료계에도 의료 인공지능의 발전에 대해서 이런 러다이트와 같은 반응을 보이는 경우가 없지 않다. 지난 2017년 6월에 열린 대한영상의학회 춘계학술대회에서는 흥미로운 조사가 있었다. 영상의학과는 의료 인공지능의 영향을 가장 먼저 받을 것으로 보이는 진료과 중의 하나인 만큼 관심과 반향도 뜨겁다. 특히 영상의학과와 관련한 국내 가장 큰 학회에서 의료 인공지능을 학회의 정식 세션으로 구성하여 세미나와 토론을 진행한 것도 그런 맥락으로 볼 수 있다(필자도 이 세션에 발표자와 토론자로 참여했다).

그런데 이 세션에서 흥미롭게도 참석자들에게 실시간으로 의료 인공지능의 도입과 관련한 실시간 투표를 진행했다. 스마트폰을 이용하여 익명으로 그 자리에서 투표하는 방식이었다. 조사 항목 중에는

AI 시대를 대비하여 영상의학과 의사에게 필요한 것은?
(2017년 대한영상의학회 춘계학술대회의 설문 조사 결과. 필자 촬영)

"인공지능을 이용한 판독 결과가 오진일 때 누가 책임을 져야 하는가?" 혹은 "후배들에게 영상의학과 진학을 더 권유할 것인가?" 등의 중요한 이슈들도 있었다.

그중에 특히 필자의 눈길을 끌었던 항목은 "인공지능 시대를 대비하여 영상의학과 의사에게 필요한 것은?"이라는 이슈였다. 왜냐하면 조사 결과, 의사가 인공지능 연구에 참여해야 한다(23%)거나, 인공지능을 교육해야 한다(19%)는 것 못지않게, 인공지능의 확산을 막기 위해 노력해야 한다는 결과가 18%나 나왔기 때문이다. 필자는 이 결과를 보고 약간 충격을 받았다.

또 한 번은 모 진료과 학회의 역대 회장직을 역임하신 고령의 의사들로 구성된 모임에서 필자가 의료 인공지능을 강의할 기회가 있었다. 참석자 중에는 최근의 기술 발전을 언급하시면서, 이런 기술이 의료계에 도입되는 것을 "막을 방법을 마련해야 한다"고 꽤 진지하게 이야기하는 분도 계셨다.

다시금 강조하지만, 기술의 발전이라는 도도한 흐름은 결코 거스르지 못한다. 이는 쓰나미를 막기 위해 열심히 둑을 쌓는 것과 다름없다. 이러한 의료 인공지능의 발전과 도입을 근본적으로 막거나 금지하는 것이 불가능하다는 점을 인정해야만, 비로소 더 건설적이고 생산적인 대처 방안을 논의할 수 있다.

의료의 역사를 돌이켜보더라도 첨단 기술의 발전은 항상 의료에 접목되어왔고, 그에 따라 의료는 계속 발전하고 의사의 역할도 진화해왔다. 100년 전에는 엑스레이가 없었고, 50년 전에는 CT나 전자의무기록도, 40년 전에는 MRI도, 30년 전에는 의료영상 저장전송시스템PACS도 없었다. 하지만 이런 기술은 이제 의료 현장에서 너무도 일상화됐다. 의학이 첨단 기술을 받아들이면서 의료는 더 진보했으며 그 과정에서 진료 프로세스도 바뀌고, 새로운 학과, 교육 과정, 그리고 이를 전공한 전문의도 생겨났다. 단기적으로 기술을 받아들이는 것에 저항, 반발, 논란이 있을 수 있지만, 장기적으로 그 결과는 명백하다. 인공지능도 결코 예외일 수는 없다.

인간 의사의 사라지는 역할

이제 의사의 역할 중 인공지능의 도입으로 사라질 역할, 유지될 역할, 새롭게 생겨날 역할에 대해서 논의해보도록 하자. 물론 필자라고 모든 진료과에 대해서 이 부분에 대한 답을 가지고 있는 것은 아니다. 하지만 각 진료과의 의사들이 현재의 역할을 이 세 가지 유형으로 구분해볼 수 있는 힌트는 몇 가지 줄 수 있을 것으로 생각한다.

먼저 사라질 역할이다. 이 사라질 역할을 논하기 위해서는 문제의 정의부터 잘해야 한다. 완전히 사라질, 즉 인간의 역할이 전혀 없이 완전히 자동화될 역할도 있을 것이다. 반면에 완전히 인간의 손을 떠나지는 않겠지만, 인공지능의 도입으로 의학적 판단을 내리는 과정의 효율성이 매우 높아져 인간 의사의 역할이 축소되는 경우도 있을 것이다. 이 경우 역할이 완전히 사라진다고 보기는 어렵겠지만, 결과적으로 이 과업의 수행에 필요한 인간 의사의 총수는 줄어들게 된다.

예를 들어 과거에는 수십 명의 영상의학과 의사가 판독할 수 있는 분량의 CT, MRI 이미지를 한 명의 의사가 인공지능을 이용하여 최소한 같은 정확도로 판독할 수 있게 되는 경우를 생각해보면 된다. 인공지능의 발전이 계속될수록 효율성, 효과성, 안전성이 높아지므로 한 명의 의사가 감당할 수 있는 업무의 양은 더 증가할 것이다. 이렇게 된다면, 해당 역할이 완전히 사라지지는 않는다고 하더라도, 의료계에서 체감하는 것은 사실 이와 크게 다르지 않게 될 것이다.

앞서 언급한 제프리 힌튼 교수의 "영상의학과 전문의를 양성하는 것을 당장 그만둬야 한다."는 발언도 이러한 측면에서 해석해볼 수 있다. 사실 그는 이어서 "세상에는 이미 너무 많은 영상의학과 전문의가 있다."라고도 이야기했다. 미래에 영상의학과 전문의가 완전히 사라지지는 않는다고 하더라도, 한 명의 영상의학과 전문의가 인공지능의 도움을 받아서 단위 시간당 처리할 수 있는 데이터의 양이 많이 증가한다고 가정한다면, 결국 판독에 필요한 영상의학과 의사의 총 숫자는 줄어들 가능성이 있기 때문이다.

도식화, 표준화할 수 있는 역할

인공지능에 의해서 사라지거나 축소될 의사의 역할은 단순하다. 기계가 더 쉽고, 정확하고, 빠르며, 일관적으로 할 수 있는 역할을 찾으면 된다. 예를 들어 암묵지나 직감에 의한 것이 아니라, 명확한 근거와 논리에 의해서 체계적으로 판단하고 결정하는 일, 혹은 복잡하다고 하더라도 결국 순서도나 의사결정 나무decision tree로 도식화할 수 있는 역할, 정량적인 기준에 따라서 표준화할 수 있는 역할 등이 그러하다.

특정한 역할이 이러한 범주에 해당하는지를 알아보기 위해서 아래의 질문을 던져볼 수도 있다. 만약에 이 질문에 '예'라는 답이 나온다면 그 역할은 인공지능의 영향을 이미 받고 있거나 혹은 머지않은 미래에 받을 가능성이 높다고 본다.

이 환자 혹은 데이터에 대해서,
- 왜 그러한 의학적인 결정을 내렸는지 논리적으로 설명할 수 있는가?
- 서로 다른 병원의 의사들이 보더라도 비슷한 과정을 거쳐서, 비슷한 결론을 내릴 것인가?
- 오늘 말고 한 달 뒤에 진료하더라도 비슷한 과정을 거쳐서, 비슷한 결론을 내릴 것인가?

사실상 오늘날 의료 현장에서 이뤄지는 많은 의학적 의사결정이 위와 같은 범주에 해당한다. 특히 많은 경우에 의사들은 진료 가이드라인에 맞게 의료적 의사결정을 한다. 의학적 근거에 따라서 체계적

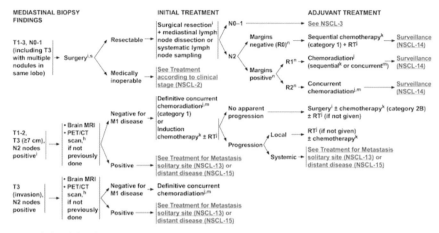

비세포성폐암의 진료에 대한 미국종합암네트워크 가이드라인의 일부

이고 표준적으로 의사결정을 내릴 수 있도록 정해놓은 것이 바로 진료 가이드라인이다. 많은 질병에 관해서 더 양질의 표준적인 진료를 제공하기 위해서 국제 학회 등에서는 진료 가이드라인을 내놓는다. 충분한 연구와 근거가 축적되면 몇 년에 한 번 이 가이드라인의 세부적인 기준이 업데이트되기도 한다.

사실 이 가이드라인은 일종의 '순서도'라고 해도 무방하다. 유전형 등에 따른 질병의 세부적인 종류, 질병 진행 단계 등 환자의 상태, 각종 검사 결과 등에 근거하여 여러 단계의 의사결정을 거치면서 환자의 진료와 치료법을 표준적으로 결정하는 순서도 혹은 의사결정 나무라고 해도 크게 틀리지는 않을 것이다.

대표적인 가이드라인 중의 하나가 암 환자의 진료에 대한 미국종합암네트워크NCCN 가이드라인이다. 국제적으로 이렇게 암 환자 진료는 엄격하게 표준화되어 있다. 국가별로 조금씩 수정한 가이드라인을 별도로 가지고 있는 경우도 있지만, 전 세계적으로 대부분의 종양내과 전문의들은 기본적으로 미국종합암네트워크 가이드라인에 맞게 진료한다.

사실 이렇게 가이드라인이 상세하고 엄격하게 표준화되어 있을수록 인공지능이 판단하기는 더 쉬워진다. IBM 왓슨이 가장 먼저 도전한 것이 왜 암 환자의 진료인지 그 이유도 이런 부분에서 추측해볼 수 있다.

시각적 인지능력 기반의 역할

인공지능에 의해서 인간 의사의 역할이 축소될 것으로 보이는 또 다른 부분은 인간의 시각적 인지능력에 기반을 둔 역할이다. 앞서 누누이 강조했다시피, 딥러닝 특히 컨볼루션 신경망의 발전으로 이미 인공지능의 시각적 인지능력은 인간을 뛰어넘고 있기 때문이다. 이는 사람의 얼굴을 인지하는 등의 일반적인 문제에 대해서도 인간보다 더 높은 정확도를 보여주고 있을 뿐만 아니라, 영상 의료 데이터의 판독에도 그대로 적용된다.

앞서 우리는 영상의학과, 안과, 피부과, 병리과의 사례를 들어서, 이미지 형태로 나타나는 의료 데이터를 딥러닝이 이미 얼마나 정확하게 판독하고 있는지에 대해서 살펴본 바 있다. 진료과를 가리지 않고 이미지를 판독하는 문제는 이미 많은 경우, 전문의보다 딥러닝의 정확성, 효율성, 일관성이 높으며, 이러한 인공지능의 실력은 앞으로 더욱 향상될 것임이 자명하다.

특히 딥러닝을 통하면 인간이 소위 암묵지라고 부르는 영역도 학습할 수 있다고 본다. 인간 의사에게 진료나 판독 결과에 대해서 "이 데이터에 대해서 왜 그런 결정을 내렸나요?"라고 물어보면 "말로 설명할 수 없지만, 그냥 딱 보니까 그런 것 같았다"는 종류의 것도 말이다. 딥러닝은 기존의 기계학습 방법과는 달리 주어진 데이터와 정답에 대해서 스스로 특징을 추출하여 학습한다. 그 특징은 때로 인간의 입장에서는 이해할 수 없는 것이라는 문제가 있지만, 이는 결국 암묵지에 해당하는 지식도 학습할 수 있다는 것으로도 볼 수 있다. 다만 그 암묵지를 통한 인간의 결과가 정확했을 때만, 딥러닝도 정확하게 학습 및 판단할 수 있을 것이다. 인간이 틀린 답을 주면, 딥러닝도 틀린 답을 학습하게 된다(암묵지의 학습에 대해서는 다음 장에서 설명할 정신과 영역의 인공지능 사례들을 참고해보자).

이러한 측면 때문에 많은 전문가가 지적하듯 필자도 영상의학과, 병리과 등 영상 의료 데이터를 판독하는 비중이 큰 진료과에서는 의사들의 역할 변화가 앞으로 클 수밖에 없다고 생각한다. 안과나 피부과, 치과 등 다른 진료과에서도 영상 의료 데이터를 판독하는 역할은 역시 인공지능의 도움을 받는 비중이 커지리라고 본다.

해당 진료과의 의사들은 이런 의견에 대해서 불편하게 생각할 수도 있겠지만, 이런 학과들이 딥러닝에 관심을 많이 가지고 있으며 학회에서도 관련 세션이 열린다는 것 자체가 이미 그러한 미래를 예견하고 준비하고 있다는 방증이기도 하다. 실리콘밸리의 유명 의료 인공지능 스타트업 엔리틱Enclitic의 COO 케빈 리만Kevin Lyman은 2017년 한 인터뷰에서 세계 최대의 영상의학과 학회인 북미영상의학회RSNA, Radiological Society of North America에 참석했던 일화를 이야기했던 적이 있다.[16]

"2014년 처음 북미영상의학회에 참석했을 때는 우리가 유일한 딥러닝 스타트업이었다. 그때는 인공지능이 '의사를 대체한다'는 논란이 있기도 전이어서 그저 미친 녀석들 취급을 받았다." 하지만 불과 2년 뒤 2016년 북미영상의학회의 핵심 주제 중의 하나가 다름 아닌 인공지능이었다.

영상의학과는 인공지능에 영향을 받을까

다소 조심스러운 이야기이기는 하나, 이렇게 시각적 인지능력 기반의 데이터 판독 비중이 큰 진료과가 인공지능으로부터 어떤 영향을 어떻게 받을지 조금 더 논해보고자 한다. 필자는 인턴 의사들이 전문 진료과를 선택하여 레지던트 지원하는 시기가 되면, 진로 고민에 대한 조언 요청을 적지 않게 받는 편이다. 특히 요즘에는 영상의학과와 같이 영상 의료 데이터의 판독 비중이 높은 학과의 전망에 대한 질문이 많다.

이러한 질문에 단순한 대답은 불가능하다. 심지어 전문가들 사이에서도 의견이 갈린다. 다만 인공지능에 의해 적어도 영상 의료 데이터를 단순 판독하는 역할에 변화가 있을 것이라는 의견에는 대부분 동감한다. 앞서 살펴본 영상의학과, 병리과가 그러하고, 안과의 안저 사진 판독, 소아청소년과의 엑스레이 골연령 판독, 소화기내과의 내시경 결과 판독 등이 그러하다.

다만, 이러한 변화를 언제 의사가 본격적으로 체감하게 될지는 예측에 따라서 다소 차이가 있을 수 있다. 현재 진료하고 있는 40, 50대의 전문의들은 은퇴 전에 이런 경향이 본격화되지는 않을 수도 있다. 하지만 보수적으로 보더라도 현재의 의과대학생이 전문의를 취득한 이후, 적어도 은퇴하기 이전에는 그 변화의 영향을 받게 될 것으로 생각한다.

이 이슈에 관한 토론은 많은 경우 향후 20년을 기준으로 논의한다.[17] 기술적으로 볼 때 20년은 영상 의료 데이터 판독에 대한 여러 문제를 인공지능이 해결하기에 충분한 시간이라 여겨지기도 한다. 메이요 클리닉의 브래들리 에릭슨 박사는 2017년 미국의 국립암센터에서 열린 토론회에서 "딥러닝 알고리즘으로 유방촬영술이나 흉부 엑스레이 판독은 향후 3년, 혹은 그 이전에도 가능해질 수 있다. 이 목록은 10년 안에 두경부, 흉부, 복부, 골반 등의 CT 및 두경부, 무릎, 어깨 등의 MRI와 갑상선, 간, 경동맥 초음파로 확대될 것이다. 15년에서 20년 이후에는 대부분의 영상 의료 데이터를 포괄할 수 있을 것이다."라고 언급했다.[17]

실제로 의료 인공지능의 여러 분야 중에 의료 영상 분석은 가장 활발히 연구되는 주제이며, 연구 성과의 사업화도 빠르게 진행되고 있다. 구글을 비롯한 전 세계의 수많은 인공지능 스타트업의 최우선 분야가 바로 영상 의료 데이터를 분석하는 인공지능의 개발이다. 그중 일부는 이미 규제 기관의 의료기기 허가를 받고 시장에 진출하고 있다.

미국 FDA는 2017년 1월 실리콘밸리의 아터리스Arterys라는 회사의 카디오DLCardio DL이라는 딥러닝 기반 심장 MRI 분석 인공지능을 최초로 허가한 이후로[18-20] 다양한 의료 영상 분석 인공지능이 인허가를 받았다.[21] 2018년 4월에는 최초로 의사의 관여 없이 당뇨성 망막 병증을 '진단'까지 내리는 인공지능 IDx-DR이 FDA 인허가를 받기도 했다.[21-23] (IDx-DR과 관련해서는 「12장 인공지능이 의료사고를 낸다

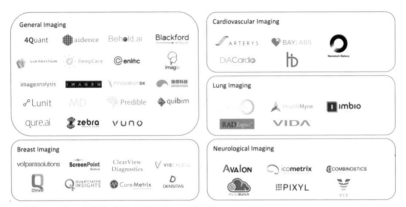

영상 의료 데이터를 분석하는 인공지능 스타트업 (출처: CB인사이트)

면」에서 좀 더 자세히 다룬다.)

국내에서도 2018년 5월 뷰노의 골연령 판독 인공지능인 '뷰노메드 본에이지'가 딥러닝 기반의 인공지능으로는 최초로 식약처의 의료기기 허가를 받았다.[24, 25] 국내 대표적인 인공지능 스타트업인 뷰노와 루닛 등이 2017년 하반기 식약처로부터 임상시험 진행을 승인받고 진행해온 결과였다.[26, 27] 이후 2018년 8월 루닛과 제이엘케이인스펙션의 인공지능도 식약처의 의료기기 인허가를 받았다.[28] 루닛의 '루닛 인사이트Lunit INSIGHT는 환자의 흉부 엑스레이 영상에서 폐 결절이 의심되는 부위를 색깔 등으로 의사에게 알려주는 소프트웨어이다. 제이엘케이인스펙션의 JBS-01K는 뇌경색 진단을 받은 환자의 치료를 위해 자기공명MR으로 촬영한 환자의 뇌 영상을 자동으로 분석하여 의사의 뇌경색 유형 판단에 도움을 준다.

그런가 하면 규제기관을 통한 의료기기 허가와는 좀 다른 방식으로 영상 의료 데이터 분석 인공지능을 전파하는 사례도 있다. 지브라 메디컬 비전은 2017년 10월, 다양한 종류의 영상 의료 데이터를 단

돈 1달러에 판독해주는 서비스 AI1을 구글 클라우드를 기반으로 전세계를 대상으로 출시했다.[29, 30] 루닛 역시 2017년 북미영상의학회 RSNA에서 클라우드 기반으로 무료로 흉부 엑스레이에서 폐암 결절, 결핵, 기흉 등 주요 폐 질환을 실시간 진단할 수 있는 루닛 인사이트 Lunit Insight를 발표했다.[31, 32]

이런 파격적인 방식의 공개는 (의료기기 인허가를 받지 않았으므로) 환자의 진단에 직접적으로 사용될 수는 없지만, 인터넷만 연결되는 곳이라면 누구든 의료 인공지능을 손쉽게 사용해볼 수 있다. 이는 의료계 전반에서 의료 인공지능의 저변을 확대하고, 더 많은 연구를 활성화함으로써 인공지능의 의료 적용을 더욱 가속할 것이다.

의료 인공지능과 관련한 FDA와 식약처의 규제도 계속 개선되고 있으며[33-37], 인허가를 받는 의료 인공지능이 계속 증가할 것을 고려한다면 (보험 수가 등의 문제를 해결해야 하지만) 일선 병원이나 진료에 정식으로 도입되는 인공지능이 조만간 나오게 될 것이다. (다만, 규제기관의 인허가를 받는 것, 병원에 도입되는 것, 그리고 진료에서 널리 활용되는 것은 각기 다른 차원의 문제라는 점도 알아두자.)

어쩌면 적어도 수십 년 내에 영상의학과에서 판독하는 '모든' 종류의 데이터를 인공지능이 해결할 수는 없을지도 모른다. 촬영 장비의 종류, 촬영 대상 신체 부위, 각 질병의 종류라는 세 가지 변수를 모두 고려하면 아주 많은 조합이 존재하기 때문이다. 또한 시간이 흐르면서 새로운 촬영 기술과 장비가 나오면 분석해야 하는 데이터의 종류 자체가 늘어난다.

하지만 또 한편으로는 인공지능의 도움을 받아서 더욱 효율적으로 판독할 수 있는 (즉 해당 문제에 대한 의사의 역할이 줄어드는) 범위 역시도 증가할 것이다. 인공지능 기술의 발전 속도는 더욱 빨라질 것이며, 해결되는 문제도 더 많아질 것이다. 이러한 변화의 영향을 예측하기 위해서 중요한 변수는 역시 시간이다. 이 모든 변화가 몇 년 내에 일어나느냐 하는 것이다. 이 문제에 관해 보수적인 시각을 가진 사람들도 이 변화 자체를 부인하지는 않지만, 변화가 수십 년의 오랜 시간에 걸쳐서 서서히 일어날 것이라고 주장한다. 특히 강한 인공지능이 나타나 스스로 알아서 데이터를 찾고 학습하지 않는 이상, 인공지능의 개발에는 적지 않은 시간, 돈, 노력, 데이터가 필요하다. 앞서 언급한 미국국립암센터의 토론회에서 메릴랜드 대학교의 엘리엇 시겔Eliot Siegel 박사도(그는 지브라 메디컬 비전의 자문을 맡고 있기도 하다) 이러한 시각의 견해를 내놓았다.[17]

"영상의학과 전문의를 대체하기 위해서는 수천 가지 영상의학과 문제에 대해서 모두 개별적인 인공지능이 개발되어야 한다. 이를 위해서는 그 수천 가지 모든 문제에 대한 개별적인 학습 데이터, 판독 결과, 그리고 개발비가 필요하다. 이런 인공지능이 모두 개발되는 데 100년이면 될까? 그럴지도 모른다. 그러면 20년 안에 일어날 수는 있을까? 그렇지는 않을 것이다."

그런데 엘리엇 시겔 박사의 예측도 영상의학과의 문제를 '모두' 해결하는 시간을 기준으로 말했다는 점도 유의해보자. 우리가 고민해봐야 할 것은 설사 20년 혹은 가까운 미래에 인공지능이 그 문제를 '모두' 해결하지는 못한다고 할지라도, 어떤 종류의 문제를 얼마나 언제까지 해결할 수 있는지에 대한 것이다. 인공지능은 이러한 과정에서 문제들을 한 번에 하나씩 각개격파divide and conquer하는 방식으로 해결해나갈 것이다. 주지할 점은 이러한 과정이 비가역적이라는 점이다. 즉 하나의 문제를 만족할만한 수준으로 해결했다면 (예를 들어 인간 전문의의 수준에 도달했다면) 그 문제는 더 들여다볼 필요 없이 그다음 문제의 해결에 온전히 집중하게 될 것이다.

빠르게 도입될 인공지능의 조건

그렇다면 과연 어떤 의료 인공지능이 의료 현장에 먼저 도입될까? 의료 인공지능을 개발하는 연구자나 산업계 종사자들은 이러한 부분에 관심이 많을 것이다. 특히 진료 현장에 도입되는 인공지능은 정확성이나 속도와 같은 단편적인 성능뿐만 아니라, 진료 프로세스, 의료인이 현장에서 실질적으로 겪는 복잡다단한 이슈, 병원 수준에서 얻을 수 있는 혜택, 그리고 해당 국가의 의료 체계 등과도 관련이 있을 것이다.

특히 판독에 많은 시간과 노력이 들고, 문제의 난이도나 위해도가 적으며, 의사들이 하기 싫어하거나, 의료 행위에 대한 보험 수가가 낮고, 자동화할 경우 비용 감소나 진료 효율 향상 등 병원에 돌아가는 효과가 큰 종류의 문제부터 인공지능이 적극적으로 도입될 가능성이 높다.

특히 인공지능의 도입 결정은 개별 의사가 아니라, 학과나 병원 차원에서 이뤄질 것이라는 점을 이해해야 한다(병원에서 일하는 개별 의사와 병원의 이해관계나, 의사결정이 항상 일치하는 것은 아니다). 또한 여러 종류의 병원 중에 특히 인공지능의 도입을 원하는 곳이 있을 수 있다. 예를 들어 대량의 영상 의료 데이터를 집중적으로 판독해야 하는 건강검진센터나 전문 병원은 인공지능을 도입함으로써 판독 정확성,

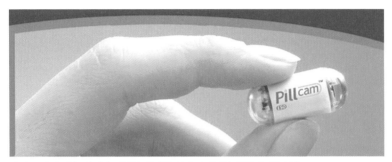

알약 크기의 캡슐 내시경 장치를 삼키면 위장의 사진을 찍을 수 있다.[38]

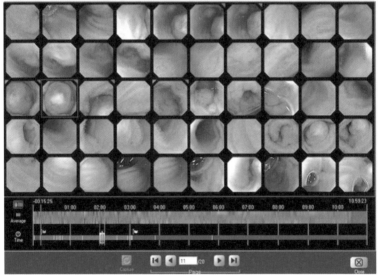

캡슐 내시경으로 촬영된 사진들 (출처: 올림푸스)

판독 효율, 비용 측면에서 모두 개선을 기대할 수 있으므로 도입에 더 적극적일 수 있다.

특히 의사와 병원이 필요로 하고 환영하는 인공지능의 경우 진료 현장에 도입이 빠를 것이다. 예를 들어 소화기내과의 캡슐 내시경이 그러하다. 기존의 위내시경과 대장내시경으로 식도, 위, 십이지장, 대장의 검사는 가능하다. 하지만 십이지장과 대장의 사이에 깊숙이 있는 꼬불꼬불한 소장의 경우 호스를 집어넣는 기존의 내시경 검사법으로는 관찰이 어렵다. 그래서 소장에 이상이 의심되는 경우는 캡슐 내시경을 사용한다. 작은 알약 크기의 소형 캡슐에 카메라, 플래시, 전송장치가 들어 있어서 환자가 이를 삼키면 소화관을 통과하면서 1초에 2~3장의 사진을 찍어서 전송한다. 검사는 8~12시간 동안 진행되며 환자는 그동안 일상생활을 할 수 있다.

그런데 문제는 이 과정에서 촬영되는 사진이 너무 많다는 것이다. 현재 이 캡슐 내시경 결과를 판독하기 위해서 의사가 환자당 서너 시간 동안 꼼짝없이 앉아서 이 사진들을 들여다봐야 한다. 사진이 워낙 많다 보니 잠깐 집중력을 잃었다가 중요한 병변을 놓치는 실수를 할 수 있다. 만약 이렇게 의사들이 꺼리는 판독 과정에 대한 부담을 줄여준다면, 의사도, 병원도 환영하지 않을 이유가 없다. 앞서 6장에서 소개한 뷰노의 골연령 엑스레이 판독도 반복적이고 단조로운 업무이다. 그러다 보니 기존에 의사들이 번거로워하는 경우가 많으며, 이러한 업무에 판독 효율을 높여주는 인공지능은 의사도 선호할 것이라고 언급했던 것과 마찬가지다.

의료 인공지능을 개발하는 기업의 입장에서는 어떤 인공지능을 의료계에서 원하는지, 어떤 인공지능에 대한 거부감이 적을 것인지를 잘 파악해야 한다. 더 나아가, 실제로 의사가 해당 인공지능을 보조적으로 '함께' 사용하여 판독하고 진료했을 경우에 나타나는 정확성의 향상이나 판독 시간 절감 등의 개선을 임상연구를 통해 증명하는 것이 중요하다.

영상의학과 레지던트를 권장하는가

자, 그러면 다시 젊은 의사들의 진로 선택 이야기로 돌아와 보자. 앞서 언급한 2017년 영상의학과 춘계학술대회에서 필자는 영상의학과 전공을 '덜 권장한다'는 의견을 밝힌 바 있다. 패널 토론 및 실시간 설문조사 질문 중의 하나로 나온 것이 바로 "인공지능으로 인해 나는 과거와 비교하여 영상의학과 레지던트를 하는 것을 권장할 것인가?"였기 때문이다.

토론자들과 청중은 모두 '더 권장한다' '변함없다' '덜 권장한다'의 세 가지 의견 중의 하나를 골라야 했다. 토론 후에 청중들이 고른 반응은 '덜 권장한다'가 24%, '변함없다'는 56%, 그리고 '더 권장한다'가 20%였다(참고로 필자 외의 다른 두 토론자인 서울아산병원 서준범 교수님, 서울대학병원 최승홍 교수님께서는 각각 '변함없다'와 '더 권장한다'에 한 표씩을 던지셨다).

필자는 현재의 인턴이나 의과대학생들에게 앞으로 영상의학과 진학을 권장하지 않는다거나, 향후 입지가 좁아질 것이라고 단정적으로 이야기하고 싶지는 않다(말장난 같지만 '권장하지 않는다'와 '덜 권장한다'의 차이를 생각해보자). 다만 앞서 언급한 여러 변화를 인지하지 못하고, 향후 역할 변화에 대한 충분한 고민 없이 현재의 패러다임 하의 이유만으로 지원하는 것은 권하고 싶지 않다.

엘리엇 시겔 박사는 미국국립암센터 토론회에서 회계사들은 1970년대 엑셀과 같은 스프레드시트 프로그램 때문에 직업을 잃지 않을까 걱정했지만, 그 결과는 그렇지 않았다고 언급했다.[17] 하지만 그럼에도 불구하고 엑셀이 출시된 이후에 회계사가 일하는 방식과 우수한 회계사가 되기 위해서 필요한 역량과 교육 과정은 상당히 달

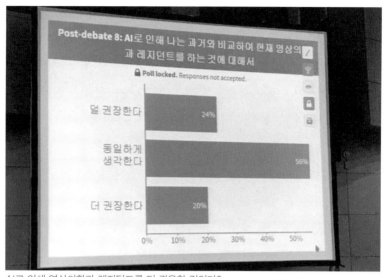

AI로 인해 영상의학과 레지던트를 더 권유할 것인가?
(2017년 대한영상의학회 춘계학술대회의 설문 조사 결과. 필자 촬영)

라졌다.

이처럼 영상의학과, 병리과 등 시각적 인지능력이 중요한 진료과의 전문의에게 요구되는 역량도 앞으로 상당히 달라질 가능성이 높다. 그런데 문제는 현재의 의학교육과 수련 과정은 이러한 역량을 계발하기 위해 충분한 준비가 거의 되어 있지 않다는 점이다. 이 문제는 2017년 10월 개최된 대한영상의학회의 토론 세션에서도 많은 참가자가 동의한 바 있다. 인공지능은 현재도 계속 발전하는 현재진행형의 기술이기 때문에, 향후 몇 년 내에 의료계에서 인공지능을 활용하는 의사의 새로운 역량에 필요한 교육과정을 완성하기는 쉽지 않을 것이다.

그러므로 최근에 전문의를 취득했거나, 앞으로 적어도 몇 년 내로 전문의를 취득하는 의사들은 기존의 패러다임 하에서 기존의 방식으로 훈련받은 채로 미래를 살아가야 할 것이다. 현재의 그리고 최소 앞으로 몇 년 동안은 의대 커리큘럼이나 수련 과정에서 의대생이나 전공의가 이러한 미래를 준비할 수 있도록 도와주지 못할 것이다.

단편적으로는 인공지능을 활용하여 진료하는 프로세스도 배우지 못할 것이며, 더 나아가서는 그렇게 효율적으로 판독하게 되면서 생기는 남아도는 자원을 어떻게 활용할 것인지에 대한 고민도 아직 부족하다. 현재 대부분의 영상의학과 전문의들은 온종일 수십, 수백 장의 영상을 판독하기 위해 많은 시간을 쓰고 있다. 판독 시간 단축으로 생긴 시간과 노력을 새로운 역할과 가치를 찾는 데 활용하지 못한다면 결국에는 필요한 의사의 수가 감소하는 결과로 이어질 수도 있다. 이는 비단 특정 진료과에만 국한된 문제는 아니지만 말이다.

패널 토론과 설문조사에서 영상의학을 전공하는 것에 대해서 '변함없다'고 하신 분들은 앞서 언급했듯이 변화 자체는 부인하지 않지만, 그 속도가 그리 빠르지 않다고 판단하셨을 것 같다. 그리고 '더 권장한다'고 답한 분들은 인공지능의 도입에 따른 새로운 역할의 발견과 이 역할이 창출할 추가적인 가치에 대해 낙관적으로 보기 때문일 것이다. 그러한 견해도 물론 일리가 있다.

하지만 젊은 의사들의 입장에서 적어도 당분간은 의과대학과 병원에서 이 새로운 역할과 전문 역량을 어떻게 계발하고 새로운 가치를 어떻게 창출할지를 가르쳐주지 못하리라는 것도 고려해야 한다. 보수적인 의과대학의 커리큘럼과 병원의 수련 과정이 바뀌기 위해서는 적지 않은 시간이 필요하다. 더욱이 커리큘럼과 수련 과정을 바꿀 수 있는 의사결정권을 가진 분들이 이런 변화를 만들기 위한 충분한 동인을 가졌는지에 대해 필자는 회의적이다.

그러므로 최근에 배출된, 혹은 향후 몇 년간 배출될 의사들은 이 새로운 역할의 모색과 역량의 계발에 대해서 스스로 '각자 도생'하는 수밖에 없으리라 본다. 안타깝지만 그것이 현실이다. 실제로 현재 서울의 모 대학병원 영상의학과에서는 전공의끼리 스터디 그룹을 만들어서 딥러닝을 공부하고 있다고 한다. 교수 중에서 딥러닝을 강의할 수 있는 사람도 없고, 의대에 관련 교과목이 있는 것도 아니기 때문이다.

더 나아가, 여러 진료과에서는 의대생이나 전공의가 아니라, 기존의 의사들을 어떻게 재교육할 것인지에 대해서도 향후 고민하게 될 것이다. 이 새로운 역할과 교육 방식에 대해서는 이후 「10장 인공지능의 시대, 의사는 무엇으로 사는가」와 「11장 인공지능과 함께 진료하기 위해서」에서 더 논의하기로 한다.

필자가 대한영상의학회 패널토의에서 영상의학과를 전공하는 것에 대해서 의견을 요청받았을 때 '덜 권장한다'고 답한 것은 이러한 의미였다. 이 질문에 대한 답은 변화의 속도 및 변화가 만들어낼 새로운 역할의 가치를 어떻게 판단하느냐에 따라서 충분히 달라질 수 있다. 만약 필자의 조카가 현재 의과대학생인데 영상의학과나 병리과 등 시각적 인지능력 기반의 판독 비중이 높은 학과로 전공을 정할지 고민 중이라면, 무조건 반대하지는 않을 것이다. 다만 앞서 설명한 이러한 이슈와 질문에 대한 답을 스스로 충분히 고민해보았는지를 되물을 것 같다.

9장

정신과와 외과는 인공지능에서 자유로운가

정신의학과와 외과는 앞에서 언급된 학과들과는 달리 인공지능의 영향에서 다소 자유로운 것으로 여겨지기도 한다. 하지만 이 분야의 경우에서도 인공지능의 발전은 빠르게 일어나고 있다. 아직 전문의와 비슷한 수준에 도달한 것은 아니라고 하더라도, 상당히 흥미로운 발전들이 일어나고 있다. 인간 의사의 역할이 인공지능의 도입에 따라 어떻게 변화될지를 살펴보는 김에 두 진료과에 관련된 기술 발전도 짚고 넘어가도록 하자.

정신과는 인공지능에서 자유로운가

먼저 정신의학과의 영역을 살펴보자. 정신과의 경우, 사람이 사람의 심리와 정신 건강을 다루기 때문에 인공지능이 쉽게 접근하기 어려운 영역으로 꼽히기도 한다. 그만큼 환자의 상태에 대한 정량적 데이터를 얻기 어렵고, 진단과 치료를 표준화하기도 상대적으로 쉽지 않다. 특히 의사와 환자 사이의 인간적 상호작용이 차지하는 비중이 크기 때문에 인공지능이 따라 하기는 어려울 것이라는 의견이 많다.

하지만 인공지능을 활용하여 환자의 상태를 정량적으로 파악하거나, 예후를 성공적으로 예측하는 연구들이 최근 적지 않게 소개되고 있다. 정신과 의사들은 환자와의 대화에서 나타나는 특징을 통해서 정신질환을 진단하고 예후를 파악하기도 하고, 때로는 소위 직감을 통해서 위험군의 환자를 분류하기도 한다. 인공지능도 결과적으로 이와 같은 능력을 갖출 수 있다는 것이다.

2015년에 발표된 한 연구에서는 환자가 이야기한 내용과 형식을 인공지능으로 분석하여 조현병과 같은 정신질환이 추후 발병할 것인지를 정확하게 예측했다.[1] 총 34명의 젊은 환자가 이야기한 내용의 의미적인 구성뿐만 아니라, 구문의 길이나 한정사determiners의 사용과 같은 형식상의 특성도 분석하였다. 이를 바탕으로 정신질환 발병 위험군 여부를 구분하는 인공지능을 만든 결과, 추후 정신질환이 발병한 환자 5명을 100%의 정확도로 예측했다. 비록 소규모 연구였지만, 인공지능도 정신질환을 진단하기 위해서 적용할 수 있다는 가능성을 보여주었다.

더 나아가서 또 다른 연구에서는 환자의 말에서 드러나는 언어적 요소뿐만 아니라, 목소리에서 나타나는 비언어적인 요소를 바탕으로 자살 위험군을 성공적으로 구분할 수도 있었다.[2] 2016년 소개된 이 연구에서 연구자들은 환자가 몇 가지 질문에 구술로 답한 것을 분석하였다. 환자가 구술한 내용을 받아적어서 언어적 요소linguistics도 분석하였을 뿐만 아니라, 이번에는 목소리의 진동, 진폭, 공명, 침묵하는 시간의 길이 등을 기준으로 비언어적인 요소acoustics도 분석하였다.

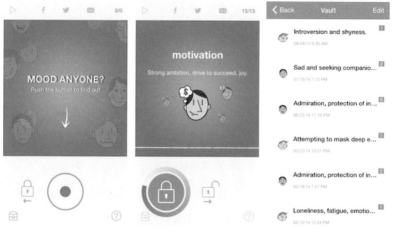

목소리에서 감정의 분석을 시도하는 비욘드 버벌의 앱 무디스

연구진은 이러한 기준을 바탕으로 인공지능을 개발하여 연구에 참여한 환자들을 자살 위험군, 정신질환은 있으나 자살 위험은 없는 군, 정상군의 세 가지 그룹으로 환자를 구분해보았다. 그 결과 상당히 높은 정확도로 자살 위험군을 구분할 수 있었다. 예를 들어 언어적 요소와 비언어적인 요소를 모두 이용하여 자살 위험군과 정상군을 AUC 0.9 이상의 정확도로 구분해낼 수 있었다. 또한 이 경우 언어적인 요소만 고려하더라도 AUC가 0.93으로 높게 나왔다. 이는 의사들이 환자와 이야기해보고 '뭔가 좀 이상한데?' 하고 직감적으로 알아차릴 수 있는 자살 위험군을 보다 정량적이고 체계적으로 구분할 수 있다는 의미로 해석할 수도 있다.

사실 이렇게 사용자의 목소리에서 감정을 분석하려고 하거나, 우울증의 징후를 찾으려는 시도들은 사업적으로도 활발하게 진행되고 있다. 이스라엘의 스타트업 비욘드 버벌Beyond Verbal은 사용자의 목소리에서 감정을 80% 정도의 정확도로 분석할 수 있다고 주장한다.[3]

말할 때의 목소리, 톤, 크기, 멈춘 정도 등의 비언어적 요소들만으로 목소리에 담긴 여러 감정을 약 20초 내외의 간격으로 분석한다. 무디스Moodies라는 스마트폰 앱으로도 나와 있어서 일반 사용자도 쉽게 사용해볼 수 있다.

그런가 하면, 미국의 스타트업 퓨어테크 헬스PureTech Health는 목소리로 우울증을 진단하는 인공지능을 개발하고 있다. 이 회사는 아키리Akili라고 하는 아이패드 기반의 주의력결핍 과잉행동장애ADHD 치료 게임을 개발하는 것으로 잘 알려져 있으며, 이외에 목소리로 우울증을 파악하는 연구도 하고 있다.[4, 5] 1,000명 이상의 환자를 대상으로 한 초기 연구결과에 따르면, 6초 정도의 짧은 목소리를 분석하여 우울증이 있는지를 AUC 0.93의 높은 정확도를 보여주기도 했다.

트위터로 양극성 장애 환자 구분하기

또한 트위터에 쓴 내용과 트윗을 올리는 패턴을 인공지능으로 분석하여 양극성 장애 환자와 정상인을 정확하게 구분한 연구도 있다.[6, 7] 스마트폰이나 페이스북, 트위터 등의 소셜네트워크가 일상생활과 밀접해지면서, 사용자의 건강 상태가 SNS의 사용 패턴에 반영되는 경우가 많다. 이를 표현형phenotype의 확장으로 보아 디지털 표현형digital phenotype이라고 부르기도 한다.[8]

양극성 장애는 대표적인 기분 장애의 일종으로 기분이 들뜨는 조증이 나타나기도 하고, 기분이 가라앉는 우울증이 나타나기도 하여 조울증이라고 부르기도 한다. 양극성 장애 환자는 30%가 자살로 생을 마감한다는 통계도 있다. 이러한 극단적 상황을 막기 위해서는 조기 발견 및 치료가 중요하다.

대만의 연구진은 양극성 장애 환자들의 증상이 트윗에 반영된다고 보았다. 이 환자들은 기분의 변화가 심하고, 그에 따라 의사소통하는 패턴이 달라지고, 수면 장애를 겪는 경우가 많다. 이에 연구진은 환자의 트위터의 내용이나 패턴(밤늦게 트윗하는 빈도, 멘션의 빈도, 날마다 트윗 빈도의 격차 등) 및 기분, 사회적인 관계 등을 분석하였다. 또한 음운론에 기반한 새로운 피처feature도 만들었는데, 트윗한 단어들이 실제로 발음되면 얼마나 강한 억양을 나타내는지도 계산했다.

이를 바탕으로 양극성 장애 진단을 받은 환자 406명의 트윗과 대조군의 트윗을 구분해보았다. 양극성 장애를 진단받기 1년 전의 트윗부터 모아서 기계학습으로 대조군과 얼마나 잘 구분할 수 있는지를 본 것이다. 특히 진단받은 시점부터 2개월 전까지, 3개월, 6개월, 9개월, 12개월 전까지의 데이터를 각각 분석해보았다.

그 결과 90% 이상의 정확도로 양극성 장애 진단을 받기 이전에 환자(위험군)를 구분해낼 수 있었다. 음운론 피처와 사회적 상호관계를 파악하는 피처는 각각 단독으로도 진단 2개월 이전에 이미 0.9 이상의 정확도를 보였다. 특히 몇몇 피처를 조합하면 진단 12개월 전의 데이터까지 보더라도 0.97의 정확도로 위험군을 분류할 수 있었다.[*] 연구진은 양극성 장애 환자의 트윗에 증상이 무의식중에 반영되기 때문에 이를 인공지능으로 분석하면 증상을 이른 시기에 파악할 수 있다는 것이다.

---

* 더 정확히는, 이 논문에서는 인공지능의 정확성을 평가하기 위한 수치로 정밀도precision를 사용했다. 정밀도는 질병이 있다고 인공지능이 예측한 사람 중에 정말로 질병을 앓는 환자가 얼마나 있는지의 비율이다.

인공지능 의사와 환자의 유대감

그런데 사람이 아니라 인공지능이 환자와 정신과 상담을 진행한다면, 환자가 거부감을 느끼지 않을까? 인간이 아닌 존재에게 자신의 속 깊은 사정이나 아픈 기억을 털어놓는 것에 대해 환자들이 거부감을 느끼거나, 덜 신뢰할 수도 있다. 치료할 때에는 의사와 환자 사이에 소위 '라포rapport'라는 것이 중요하다고 이야기한다. 라포는 치료를 진행하면서 의사와 환자 사이에 형성되는 신뢰나 유대관계를 말한다. 그런데 인간이 아닌 인공지능 의사라면 환자와의 라포를 형성하기가 불가능하지 않을까?

하지만 연구에 따르면 놀랍게도 결과는 정반대로 나타난다. 환자들은 오히려 인간 정신과 의사보다 인공지능에 더 솔직하게 자신의 이야기를 털어놓는 것으로 드러났다. 환자들은 인간 의사들이 자신을 평가하고 판단하려고 한다고 생각하기 때문에 생각을 솔직하게 밝히거나 감정을 표출하는 것을 주저했다. 반면 인공지능 의사에게는 속마음도 좀 더 진솔하게 털어놓았고, 체면을 차리느라 부정적 감정의 표출을 주저하는 경향도 더 적었다.

서든 캘리포니아 대학교의 연구진은 심센세SimSensei라는 일종의 인공지능 상담사를 만들었다.[9, 10] 환자들은 스크린에 나타나는 가상의 여성 상담사와 함께 대화를 진행한다. 주로 환자의 정신적인 스트레스에 대한 질문을 던지고 환자는 이에 대답하게 된다. 이 인공지능은 환자가 하는 이야기를 인식할 뿐만 아니라 환자의 시선, 미소를 짓는 정도, 머리의 3차원적인 움직임, 표정에서 감정이 드러나는지 등을 실시간으로 상세하게 분석한다.

흥미로운 것은 환자들이 이 심센세를 인간 의사보다 더 편하게 느

인공지능 상담사 심센세 사용 장면

끼고, 강한 감정이나 자신의 치부나 상처를 좀 더 솔직하게 드러냈다는 점이다. 환자들의 이러한 성향은 다음과 같은 연구를 통해 밝혀졌다. 환자들은 화면의 심센세를 보면서 질문에 답을 하게 되는데, 연구자들은 환자들이 다음과 같이 두 그룹으로 나누어서 실험한다고 믿게 했다.

- 인공지능이 상담사 관여 없이, 상담한다고 '환자가 믿는' 그룹
- 화면에는 인공지능이 보이지만, 내부에서 상담사가 상담한다고

'환자가 믿는' 그룹

위와 같이 환자들이 '믿는' 것과는 완전히 별개로, 연구자들은 환자를 (환자들이 모르게) 다시 아래의 두 가지 그룹으로도 나누었다.

- '실제로' 인공지능이 상담사의 관여 없이 상담하는 그룹
- '실제로' 인공지능이 표면적으로는 상담하지만, 내부에서 사람이 상담하는 그룹

즉 환자들은 자신도 모르는 사이에 이러한 기준들에 의해서, 총 네 종류의 그룹으로 나누어지게 된 것이다. 이 환자들은 심센세가 던지는 민감한 질문들에 답을 진행했다. 예를 들어 후회되는 과거가 있는지, 지워버리고 싶은 기억이 있는지, 무엇에서 죄책감을 느끼는지 등에 답해야 했다. 연구자들은 네 그룹에서 환자들이 이 민감한 질문들에 어떻게 답하는지를 분석해보았다.

그 결과 자신이 인공지능과 상담한다고 '믿는' 환자들은 인간과 상담한다고 '믿는' 환자보다 더 솔직하게 이야기했으며, 자신의 치부를 드러내는 것도 덜 두려워했다. 또한 슬픈 감정도 더 잘 드러냈고, 상대에게 일부러 좋은 인상을 주기 위한 노력도 덜 했다. 반면 이 환자들이 (자신들도 모르게) 실제로 사람과 상담했는지, 혹은 인공지능과 상담했는지를 기준으로 비교했을 때는 솔직함에 별다른 차이가 없었다. 따라서 연구자들은 환자들이 사람보다 인공지능 상담사에게 더 솔직하고, 더 쉽게 마음을 연다고 결론을 내릴 수 있었다.

이에 대해 연구자들은 환자들이 사람과 상담할 경우, 자신이 다른

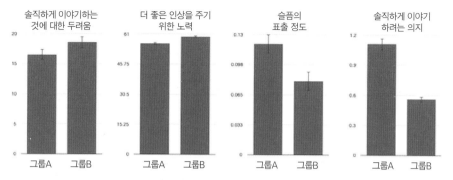

솔직하게 이야기하는 것에 대한 두려움	더 좋은 인상을 주기 위한 노력	슬픔의 표출 정도	솔직하게 이야기 하려는 의지
그룹A 그룹B	그룹A 그룹B	그룹A 그룹B	그룹A 그룹B

그룹A: 인공지능이 상담한다고 '환자가 믿는' 그룹
그룹B: 사람이 상담한다고 '환자가 믿는' 그룹

환자들은 인간 상담사보다 인공지능 상담사에게 더 솔직했던 것으로 드러났다.[9]

사람에게 평가당하는 느낌을 받으며 가능하면 좋은 인상을 주려는 경향이 있다. 하지만 인공지능을 대상으로는 이러한 경향이 적다고 설명했다. 실제로 연구에 참여한 환자들 몇몇은 이렇게 이야기했다. "사람보다 인공지능과 이야기하는 것이 훨씬 좋았어요. 저는 개인적인 일에 대해서 사람과 이야기하는 것이 불편해요." "가상 상담사가 실제로는 사람이 조종하는 것이라는 걸 말해주지 않았으면 좋았을 텐데요. 사람이 뒤에 있지 않았다면 저는 더 많은 것을 털어놓았을 것 같아요."[9]

외과는 인공지능에서 자유로운가

그렇다면 외과는 어떨까. 외과는 정신과와 함께 인공지능의 위협에서 가장 멀리 있다고 여겨지는 학과로 꼽힌다. 그도 그럴 것이 외과 의사들은 주로 손을 사용해서 수술한다. 현재 인공지능은 대부분이 소프트웨어의 형태이며, 손발을 가지고 있지 않기 때문에 외과 의

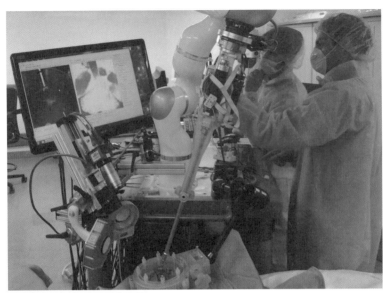

존스홉킨스의 자동수술로봇 STAR

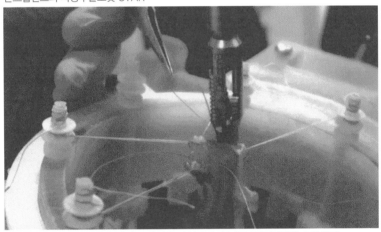

STAR는 봉합 중에 연부 조직의 움직임을 인식하여, 실시간 문합 방법을 조정한다.

사의 술기를 비슷하게 시행하기에는 기술적으로 어려운 점이 많다. 소위 로봇 수술이라고 불리는 다빈치da Vinci 시스템의 경우에도 로봇이 자동으로 수술하는 것이 아니라, 외과 의사가 3D 고해상도 카메라를 보면서 사람의 손목처럼 관절이 있는 소형 기구를 손으로 직접 조작하는 방식으로 이뤄진다.

하지만 최근 연구에 따르면 복잡한 수술까지는 아니더라도, 조직을 봉합anastomosis하거나 절개하는 정도의 간단한 술기는 외과 의사보다 로봇과 인공지능이 오히려 더 잘하는 것으로 드러났다.[11, 12] 2016년 미국의 국립소아 병원Children's National Medical Center과 존스홉킨스대학은 인간의 손을 완전히 배제하고 동물의 연부조직soft tissue을 자동으로 봉합할 수 있는 STARSmart Tissue Autonomous Robot를 개발했다. 이 로봇 STAR의 문합 실력은 경험 많은 외과 의사가 진행하는 기존의 다양한 수술법보다 여러 방면에서 더 우수했다.

연구진에 따르면 연부조직 수술은 특히 로봇으로 자동화하기 어렵다고 한다. 내장, 근육, 혈관과 같이 연한 조직을 의미하는 연부조직은 유연하고 탄력적이어서 수술 중에도 모양이 계속 변한다. 따라서 연부조직의 자동 수술을 위해서는 조직의 3차원적인 모양 변화, 움직임, 탄력 등을 실시간으로 측정하고 반영해야 하는데, 이것이 기술적으로 쉬운 문제가 아니다.

하지만 이 연구에서 개발한 로봇은 3D 컴퓨터 비전 등의 기술을 통해서 연부조직의 역동적인 움직임을 인식하고, 인공지능을 통해서 수술 중에 연부조직의 움직임에 맞춰서 실시간으로 봉합 방법을 조정해나가도록 개발되었다. 연구진은 이 로봇의 정확성과 효과를 증명하기 위해 돼지의 연부조직을 외부로 꺼내어서ex vivo 봉합하는 것뿐만 아니라, 살아 있는 돼지in vivo의 위장을 경험 많은 외과 의사가 손으로 꿰매는 것OPEN과 복강경 수술LAP, laparoscopy, 그리고 다빈치를 이용한 로봇 보조 수술RAS, robot-assisted surgery을 이용한 봉합 등 세 가지 기

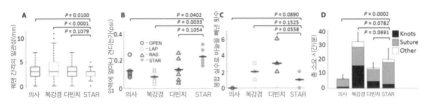

죽은 돼지를 봉합하는(ex-vivo) 것에 대한 여러 수술 방법들의 성과 비교[12]

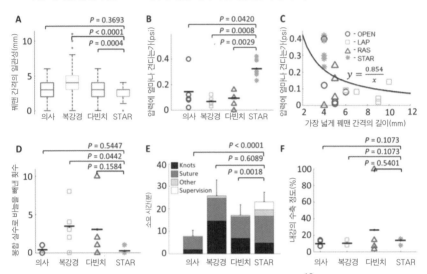

살아 있는 돼지의 위장 봉합술에 대한 여러 수술 방법들의 성과 비교[12]

존 수술법과 비교했다.

그 결과 외부로 꺼낸 연부조직과 살아 있는 돼지의 위장을 문합하는 경우 모두 STAR가 기존의 수술 방법들보다 대부분 더 나은 성과를 보였다. 평가 기준은 꿰맨 간격의 일관성spacing, 얼마나 압력을 가했을 때 꿰맨 부분이 새어 나오는지leak pressure, 봉합 실수로 바늘을 다시 빼내야 했던 횟수number of mistakes, 총 수술 시간completion time, 내강의 수축 여부lumen reduction 등이었다. 즉 STAR는 다른 수술 방식보다 꿰매는 간격도 일관적이고, 문합한 부분이 압력에도 더 잘 견뎠으며, 실

수도 적었고, 내강 수축 여부도 비슷했다. 총 수술 시간은 사람이 손으로 직접 하는 것이 가장 빨랐으나, STAR는 나머지 두 수술법에 비해서는 큰 차이가 없었다.

이 연구는 봉합이라는 비교적 간단한 술기를 시행한 것이지만, 그동안 자동화가 어려웠던 연부조직의 봉합에 사람의 손이 전혀 개입하지 않으면서도 기존의 수술법과 비교 가능할 정도의 성과를 내었다는 것에 의미가 있다. 특히 STAR는 하드웨어, 즉 수술 장비의 발전이라기보다는 연부조직의 3차원적 역동성을 시각적으로 인지하는 인공지능의 발전에 기인하는 바가 크다. 연구진은 이런 자동 수술 로봇을 통해 수술의 효과성, 일관성, 수술의 결과 등의 개선을 기대하고 있다.[13] 또한 외과 의사가 부족한 지역에서도 이런 기술을 활용할 수 있을 것이다.

자동 수술 로봇의 시작

이 연구진은 더 나아가 2017년 캐나다에서 열린 한 지능 로봇 학회에서 STAR가 외과 의사보다 조직의 절개도 더 잘한다는 결과를 발표했다.[14, 15] STAR는 외과 의사보다 더 정확하게 절개하고, 주변부 조직에 불필요한 상처도 덜 주며, 심지어 종양의 제거 수술에 대한 가능성도 보여주었다.

먼저, 연구진은 피부, 지방, 근육의 세 가지 돼지 조직을 이용해서 STAR가 조직을 얼마나 잘 절개할 수 있는지를 검증했다. 각각의 조직에 대해서 STAR가 다양한 속도, 깊이 등을 테스트하면서 정확하게 절개할 수 있도록 시험해보았다. STAR는 지난 연부조직을 봉합하는

Automated cutting in skin, fat, and muscle
at a variety of speeds, depths, and power settings

자동 절개 로봇으로 피부, 지방, 근육의 절개 능력을 검증[15]

연구와 비슷하게, 절개하는 부위와 수술 도구의 움직임을 시각적으로 관찰하면서 원래 계획했던 수술 도구의 움직임 등을 조정하면서 절개하였다.

이렇게 STAR가 조직을 잘 절개할 수 있다는 것을 증명한 이후에, 연구자들은 돼지 피부를 절개하는 실력을 외과 의사들과 비교해보았다. STAR와 외과 의사들은 모두 일직선으로 5센티미터를 절개하였으며, 지정된 절개 라인으로부터 얼마나 벗어났는지, 그리고 수술 부위에 얼마나 많은 상처를 남겼는지의 두 가지를 기준으로 비교해보았다. 그 결과 STAR의 절개가 지정된 라인과 더 가까웠고, 주변 조직에 상처도 덜 입히는 것으로 드러났다.

마지막으로 연구자들은 돼지의 지방조직에 점토로 만든 가짜 종양을 설치해놓고, STAR가 이 종양을 잘 제거할 수 있는지를 테스트해보았다. 이 점토 종양 덩어리는 지방질 속에 묻혀 있어서 로봇이 파악하기가 더 어렵게 되어 있었다. 연구자들은 이 종양에 표식을 달아놓고 4밀리미터의 여유 공간을 남기고 떼어내도록 하였더니, 이 제

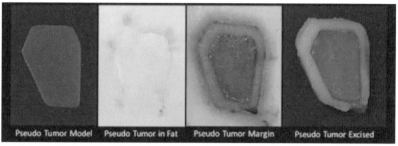

Pseudo Tumor Model　　Pseudo Tumor in Fat　　Pseudo Tumor Margin　　Pseudo Tumor Excised

자동 절개 로봇으로 지방질 속의 가짜 종양을 제거할 수 있는지 검증[15]

거 수술도 로봇이 정확하게 해낼 수 있었다. 다만, 이 모형 종양 제거 수술은 평면적인 2차원적인 조직에 대해서 테스트해본 것이며, 추후 3차원적으로 복잡한 구조를 가진 종양을 제거하는 것에 도전하겠다고 연구자들은 밝히고 있다.

이러한 기술의 발전이 계속된다면 앞으로는 로봇이 CT나 MRI에서 종양의 위치를 파악해 제거하는 수술을 자동으로 행하는 것도 상상해볼 수 있다. 사실 이는 아직은 먼 미래의 이야기처럼 보이기는 한다. 하지만 이번 장에서 언급했던 연부조직의 봉합이나, 불균일한 조직의 절개, 제한적이나마 종양을 자동으로 제공하는 비교적 간단한 술기도 과거에는 로봇이 자동으로 수행하기는 어려울 것으로 생각하던 것들이다.

자율주행차와 자동 수술 로봇

이런 자동 수술 시스템 때문에 외과 의사의 역할이 완전히 없어지지는 않을지도 모른다. 하지만 전체 수술 중에, 이러한 연구에서 증명된 기본적인 술기부터 점차 자동화되어갈 가능성이 있다. STAR 연구를 이끌었던 소아외과 전문의 피터 김Peter Kim 박사는 이러한 자동 수술 로봇을 자동차의 크루즈 주행 기능에 비유해서 설명한다.[16] "사람들은 자동차 운전할 때 크루즈 기능을 사용합니다. 수술에 대해서도 같은 원리가 적용됩니다."

크루즈 기능은 이미 많은 자동차에 적용되는 기술로, 운전자가 엑셀에서 발을 떼도 운전자가 지정한 속력을 일정하게 유지하는 기능이다. 운전대는 여전히 운전자가 잡고 있어야 하지만, 크루즈 기능을 이용하면 고속도로 등에서 액셀을 계속 밟고 있지 않아도 되니 편하게 운전할 수 있다. 피터 김 박사에 따르면, 수술은 여전히 사람이 집도하더라도 일부 간단한 기능부터 자동화될 수 있다는 것이다.

이런 부분을 보면 자율주행차가 구현되는 과정은 외과 의사에게도 의미심장할지도 모르겠다. 사실 운전자가 아예 필요 없는 자율주행차가 상용화되기 위해서는 많은 기술적, 법적, 윤리적 난관을 해결해야 한다. 테슬라 등에서 자율주행 성능을 구현했다고는 하지만 유사시에 사람이 운전하도록 핸들과 브레이크, 액셀러레이터가 달려 있다. 아예 운전대가 없는 자동차가 나오려면 더 오랜 시일이 걸릴 것이다.

하지만 자동차는 크루즈 기능 등으로 이미 자율주행을 부분적으로는 실현하고 있다. 부분적 자율주행과 관련된 기능은 계속 추가되고 있는데, 스마트 크루즈 기능(앞차와의 간격을 센서로 측정하여, 간격이 줄어들면 속력을 자동으로 줄여주는 기능)과 자동 주차 및 자동 차선 변경 기능도 추가되고 있다. 이에 따라서 운전자는 운전의 여러 기능적 측면 중 일부는 덜 사용하게 될 수도 있다. 필자는 개인적으로 좁은 공간에서 평행 주차를 어려워하는데, 자동 주차 기능이 적용되면 이런 걱정을 더 하지 않아도 될 것 같다.

이와 같은 단계적 자동화가 수술방에서도 서서히 일어날 것이다. 자동 수술 기술이 조직의 봉합에서 시작하여 조금씩 다른 영역으로 발전하고 적용되면, 진행방식도 변화될 것이며 필요한 역량 역시 바뀔 수 있다. 이러한 부분 역시 인공지능 때문에 변화되는 의사의 역할의 범주에 포함할 수 있겠다.

10장

인공지능의 시대, 의사는 무엇으로 사는가

이제는 인공지능에 의한 의사의 역할 변화 중 앞으로도 유지되고 더 강조될 역할과 더 나아가 새로운 역할에 대해서도 알아볼 차례다. 최근의 의료 인공지능 관련 논의에서는 의사의 '사라질 역할'에 너무 치중한 나머지, 유지될 역할과 새롭게 생겨날 역할에 대한 고민은 부족한 경우가 많다. 하지만 의사가 인공지능이 도입된 미래를 살아가고 변화에 맞춰 진화하기 위해서는 이 부분에 대한 더 많은 고민이 필요하다.

의학적 최종 의사결정권자

인공지능의 도입에도 불구하고 앞으로도 계속 유지될 인간 의사의 역할은 바로 최종 의사결정권자의 역할이다. 현재의 의료와 규제 패러다임 하에서는 의료 행위에서 의사의 판단과 의사결정을 완전히 배제하기는 어려울 것으로 보인다. 아무리 성능이 우수한 인공지능이라고 할지라도 오류의 가능성이 전혀 없다고 할 수 없기 때문이다. 따라서 인공지능이 최종적인 의사결정까지 내리는 것은 기술적으로나 윤리적으로도 바람직하지 않을 뿐더러, 환자나 의사 모두 받아들이기 어려울 것이다.

그러므로 예외적이거나 불가피한 경우를 제외한다면, 인공지능의 판단을 참고하여 최종적인 의료적 의사결정을 내리는 주체는 바로 인간 의사가 될 것으로 본다. 예외적인 경우라면, 역동적인 생체 신호에 따라 실시간으로 대응해야 하는 인공지능 정도를 들 수 있겠다. 우리는 7장에서 혈당 변화를 예측하는 인공지능에 대해서 알아보았다. 예를 들어 이러한 인공지능이 인공췌장 기기와 결합하여 환자의 혈당 변화를 예측하고 그에 따라 인슐린 용량을 하루 24시간 실시간으로 자동 조절한다고 가정해보자. 이런 경우 매번 의사의 판단이 개입되기는 어려울 것이다.

하지만 앞서 우리가 살펴본 왓슨 포 온콜로지나 딥러닝 영상 분석, 패혈증이나 심정지 예측 등 많은 경우에는 인공지능이 도출한 결과를 최종적으로 의사가 판단하는 과정을 거칠 것이다. 2017년 12월에 발표된 FDA의 의료 인공지능 의료기기 가이드라인에도 인공지능의 판단 과정과 결론에 대해서 의사가 독립적으로 검토할 수 있는지를 기준으로 구분하고 있다.[1] 특히 의사가 독립적으로 판단할 수 있게 해주며, 그 결과의 근거를 의사가 평가할 수 있는 경우라면 해당 인공지능은 의료기기 인허가를 받을 필요가 없는 것으로 규정하고 있다. 반대로 의사의 독립적인 판단을 보장하지 않는 경우에는 엄격한 임상시험

과 인허가 과정을 거쳐서 의료기기 인허가를 받아야만 한다.[*]

여기에서 한 가지 반론이 있을 수 있다. 의료에서 의사결정은 의사만 하는 것이 아니기 때문이다. 특히 최근에는 치료법 결정 등에 환자를 참여시키는 경향이 커지고 있다.[2, 3] 대부분의 의학적 상황에서는 한 가지 이상의 합리적인 치료 방식이 존재하게 되며, 다른 치료 방식은 다른 효과 및 부작용, 비용을 수반하게 된다. 이 경우 진단이나 치료법을 결정하는 과정에 환자 본인의 가치관과 의향을 반영하는 것을 '공유된 의사결정shared decision making'이라고 부른다. 이러한 과정을 통해 '내 신체에 대한 결정에 나도 참여한다'는 것이 가능해지기 때문에 환자의 권리도 증진될 뿐만 아니라, 치료에 임하는 자세와 치료 결과까지도 개선된다.[4]

다만 이러한 경우에도 환자를 의사결정에 참여시키고, 정보와 치료 옵션을 제공하는 등의 과정을 이끄는 주체는 역시 의사이다. 또한 환자가 원한다고 할지라도 의학적으로 불가하거나 의사의 판단에 반하는 결정을 내리기는 어려울 것이다. 따라서 기본적으로 의사가 의학적 최종 의사결정 과정에 중심적인 역할을 한다는 것은 변하지 않는다.

이러한 부분 때문에 의료 인공지능이 의사결정 과정에 도입된다고 할지라도, 그 결과에 대한 책임은 일차적으로 의사에게 있을 것이다. 인공지능의 결론을 받아들일지, 환자에게 어떻게 활용하고 적용할지를 최종적으로 결정하는 주체가 바로 의사이기 때문이다. 이렇

---

[*] FDA의 이 가이드라인의 이 원칙이 적절한지에 대해서는 이미 약간의 논란이 있다. 위험성에 따라서 의료기기를 구분한다는 원칙이 여기에는 적용되지 않는 것처럼 보이기 때문이다. 예를 들어, 이 원칙에 따르면 위험성이 매우 낮은 앱의 경우에도 의사가 개입하지 않는다면, 의료기기로서 임상연구 및 인허가를 받아야 한다는 것이므로 적절하지 않을 수 있다. 이 가이드라인에 대해서는 향후 변화 추이를 지켜볼 필요가 있다고 생각한다.

게 의료 인공지능이 개입된 의료적 의사결정에서 의료 사고가 발생할 경우 책임의 소재가 누구에게 얼마나 있는지는 복잡한 이슈이므로, 「12장 인공지능이 의료사고를 낸다면」에서 별도로 논의하도록 하겠다.

또한 의사의 입장에서는 이러한 최종적 의사결정에 대한 권한과 그에 따른 책임은 결코 놓을 수 없고, 놓아서도 안 된다. 이는 임상의로서 지킬 수 있는 마지막 보루와 같은 것이기 때문이다. 필자는 페이스북 등에서 공유된 의료 인공지능 관련 기사에 대해 일부 의사들이 "이제 닥터 왓슨이 모든 문제를 해결하실 테니, 왓슨이 의료 사고 책임도 지시면 되겠네요."와 같은 조소 섞인 반응을 볼 때가 있다. 하지만 의사의 입장에서는 이렇게 의료 사고의 책임까지 인공지능이 지게 되는 상황을 맞이하는 것이 절대 바람직하지 않을 것이다. 의사결정의 결과에 대한 책임을 진다는 것은 그 의사결정의 권한까지도 가진다는 의미이기 때문이다.

자율주행차와 의사의 미래

인공지능이 도입되더라도 의사의 최종 의사결정권이 앞으로 사라지지 않을 것이라는 점에 대해서는 상기와 같은 정도가 현재의 의료 패러다임 하에서 우리가 논리적으로 상정해볼 수 있는 범위로 보인다. 하지만 여기에도 몇 가지 더 고려해볼 점이 있다. 필자는 두 가지 정도를 언급하고 넘어가려고 한다. 하나는 자율주행차의 비유이며, 또 다른 하나는 바로 인공지능에 의한 의사의 탈숙련화deskilling 가능성이다.

먼저 자율주행차의 비유를 보자. 자율주행 기능의 상용화가 진행됨에 따라서 관련 법규나 원칙의 변화뿐만 아니라 교통 인프라의 변화에 대한 논의까지도 활발하다.[5] 대표적인 이슈로는 도로교통법상 자율주행차를 법적으로 어떻게 정의할 것이냐, 자율주행차의 운전석에 사람이 반드시 착석해야 하는가, 자동차를 제어하는 인공지능인 자율주행시스템을 '운전자'로 볼 수 있는지 등에 대한 것이다.[6] 또한 자율주행차의 사고가 났을 경우 책임의 주체는 누가 되어야 하는지, 자율주행차도 면허가 필요한지도 고려 사항이다.[7, 8]

이미 이런 논의에 따라서 규제적으로도 예전에는 상상하기 어려웠던 근본적인 변화들이 일어나고 있다. 예를 들어 사람이 아닌 자율주행차를 '운전자'로 인정하는 부분이 그러하다. 자율주행 시스템은 사람이 아니기 때문에 사고 발생 시에 법적 책임을 부과할 수 없어서 법적 규율에 있어 공백이 발생할 가능성이 있다.[6]

이에 2016년 2월 미국에서는 자율주행차 자체가 운전자가 된다는 개념을 인정한 바 있다. 미국 도로교통안전국NHTSA은 구글이 개발하고 있는 자율주행차가 연방법상 차량 안전 규정에 부합하는지 묻는 질의에 대한 답변서에서 "차에 타고 있는 사람이 운전하지 않았을 경우, 그 차를 움직이게 한 '그 무엇'을 '운전자'로 보는 것이 타당하다."라고 밝힌 것이다. 이는 자율주행 자동차의 경우 '차 자체'가 운전자가 된다는 개념을 도로교통안전국에서 인정한 것으로 해석할 수 있다.[6, 9]

또한 사람이 운전하는 것보다 자율주행차가 운전하는 것이 더 안전하다는 근거도 도출되고 있다. 미국 도로교통안전국은 테슬라의 2014년부터 2016년의 주행 데이터를 분석하여 오토파일럿 기능이

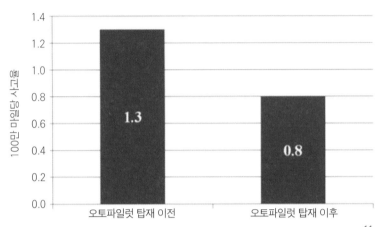

100만 마일당 사고율

| 1.4 |
| 1.2 |
| 1.0 |
| 0.8 |
| 0.6 |
| 0.4 |
| 0.2 |
| 0.0 |

1.3 오토파일럿 탑재 이전

0.8 오토파일럿 탑재 이후

테슬라의 주행 데이터 분석 결과 오토파일럿 기능 탑재 이후의 사고 발생률이 더 낮았다.[11]

추가되기 전과 이후의 에어백 작동 빈도를 살펴보았다. 에어백의 작동이 큰 사고의 발생을 확인할 수 있는 지표가 되기 때문이다. 그 결과 오토파일럿 기능 탑재 이후의 사고 발생률이 더 낮았다. 자율주행 기능 탑재 전에는 에어백 작동 빈도가 80만 마일당 1회였던 반면, 탑재 후에는 130만 마일당 1회로 더 줄어들었던 것이다.[10, 11]

향후 자율주행차의 성능이 더 좋아짐에 따라서 더 많은 사고를 줄일 수 있을 것이고, 이에 따라 더 많은 목숨을 구하고 더 많은 돈을 아낄 수 있을 것이다. 미국의 랜드연구소에서는 자율주행차의 안전 주행능력이 사람보다 10% 나은 상태에서 2020년부터 미국에 자율주행차를 도입할 경우 2070년까지 110만 명의 목숨을 구할 수 있다는 연구결과를 내놓았다.

현재의 과도기적인 상황에서는 자율주행차의 기능을 사용하더라도 사람이 운전석에 앉는 것이 법제화되어 있다. 더 나아가 차량 내부에는 핸들과 페달 등이 장착된 운전자의 좌석이 반드시 있어야만 한다. 하지만 기술이 발전되고, 사회문화적인 변화가 일어나면서 자연적으로 운전을 직접 하는 사람들은 줄어들고, 인간이 운전한다는 행위가 사회적으로 퇴화하여, 예외적인 경우를 제외하면 차량 내부에 운전석이 사라질 수도 있다.

혹자는 여기에서 더 나아가 사람이 운전대를 잡는 것이 미래에는 '불법'이 될 수도 있다고 주장한다.[12, 13] 많은 시간이 걸리긴 하겠지만 결국 자율주행차의 사고 확률이 0%에 수렴하는 때가 온다면, 사람이 운전하면서 '자신과 다른 사람의 생명을 위협하는 일'이 법적으로나 윤리적으로도 옳지 않은 일이 될 수 있다는 것이다. 이렇게 패러다임의 전환 이후에는 현재 불법인 것이 합법이 되고, 현재 합법인 것이 불법이 된다. 패러다임의 변화는 기술의 발전뿐만 아니라, 사회 문화적, 윤리적인 변화, 사람들의 인식 변화도 동반한다. 그런 전환 이후에는 현재의 원칙과 상식은 통용되지 않을 것이다.

이러한 자동차 인공지능에 대한 패러다임의 변화가 의료 인공지능에서도 일어나지 않으리라는 법은 없다. 현재의 의료 패러다임 하에서는 인공지능이 의사를 대신해서 최종적인 의사결정까지 내린다는 것은 규제나 법적으로도 문제의 소지가 있어 보이며, 인간의 목숨을 온전히 기계에 맡긴다는 것이 매우 비윤리적으로 보인다.

하지만 의료의 패러다임이 근본적으로 뒤바뀐다면 현재 우리가 의료에 대해서 가지는 전제 자체도 바뀔 수 있다. 이는 의료 지식이나 진단 프로세스나 의사결정 권한뿐만 아니라, 보험제도나 의료법 및 윤리와 같은 사회 문화적 패러다임의 변화를 수반할 것이다.

현재 인공지능이 의사를 배제한 채 의료적 의사결정을 내리게 하는 것은 불법일뿐만 아니라 윤리적이지도 않다. 하지만 만약 특정 문제에 대해서 장기적 임상연구를 통해 인공지능이 충분한 수로 이루어진 의사 그룹보다 더 높은 민감도와 특이도를 가지며, 더 일관적이고 효율적인데다가 더 낮은 비용으로 의료적 의사결정을 내릴 수 있다는 것이 증명된다면 어떻게 될까. 과연 이러한 패러다임의 전환 이후에도 인공지능의 결과를 바탕으로 인간 의사가 최종 의사결정을 내리는 것이 의학적으로 타당하다고 볼 수 있을까. 더 나아가서 인간이 인간을 진료하는 것이 여전히 합법적이며, 윤리적이라고 할 수 있을까. 고민해볼 문제다.

의사의 탈숙련화

최종 의사결정권자로서의 의사의 역할에 대해서 고려해야 할 또 다른 부분은 바로 인공지능에 의한 의사의 '탈숙련화'의 가능성이다. 앞서 자율주행차에 비유하여 의료 인공지능의 영향을 설명했지만, 자율주행차와 의료 인공지능 사이에는 중요한 차이가 있다. 자율주행차가 차선을 바꾸거나, 브레이크를 밟고, 속도를 줄이거나 높이고, 방향 지시등을 넣을 때마다 매번 운전자의 허락을 받지는 않는다. 하지만 의료는 주요 의사결정에 대해서 의사의 허락을 받아야 한다는 점에서 환자에 대한 최소한의 안전판이 있다고도 볼 수 있다. 앞서 언급한 FDA가 인공지능의 의료기기 여부를 판단하는 기준으로 의사의 개입 여부를 따지는 것도 이를 반영한다.

하지만 의사라는 '최후의 보루'가 있기 때문에 환자에게 위해가 적을 수 있다는 전제는 그 자체로 재고의 여지가 있다. 왜냐하면 인간의 전문성을 믿고 사용하는 보조적인 기술이, 나중에는 반대로 인간

의 전문성을 저하할 여지가 있기 때문이다. 이러한 현상을 소위 '탈숙련화'라고 부른다.[14, 15]

흔히 왓슨과 같은 의료 인공지능을 자동차 내비게이션에 비유하기도 한다. 내비게이션이 없던 시절 승용차에는 '정밀 도로 지도'와 같은 지도책 한 권 정도는 모두 가지고 다녔다. 그 시절에는 초행길을 가려면 지도를 미리 펼쳐보고 어느 고속도로에서 몇 번 국도로 빠질지 등을 미리 숙지해야 했다.

내비게이션이 대중화된 이제는 이런 지도책이 없이도 처음 가는 목적지도 가장 빠른 길을 쉽게 찾아갈 수 있게 되었다. 하지만 네비게이션 때문에 운전자들은 정작 예전보다 길이나 지리를 잘 알지는 못한다. 또한 네비게이션이 잘 작동하지 않거나 오류가 있는 경우, 생각지도 못하게 엉뚱한 곳에서 길을 헤매거나 낭패를 보기도 한다. 실제로 필자는 경기도의 한 시골에서 내비게이션이 알려주는 방향을 믿고 가다가 길이 갑자기 끊기는 바람에 차가 논두렁에 빠져서 기중기로 들어 올려서 간신히 꺼낸 적도 있다.

이러한 '탈숙련화' 현상을 더욱 적나라하게 보여주는 곳이 바로 비행기의 조종실이다. 자동 항법 시스템의 발달 덕분에, 비행기 조종사는 이제 이착륙 시 이외에는 거의 조종간을 잡지 않는다. 그 결과 조종실에 들어가는 인원도 크게 줄었다. 1940년대에는 두 명의 조종사 외에도 항공기관사, 항공사, 무선통신사 등 총 다섯 명이 들어갔다. 그러나 이후 점차 줄어들어서 1980년대 이후로는 두 명의 조종사만 남게 되었다. 그리고 이제는 두 명의 조종사도 너무 많다는 의견이 나오기도 한다.

이러한 자동화 과정에서 비행기 사고로 목숨을 잃는 사람의 수는 크게 줄었다. 1962년에서 1971년 사이에는 100만 명당 133명이 비행기 사고로 사망했으나, 이 숫자는 2002년에서 2011년에는 100만 명당 2명으로 줄어들었다.[14, 16]

자, 그런데 무엇이 문제일까. 바로 이 과정에서 조종사들의 숙련도가 하락했다는 것이다. 즉 오토파일럿 기능에 대한 지나친 의존이 조종사의 전문지식과 반사신경을 감퇴시키고, 집중력을 떨어뜨렸으며, 수동 비행 기술을 퇴화시켰다. 2013년 미국 연방항공국Federal Aviation Administration의 '조종석 자동화에 대한 광범위한 정부 연구 보고서'에 따르면 최근 일어난 사고 중에 절반 이상을 조종사들의 상황 인식 저하와 수동 비행 기술의 약화와 같은 자동화 관련 문제들과 연관 지었다.[14, 17]

한 연구에서는 영국의 66명의 베테랑 조종사를 대상으로, 비행 시뮬레이터에서 엔진이 폭발한 보잉 737기를 '수동으로' 조종해서 악천후를 뚫고 무사히 착륙시키는 난이도 높은 조종을 시켜보았다.[18, 19] 이 실험 결과 조종사 대부분은 '용인' 수준을 겨우 넘는 정도로 수동 조종에 서툴렀다. 특히 주목할 만한 부분은 실험 직전 두 달 동안의 수동 비행시간의 양과 조종 능력이 상관관계가 있었다는 것이다. 즉 조종사들의 전문 조종 기술을 지속해서 사용하지 않으면 결국 전문성이 퇴화한다는 의미이다.

비행기에 처음 자동 시스템을 도입할 때에도, 파일럿이라는 최후의 보루가 있기 때문에 안전하다고 생각했을지 모른다. 오토파일럿 기능에 문제가 있으면 수동으로 조종하면 되기 때문이다. 하지만 자동화로 인한 파일럿의 탈숙련화라는 변수를 고려하지 못했던 것이다.

이처럼 의료 인공지능의 도입도 시간이 지남에 따라 의사들의 탈

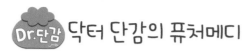

닥터 단감의 퓨처메디

"닥터왓썹-3"

기획. 유진수, 이어진, 정지훈
글그림. 유진수 (삼성서울병원)

이러한 과정을 장기간 거치게 되면 의사의 탈숙련화 문제가 필연적으로 대두될 것이다.

(출처: 동아일보)

숙련화를 일으키지 않는다는 법은 없다. 처음 도입될 때와는 다르게 시간이 지남에 따라서 의사들이 인공지능의 판단을 비판 없이 받아들이게 되거나 의존도가 높아질 수도 있다. 또한 의료에는 요양급여 등의 문제로 의사들이 인공지능의 판단에 반드시 따라야 할 상황이 올 수도 있다. (예를 들어 심평원에서 인공지능을 도입하여, 인공지능의 판단과 지나치게 다른 판단을 내리는 의사에게는 보험급여를 삭감한다면?) 이런 경우에 의사의 탈숙련화 문제는 더욱 심각해질 수 있다.

지금까지 우리는 의료 인공지능의 도입에 대해서 의사의 '유지될 역할' 중에 최종 의사결정권자의 역할을 논하고 있다. 기본적으로 의사가 의료 행위에 대한 결정을 내리고 그 책임도 지는 역할은 앞으로도 유지될 것이다. 최소한 현재의 패러다임 하에서는 말이다. 하지만 기술의 발전에 의한 의료, 사회, 문화, 윤리적 패러다임의 전환과 인공지능에 의한 의사의 탈숙련화 가능성에 대해서도 깊은 고찰이 필요하다.

인간 의사의 인간적인 일

의료 인공지능의 도입으로 인해 앞으로 유지, 혹은 더 강조될 또 다른 인간 의사의 역할은 바로 '인간적인 측면'이다. 다시 말해, 의사들이 환자에게 줄 수 있는 공감 능력이나 감성적 측면과 같은 '휴먼터치'라고 할 수 있다. 환자들이 겪는 고통을 이해해주며, 위로해주고, 더 통합적인 의료가 이루어질 수 있도록 하는 '따뜻한 인간의 손길'을 가진 진료를 하는 것이다. 이는 환자의 마음, 환자의 고통, 환자에 대한 깊은 이해와 통찰력이 필요한 부분이다. 더 나아가서 환자와 의사 사이뿐만 아니라 의사와 의사 사이, 혹은 의료계와 의료계 외부 사회의 관계 형성과 의사소통 능력도 여기에 포함될 수 있겠다.

의료 인공지능이 활발하게 사용될 미래에는 이런 역할이 더 강조될 것이 분명하다. 하지만 이런 역량을 함양하는 것은 매우 어렵고, 가르치고 배우기도 쉽지 않은 일이다. 더 문제는 현재의 의료 체계나 일선 진료 현장에서는 간과되고 있는 (혹은 현실적으로 고려하기 어려운) 부분이며, 심지어는 '공감 능력' 운운하는 것은 비과학적으로 들리는 측면도 있기 때문이다.

현재 의과대학생의 교육 커리큘럼이나 전공의 수련 과정에서도 마찬가지다. 의대 교육과정에서는 의학적인 지식을 가르치고 기술적인 측면을 함양하는 것에는 노력을 기울이지만, 의료의 기능적인 측면 외에 환자를 인간 대 인간으로 대하고, 공감 능력이나 의사소통 능력 등 의료의 인간적인 측면을 계발하는 것은 상대적으로 간과된다.[20] 진료실에서 의사는 많은 경우 환자를 하나의 인격체라기보다, 일종의 증상의 집합체amalgamation of symptoms로 바라보는 데 익숙하다.[21]

사실 의료인뿐만 아니라 그 누구에게라도 공감이나 소통은 어려운 일이다. 다른 사람을 단순히 머리로 이해하는 것에서 더 나아가서, 그 사람의 입장이 되어보고 그 사람의 기쁨과 고통을 함께 느끼는 것이 공감이다. 의사소통 능력도 마찬가지다. 때로 말하는 능력보다 듣는 능력이 더 필요하다. 특히 병원은 공감과 소통이 더욱 필요한 공간이다. 누구나 환자가 되면 신체적인 고통과 정신적인 불안을 겪을 수밖에 없으며, 일상생활에서보다 더 많은 공감과 소통을 갈구하게 된다.

환자가 병원에서 공감과 소통을 원하는 가장 중요한 대상은 바로 의사이다. 하지만 의사는 이런 능력을 발휘할 시간적 여유도, 정신적 여유도 없고, 이를 위한 교육도 받지 못했다.[22] 진료실에서 공감 능력을 더 발휘하고, 소통을 더 잘해야 한다는 동기도 부여되지 않는다. 대학병원에서 의사들은 끊임없이 진료 실적의 압박에 시달리지만, 환자에게 따뜻한 말 한마디 더해준다고 해서 의료 수가를 더 받을 수 있는 구조도 아니다. 여기서 수가 문제를 거론하는 것은 공감 능력에 의사 개인의 역량뿐만이 아니라, 한국 의료 시스템의 구조적인 특성도 있다는 것을 지적하기 위함이다. 이는 추후 더 자세히 이야기해 보겠다.

나쁜 뉴스 전하기

의사의 공감 능력과 의사소통 능력이 가장 필요한 때가 바로 '나쁜 뉴스'를 전할 때이다. 대표적인 '나쁜 뉴스 전하기'의 예시는 바로 종양내과에서 의사가 환자에게 암에 걸렸다는 진단 결과를 전달하거나, 암의 재발 혹은 전이 등을 알려줄 때이다. 딥러닝으로 의료 데이터를 분석하여 암을 확인했다고 할지라도, 이 결과를 환자에게 전달하는 것은 인간이 해야 하고, 인간밖에 할 수 없는 일이다. 종양내과와 같은 일부 진료과의 경우 의사들이 이런 역할을 더 자주 한다. 연구에 따르면 한 명의 종양내과 의사는 평생 환자에게 '나쁜 뉴스'를 2만 번 정도 전한다고도 한다.[23]

의사가 환자에게 이런 나쁜 뉴스를 어떻게 전하는지는 매우 중요하다. 환자를 인격체로 대하고 감정적인 위로를 전해야 한다는 윤리적 의미뿐만 아니라, 나쁜 뉴스를 전하는 방식에 따라서 환자가 질병을 대하고 치료를 받는 자세, 치료 중 느끼는 우울함의 정도와 심지어는 치료 결과까지 달라진다는 근거가 있기 때문이다. 예를 들어 유방암 환자들을 5년 동안 관찰한 결과, 의료진과의 커뮤니케이션 만족도가 유방암 환자의 삶의 질quality of life에 유의한 영향을 미쳤다.[24] 또한 피부암 환자들의 경우, 의사가 피부암 진단 소식을 어떤 방식으로 전하는지에 따라서 우울증이나 분노 장애와 같은 어려움을 겪는 수준도 달라졌다.[25]

또한 의사가 나쁜 뉴스를 전하는 유형에 따라서도 환자에게 미치는 영향이 크게 달라짐을 증명한 연구도 있다.[26] 의사의 커뮤니케이션 유형에 따라 환자들이 의사로부터 얻는 감정적인 위로, 의사에게 느끼는 위압감, 치료에 대한 희망, 얻는 정보의 양, 진료 만족도 등이 달라진다는 것이다. 그뿐만 아니라, 치료 후 느끼게 되는 불안감이나 우울함의 정도 역시 의사의 커뮤니케이션 스타일에 따라서 크게 달라졌다. 몇 가지 유형의 의사소통 중에서, 개별 환자의 반응과 감정 상태와 필요에 따라서 기민하게 의사가 반응하면서 정보도 전달하고 공감 능력도 적절하게 발휘하는 '환자 중심' 유형이 가장 효과적이었다.

의사의 공감 능력이 치료결과를 좌우한다

그렇다면 의사의 공감 능력은 어떤 효과를 가질까. 의사가 공감 능력이 높을수록 환자의 불안감이 줄어들고 의사에 대한 신뢰도와 진료 만족도가 높아진다는 많은 연구가 있다.[22, 27-29] 미국의 존스홉킨스대학교 연구진은 유방암 환자와 건강한 여성을 대상으로 의사가 유방암 환자에게 상태를 설명하고 치료 방침을 결정하는 과정을 연출한 18분 길이의 비디오를 보여주었다. 여기서 한 그룹은 '일반' 버전의 비디오를, 다른 그룹은 '공감' 버전의 비디오를 보았다. 공감 버전은 다른 내용은 같았지만, 진료의 시작과 끝에 총 40초 동안 다음과 같은 말을 덧붙인다는 점이 달랐다.

- "(시작할 때) 어려운 상황인지 압니다만, 제가 늘 곁에서 힘이 되어 드리겠습니다. 오늘 제가 환자분께 말씀드릴 때 혹시라도 쉽게 이해가 되지 않는 부분이 있다면 언제든 마음 편하게 되물어 주세요. 우리가 지금 함께 있고, 앞으로 닥칠 어려움도 함께 헤쳐나갈 겁니다."
- "(마칠 때) 힘든 상황이시겠지만 제가 늘 도와드리겠다는 점을 다시 한번 말씀드립니다. 앞으로 모든 단계마다 제가 함께하겠습니다."

이 짧은 40초의 추가적인 이야기만으로도, 연구에 참여한 사람들은 '공감' 버전의 의사가 더 따뜻하고, 세심하며, 환자의 아픔에 공감하는 의사라고 평가했다. 또한 환자들이 훨씬 덜 불안해했고, 이 의사를 더 신뢰했다.[*]

의사의 공감 능력은 이렇게 의사와 환자의 관계 형성은 물론이고, 더 나아가서 환자의 치료 결과를 좌우할 정도로 중요하다. 이는 언뜻 비과학적인 이야기로 들릴 수도 있지만, 대규모 임상연구를 통해

---

[*] 이 연구는 청년의사 박재영 주간의 『개념의료』(청년의사, 2013)에 설명된 부분을 재인용하였다.

의사의 공감능력 수준에 따른 당뇨병 환자 891명의 치료 결과
(2006년 7월부터 2009년 6월)

치료 결과	의사의 공감 능력 수준에 따른 환자의 수 (%)		
	공감 능력 높은 의사 (n=205)	공감 능력 중간 의사 (n=282)	공감 능력 낮은 의사 (n=404)
당화혈색소			
<7.0%	115(56)	139(49)	163(40)
≥7.0% and ≤9.0%	59(29)	99(35)	135(34)
>9.0%	31(15)	44(16)	106(26)
나쁜 콜레스테롤 (LDL-C)			
<100	121(59)	149(53)	180(44)
≥100 and ≤130	56(27)	86(30)	128(32)
>130	28(14)	47(17)	96(24)

공감 능력이 높은 의사에게 진료받은 당뇨병 환자의 혈당과 콜레스테롤 수치가 더 좋았다.[30]

서 의학적으로 증명된 결과이다.[30-32] 제퍼슨 의과대학의 조셉 고넬라Joseph Gonnella 교수의 연구팀은 두 번의 연구에 걸쳐서 이를 보여주었다. 891명의 당뇨병 환자를 대상으로 한 2011년 연구에서는 공감 능력이 높은 의사에게 진료받은 환자들이 혈당의 관리(당화혈색소 기준)도 잘 되었으며, 나쁜 콜레스테롤LDL-C의 수치도 낮았다.[30] 의료진의 공감 능력 이외에 의료진과 환자의 성별, 보험 등의 여부는 차이가 없었다.

또한 2만여 명의 당뇨병 환자를 대상으로 한 2012년 연구에서도 역시 공감 능력이 낮거나 보통 수준인 의료진에 비해서, 높은 공감 능력을 갖춘 의사에게 진료받은 환자가 합병증이 덜 발생한다는 것을 보여주었다.[31] 공감 능력이 낮거나 보통인 의료진에게 진료받은 경우 급성 대사 합병증이 발생한 당뇨병 환자가 각각 1,000명당 6.5명, 7.1명이었던 반면, 공감 능력이 높은 의료진에게 진료받은 경우

의사의 공감능력과 그 의사에게 진료 받은 당뇨병 환자의 합병증 발생의 상관 관계
(의사: 242명, 환자: 20,961명)

Patient characteristics	의사의 공감 능력 수준		
	높음	중간	낮음
당뇨병 환자의 총 수	7,224	7,303	6,434
급성 대사 합병증			
환자의 수	29	52	42
비율 (1,000명당 발병한 환자의 수)	4.0	7.1	6.5

공감 능력이 높은 의사에게 진료받은 당뇨병 환자에게 합병증이 덜 발생했다.[31]

1,000명당 4.0명의 환자만 합병증이 발생했다. 이 연구에서도 의료
진의 공감 능력 이외의 다른 변수들은 환자의 치료 결과를 유의미하
게 설명하지 못했다.

그뿐만 아니라 의사들의 공감 능력과 커뮤니케이션 능력이 부족한
경우 의료 사고의 가능성이 높아진다는 연구결과도 있다.[33] 더 나아
가 의사의 공감 능력은 결국 의사들 본인에게도 도움이 된다는 주장
도 있다. 의사가 환자에게 공감하는 것은 결국 반대로 환자가 의사에
게도 공감하게 되어 긍정적인 피드백 순환을 일으킴으로써 의사들의
번아웃burnout을 줄여준다는 것이다.[34]

의사의 낮은 공감 능력

하지만 안타깝게도 현재의 의사들은 환자와 어떻게 의사소통하고,
공감하며, '나쁜 뉴스'를 어떻게 전할지에 대해서는 체계적으로 배우
지 못한다. 의대에서 의학적인 지식을 학습하고, 질병을 진단하고, 치
료하는 방법은 배우지만, 환자에게 이러한 소식을 어떻게 전하며 충

격을 받은 환자를 어떻게 대할 것인지에 대한 훈련은 간과되고 있다.[23, 35] 이런 커뮤니케이션 훈련을 받은 종양내과 전문의는 전체의 5%에 지나지 않는다는 조사 결과도 있다.[35] 그 결과 의사들은 환자들이 이해하기 어려운 의학적인 용어로만 가득 찬 설명을 하거나, 정보를 지나치게 적게 혹은 많이 주거나, 환자가 필요로 하는 만큼 시간을 할애하지 못하거나, 환자에게 헛된 희망을 주거나 혹은 불필요하게 불안감을 키우는, 좋지 못한 의사소통을 하게 된다.[23, 26]

그렇다면 실제로 진료실에서 발휘되는 의사들의 공감 능력은 어느 정도 수준일까? 이와 관련하여 미국에서는 종양내과 의사들을 대상으로 진행한 흥미로운 연구결과가 발표된 바 있다. 암 환자와 종양내과 전문의가 진료실에서 하는 대화를 녹음해서 환자의 이야기에 의사가 공감 능력을 발휘할 기회가 총 몇 번이나 있었는지, 그리고 그중에 의사가 몇 번이나 실제로 공감 능력을 발휘했는지를 측정한 것이다.

연구 결과를 공개하기에 앞서 독자들도 진료실의 의사가 얼마나 공감 능력을 발휘했을지 추측해보자. 필자가 강의 때 총 10번의 공감 능력 기회 중에 의사는 몇 번의 기회를 잡았을지를 청중에게 질문해보면, 흥미롭게도 의사로 구성된 청중과 일반인으로 구성된 청중의 예측이 조금 다르다. 의사의 예측은 상대적으로 높지만, 일반인들은 1번 혹은 0번에 손을 드는 사람도 꽤 많다.

이런 연구에 따르면 종양내과 의사가 진료실에서 실제로 공감 능력을 발휘하는 것은 총 열 번 중에 '한 번', 혹은 '두 번' 정도에 그친다.[36, 37] 2007년 『임상 종양학 저널Journal of Clinical Oncology』에 발표된 연구에서는 270명의 암 환자를 진료하는 종양내과 의사 51명의 진료실 녹음 파일 398개를 분석했다.[36] 이 대화 중에는 의사가 공감 능력을 발휘할 기회가 총 292회가 등장하는데, 의사는 이 중 22%의 경우에만 반응했다. 그런가 하면, 2008년 발표된 논문 「폐암 환자와의 대화에서 놓치는 공감의 기회Missed Opportunities for Interval Empathy in Lung Cancer Communication」라는 제목의 연구에서는 폐암 환자 137명과 의사들의 대화를 분석한 결과 384번의 공감 능력 발휘 기회 중에서 실제 의사가 공감을 표현한 경우는 10% 수준인 39번에 그치는 것으로 드러났다.[37]

이는 진료실에서 의사들이 환자에게 거의 공감 능력을 발휘하지 못한다고 해도 과언이 아닐 정도의 결과이다. 의사들이 환자에게 공감이 필요한 순간이라는 것을 인지하지 못했거나, 혹은 인지했음에도 불구하고 모종의 이유로 그 기회를 대부분 날려 먹고 마는 것이다. 이두 연구는 미국에서 행해졌지만, 국내에서도 상황은 크게 다른 것 같지 않다. 인간 의사가 인공지능에 대비해서 가질 수 있는 중요한 장점중 하나가 인간적인 공감 능력이며, 이 공감 능력이 환자의 치료 결과에도 큰 영향을 미치는 것을 고려하면 이는 문제가 아닐 수 없다.

왜 의사는 공감 능력이 낮을까

진료실에서 환자를 진료할 때 의사의 공감 능력은 왜 이렇게 낮을까? 원인을 알아야 문제의 해결도 알 수 있을 것이다. 여기에 대해서는 아마도 아래와 같은 세 가지 정도의 가설을 세워볼 수 있을 것이다.

- 가설 1. 원래부터 공감 능력이 부족한 학생들이 의과대학에 진학했다.

- 가설 2. 의대 교육과정과 전공의 수련을 거치며 공감 능력이 줄어들었거나, 제대로 발휘하는 법을 배우지 못했다.
- 가설 3. 지금도 의사의 공감 능력은 충분하지만, 현재의 진료 환경에서는 제대로 발휘되기가 어렵다.

위와 같은 세 가설 중에 어떤 것이 타당한지 알기 위해서는 더 연구가 필요할 것이다. 세 가지 가설 모두가 가능성이 있다고 본다. 가설 1의 경우, 고등학교 내신이나 수능 성적이 공감 능력과의 상관관계가 있을 수 있다. 최상위권 성적을 가진 학생만 의대에 진학할 수 있는데, 현재 교육 과정에서는 지적인 능력만을 평가하기 때문이다. 또한 의대 입시에서 정량적 성적 외에 인성 면접 등이 심도 있게 치러지지 못한다는 측면도 있을 것이다.

가설 2의 경우, 좀 더 가능성이 있어 보인다. 강조하였다시피 현재의 의과대학 교육 과정에서는 의학 지식과 기술적인 측면의 발전에는 큰 노력을 기울이지만, 의료의 인간적 측면을 계발하고 환자의 감정적인 필요를 충족시키기 위한 교육은 부족하다. 흥미롭게도 이를 뒷받침하는 연구결과가 있다. 미국의 의과대학에서 교육과 훈련을 받는 과정에서 학생들의 공감 능력이 오히려 감소한다는 것을 보여준 연구이다.[20, 21] 이 논문의 제목은 흥미롭게도 '악마는 3학년에 있다The devil is in the third year'로, 학생들이 강의실을 벗어나서 환자 대상의 실습을 시작하는 3학년 때 공감 능력이 급격하게 감소한다는 것을 보여주고 있다. 이러한 현상에 대해서 해당 논문에서는 수련 과정과 환경에서 오는 스트레스, 과중한 교육과정, 환자 진료 시에 마주하는 '현실', 본받을 만한 롤 모델의 부족 등을 원인으로 찾고 있다.

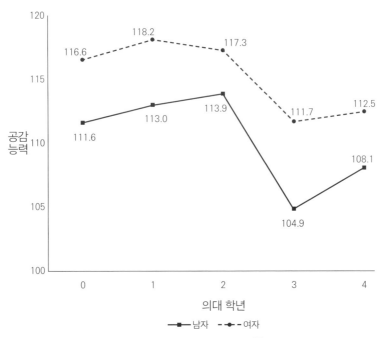

미국의 의대 과정 중 3학년 때 공감 능력이 급격히 감소한다.[20]

　다만 최근에는 이러한 의사의 공감 능력의 중요성에 대한 관심이 높아지고 있다. 특히 암 환자를 치료하는 종양내과나 완화 의료 등의 분야에서는 이런 측면이 강조되고 있다. 외국에서도 듀크 대학병원의 '온코토크OncoTalk'나 매사추세츠 종합병원의 '엠파테틱스Empathetics', 콜롬비아 대학의 '내러티브 의학narrative medicine'과 같은 프로그램이 생기고 있다.[24] 예를 들어 콜롬비아 대학의 내러티브 의학 과정은 '문학'을 통한 의학 교육으로 의사는 질병과 관련된 환자의 이야기를 이끌어내고 해석할 줄 아는 서사 능력narrative competence을 함양하게 된다.[38-41] 컬럼비아 의과대학 학생들은 이 과정의 수업을 필수적으로 수강해야 한다. 하지만 국내 의과대학에서는 아쉽게도 이런 교육은 아직 많이 찾아보기는 어려운 실정이다.

한국에서는 2010년부터 의사국가고시에서 의학 지식이나 술기뿐만이 아니라, 모의 환자를 대상으로 의사로서 전반적인 진료 능력을 평가하는 임상실습시험CPX, clinical practice examination 부문이 추가되었다.[42] 표준화 환자SP, standardized patient를 대상으로 예비 의사들의 일차적인 진료 능력을 평가하는 것이다. 응시생들은 모의 환자에 대한 상황을 부여받은 후에 10분간 진단, 처방, 교육까지 마쳐야 한다. 보통 전문 배우들이 모의 환자의 역할을 하는데, 진단 결과를 전달하면 갑자기 환자가 펑펑 울거나 화를 내는 등 다양한 반응을 보인다. 응시생들은 이렇게 실제와 같은 환경에 처하는 경우가 처음이기 때문에 많이 당황하곤 하며, 이런 환자의 반응에 맞게 적절하게 대처하면서 진료를 마쳐야 한다.

의사국가고시에 이런 부문이 추가되었다는 것 자체는 긍정적이지만(2010년 이전에 국시를 통과한, 즉 현재 진료하는 의사는 대부분 이런 실기 시험을 거치지 않았다) 이런 교육이 좀 더 체계적으로 제공될 필요가 있다. 현재는 의과대학에서 의사가 환자를 대하고, 의사소통하고, 공감하는 체계적인 교육과정을 제공하기보다는 개별 의과대학 자체적으로나, 혹은 시험을 준비하는 의대생들끼리 서로 번갈아 가면서 역할극을 하는 정도로만 준비한다고 한다.[43] 또한 이러한 교육과 평가는 국가고시에서 일회적으로 이뤄지는 것이 아니라, 의사 자격 취득 이후에도 이뤄져야 할 것이다.

가설 3은 더욱 구조적이고 근본적인 문제를 제기한다. 의사들이 충분한 공감 능력을 갖추고 있다고 할지라도, 현재의 의료 시스템과 진료 환경에서는 그 능력이 발휘되기 어려울 수 있기 때문이다. 이 부분에는 외국과 한국 의료시스템의 차이를 지적해야 한다. 미국에서는 한 명의 환자를 20분 이상 진료하는 경우도 많다. 그에 비하면 한국은 소위 '3분 진료'가 일상화되어 있다.

앞서 언급한 미국 종양내과 전문의 대상의 연구처럼, 진료시간이 충분한 미국에서도 의사들이 공감 능력을 열 번에 한두 번 정도로 거의 발휘하지 못한다. 그런데 하물며 진료시간이 3분으로 훨씬 부족한 경우는 어떨까. 공감 능력이 충분한 의사라고 할지라도 이를 마음껏 발휘할 시간적, 정신적 여유가 없을 것이다. 앞서 소개한 또 다른 연구에서는 진료 시작과 끝에 40초의 공감 언어를 추가하면 의사-환자 관계에 큰 효과가 있다고 하였지만, 한국의 '3분 진료' 환경에서 40초는 너무도 긴 시간이다.

해묵은 의료 수가 이야기를 사실 여기에서도 꺼내지 않을 수가 없다. 많은 의료 전문가들이 지적하듯, 한국에서는 의료 수가가 낮기 때문에 더 많은 환자를 진료하지 않으면 병원 경영을 유지할 수 없는 경우가 많다. 즉 병원의 입장에서는 의사가 환자를 한 명이라도 더 진료해야 한다. (특히 대학병원에서) 의사는 환자를 더 많이 봐야 한다는 진료 실적의 압박에 끊임없이 시달린다. 이러한 3분 진료의 환경에서는 의사들에게 공감 능력을 발휘하라는 주문이 무리하게 들릴지도 모르겠다. 그래서 의사의 의사소통, 공감 능력, 의료의 인간적인 측면이라는 문제는 개인의 역량과 교육의 문제이기도 하지만, 의료 체계의 구조적인 문제이기도 하다.

이 부분에 대해서 한편으로는 인공지능의 도입에 대응하여, 한국에서는 3분 진료를 계속해야 하는 의사는 '인간적인 강점'을 발휘하기가 어려우므로 외국의 의사에 비해서 불리한 입장에 있다고 해석할 수 있다. 하지만 또 다른 한편으로는 인공지능 덕분에 진료 효율이 크게 높아져서 비로소 진료시간에 지금까지는 없었던 여유시간을 확보하게 될 수도 있다. 이 경우 한국의 의사들이 이러한 시간을 활용하여 환자와의 효과적인 의사소통, 관계 형성, 공감 능력 발휘 등의 역할을 제대로 수행할 준비도 필요할 것이다.

기초 의과학자의 역할

의료 인공지능의 도입에 따라서 앞으로 유지 및 강조될 인간 의사의 또 다른 역할은 바로 기초 의과학자의 역할이다. 우리는 의료 인공지능에 대해서 약한 인공지능, 특히 기계학습에 의한 약한 인공지능을 지금까지 논의를 진행해왔다. 앞서 설명한 것처럼, 약한 인공지능은 한 가지 종류의 문제만을 풀도록 고안된 인공지능이며, 자의식이 없고, 스스로 무엇을 할지 판단하지는 못한다. 또한 기계학습의 경우, 문제를 푸는 것을 배우기 위해서는 반드시 학습 데이터가 필요하다. 즉 기존에 학습할 데이터가 없고, 문제가 정의되어 있지 않은 완전히 새로운 영역에 대해서는 인공지능을 근본적으로 적용할 수 없다.

인간이 기존의 지식이나 지적 역량으로 도달하지 못한 곳을 헤쳐 나가는 것이 바로 연구다. 강한 인공지능이라도 개발되지 않는 한, 완전히 새로운 영역에서 인공지능이 학습하고, 문제를 풀 능력을 습득하기 위해서는 그 미지의 분야를 인간이 먼저 연구해야 한다. 아직 원리나 치료법이 밝혀지지 않은 질병, 정량적으로 나타내기 어렵거나, 환자의 수가 많지 않고, 질병의 유형이 지나치게 세분되어 있어서 충분히 데이터가 쌓이기 어려운 질병 등이 특히 인공지능의 접근이 어렵다. 이는 의과학자들이 계속 연구를 해야 하는 부분이다.

의사의 역할 중에 앞으로 더 강조될 역할 중 하나가 바로 이런 기초 의과학자의 역할이다. 사실 현재의 의료 체계에서는 진료나 치료 등 임상 의학을 하는 의사들의 수가 상대적으로 많고, 의과대학이나 전공의 수련 시스템에서도 임상의사를 키우는 데 집중하고 있기 때문에 기초 의과학자라는 역할은 상대적으로 간과될 때가 많다.

하지만 의학은 과학이며 의학을 하는 의사는 엄연한 과학자이다. 의과학의 연구에서는 이렇게 의과학자로서 의사의 역할이 중요하다. 임상의사로서 역할이 인공지능의 영향을 받을 미래에는 이런 의과학자의 역할이 더욱 중요해질 것이다. 생물학, 화학 등의 전공자도 기초 의학을 연구할 수 있지만, 이 분야에서 임상 지식과 경험을 지닌 의과학자의 기여는 필수적이다.

하지만 한국에서는 이런 의사 출신 기초 의과학자가 고사 직전에 이르렀다는 지적이 제기되고 있다. 2015년 대한의학회의 발표에 따르면 해부학, 생리학, 약리학, 미생물학, 생화학, 기생충학과 같이 전문의 제도가 없는 6개 기초 분야의 경우에 이런 현상이 특히 심하다. 이 분야의 교수 중 의사 비율이 평균 50% 내외이며, 향후 15년 이내에 의사 기초 의학자의 3분의 2인 323명이 은퇴할 예정이지만, 45세 미만인 의사 기초 의학자는 전국 60명을 넘지 않는다고 한다.[44, 45]

또한 기초 의과학자로서의 역량 대신 임상의사만을 길러내는 의과대학의 교육을 비판하는 목소리도 있다. 대한생리학회 회장인 박병림 원광의대 교수는 "현재 대부분의 의대는 일차 진료 의사 양성을 교육 목표로 설정하고, 임상 의학 위주로 통합강의를 진행하면서, 기초 의학 강의와 실습이 자연스레 축소돼 과학적 사고 능력 개발이 멀어지게 된다."라고 지적하기도 한다.[46] 이렇게 의료 인공지능의 영향을 어떠한 방향에서 접근하더라도, 이렇게 의과대학 교육 방식과 병원 수련 시스템의 변화에 대한 필요성을 결국 지적하게 된다.

11장

인공지능과 함께 진료하기 위해서

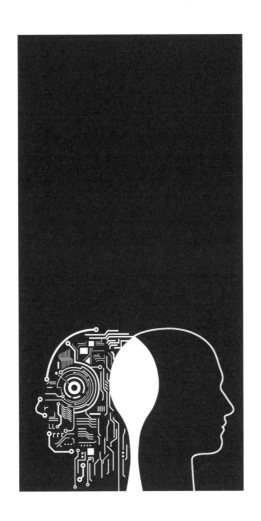

이제 의료 인공지능의 도입에 따른 의사의 역할 변화 중 새롭게 생겨날 역할에 관해서 이야기해보자. 새로운 역할 중 가장 대표적인 것은 역시 인공지능을 진료에 활용하는 것이다. 앞으로 의사들은 인공지능을 활용하여 어떻게 환자를 진료하고, 임상적인 결정을 내릴지를 연구하고, 또 배워야 할 것이다. 그런데 인공지능을 어떻게 진료에 이용할지를 결정하기 위해서는, 먼저 인공지능이 임상적으로 얼마나 유용한지를 증명하는 것이 필요하다.

인공지능의 임상적 효용

아직 대부분의 의료 인공지능은 한창 개발 중인 기술로, FDA나 식약처의 인허가를 받거나, 병원의 진료 현장에 도입된 기술은 그리 많지 않다. 다만 선도적으로 개발된 기술들의 임상시험이 진행 중이므로 병원에 도입 가능한 인공지능은 점차 증가할 것이다. 또한 이런 선도 기업이 의료기기 인허가 과정을 거치면서 규제 조건을 정립해놓으면 후발 주자들의 진출은 더욱 쉬워질 것이다. 그뿐만 아니라 IBM 왓슨 포 온콜로지와 같이 (한국과 미국을 포함한 많은 국가에서) 의료기기로 분류되지 않는 의료 인공지능은 이미 국내외 병원에 도입된 경우도 있다.

하지만 문제는 인공지능을 진료 현장에서 의사가 어떻게 활용할지, 또한 활용할 경우 어떠한 효용을 얼마나 얻을 수 있을지는 아직 거의 정립되어 있지 않다는 점이다. 우리는 의료 인공지능을 진료에 이용함으로써 환자 생존율 증가 및 재발률 감소 등 치료 효과의 개선, 진료 정확도의 향상, 오진의 감소 등의 임상적 효용을 기대하고 있다. 그뿐만 아니라, 진료 효율성의 증대, 의료 비용의 절감, 병원 매출 증대, 수가 확보, 환자의 만족, 의료진의 만족 등의 비교적 임상 외적인 효용도 기대하고 있다.

여기서 필자가 '기대하고 있다'고 표현한 것은 아직 대부분의 의료 인공지능이 이러한 효용을 정말 줄 것인지는 증명이 부족하기 때문이다. 현재의 의료 인공지능 개발 및 증명은 기본적인 정확성과 안전성의 증명에 초점을 맞추고 있다. 하지만 이렇게 정확성과 안전성이 높다고 증명된 인공지능이라고 할지라도, 임상적인 효용clinical utility이 보장되는 것은 아니다. 예를 들어 앞서 설명하였던 딥러닝 기반의 유방 촬영술mammography, 병리 데이터를 판독하는 인공지능, 혹은 IBM 왓슨 포 온콜로지의 정확성이 입증되었다고 가정할지라도, 이를 실제 진료 현장에서 의사가 활용했을 경우에 실제로 진료 정확도 향상, 치료 효과 개선, 진료 효율성 증대, 의료 비용 절감 등의 효용이 발생할지에 대해서는 별도의 추가적인 연구가 필요하다.

특히 같은 의료 인공지능이라고 할지라도 누가, 어떤 환자를 대상으로, 어떻게 활용할지에 따라서도 이런 의학적 효용은 달라지며, 의사나 환자, 병원에 미치는 영향도 달라질 수 있다. 앞서 IBM 왓슨 포 온콜로지에 대해 설명할 때에도, 이 부분에 대한 원칙과 기준에 대한 증명이 없음을 지적한 바 있다. 국내외 여러 병원이 왓슨 포 온콜로지를 도입하였으나, 진료 현장에서 활용하는 것은 여전히 개별 병원의 자체적인 기준을 따르는 실정이다. 하지만 그러한 기준이 임상적 효용을 높이는지에 대한 근거는 아직 없다. 이는 왓슨 포 온콜로지뿐만 아니라 다른 의료 인공지능에 대해서도 대부분 마찬가지다.

더 구체적으로는, 예를 들어 어떤 환자의 경우에 인공지능의 의견을 구할 것인가. 모든 환자? 특정 조건의 환자? 환자가 요구하는 경우? 또한 인공지능의 결론을 의사와 환자가 어떻게 받아들여야 하는가? 특히 인공지능의 결정과 의료진의 결정이 충돌하는 경우에 최종 결론은 어떻게 내릴 것인가. 인공지능의 결론을 환자에게도 공개하는 것이 좋은가. 그리고 인공지능의 의견을 듣는 것이 의료 비용의 측면에서 얼마나 가치가 있으며, 더 나아가 그 가치가 건강 보험료를 지급해야 할 만큼 큰가. 이런 질문에 대한 답을 얻기 위해서는 아직 가야 할 길이 멀다.

의사들의 새로운 역할은 임상연구를 통해서 인공지능의 활용 방식과 임상적 효용에 대한 답을 얻는 것, 그리고 이러한 결과에 따라서 인공지능을 진료 현장에서 활용하는 방법을 배우는 것이다. 하지만 임상적 효용을 증명하는 것도, 기존의 진료 프로세스에 인공지능을 자연스럽게 녹여내는 것도 결코 쉬운 일이 아니다.

임상적 효용의 증명이 왜 어려운가

과거의 연구결과들을 보면 의료 인공지능의 임상적 효용을 증명하는 것이 왜 쉽지 않은 일인지 알 수 있다. 임상적 효용을 증명하기 위해서는 장기간의 임상연구가 필요하며, 이는 오랜 시간과 비용, 인력이 필요한 일이다. 더구나 이런 연구를 거치더라도 의학적 효용에 대해서 결론을 쉽게 내리지 못하거나, 우리가 기대했던 것과는 다른 결론이 나올 수도 있다. 이는 과거 엑스레이 유방 촬영술mammography의 자동진단보조CAD, Computer-aided detection 시스템의 임상적 효용을 증명하는 과정에서 잘 나타났다.

6장의 딥러닝을 이용한 영상 의료 데이터의 분석 부분에서 소개했듯이, 유방 촬영술은 엑스레이 촬영을 통해서 유방암 의심 병변을 발견하기 위한 검사이다. 유방 촬영술 자동진단보조CAD 시스템은 이미지 분석을 통해서 유방암 의심 병변을 찾아줌으로써 의사의 판독을 보조하는 기능을 가지고 있다. 여기서 설명하는 유방 촬영술 자동진단보조는 과거의 (딥러닝 이전의) 기계학습 방법을 기반으로 만들어진 시스템으로, 현재 루닛 등에서 딥러닝을 기반으로 개발 중인 유방 촬영술 인공지능의 이전 세대라고 볼 수도 있겠다.

이런 유방촬영술 CAD는 일찍이 1998년 미국 FDA 승인을 받고, 2002년부터 미국에서는 의료보험 혜택을 받기 시작했다. 보험 혜택 이후로 미국에서 유방 촬영술 CAD의 사용은 그야말로 폭발적으로 증가했다. 보험 혜택 전의 사용 비중은 5%도 안 될 만큼 미미했으나, 2008년에는 74%, 2012년에는 83%까지 대폭 증가한 것이다.[1]

그런데 이런 유방 촬영술 CAD는 어떻게 임상적 효용을 증명했으며, 그 결과는 최종적으로 어떠했을까? 가장 먼저 증명했던 것은 유

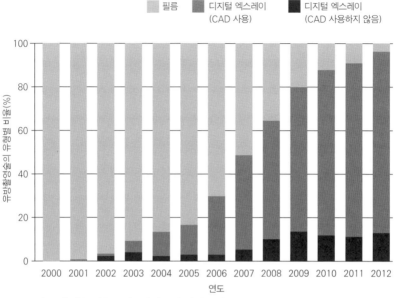

■ 필름   ■ 디지털 엑스레이   ■ 디지털 엑스레이
            (CAD 사용)   (CAD 사용하지 않음)

2002년 보험 적용 이후로 미국에서 유방 촬영술 자동진단보조CAD의 사용은 폭발적으로 증가했다.[1]

방 촬영술 이미지를 한 명의 의사가 단독으로 판독하는 것보다, 두 명의 의사가 중복으로 판독하는 것이 더 정확하다는 것이었다. 여러 연구를 통해서 중복 판독이 단일 판독보다 암의 검출률detection rate이 4~14% 정도 더 높다는 것을 증명하였다.[2-7] 상식적으로 한 명이 판독하는 것보다 두 명이 판독하는 것이 더 정확하다는 것이 당연하다고 생각할지도 모르겠지만, 의학에서는 이런 단순한 가설도 임상연구를 통한 근거를 기반으로 증명하는 과정이 필요하다.

그다음으로 증명한 것은 두 사람이 중복으로 판독하는 것과 한 명의 사람이 자동진단보조를 참고하여 판독하는 것의 정확도가 비슷한지를 증명했다. 이를 증명하는 과정은 쉽지 않았는데, 임상적 효용이

	CAD를 활용하였을 때	CAD를 활용하지 않았을 때
민감도	85.3%	87.3%
민감도(침윤성 암)	82.1%	85.0%
민감도(유방 관상피내암)	93.2%	94.3%
특이도	91.6%	91.4%
검출율(전체)	1,000명당 4.1명	1,000명당 4.1명
검출율(유방 관상피내암)	1,000명당 1.2명	1,000명당 0.9명

2015년 『미국의학협회저널JAMA』에 출판된 연구의 결과. 유방촬영술CAD의 사용이 민감도나 검출률 등에서 유의미하지 않거나 오히려 악영향을 미친다.[1]

유의미하지 않다거나, 결과가 다소 엇갈리게 나온 연구들을 거쳐서[8, 9], 마침내 2008년 대규모 임상연구의 결과가 저명한 의학 저널 『뉴잉글랜드의학저널NEJM』에 논문으로 발표되었다.[10] 영국에서 복수의 병원에서 3만 명 이상의 환자를 대상으로 진행한 대규모 임상시험을 진행한 결과, 한 명의 사람이 자동진단보조를 참고하여 판독하는 것이 두 명의 사람이 중복으로 판독하는 것을 대체할 수 있으며, 암의 검출율도 개선할 수 있다는 결과가 나온 것이다. 이러한 전체 과정을 되짚어보면, 단독 판독보다 중복 판독이 더 정확하며, 이어서 중복 판독의 정확도가 CAD를 이용한 단독 판독과 비슷하다는 것을 증명하는 과정에서 10년 이상의 기간이 걸렸다.

그런데 이렇게 마무리되는 듯 보였던 유방 촬영술 CAD의 임상적 효용에 대해서는 또 다른 반전이 있었다. 2015년 『미국의학협회저널 JAMA』에는 2003~2009년에 시행된 유방 촬영술 CAD 30만 건 이상을 후향적으로 분석한 연구가 발표되었다.[1] 이 연구에서는 유방 촬영술 CAD가 암의 검출이나 판독 정확도 및 민감도 측면에서 개선 효과가 유의미하지 않거나, 오히려 악영향을 준다는 것을 밝히고 있다.

물론 이 2002년에 승인받은 이 CAD는 아주 오래된 기술이다. 현재 루닛 등에서 개발하고 있는 딥러닝 기반의 유방 촬영술 인공지능의 정확도는 극적으로 높을 가능성이 크다. 이렇게 정확도 자체의 큰 개선이 있게 되면, 의학적 효용도 더 긍정적으로 나올 가능성이 충분히 있을 것이다. 다만 우리는 과거의 자동진단보조 사례에서 인공지능의 개발 및 기술적인 정확도와는 별개로 진료 현장에서 사용되는 인공지능의 임상적 효용의 증명에는 오랜 시간이 걸릴 수 있으며, 그 결과는 우리의 예상과 다를 수 있다는 점을 알 수 있다.

진료에 어떻게 녹여낼 것인가

임상적 유효성이 증명되면, 이제 의사는 진료 현장에서 인공지능을 효과적으로 활용할 수 있어야 한다. 이를 위해서 인공지능을 활용하여 진료하는 법에 대한 원칙이나 가이드라인이 필요하고, 때에 따라 의사는 이를 새롭게 배워야 할 수도 있다. 또한 기존의 진료 및 판독 프로세스에 자연스럽게 인공지능을 녹여내는 것도 관건이다.

사람의 습관이나 기존의 업무 방식을 바꾸기는 쉽지 않다. 더구나 그러한 행동이 환자의 건강을 담보로 하는 것인 경우에는 더욱 보수적일 수밖에 없다. 또한 많은 경우, 진료 현장에서 의료진은 과중한 업무와 인력 부족과 시간 부족에 허덕인다. 이런 상황에서 인공지능을 진료 현장에 도입하기 위해서는 많은 고민과 세심한 배려가 필요하다.

이는 의료진뿐만 아니라 인공지능을 개발하는 개발자와 디자이너 등이 함께 총체적으로 고민하면서 풀어가야 할 문제다. 인공지능의 기술적 수준뿐만 아니라, 구체적인 사용법, 사용자 인터페이스UI, 사용자 경험UX 등이 중요하기 때문이다. 이러한 사용 방법이나 UI/UX에 따라서 기존의 진료 프로세스의 어느 부분에 어떻게 녹여낼 것인지가 달라지고, 의료진의 수용 정도와 활용도가 달라질 수 있다.

예를 들어 기존의 영상의학과 전문의들이 의료 영상을, 병리과 전문의들이 병리 데이터를 현미경으로 하루에도 수백 건씩 분석하는 프로세스를 생각해보자. 만약 인공지능이 기존의 판독, 진료 프로세스를 방해하거나, 지나치게 큰 변화를 요구하거나, 사용하기가 귀찮고 번거롭거나, 추가적인 행위를 요구하고, 더구나 그 추가적인 행위가 수가를 받을 수 없는 것이라면 인공지능이 진료 현장에 도입되고, 일상적인 진료 프로세스에 도입되기는 매우 어려울 것이다. 이는 의사와 인공지능 개발자 중 한쪽이 혼자 풀 수 있는 문제가 아니며, 개발 초기부터 함께 풀어가야 할 문제다.

기존의 진료 프로세스에 진단을 보조하기 위한 솔루션이 자연스럽게 녹아들기가 얼마나 어려운지는 병원에서 의사가 약을 처방하는 과정에서 이런 시스템의 활용을 보면 알 수 있다.[11] 어떤 조합의 약은 함께 복용하면 부작용이 나타날 수 있다(이를 약물-약물 상호작용이라고 한다). 전문지식을 가진 의사라도 모든 조합을 기억할 수는 없고, 실수로 처방할 수도 있기 때문에 병원의 전자의무기록의 전자 처방CPOE 시스템에서는 의사가 약을 처방할 때 의학적 의사결정 보조 시스템CDSS을 지원한다. 예를 들어 부작용 가능성이 있는 A와 B 약을 동시에 처방하려고 하는 경우, 의사에게 경고를 띄워 주는 것이다. 이런 CDSS에 인공지능처럼 고도의 기술이 들어가지는 않지만, 그래도 의사에게 중요한 정보가 될 수 있다.

그런데 연구에 따르면, 의사가 의사결정 보조 시스템에서 '심각한 high-severity' 경고가 뜨는 경우에도 90%가 이를 무시한다.[12] 또한 심지어 '결정적인critical' 약물–약물 상호작용에 대한 경고가 뜨더라도 75%가 무시해버린다.[13] 이렇게 의사들이 이런 경고를 무시하는 이유는 여러 가지가 있을 수 있다. 너무 사소한 것까지 경고를 모두 주기 때문에, 소위 '경고 피로alert fatigue'에 걸려 경고에 무감각해진 것도 큰 이유로 꼽힌다. 혹은 이 시스템의 사용이 너무 불편해서 이 경고를 일일이 읽고 있을 시간이 없어서일 수도 있다.

하지만 어떤 이유에서든 이렇게 대부분의 경우에 경고를 무시해버리면, 경고 시스템이 없는 것과 별반 다를 것이 없다. 판독이나 진단을 보조하는 의료 인공지능의 경우에도 이렇게 되지 말라는 법은 없다. 이는 단순히 인공지능의 기술적 수준이나 정확성뿐만 아니라, 의료 현장과 진료 프로세스에 대한 이해를 바탕으로 사용자인 의료진에게 친화적인 시스템이 구현되도록 의사, 개발자, 디자이너 등이 함께 노력해야 한다.

구글의 인공지능 병리 현미경

이렇게 의료진의 기존 워크플로우를 방해하지 않고, 기존의 진료 방식에 자연스럽게 인공지능을 녹여내는 좋은 사례로 구글의 병리 인공지능에서 찾아볼 수 있다.[14, 15] 지난 6장의 마지막에, 미국암연구협회AACR라는 세계에서 가장 권위 있는 종양학회의 2018년 연례 학술대회에서 구글의 엔지니어가 인공지능을 주제로 기조연설을 해서 화제가 되었다는 것을 언급한 적이 있다.

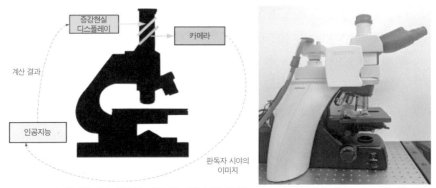

구글은 증강현실을 활용한 인공지능 병리 현미경을 2018년 미국암연구협회에서 발표했다.[14, 15]

이 발표에서는 단순히 성능 좋은 병리 인공지능을 발표하고, 이 인공지능이 판독 정확도와 총 판독 시간 면에서 의사와 시너지가 있다는 것을 보여주는 것에 그치지 않았다. 구글은 한 걸음 더 나아가, 실제 판독 현장에서 병리과 의사가 이 인공지능을 어떻게 활용할 수 있을지도 고민한 것이다.

그런 고민의 결과 발표된 것이 바로 증강현실AR 기술을 활용한 인공지능 병리 현미경Augmented Reality Microscope이다.[14, 15] 「아이언맨」과 같은 영화를 보면 적이나 적의 무기에 대한 다양한 정보를 주인공의 시야에 실시간으로 겹쳐서 띄워주는 화면이 있다. 흥미롭게도 이러한 증강 현실 기술을 활용하여, 병리과 전문의가 광학 현미경을 이용하여 병리 조직을 판독할 때 인공지능을 '기존의 프로세스를 바꾸지 않고도' 자연스럽게 이용할 수 있도록 한 것이다.

이 기술은 병리과 전문의가 병리 조직을 기존의 광학 현미경으로 들여다볼 때, 그 시야에 들어오는 병리 조직을 빠르게 딥러닝으로 분석하여 거의 실시간으로 암일 가능성이 높은 부분을 윤곽선, 힛맵heat

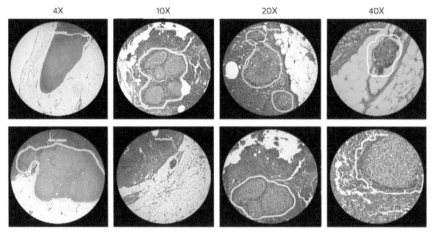

4X	10X	20X	40X

증강현실 현미경은 판독자의 시야에 암일 가능성이 높은 부분을 실시간으로 보여준다.14, 15

map, 화살표, 텍스트 등으로 겹쳐서 보여준다. 특히 초당 10개의 프레임으로 결과를 업데이트하기 때문에 판독자가 슬라이드의 위치를 이동시키거나, 렌즈의 배율을 바꿀 때도 위화감 없이 거의 실시간으로 결과를 보여준다.

이러한 기술을 활용하면 병리과 의사의 기존 판독 프로세스에 인공지능을 받아들이기 위한 장애물이 여러모로 많이 줄어든다. 병리학에 활용될 수 있는 디지털 스캐너 등의 기술이 발전하고 새로운 기기도 많이 나왔음에도 불구하고, 사실 여전히 많은 병리과 의사들은 광학 현미경을 판독에 활용하고 있다. 그 이유는 여러 가지가 있다. 광학 현미경을 통해 눈으로 바로 판독하는 것에 비해, 디지털 스캐너를 활용하려면 슬라이드를 스캔하고 저장하는 등 판독하는 과정에서 추가적인 업무가 더 생기므로 판독자 입장에서는 번거로울 수밖에 없다. 또한 디지털 스캐너를 도입하기 위해서 들어가는 적지 않은 비용이나, 스캔한 데이터를 관리하기 위한 IT 인프라의 병원 내 구축이 어렵다는 점도 현실적으로 영향을 준다.

반면 구글이 발표한 증강 현실 현미경을 활용하기 위해서 병리학 전문의가 기존의 워크플로우에서 '추가적'으로 해야 할 일은 없다는 장점이 있다. 원래 하던 대로 현미경을 들여다보면, 추가적인 정보들이 (그것도 매우 높은 정확도로) 시야에 표시되므로 편리하다.

이 연구에서는 암으로 의심되는 부위의 위치에 대한 정보를 주는 것만 시연하였으나, 추후 더욱 다양한 정보를 광학 현미경에 증강현실로 띄워 줄 수 있다고 이야기한다.[15] 예를 들어 암의 크기는 얼마인지, 유사 분열하는 세포의 위치와 총 몇 개나 있는지, 프로게스테론 수용체Progesterone Receptor나 P53, CD8과 같은 생체표지자biomarker의 정량적 분석까지 다양하다.

6장에서 소개한 바 있지만, 유사 분열이나 생체표지자 등을 분석하는 딥러닝은 이미 많은 부분 구현되어 있다. 이러한 기능이 증강현실 현미경에 구현된다면, 단순히 판독 프로세스에 자연스럽게 녹아드는 것에서 더 나아가 병리학 전문의가 할 일을 줄여주거나, 실수를 방지할 수 있게 해주므로 현장에서 채택되기도 쉽고, 활용도 역시 높을 것으로 생각한다. 의료 인공지능이 진료 현장에서 널리 사용되기 위해서는 이렇게 단순히 정확도와 효율을 높여줄 뿐만 아니라, 사용 편의성과 사용자 경험 면에서도 의료진을 고려하는 것이 필요하다.

의료 인공지능 사용법 교육하기

이러한 과정을 거쳐서 임상적인 유효성도 증명했고, 인공지능의 인터페이스가 세심하게 잘 디자인되어, 기존의 진료와 판독 프로세스에 적절하게 녹여낼 수 있다고 가정해보자. 이제 문제는 의사를 교육하는 것이다. 다른 새로운 기술이나 진단법, 치료법, 수술법이 새롭게 개발되었을 때와 마찬가지로, 인공지능을 임상에 활용하는 방식에 대해서도 의사를 교육하는 과정이 필요하다. 이는 의과대학에 재학 중인 의대생이나 전공의를 교육하는 것뿐만 아니라, 연수 강좌 등을 통해서 일선 현장에서 이미 진료하는 의사들의 재교육까지도 포함한다. 기술의 발전과 혁신은 소수의 인재에 의해서 구현될 수 있지만, 새로운 기술을 진료 현장에 도입하는 일은 모든 의사를 교육하는 과정을 수반되기에 더 어렵고 오랜 시간이 걸린다.

인공지능이 진료 현장에 도입되는 과정은 여러 단계에 걸쳐서 이루어질 것이다. 경영학의 기술수용주기 모델에 따르면 새로운 기술을 얼마나 적극적으로 배우고 받아들여지는지에 대해서는 혁신 수용자innovators-선각 수용자early adopters-전기 다수 수용자early majority-후기 다수 수용자late majority-지각 수용자laggards의 단계로 나뉜다.

의료 인공지능도 마찬가지로 의사 중에서도 인공지능 개발자들과 적극적으로 함께 연구개발에까지 참여하는 '혁신 수용자'와 이를 진료에 가장 먼저 받아들이는 '선각 수용자', 이후 기술이 충분히 무르익었다고 생각했을 때 받아들이는 '전기 다수 수용자', 사용을 주저하며 먼저 받아들인 의사들이 어떻게 사용하는지를 지켜본 이후에야 받아들이는 '후기 다수 수용자', 그리고 끝까지 기존의 방식을 고수하는 '지각 수용자' 등으로 나뉘게 될 것이다.

사실 의료라는 분야의 특성상 다른 일반 시장보다, 전기 다수 수용자보다 후기 다수 수용자나 지각 수용자의 비중이 더 높을 수도 있

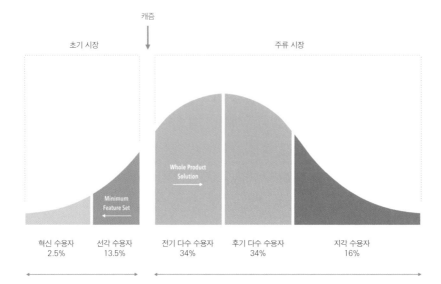

캐즘

초기 시장

주류 시장

Whole Product
Solution

Minimum
Feature Set

| 혁신 수용자 2.5% | 선각 수용자 13.5% | 전기 다수 수용자 34% | 후기 다수 수용자 34% | 지각 수용자 16% |

다. 하지만 의료계로서는 인공지능의 정확성, 안전성, 임상적 효용이 충분하게 증명되었다면, 임상에 더욱 적극적으로 받아들여서 의사와 환자와 병원 모두 그 효용의 혜택을 받는 것이 더욱 현명하다고 생각한다.

의사들은 기본적으로 과학자이며, 과학자들은 데이터와 근거가 있는 것들을 받아들인다. 누누이 강조하지만, 인공지능을 개발하는 입장에서는 이러한 데이터와 근거를 체계적으로 도출하여 의료계를 설득하는 것이 중요하다. 인공지능의 정확성, 안전성, 임상적 효용, 그리고 임상 외적인 효용에 대한 근거가 지속해서 도출된다면(특히 여기에는 비용 대비 효과성의 증명과, 이를 통한 보험 수가의 지급도 포함된다), 진료 현장에서의 수용 속도와 주류 시장으로의 확대도 수월해질 것이다.

의사도 딥러닝을 배워야 할까

필자가 의과대학에서나, 의사를 대상으로 한 강의에서 많이 받는 질문이 한 가지가 있다. 바로 의사도 인공지능이나 프로그래밍을 배워야 하느냐는 것이다. 즉 이미 만들어진 의료 인공지능의 활용하는 방법 정도가 아니라, 딥러닝 기술이나 프로그래밍을 배워서 인공지능을 개발할 수 있는 역량까지 갖춰야 하느냐는 것이다.

결론부터 이야기하면, 나는 모든 의사가 인공지능 기술을 배우고, 인공지능 전문가가 될 필요는 없다고 생각한다. 또 현실적으로 의사가 인공지능 전공자만큼의 전문성을 갖추기도 쉽지 않다. 하지만 이 주제에 관심이 있는 의사라면 인공지능을 좀 더 깊게 배워서 나쁠 것은 없다고 본다.

여기에서 보통 필자는 자동차와 운전자의 비유를 든다. 자동차를 운전하기 위해서, 자동차의 세부적인 부품의 메커니즘이나 자동차를 조립하는 법을 일일이 배울 필요는 없다. 하지만 일류 카레이서를 목표로 하는 운전자라면 자동차의 작동 원리와 기초적인 정비 방법을 배우는 것이 도움될 수 있다.

사실 이러한 원리는 이미 기존의 의학에서도 통용되고 있다. 새로운 의료 장비, 혁신적인 신약, 새로운 진단 방법을 활용하기 위해서, 모든 의사가 기계적 작동 원리나 분자 수준의 작용 기전까지 이해하지는 않아도 되기 때문이다(사실 약 중에는 작용 기전이 완전히 밝혀지지 않은 것도 많다).

의사에게 인공지능도 마찬가지라고 생각한다. 앞서 강조한 대로 활용하는 방법은 당연히 배워야 한다. 하지만 모든 의사가 인공지능의 메커니즘이나 개발 방법까지 속속들이 알아야 할 필요는 없다. 하지만 그럼에도 불구하고, 인공지능을 더욱 적극적으로 활용하거나, 더 나은 의료 인공지능의 개발에 참여하고 싶다면 좀 더 깊이 배우는 것도 나쁘지는 않을 것이다.

그런 의미에서 의과대학에서도 코딩이나 기초 인공지능 수업이 필수 과목일 필요는 없지만, 선택 과목 정도로 갖춰지는 것은 좋다고 생각한다. 실제로 국내에서도 연세의대, 성균관대 의대 등 일부 의과대학은 프로그래밍 관련 과목을 개설한 것으로 알고 있다. 이런 학습의 목표는 최소한 인공지능 전문가나 개발자와 '말이 통하는' 수준이 되는 것이다. 의사가 스스로 인공지능 전문가가 되거나 직접 코딩을 하지는 않더라도, 전문가와 의사소통하고 협업할 수 있을 정도의 배경 지식을 갖추면 할 수 있는 일의 범위가 크게 넓어진다. 또한 본인이 무엇을 알고 무엇을 모르는지 정확히 파악하는 것도 다른 분야의 전문가들과 협업을 위해서 필요한 일이기도 하다. 어찌 보면 이러한 협업을 위해서는 단순한 지식보다 다른 분야의 공부를 통해서 갖추게 되는 열려 있는 자세가 더 중요한 부분일 수 있다.

새로운 세대의 의사 양성하기

이렇게 인공지능 시대의 경쟁력을 가진 의사를 양성하기 위해 가장 중요한 것은 역시나 의과대학의 교육 혁신이다. 특히 현재의 의과대학생, 그리고 앞으로 의과대학에 들어올 학생들은 처음 진료 현장에 나올 때부터 본격적으로, 그리고 임상의로서 살아가는 인생의 많은 부분을 인공지능과 함께 진료하게 될 의사들이다. 이미 이들은 태어날 때부터 디지털 환경에 익숙한 소위 '디지털 네이티브digital native'

세대이며 의사로서 성장해서 인공지능 시대를 살아갈 '디지털 네이티브 닥터'가 될 것이다.

그런데 안타깝게도 이들은 디지털 네이티브로 태어났지만, 의과대학에서는 기존 패러다임 기반의 교육을 받고 있다. 이들은 성인이 되기 이전부터, 혹은 태어날 때부터 아이폰, 아이패드, 유튜브, 페이스북, 인스턴트 메시지에 익숙하지만, 의대에서는 휴대폰, 디카, 복사기, 공중파 TV, 종이책에 더 익숙한, 혹은 심지어 여기에도 익숙하지 못한 세대(사실 필자도 그중의 한 명이다)가 만들었고, 그러한 세대가 제공하는 교육을 받고 있다.

특히 현재 의과대학에 있는 예비 의사들은 일종의 샌드위치 신세이다. 의학은 인공지능을 포함한 기술의 발전으로 패러다임의 변혁기에 도달해 있지만, 아직 의학 교육은 이러한 변화를 따라가지 못하고 있기 때문이다. 언젠가는 의학 교육도 변화하겠지만, 그 속도는 너무 느리다. 또한 교육 체계를 변화시킬 수 있는 권한을 가진 높은 교수들은 충분히 기민하지 못하며, 변화를 만들기 위한 동기도 부족하다.

따라서 현재의 의과대학 학생들은 그러한 교육 혁신이 일어나기 전에 교육 과정을 이수하고, 의사 면허를 따고, 수련을 마치게 될 것이다. 즉 이들은 기존의 패러다임 하에서 교육받은 채로, 새로운 패러다임 하에서 진료해야 하는 마지막 세대가 될 것이다. 인공지능과 관련해서는, 안타깝게도 결국 각자도생하는 수밖에 없다.

디지털 네이티브 닥터

필자는 2017년 11월 서울의대 의예과의 '의학 입문' 수업 일부를 의학교육학교실 윤현배 교수님, 해부학교실 최형진 교수님 등 다른 전문가들과 함께 조금 다른 방식으로 기획하고 학생들을 지도해본 적이 있다. 이 과목은 의예과 1학년 전체가 듣는 전공 필수 과목인데, 한 학기 강의 중에 2주 정도를 할애하여 뷰노, 루닛, 스탠다임 등 의료 인공지능 스타트업을 포함한 디지털 헬스케어 회사를 학생들이 방문해보고 기술의 발전이 자신의 미래에 어떤 영향을 미칠지 고민해서 발표하는 시간을 가져본 것이다.

학생들은 의외로 (필자와 같은 기성세대들의 걱정과는 다르게) 자신이 의사로 살아갈 미래에 인공지능 등의 기술이 큰 영향을 미치리라는 점을 잘 이해하고 있었으며, 이러한 기술을 보다 적극적으로 받아들이려는 자세를 보였다. 또한 인공지능을 배우고 싶다는 이야기를 했던 학생도 상당수 있었다.

이러한 점은 2018년 3월에 필자가 진행한 아주의대 본과 2학년 강의에서도 마찬가지였다. 내분비의학 분야의 디지털 헬스케어 강의 자리였는데 강의 도입부에서 학생들에게 "인공지능이 의사로서 자신의 미래에 얼마나 영향을 준다고 생각하는가?"라는 질문을 던져보았다. '아주 큰 영향을 준다.' '큰 영향을 준다.'의 선택지에 수강생 중 절반 이상의 손이 올라갔으며, '보통이다.' '별 영향 없다.' '아무런 영향이 없다.'에 손을 든 사람은 한 명도 없었다.[*]

하지만 안타깝게도 의과대학의 커리큘럼은 매우 보수적이며 시대의 흐름에 발맞춰 빠르게 바뀌지 못하고 있다. 필자가 들었던, 커리큘럼을 변화시킬 권한이 있는 교수들이 변화를 주저하면서 드는 이

---

[*] 아주의대 수업과 관련하여 좀 더 상세한 내용은 필자의 페이스북 포스팅에서 볼 수 있다.
https://www.facebook.com/yoonsup.choi/posts/2025253690847918

유 중 하나가 바로 "학생들이 그러한 변화를 원하지 않는다."라는 것이다. 하지만 실제로는 학생들이 그러한 변화를 이미 잘 이해하고 있었고, 지금과는 다른 새로운 교육을 원하고 있었다. 그렇다면 교육이 변하지 않는 이유는 최소한 학생에게 있지는 않을 것이다.

지금 우리는 인공지능 시대 의사의 새로운 역할에 관해서 이야기하고 있다. 다른 많은 직업도 그렇듯이, 의사도 대학 때 배운 지식과 전공의 때 수련한 역량만으로 평생을 살아갈 수 있던 시대는 끝난 지 오래다. 의사는 이제 평생 동안 새로운 역할을 찾아 진화해야 한다. 사실 과거에도 의사의 역할은 기술의 발전에 따라서 바뀌고 진화해왔다. 하지만 지금처럼 기술 혁신이 폭발적으로 일어나는 시대에 새로운 역할의 모색은 더욱 중요해졌고, 그 사이클은 계속 짧아지고 있다.

따라서 이제 의사는 지속해서 배우고, 새로운 역할에 적응하고, 계속 진화할 수 있는 역량을 갖춰야 한다. 즉 평생에 걸쳐 배우고 진화하는 의사life-long learner, 새로운 기술과 환경에 적응력을 가진 의사adaptable pratitioner가 되어야만 한다는 것이다.[16]

플립 러닝, 의대 교육의 혁신

새로운 시대에 '평생에 걸쳐 배우고 진화하는 의사', '새로운 기술과 환경에 적응력을 가진 의사'가 되기 위해서는 무엇을 가르쳐야 할지도 중요하지만, 어떻게 가르쳐야 할지도 중요하다. 이러한 측면에 최근 의학 교육에서 '플립 러닝flipped learning'이라는 방식의 교육 방법이 주목을 받고 있다. 특히 하버드 대학교 의과대학이 플립러닝을

2019년부터 전면 도입하기로 하면서 전 세계 의과대학의 변화를 이끌고 있다.[16-20]

'거꾸로 교실flipped classroom'이라고도 불리는 이 플립 러닝은 기존의 수업과는 반대 방향으로 진행하는 것이 특징이다. 교수는 예전처럼 일방적으로 지식과 정보를 전달하는 강의를 더 이상 하지 않는다. 대신 학생들이 수업에 들어오기 전에 사전 제작된 동영상 및 과제를 통해서 먼저 스스로 학습한다. 수업 시간에는 소그룹으로 나뉘어 문제 해결을 중심으로 지식 적용 토론을 하고, 교수는 그런 토론을 지도하고 평가하는 역할을 하는 것이다.

이런 과정에서 다른 의사들과 함께 토론하고, 의사소통하면서, 협업할 수 있는 능력도 함양하게 된다. 특히 단순한 암기와 문제풀이에서의 '무엇what'보다는 '어떻게how'와 '왜why'가 더 강조된다. 이러한 방식의 강의에서는 교수로부터도 배우지만, 학생들은 팀을 이룬 동료로부터 주로 배우게 된다.

의학 교육 전문가들은 전통적인 의미의 의학 교육은 이제 수명을 다했다고 단언한다.[16] 사실 의대 교육에 이러한 플립 러닝이 도입된 것이 인공지능의 영향 때문만이라고는 할 수 없다.[21] 미국의 의대에서는 지난 30년 동안 일방적인 강의를 계속 줄여왔기 때문이다. 하지만 결과적으로 의료 인공지능이 의사의 미래에 미치는 영향, 그리고 인공지능 시대에 의사에게 요구되는 역량을 기르기 위해서는 플립 러닝과 같은 수업이 효과적일 것으로 보인다.

그 이유는, 연세의대 의학교육학 교실 전우택 교수님께서 지적하신 것처럼, 의사가 지식을 습득하는 방식과 좋은 의사가 갖춰야 할 조건 자체가 바뀌고 있기 때문이다.[20] 지금까지 유능한 의사는 많은 교과서적 지식을 체계적으로 잘 기억하고 있고, 최신 논문에 발표된 연구결과를 열심히 공부해서 알고 있으며, 많은 개인적 임상 경험을 통해 '임상적 분별력과 지혜'를 가지는 것이었다. 하지만 의료 인공지능의 발전은 이런 과거의 '명의의 조건'을 완전히 바꿔놓았다. 교과서적 지식과 최신 연구결과는 인공지능이 인간과 비교할 수 없을 정도로 잘 학습하고 암기하고 있기 때문이다.

이런 시대에 실력 있는 의사가 되기 위해서는 기존 지식을 더 많이 암기하는 것보다 새로운 지식을 스스로 어떻게 찾아내서 학습하는지를 배우고 자신이 배운 것을 다른 전문가들과 함께 토론하고 협업하여 답을 이끌어내고, 이렇게 변형된 지식을 현장에 적용하는 법을 배우는 것이 중요하다. 플립 러닝이 목표로 하는 바가 이러한 능력을 함양함으로써, 앞서 언급한 '평생에 걸쳐 배우고 진화하는 의사' '새로운 기술과 환경에 적응력을 가진 의사'를 양성하는 것이다.[16]

또한 이러한 플립 러닝은 지식의 학습 그 자체에도 새로운 '밀레니얼' 혹은 '디지털 네이티브' 세대의 의대생에게 더욱 효과적이다.[16] 이들이 접하는 콘텐츠와 소통하는 방식 자체가 과거 세대와는 다르기 때문에 교육도 새로운 방식으로 이루어져야 한다는 것이다. 기존의 교육 방식과 플립 러닝 방식의 결과를 무작위 대조연구를 해본 결과, 학생들은 플립 러닝 방식의 수업에 더 적극적으로 참여하고 새로운 아이디어도 많이 내는 것으로 드러났다. 더 나아가 기존의 교육 방식에서 시험 점수가 낮던 학생들의 성적도 플립 러닝을 활용한 경우 유의미하게 개선되기도 했다.[16, 22]

다만 한국의 의과대학에서도 이러한 플립 러닝이 마찬가지로 효과적일지에 대해서는 더 많은 고민이 필요하다. 한국의 중고등학교 교육과정에는 여전히 토론보다는 암기의 비중이 높고, 학생이 주도적으로 학습하기보다는 학원과 과외 수업을 통해 강사가 떠먹여주는 것을 받아먹는 것에 익숙한 것이 현실이다. 실제로 플립 러닝 방식의 수업을 선도적으로 시도했던 가톨릭대학교 의과대학 노태호 교수님은 한국 의대생이 이러한 교육 방식에 참여도가 높지 않았다는 경험을 밝히신 적도 있다.[23]

그뿐만 아니라 의과대학과 가르치는 교수의 입장에서도 넘어야 할 산이 있다. 무엇보다 플립 러닝에는 돈이 든다.[16] 학생들이 미리 배워 올 수 있는 동영상 강의 등 새로운 유형의 교육 콘텐츠를 개발해야 하기 때문이다. 또한 교수와 강사의 입장에서도 토론 등 새로운 방식의 수업을 진행하는 것이 익숙하지 않다. 그렇게 교육받은 적도, 교육해 본 적도 없기 때문이다. 따라서 교수를 재교육하거나 새로운 인력을 충원해야 하는데 이 부분도 만만치 않다. 실제로 기존 강의를 완전히 없애고 플립 러닝을 전면 도입한 버몬트 대학교 의과대학에서는 이를 위해 교수들을 수년 동안 교육했다는 것을 밝히기도 했다.[24]

하지만 인공지능의 시대에 의사가 문제를 스스로 정의하고, 무엇을 어떻게 배울지를 주체적으로 결정하며, 지식을 학습하고 결론을 찾아가는 과정을 팀을 이뤄서 의사소통하고 협력하며, 계속 진화해 나가는 방식을 배우는 것은 매우 중요하다. 가능하면 이른 시일 내에 이런 역량을 길러주는 교육을 시작하는 것이 예측불허의 시대를 살아가야 하는 미래의 의사뿐만 아니라, 궁극적으로는 미래의 환자를 위해서도 바람직할 것이다.

12장

인공지능이 의료사고를 낸다면

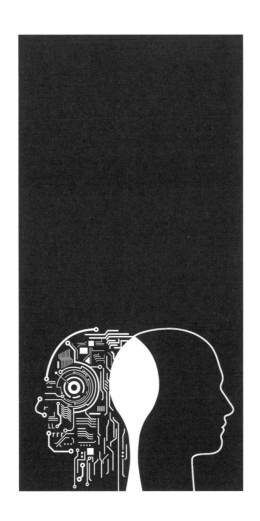

만약 인공지능을 이용해서 진료하다가 의료 사고가 발생한다면 누가 책임을 져야 할까? 이번에는 의료 인공지능을 활용하는 과정에서 과실이 발생하거나, 치료 효과가 좋지 않은 등 부정적 효과가 발생할 경우에 대해서 논의해보려고 한다. 의료는 인간의 생명과 건강을 다루는 분야이기 때문에 안전성을 유지하는 것이 매우 중요하다. 하지만 인공지능은 절대 완벽하지 않을 뿐더러, 하물며 의사도 인간인 이상 완벽한 존재는 아니다. 그렇기 때문에 의료 인공지능에 어떠한 한계와 문제점이 있는지를 이해하고, 문제나 이슈가 발생했을 때 어떻게 극복할 것인지 고민이 필요하다.

책임은 누구에게 있는가

먼저 책임은 누구에게 있는지를 살펴보자. 인공지능을 활용한 의료 행위에는 여러 주체가 직간접적으로 관여한다. 의사, 의료 인공지능을 개발한 개발사, 치료를 받는 환자, 진료 환경을 제공한 병원, 의료 인공지능을 심사하고 허가해준 규제기관, 그리고 의료 행위에 대한 재정적 보상 제공하거나 제재를 가하는 보험사(한국의 경우에는 국민건강보험) 등이 관여할 수 있다.

의사가 인공지능을 활용하여 진료한 결과의 책임은 일차적으로 의사에게 있을 것이다. 앞서 10장에서 논의한 바와 같이 의사는 의료 행위에 대한 최종 의사결정권자의 역할을 한다. 아무리 우수한 인공지능이라고 할지라도 오류의 가능성을 배제할 수는 없으므로, 현재의 의료와 규제 패러다임 하에서는 인공지능의 판단을 '참고'하여 최종적인 의료적 결정을 내리는 주체는 바로 인간 의사가 된다. 따라서 인공지능을 활용한 진료 결과에도 크든 작든 의사의 책임이 없을 수는 없다는 것에 반론을 제기할 사람은 적을 것이다.

하지만 조금만 더 세부적으로 들여다보면, 이 문제는 상당히 복잡하게 얽혀 있다. 의료 인공지능의 종류도 다양하며, 사용되는 방법과 환경도 다양하기 때문이다. 특히 의료 인공지능의 의료기기 해당하는지, 사용 과정에서 의사의 독립적 판단을 보장하는지, 인공지능이 결과를 어떠한 방식으로 제시하는지, 그리고 인공지능의 계산 과정이 얼마나 투명한지가 책임 소재를 결정하는 변수가 될 수 있다. 이러한 변수에 따라서 의사뿐만 아니라, 인공지능의 개발사나 환자의 책임이 커질 가능성도 있다. 이 몇 가지 변수들에 대해서 차례대로 살펴보도록 하겠다.

관건 1. 의료기기 vs. 비의료기기

먼저 인공지능의 의료기기 해당 여부가 변수가 된다. 국내 식약처나 FDA는 환자에게 미치는 위해도 등 여러 기준에 따라, 인공지능이 의료기기에 해당 여부와 의료기기의 등급까지 규정하고 있다. 만약 인공지능이 의료기기로 분류된다면 임상연구를 통해서 정확성과 안전성을 충분히 검증하고 인허가를 받은 이후에 시장에 출시할 수 있다. 또한 의료기기 등급이 더 높을수록 더 철저한 검증이 필요하다.

반면, 의료기기가 아니라면 규제기관의 인허가나 임상적인 검증 없이도 시장에 출시할 수 있다. 이 경우 인공지능을 시장에 출시하기 전에 어느 정도로 검증할 것인지는 제조사의 결정에 달려 있다. 예를 들어 왓슨 포 온콜로지는 (한국과 미국에서) 의료기기가 아니기 때문에 별다른 검증 없이 병원에 판매하는 것이 법적으로 문제는 없다(사실 왓슨 포 온콜로지는 이러한 식약처의 결정이 내려지기 전에 이미 가천대 길병원에 도입되었다).

하지만 의료기기가 아니라고 하더라도, 만약 충분히 검증되지 않은 상태로 출시하여 도출하는 결과에 오류가 있다면 제조사에 상당한 책임이 있을 것이다. 다만 비의료기기의 경우, 인공지능의 사용 목적이나 사용 과정에서 환자에게 미치는 위험이 크지 않거나, 상쇄되기 때문에 이러한 오류에 따른 큰 문제가 발생할 여지는 적을 것으로 예상한다.

관건 2. 의사의 독립적인 판단이 보장되는가

2017년 12월 미국 FDA는 인공지능의 의료기기 해당 여부를 결정하는 기준 중 하나로, 사용 과정에서 의료진의 독립적인 판단이 보장되는지를 들었다.[1] 인공지능의 결론을 의사가 독립적으로 판단할 수 있으면 위험성이 현저히 줄어들기 때문이다. 즉 인공지능을 사용하지 않을 때와 비교해서 이론적으로는 최소한 위험도가 높아지지는 않는다(앞서 언급하였듯이, 이는 인공지능으로 인한 의료진의 탈숙련화 현상이 없다는 것을 전제로 한다). 예를 들어 엑스레이 유방 촬영술 데이터의 인공지능 분석 결과를 참고하여 영상의학과 전문의가 판독하는 경우를 생각해보자.

반대로 의료진의 독립적인 판단이 보장되지 않는 상황은 몇 가지가 있을 수 있다. 예를 들어 응급실이나 중환자실에서 환자의 활력 징후에 따라서 '실시간'으로 인공지능이 환자의 산소 공급, 약물 주입 등을 결정하는 시스템이 있다면 의료진의 판단이 독립적으로 보장되지 않는다. 또한 병원 밖의 일상생활에서 일반 사용자의 웨어러블에 내장된 인공지능이 부정맥을 진단하고, 저혈당 쇼크를 예측한다면 이 또한 의사가 관여할 수 없는 상황이다. 의사의 독립적 판단이 보장되지 않는 상황이라면 당연히 의료진의 책임이 적어질 것이다.

또한 의사의 독립적인 판단의 보장 여부는 의료기기의 사용 목적이나 허가 범위와도 관련이 있다. 만약 기기의 사용 목적이 의사가 최종적인 진단이나 판독을 '보조'하기 위한 것이라면 이는 의사의 독립적인 판단이 보장되므로 위험성이 낮다. 하지만 해당 인공지능이 의사의 도움 없이 최종적인 '판독'이나 '진단'까지도 내리는 목적으로 사용된다면 문제가 크게 달라진다.

의사의 관여 없이 진단까지 내리는 최초의 인공지능

이렇게 의사의 관여 없이 인공지능이 '진단'까지 내리도록 인허가 받은 사례가 2018년 4월 최초로 등장하며 화제가 되었다. 미국 FDA는 2018년 4월 11일 안저 사진을 판독하여 당뇨성 망막병증을 '의사의 개입 없이' 진단하는 IDx-DR이라는 인공지능을 허가한 것이다.[3-5] 사실 FDA에서 최초로 승인받은 딥러닝 기반의 의료 인공지능은 실리콘밸리의 아터리스Arterys라는 회사의 카디오 DLCardio DL로, 2017년 1월에 인허가받았다.[6-8] 그 이후에도 몇몇 승인받은 인공지능이 있었으나, 모두 의사를 '보조'하는 목적이었으며, 의사의 개입 없이 진단까지 내리는 사례는 IDx-DR이 최초이다.

IDx-DR은 클라우드 기반의 소프트웨어 의료기기로, 탑콘Topcon NW400이라는 특정 안저 카메라로 촬영한 안저 사진을 판독한다. 이 인공지능은 10개의 병원에서 임상시험을 거쳤으며, 민감도와 특이도가 각각 87.4%, 89.5% 정도이다.

IDx-DR은 의료진이 클라우드에 올린 안저 사진을 분석하여, 의사의 판단과는 별개로 아래와 같은 두 판독 결과 중의 하나를 준다.[3]

1. 경증 당뇨성 망막병증 이상이 발견되었으니, 안과 전문의에게 진단을 받아라more than mild diabetic retinopathy detected: refer to an eye care professional.

2. 경증 당뇨성 망막병증이 발견되지 않았으며, 12개월 이후에 다시 검사를 받아라negative for more than mild diabetic retinopathy; rescreen in 12 months.

즉 IDx-DR은 당장 치료가 필요한 중증 증식성 당뇨성 망막병증 PDR을 진단하는 것이 아니라, 경증 이상의 증상을 가진 환자를 일차적으로 걸러내어, 안과전문의에게 진료를 받도록 권고하는 것이 목적이다. 실제로 당뇨병 환자는 많은 경우 안과 검사를 소홀히 한다. 당뇨는 내분비내과에서 진료하므로, 눈 검사를 하기 위해서 안과 진료를 별도로 받는 것이 번거롭기 때문이다. 이러한 현실을 반영하여 IDx-DR은 (특히 미국의) 안과 전문의가 없는 1차 병원이나 내과에서 위험군을 미리 걸러내기 위해서 사용되리라 예상된다.[5]

그럼에도 불구하고 이처럼 의사의 판단이 개입되지 않고 의학적인 진단을 내리는 인공지능은 상대적으로 더 큰 책임을 지게 될 것이다. 만약 실제로는 경증 당뇨성 망막병증이 있는 환자임에도 IDx-DR가 이 환자를 진단하는 데 실패한 경우를 생각해보자. 이 인공지능의 민감도가 87.4% 정도이므로, 실제로 이 인공지능은 병이 있는 환자 10명 중 한 명은 놓친다고 해석할 수 있다. 사실 이러한 경우가 발생한다면, 명확한 책임 소재나 과실의 비중은 법정으로 가야만 내려질 것이고, 또 세부적인 환자 사례에 따라서 결론이 조금씩 달라질 수 있다. 하지만 의사를 '보조'하는 인공지능보다는, 의사의 개입 없이 진단까지 내리는 인공지능이 오진에 대한 더 큰 책임을 질 수밖에 없을 것이다.

만약 환자가 의사보다 인공지능을 선호한다면

여기서 또 한 가지 생각해볼 점이 있다. 의사의 독립적인 판단이 보장되는 경우라고 할지라도, 실제로 치료법을 결정하고 이를 환자에게 적용하기 위해서는 환자 본인이나 보호자의 동의도 필요하다.

그런데 만약 환자가 의사보다 인공지능을 더 신뢰하는 경우에는 어떻게 될까? 2017년 1월 조선일보가 보도한 바에 따르면, 길병원에서 2016년 11월부터 진료한 100여 명의 환자 중에서 의사와 왓슨의 판단이 다를 경우에 환자들은 모두 의사보다 왓슨을 더 신뢰했다고 한다.[6] 3장에서 지적했다시피 환자의 이런 판단은 의학적으로 합리적이지 않으나, 현실적으로는 언제든지 일어날 수 있는 일이다.

이렇게 왓슨 포 온콜로지가 제시한 치료법을 의사가 동의하지 않는 상황에서, 오히려 환자가 왓슨의 결정을 더 선호하여 그 치료를 받겠다고 끝까지 고집하는 경우를 가정해보자. 만약 왓슨의 결정을 선호한다는 환자의 고집대로 의료 행위가 이루어졌으나, 환자의 건강에 부정적 결과가 발생했다면 누구에게 법적으로 책임이 있을까.

인하대 법학전문대학원 장연화 교수는 2017년 6월에 발표한 논문 「왓슨의 진단 조력에 대한 현행법상 형사책임에 관한 소고」에서 현행법상 왓슨의 법적인 인격이 인정되지 않고 있으며, 의사와 왓슨 사이의 분업이 이뤄졌다고 해도 이는 지휘, 감독 관계의 수직적 분업인 만큼 최종적으로 의사가 형사 책임을 부담해야 한다고 주장했다.[9] 특히 왓슨과 의사의 판단이 다른 경우에 왓슨의 결정이 낳을 수 있는 부작용이나, 왓슨과 자신의 결정이 다른 점을 충분히 설명하고 진료를 했는지가 법적 쟁점이 될 것이라고도 주장했다. 이러한 법적 이슈에 대한 논의는 앞으로 더 활발해질 것이다.

관건 3. 결과를 얼마나 확정적으로 제시하는가

의료 인공지능이 사용자에게 결과를 보여주는 방식에 따라서도 책임 소재가 달라질 수 있다. 특히 결과를 얼마나 확정적으로 제시하는 지가 중요할 것이다. 몇 년 전 왓슨 포 온콜로지의 개발 초기 데모 영상을 보면 '최적의' 치료법을 권고하기 위해서 각 치료 권고안에 100점 만점의 정량적인 점수를 매겨준다. 하지만 실제로 출시된 왓슨 포 온콜로지는 권고recommended—고려for consideration—비추천not recommended의 3단계로 권고안을 분류해준다. 이를 흔히 '신호등 체계'라고 부르기도 한다. 초록—주황—빨강의 몇 가지 색으로 구분된 등급으로 보여주기 때문이다.

이렇게 100점 만점에 점수를 정량적으로 매겨주는 것이, 소위 신호등 체계보다 '더 확정적으로' 결과를 보여준다. 전자에는 여러 권고안 중에 1등이 하나일 가능성이 높지만, 후자는 '추천' 등급에 여러 개의 치료 권고안이 있을 가능성이 높다. 즉 전자의 경우에는 인공지능이 최적의 답 하나를 골라주지만, 후자는 인공지능이 권고한 여러 치료법 중에 무엇을 고를지는 의사의 몫으로 남는다. 따라서 두 경우에 제조사와 의료인의 책임은 상당히 달라진다고 할 수 있다.

이는 의료 영상 분석에서도 마찬가지다. 엑스레이나 CT나 혹은 병리 데이터를 분석하는 인공지능의 경우, 이상 소견이 의심되는 부위를 화살표, 색깔, 윤곽선 등으로 표시해주는 인공지능과 질병의 유무, 진단명, 중증도까지도 판단을 내려주는 인공지능은 서로 구분되어야 한다. 후자가 더욱 확정적으로 결과를 알려주며, 분석에 오류가 있을 경우 환자에게 미치는 위해도는 더욱 높다. 따라서 두 경우에 의료인의 책임 소재도 다르게 판단될 가능성이 높다.

실제로 이 두 가지 종류의 의료 영상 분석 인공지능은 규제기관의 인허가 과정에서도 별도의 품목으로 관리된다.[2] 식약처에서 2017년

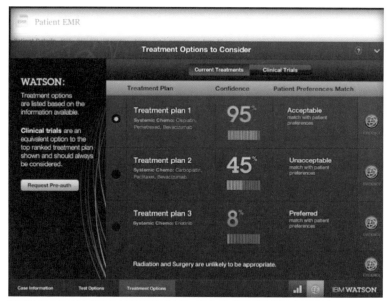

정량적 점수로 권고안의 우선순위를 제시하는 왓슨 포 온콜로지 개발 초기의 데모

초록/주황/빨강의 등급으로 분류된 왓슨 포 온콜로지의 치료법 권고안

의료영상을 이용한 빅데이터 및 인공지능 기술이 적용된 의료기기의 품목 예시

번호	품목명(등급)	정의
1	의료영상분석장치 소프트웨어(2)	의료영상을 획득하여 모의 치료, 모의 시술, 진단에 사용가능 하도록 분석하는 장치에 사용하는 소프트웨어
2	방사선치료계획 소프트웨어(2)	획득된 의료용 영상을 이용하여 방사선 모의 치료 및 모의 시술에 사용되는 소프트웨어
3	의료영상검출보조 소프트웨어(2)	의료영상 내에서 정상과 다른 이상 부위를 검출 한 후 윤곽선, 색상 또는 지시선 등으로 표시하여 의료인의 진단결정을 보조하는데 사용하는 소프트웨어
4	의료영상진단보조 소프트웨어(3)	의료영상을 사용하여 질병의 유무, 질병의 중증도 또는 질병의 상태 등에 대한 가능성 정도를 자동으로 표시하여 의료인의 진단결정을 보조하는데 사용하는 소프트웨어

결과를 얼마나 확정적으로 보여주는지에 따라 식약처는 별도의 품목으로 관리한다.[11]

12월 발표한 「빅데이터 및 인공지능AI 기술이 적용된 의료기기의 허가·심사 가이드라인」에 따르면 전자는 '의료 영상 검출 보조 소프트웨어'로 정의되어 2등급 의료기기로, 후자는 '의료 영상 진단 보조 소프트웨어'로 분류되어 3등급 의료기기에 해당한다.[11] 국내에서 3등급 의료기기는 2등급 의료기기보다 더 엄격한 인허가 과정을 거친다.

관건 4. 판단 과정이 투명한가 vs. 블랙박스인가

의료 인공지능이 결과를 제시하였을 때, 그 결과가 어떠한 과정을 거쳐서 도출된 것인지, 왜 그러한 결과를 내어놓았는지를 사용자가 알 수 있는지도 매우 중요하다. 이러한 부분을 인공지능의 '해석력inter-pretability' 또는 '설명력explainability'이라고 한다. 이러한 특징은 여러 인공지능의 적용 분야 중에서도 특히 의료 분야에서 강조되고 있다.[12-17]

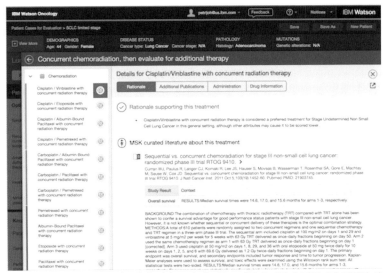

왓슨 포 온콜로지의 경우 권고안에 대한 근거 자료를 보여주기 때문에 딥러닝에 비하면 상대적으로 설명력이 높다.

만약 인공지능이 분석한 결과, 의사도 이해하기 어려운 결론이 나왔다면 어떻게 대처해야 할까? 인공지능이 단순한 오류를 저질렀다고 결론짓고 무시해버리면 되는 것일까? 아니면 의사도 놓쳐버린 중요한 무엇인가를 인공지능이 포착한 것일까? 이 문제를 해결할 수 있는 가장 좋은 방법은 인공지능이 왜 그런 결론을 내리게 되었는지 과정과 이유가 투명하게 공개하도록 하는 것이다. 즉 결론에 대한 해석과 설명이 가능한 인공지능이라면 가장 좋을 것이다.

하지만 기계학습 기반의 많은 인공지능은 해석력과 설명력이 낮은 경우가 많다. 특히 딥러닝은 기본적으로 블랙박스와 다름없다. 이는 매우 중요한 이슈이기 때문에 곧바로 더 깊게 논의하도록 하고, 여기에서는 설명력이 상대적으로 높은 사례만 간단히 언급하고 넘어가도록 하자.

대표적으로 왓슨 포 온콜로지는 판단 과정이 상대적으로 투명하며, 결과에 대한 설명력도 가진다. 내부적으로 어떠한 과정을 거치는지 알기 매우 어려운 딥러닝과는 달리, 왓슨 포 온콜로지는 판단 결과에 대한 '근거'를 제시하기 때문이다. 왓슨도 계산하는 모든 과정을 사용자가 이해할 수 있도록 공개하지는 않지만, 적어도 왜 그런 판단을 내렸는지에 대한 근거를 준다. 각 권고안에 달린 근거 버튼을 누르면, 해당 권고안에 대한 진료 가이드라인, 논문, 임상시험 결과 등을 보여주기 때문에 판단 과정에 대한 힌트라도 의료진이 얻을 수 있다. 만약 왓슨이 제시한 근거가 적절하지 않다고 생각하면, 의료진은 왓슨의 권고를 받아들이지 않을 수 있다.

하지만 딥러닝의 경우 문제가 달라진다. 딥러닝은 기본적으로 블랙박스이며, 계산 과정도 매우 복잡할 뿐만 아니라, 사람과는 다른 방식으로 문제에 접근하기 때문이다.

묘수인가, 떡수인가?

딥러닝의 장점은 양질의 데이터가 많은 경우, 해당 문제에 대한 배경 지식이 없어도 훈련시킬 수 있다는 것이며, 그 성능은 과거의 다른 기계학습 방법보다 현저하게 개선된다는 것이다. 하지만 딥러닝은 그 계산 과정이 일종의 블랙박스와 같아서 투명하지 않기 때문에, 그 인공지능을 만든 사람도 세부적인 작동 원리를 파악하기가 쉽지 않다는 문제가 있다.

알파고의 사례를 보면 딥러닝의 이러한 특성을 쉽게 이해할 수 있다. 알파고는 몇천 년 동안 인간이 쌓아온 바둑에 대한 실력을 단기간에 능가했지만, 특정한 한 수가 구체적으로 어떤 계산 과정을 거쳐서 도출된 것인지를 완전히 파악하기는 매우 어렵다. 페이스북에서 인공지능 연구를 이끄는 얀 리쿤 박사는 딥러닝을 수백만 개의 (금고에 달린 것과 같은) 다이얼 버튼이 달린 블랙박스에 비유한다.[15] 방대한 데이터를 하나씩 학습할 때마다 모든 다이얼 버튼을 조금씩 조절하게 되는데, 개별적인 다이얼 버튼이 왜 그렇게 정해졌는지를 이해하기는 쉽지 않다.*

또한 딥러닝이 결론을 도출한 과정을 파악할 수 있다고 하더라도, 그 과정이 가지는 '의미'를 인간이 이해하는 것은 또 다른 어려운 문제이다. 알파고의 경우에도, 딥러닝 네트워크를 모두 뜯어보면서 수백만 개의 노드에 흩어져 있는 매개변수들의 값을 파악하는 것이 이론적으로는 가능할 것이다. 하지만 그렇게 한다고 하더라도 알파고가 두었던 각 수의 의미를 정확하게 파악하기란 거의 불가능에 가깝다. 이는 인간 뇌를 구성하는 뉴런과 뉴런 사이에 전달되는 전기적 신호를 물리적으로 모두 측정한다고 해도, 그 사람의 생각을 읽을 수는 없는 것과 비슷하다.[18]

딥러닝의 이러한 특징 때문에 우리는 알파고와 이세돌 9단의 대결에서 큰 충격을 받았다. 해설자조차도 알파고가 두었던 많은 수를 처음에는 악수로 생각했으나, 나중에는 이러한 수들이 엄청난 묘수로 드러난 것이다. 우리가 받은 충격은 결국 알파고의 설명력이 낮기 때문이었다. 설명력이 낮기 때문에 그 수를 왜 두었는지 완벽히 이해하는 것도 불가능하고, 이해하기 위해서는 결과만 놓고 과정을 인간이

---

* 얀 리쿤 박사의 설명에서 '다이얼 버튼'은 인공신경망의 은닉층 노드 사이의 가중치를 의미한다. 다이얼버튼을 '조절'하는 것은 5장에서 설명한 오차 역전파 알고리즘을 통해 수많은 뉴런의 연결에 대한 가중치를 조금씩 조절해나가는 과정을 비유한 것이다.

유추해보는 방법밖에 없다.

의료 인공지능의 블랙박스 문제

그런데 재미로 두는 바둑이 아니라, 사람의 목숨이 달린 의료에서는 이런 블랙박스 문제가 심각해진다. 예를 들어 딥러닝 기반의 인공지능이 유방 엑스레이 사진을 보고 특정 부분이 암이라고 높은 정확도로 판단할 수는 있지만, 그것을 왜 암이라고 판단했는지는 알려주지 않기 때문이다. 인공지능이 그 부분의 형태, 색깔, 위치, 크기, 혹은 또 다른 이유로 그렇게 판독 결과를 내어놓았는지를 파악하기는 매우 어렵다.

대부분의 경우, 딥러닝 기반의 인공지능이 내어놓은 결과를 의사들이 본인의 전문성을 바탕으로 해석할 수 있을 것이다. 그런데 만약 딥러닝이라는 블랙박스에서 특이적이고 예외적인 판독 결과가 나왔고, 의사도 왜 이런 결과가 나왔는지 이해하지 못하는 경우는 어떻게 해야 할까. 정확도가 99.99%에 달하고 FDA 인허가를 받은 인공지능도 오류가 전혀 없으리라고 장담할 수는 없다.

그렇다면 이 결과를 인공지능의 실수라고 간주하고 무시해야 할까. 혹시 딥러닝이 인간이 파악하지 못하는 방식으로 환자의 특성을 이해했거나, 인간이 인지하기 어려울 정도로 미세한 전조증상을 일찍 포착한 것은 아닐까. 그렇다면 추가 검사를 더 해봐야 할까. 이러한 상황은 결국 딥러닝이 블랙박스이기 때문에 발생하는 문제이다. 이 때문에 설명력을 높이는 것은 의료 인공지능에서 매우 중요한 숙제이다.

특히 설명력을 높이는 것은 진료 현장에서 인공지능이 활용되기 위해서뿐만 아니라, 의료 인공지능을 개발하는 과정에서도 중요하다. 우수한 의료 인공지능을 개발하기 위해서는 단순히 성능이 좋은 것이 아니라, 정확도가 높으면 왜 높은지, 오류가 나오면 왜 오류가 나오는지를 이해할 필요가 있기 때문이다. 특히 딥러닝이 블랙박스라는 것을 자칫 간과하는 경우, 답을 잘 찾아내기는 하지만 잘못된 과정을 거치기 때문에 실제로는 가치가 없는 인공지능이 만들어질 수도 있다.

이와 관련하여, 서울아산병원의 서준범 교수님, 김남국 교수님 연구팀에서는 직접 경험한 흥미로운 사례를 드시곤 한다.[19] 연구팀에서 흉부 엑스레이 데이터를 학습시켜 심장비대cardiomegaly를 높은 정확도로 인식하는 딥러닝을 만들었다. 심장비대란 말 그대로 심장의 크기가 커진 상태가 특징이므로, 따라서 연구팀은 당연히 딥러닝도 심장의 크기를 바탕으로 심장비대를 파악할 것으로 기대하였다. 하지만 분석 결과, 딥러닝은 정작 심장의 크기를 보는 것이 아니라 엉뚱하게도 환자의 엑스레이에 특징적으로 드러나는 수술 자국을 보고 판단한다는 것을 알게 되었다. 이러한 인공지능은 결과적으로는 정답을 잘 맞힌다고 할지라도, 의학적인 가치는 없을 것이다.

블랙박스 해독하기

이처럼 의료 인공지능을 개발하고, 임상 현장에서 환자에게 적용하기 위해서 설명력과 해석력을 높이는 것은 중요하다. 특히 이미지를 분석하는 딥러닝에 대해서 '해석 가능한 인공지능'을 만들기 위한

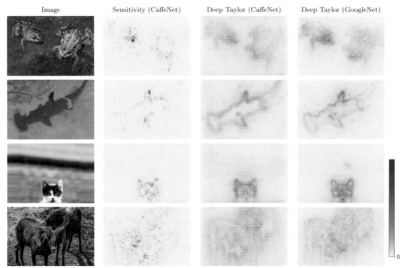

| Image | Sensitivity (CaffeNet) | Deep Taylor (CaffeNet) | Deep Taylor (GoogleNet) |

딥러닝이 이미지의 어느 부위를 판단에 중요하게 고려했는지를 다양한 방법으로 분석할 수 있다.[20]

연구가 최근 활발하다.[12, 20-24]

　이러한 연구들은 대부분, 주어진 이미지를 딥러닝이 분류하거나 판독하기 위해서 어느 부분이 중요했는지를 시각화하여 분석 과정을 파악하는 것이 목적이다. 예를 들어 개구리나, 상어, 고양이 등의 사진을 입력했을 때, 이를 각각 개구리, 상어, 고양이로 분류하기 위해서 전체 사진 중에 특히 어느 부분이 그러한 판단에 영향을 주었는지를 보는 것이다.

　사실 이러한 분석은 딥러닝이 특정 부분이나 특정 픽셀을 왜 중요하게 판단했는지, 그것을 왜 개구리라고 생각했는지 이유는 알려주지는 않는다. 하지만 적어도 딥러닝의 판단 과정을 우리가 유추해볼 수 있도록 해주며, 또한 의도한 대로 인공지능이 디자인되었는지도 판단 가능해진다. 앞서 설명한, 서울아산병원의 심장비대를 진단하

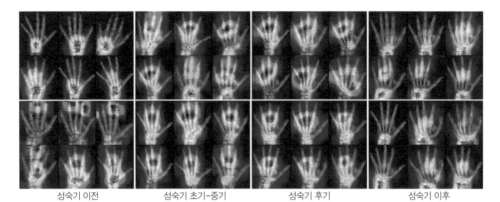

| 성숙기 이전 | 성숙기 초기-중기 | 성숙기 후기 | 성숙기 이후 |

엑스레이 골연령 판독 딥러닝이 어느 부위를 중요하게 판단하는지를 시각화[25]

는 인공지능의 사례도 이러한 분석을 통해 딥러닝이 심장이 아닌 수술 자국을 본다는 것을 파악할 수 있었다.

이러한 영상을 분석하는 딥러닝의 판단 근거를 시각화하는 방법도 계속 발전하고 있으며, 세부적으로 들어가면 다양한 방법들이 있다. 가장 단순한 방법은 입력되는 사진의 일부분을 일부러 가려서 예측 결과가 어떻게 변화하는지, 얼마나 변화하는지를 보는 것이다.[21] 이 방법은 만약에 가려지는 부분이 딥러닝이 판단에 중요하게 여기는 부분이라면, 가렸을 경우와 가리지 않았을 경우에 예측 결과가 크게 달라질 것이라는 점을 가정으로 한다.

예를 들어 고양이 사진을 입력했을 때 딥러닝이 고양이라고 정확히 판별했다고 치자. 만약 고양이를 가리고 입력했을 때도 딥러닝의 판단 결과가 같다면 무엇인가 잘못된 것이다. 실제로는 이 방법은 고양이 전체를 모두 가리는 방식이 아니라, 사진의 아주 작은 영역을 차례대로 가려가면서('슬라이딩 윈도' 방법이라고 한다), 이미지의 중요 부분을 파악한다.

매사추세츠 종합병원에서 2017년 발표한 골연령 판독 인공지능 연구에서 이러한 방법을 통해 인공지능의 판단 과정을 파악했다.[25] 연구진은 딥러닝을 기반으로 손의 엑스레이 사진을 찍어서 뼈의 나이를 판독하는 인공지능을 개발하였고, 입력하는 엑스레이 사진의 일부분을 차례대로 가려가는 방식으로 어느 부분이 판단에 영향을 주었는지를 시각화해보았다. 그 결과 각 성장 단계에서 기존에 엑스레이 골연령 판독에 중요하다고 알려진 부위와 개발한 딥러닝이 중요하게 여기는 부위가 상당히 일치한다는 것을 알 수 있었다.

이렇게 입력한 데이터를 시각화하는 방식으로 딥러닝의 블랙박스를 해독하려는 시도는 다양하다. 공간적 정보를 가지는 특징 지도feature map를 가중합weighted sum하거나, 입력한 영상의 각 화소 변화에 따른 출력값의 민감도를 측정하는 방법 등이 있다. 이러한 각각의 방식은 분석 속도, 분석에 필요한 계산 비용, 시각화된 주요 영역이 얼마나 세밀한지, 얼마나 직관적으로 해석할 수 있는지 등에 대해서 장단점이 서로 다르다.

딥러닝의 설명력을 높이고 블랙박스 문제를 해결하는 것은 워낙 중요한 문제이기 때문에, 앞으로 더 많은 연구가 진행될 것이다. 사실, 여기에서 소개한 시각화 방법은 주로 이미지 분석에만 활용 가능한 것이다. 그러므로 앞서 설명한 세 가지 유형의 의료 인공지능 중에서도 영상을 분석하는 딥러닝 이외에, 진료기록이나 유전정보 등의 의료 빅데이터를 분석해서 통찰력을 얻거나, 심전도나 혈당 등의 생체 신호를 모니터링하는 또 다른 유형의 인공지능의 설명력을 높이기 위한 연구도 필요하다. 「4장 의료 빅데이터 기반의 질병 예측」에서 소개했던 전자의무기록을 분석하는 구글의 딥러닝 연구에서는,

환자의 치료 결과를 예측하기 위해서 진료기록 중에 어느 부분을 딥러닝이 중요하게 고려했는지를 분석해내기도 했다.[26]

블랙박스의 의료 활용

그렇다면 인공지능의 블랙박스 문제를 완벽하게 해결하기 전에는 의료 인공지능을 진료 현장에서 활용하는 것이 불가능할까? 사실 그렇지는 않다고 생각한다. 인공지능 자체의 기술적인 한계를 인정하면서도, 이를 극복하면서 인공지능의 효용을 극대화할 방법들이 없지 않기 때문이다. 인공지능 기술을 개선해서 블랙박스 문제를 보다 근본적으로 해결하는 방법도 있겠지만, 의료에서는 기술 외적인 부분을 통한 해결도 가능하리라 본다.

이 문제는 결국 다시 의료 인공지능을 어떻게 검증하고, 의료기기 여부를 판단하며, 임상연구를 통해서 검증하고, 규제기관이 인허가하며, 그 이후에도 의사가 현장에서 이를 어떠한 방식으로 진료에 활용할 것인지의 문제로 귀결된다. 즉 인공지능이 완벽하지 않다고 하더라도, 충분한 연구를 통해서 안전성과 정확성 검증을 거치며, 오류가 발생하더라도 의사가 충분히 걸러낼 수 있는 프로세스가 갖춰져 있고, 의사와 의견이 불일치 하는 등의 예외적인 상황에 어떻게 대처할지 원칙이 있다면 의료 현장에서도 충분히 활용 가능할 것이다.

더구나 혹자는 오히려 의료 분야에서 인공지능의 블랙박스 문제가 별다른 걸림돌이 되지 않는다고 주장하기도 한다.[27] 이러한 의견의 근거는 바로 이미 의료의 많은 부분이 사실은 블랙박스인 경우가 많다는 점이다. 단적으로 식약처나 FDA에서 승인받고 현재 환자에게 처

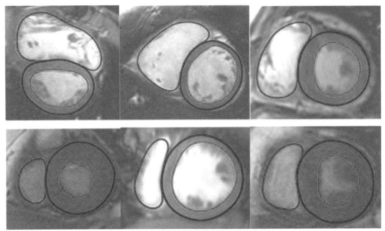

최초로 FDA 승인받은 딥러닝 기반의 의료 인공지능, 카디오 DL

방되는 약 중에도 작용 기전이나 표적이 밝혀지지 않은 경우가 많다.

예를 들어 미국에서는 양극성 장애의 치료에 리튬을 수십 년간 사용해왔지만(기원을 따지자면 19세기 중반까지도 거슬러 올라간다), 리튬이 기분 장애를 어떤 방식으로 개선하는지 생화학적 메커니즘은 최근에 와서야 밝혀졌다.[28, 29] 작용 기전의 규명 없이 오랫동안 사용했던 더 유명한 약은 바로 아스피린이다. 이런 약들은 일종의 블랙박스임에도 불구하고, 안전성에 큰 문제가 없고, 효과가 있다는 것만으로 이미 의료계에서는 널리 활용해왔다.

따라서 인공지능의 경우에도 완전히 작동 원리를 이해하지 못한다고 할지라도, 안전성과 정확성이 검증되면 의료 현장에서 활용할 수 있다는 주장에 일리가 있다. 사실 규제기관은 이미 그러한 방식으로 인허가를 진행하고 있다. 앞서 언급했듯이, 2017년 1월 실리콘밸리의 아터리스Arterys라는 회사의 카디오 DL이 딥러닝 기반의 인공지능으로는 최초로 FDA 승인을 받았다.[6-8] 카디오 DL은 심장의 MRI를 기반으로 심실의 구분ventricle segmentations을 자동으로 수행하는 인공지능인데, 의사들이 수작업으로 30분 이상 걸리던 작업을 10초 정도의 짧은 시간에 끝내준다. 그런데 FDA가 이 인공지능을 승인해준 이유는 아터리스가 카디오 DL의 블랙박스를 모두 해독해서 보여주지는 않았지만, 결과적으로 인간 의사와 동등한 수준의 정확도를 가진다는 것을 충실히 증명했기 때문이다.

이러한 방향성은 국내 식약처도 마찬가지다. 2018년 5월 한국에서 최초로 식약처 의료기기 인허가를 받은 뷰노의 골연령 엑스레이 판독 인공지능도[30, 31] 식약처의 관리감독하에 서울아산병원과 고대안암병원 등과의 임상시험을 통해 성능을 충실히 입증함으로써 의료기기 인허가를 받을 수 있었다. 이어서 2018년 8월에 식약처 의료기기 인허가를 받은 루닛의 엑스레이 폐결절 판독 인공지능 '루닛 인사이트'와 제이엘케이인스펙션의 뇌경색 판독 보조 인공지능 'JBS-01K' 역시 그러하다.[32] 향후 추가적인 의료 인공지능도 설사 블랙박스를 모두 해독하지는 않더라도, 임상시험을 통한 정확성과 안전성의 검증을 통해서 인허가 여부가 결정될 것이다.

의료의 새로운 동반자를 맞이하며

자, 지금까지 인공지능이 혁신할 의료의 미래에 대한 여러 측면을 함께 살펴보았다. 이 책이 의료 인공지능에 대한 모든 부분을 깊이 있게 다루지는 못했다고 하더라도, 주요하게 논의되는 이슈들은 대부분 언급했다고 생각한다.

인공지능 기술은 하루가 다르게 발전하고 있으며, 이 책을 기획하고 집필하는 2년에 가까운 기간에도 기술적으로도, 규제적으로도, 또 의료계와 산업계에서도 많은 변화가 있었다. 집필 중에 일어난 여러 변화도 가능한 충실하게 반영하려 노력했으며, 필자도 그 과정에서 많은 것을 새롭게 배웠다. 여담이지만 책의 최종 교정 단계에서도 뷰노의 인공지능이 국내 최초로 식약처 허가를 받는 등의 뉴스가 나오는 바람에 허겁지겁 원고를 수정하기도 했다.

1부 「제2의 기계 시대와 의료 인공지능」에서 우리는 의료 인공지능이라는 새로운 주제를 과연 어떠한 관점으로 접근해야 할지로 시작해서, 2부 「의료 인공지능의 과거와 현재」에서는 세 가지 대표적인 유형의 의료 인공지능을 차례로 살펴보았다. IBM 왓슨 포 온콜로지의 현재와 한계 및 숙제, 그리고 딥러닝의 기술적인 배경과 다양한 의료 분야에서 이룩한 주요한 성과들을 살펴보았다.

특히 현재 인공지능의 황금기를 이끄는 딥러닝에 기반을 둔 의료 인공지능은 이미 영상의학과, 안과, 피부과, 병리과 등의 영상 의료 데이터를 해당 분야 전문의와 동등하거나 심지어 능가하는 성과를 보이고 있다. 또한 부정맥, 심정지, 당뇨, 패혈증 등에 대한 연속적인 의료 데이터를 실시간으로 모니터링하여 예방 의료 및 예측 의료를 구현하는 사례들도 살펴보았다. 정리하는 의미에서 아래와 같은 세 가지 의료 인공지능의 유형을 다시 한번 상기해보자.

- 복잡한 의료 데이터에서 의학적 통찰을 도출하는 인공지능
- 이미지 형식의 의료 데이터를 분석 및 판독하는 인공지능
- 연속적 의료 데이터를 모니터링하여 질병을 예측하는 인공지능

이어진 3부 「미래를 어떻게 맞이할 것인가: 이슈, 함정, 그리고 희망」에서 우리는 이러한 의료 인공지능이 파생시키는 다양한 이슈에 대해서도 살펴보았다. 대표적으로 지금도 여전히 논쟁을 일으키는 질문인 '인공지능이 의사를 대체할 것인가'에 대한 답을 찾기 위해서 의사의 사라질 역할, 유지될 역할, 새롭게 생길 역할을 차례로 살펴보았다.

이 과정에서 의사는 진료과를 막론하고 인공지능으로 인해 광범위한 역할 변화를 맞이하게 될 것이며, 새로운 시대에는 끊임없이 진화하고 배우는 의사, 그리고 더욱 인간적인 의사만이 살아남을 수 있으리라는 점도 지적했다. 이러한 기술의 발전과 의사의 역할 변화는 결국 의학 교육 혁신의 필요로 귀결되지만, 안타깝게도 아직 국내 의과 대학과 병원의 수련 환경은 그러한 변화에 충분히 발맞추지 못하고

있다는 것도 여러 번 강조했다.

또한 의료 인공지능이 진료 현장에서 사용되기 위해서 미리 갖춰야 할 부분과 고려해야 할 조건도 살펴보았다. 의료 인공지능의 활용은 향후 여러 규제적, 법적, 윤리적 이슈를 불러일으킬 수 있다. 특히 딥러닝은 계산 과정이 투명하지 않은 블랙박스이므로 의료에 활용하기 위해서는 이 문제를 완화하기 위한 연구와 기술 혁신도 계속되어야 한다. 그뿐만 아니라, 의료 인공지능의 정확성과 안전성을 검증하기 위한 원칙의 확립도 필요할 것이다.

하지만 이것만으로 인공지능이 의료 현장에서 널리 활용되기 위한 충분한 조건이 갖춰진 것은 결코 아니다. 인공지능이 의료 현장에 폭넓게 받아들여지기 위해서는 정확성뿐만 아니라 임상적 효용의 검증, 비용 효과성의 검증을 바탕으로 한 의료 보험의 적용, 기존 진료 프로세스와 매끄러운 통합, 의료 인공지능의 활용에 대한 의사들의 재교육, 법률적 책임 소재의 규명 등 민감하고, 미묘하며, 여러 주체의 이해관계를 조율하는 쉽지 않은 문제들이 산적해 있다. 이러한 문제를 해결하기 위해서는 적지 않은 시간이 걸릴 것이며 그 과정에서 크고 작은 시행착오도 있을 것이다.

우리는 인공지능이라는 전대미문의 기술이 의료에 본격적으로 접목되기 시작하는 대전환기, 혹은 변곡점을 헤쳐나가고 있다. 과거 의료의 역사를 돌이켜보면 새로운 기술의 도입은 항상 일어나게 마련이었다. 하지만 인공지능처럼 여러 진료과에 걸쳐 광범위한 영향을 미치며 의사의 역할에 대한 근본적인 변화를, 더욱이 이토록 단기간에 불러일으켰던 경우는 매우 드물었다.

몇 년 전만 해도 인공지능은 의료와 별로 관계없는 분야처럼 보였지만, 짧은 시간 내에 의료의 여러 분야를 관통하는 핵심 주제로 부상했다. 필자가 2014년 가을에 출판한 저서 '헬스케어 이노베이션'에서 IBM 왓슨을 국내에 소개했을 때는 물론 2015년 인터뷰나 칼럼 등에서 의료 인공지능 이야기를 할 때만 하더라도 의료계에서 지금과 같은 관심은커녕, 왓슨이라는 이름을 아는 사람도 거의 없었다.[1, 2, 3] 불과 2, 3년 지난 지금, 이와 같은 변화를 떠올려보면 격세지감을 넘어서 두려운 느낌마저 들 정도이다. 그 두려움은 단순히 지난 몇 년간의 변화 때문이 아니라, 앞으로 우리에게 닥쳐올 변화 때문이다.

우리는 앞으로 10년 동안 지난 10년과는 비교할 수 없을 정도로 큰 변화를 겪게 될 것이다. 인공지능에 의한 패러다임의 변화는 우리가 현재 의료에 대해서 가지고 있는 지식이나 상식, 윤리, 법적인 이슈들을 근본적으로 뒤바꿔놓을 수도 있다. 이에 따라 진료 및 치료 방식, 의료인의 역할뿐만 아니라, 의료 전달 체계, 인허가 등 규제와 의료법, 의료 보험과 같은 의료 시스템이 근본적인 변화를 겪을 수 있다.

이 중 어떤 변화는 오랜 시간에 걸쳐서 일어나겠지만, 앞서 함께 살펴본 것처럼 어떤 변화들은 이미 한창 진행되는 중이다. 이렇게 우리는 거대한 변혁의 초입에 발을 내딛고 있다. 필자는 이러한 변화에 두려움도 느끼지만, 또 한편으로는 기대감과 흥분을 감추기가 어렵다.

의료 인공지능에 대한 이야기를 처음 시작하면서 강조했던 이야기들로, 이 길었던 논의를 마무리 지으려 한다. 인공지능이 인류의 미래에 큰 영향을 미칠 것이라는 점은 이제 누구도 부인하지 않는다. 이 변화는 결코 거스를 수 없는 것이다. 그렇다면 우리가 던져야 할 올바른 질문은 '인공지능과 어떻게 손잡고 더 나은 미래를 만들 것인가?' 하는 점이다.

의료에서 '더 나은 미래'란 이미 우리에게 익숙한 것들이다. 인공지능이 아니라, 인공지능 할아버지가 도입된다고 해도 의료가 가지는 본래의 목적 자체가 바뀌는 것은 아니기 때문이다. 바로 개별 환자에게 맞는 의료를, 더 많은 사람에게, 더 적시에 제공하고, 치료의 효과는 높이며, 부작용은 줄이고, 그 과정에 들어가는 의료 비용도 절감하는 것이다. 이를 통해 질병을 진단, 예방, 치료함으로써 궁극적으로 환자에게 더 나은 삶을 제공하는 것. 그것이 우리가 추구하는 의료의 목적이다. 그리고 인공지능은 완전히 새로운 방식으로 우리가 이러한 목적에 한 걸음 더 다가갈 수 있는 방편을 제공해줄 것이다.

의료는 이제 인공지능이라는 전대미문의 동반자를 맞이하게 되었다. 이 동반자와 함께 달리면서, 어떠한 의료의 미래를 만들어갈 것인지는 다름 아닌 우리의 손에 달려 있다.

2018년 6월
용산의 서재에서

| 참고 문헌 |

본 참고 문헌은 '의료 인공지능'의 4쇄 본문에 실린 참고 문헌을 표기한 것입니다. 독자들이 참고 문헌을 쉽게 찾아볼 수 있도록 저자의 블로그에서 PDF 파일로도 다운 받으실 수 있습니다.

www.yoonsupchoi.com/medical-ai-reference

혹시 참고문헌의 표기에 오류가 있거나, 링크가 작동하지 않는 등의 피드백이 있으시면, 출판사나 저자의 메일 yoonsup.choi@gmail.com 으로 알려주시기 바랍니다.

1장 80%의 의사는 사라질 것인가

1. Vinod Khosla, "Do We Need Doctors Or Algorithms?", TechCrunch, 2012 https://techcrunch.com/2012/01/10/doctors-or-algorithms/

2. Matt Marshall, "Vinod Khosla says technology will replace 80 percent of doctors — sparks indignation", VentureBeat, 2012 https://venturebeat.com/2012/09/02/vinod-khosla-says-technology-will-replace-80-percent-of-doctors-sparks-indignation/

3. Davis Liu, "Vinod Khosla: Technology Will Replace 80 Percent of Docs", The Health Care Blog, 2012 http://thehealthcareblog.com/blog/2012/08/31/vinod-khosla-technology-will-replace-80-percent-of-docs/

4. 코슬라 벤처스 홈페이지 https://www.khoslaventures.com/portfolio/all-companies

5. David Shaywitz, "What Silicon Valley Doesn't Understand About Medicine", Forbes, 2011 https://www.forbes.com/sites/davidshaywitz/2011/06/17/what-silicon-valley-doesnt-understand-about-medicine/#59a101715213

6. David Shaywitz, "Why I Disagree With Vinod Khosla About Digital Health -- And Hope He Succeeds Brilliantly", Forbes, 2012, https://www.forbes.com/sites/davidshaywitz/2012/09/01/why-i-disagree-with-vinod-khosla-about-digital-health-and-hope-he-succeeds-brilliantly/#408091f340c9

7. Arundhati Parmar, "Topol says machines will be vital to healthcare transformation, new

doc-patient partnership", MedCity News, 2012 https://medcitynews.com/2012/09/does-cardiologisttech-evangelist-eric-topol-agree-with-vcs-vision-of-machines-replacing-doctors/

8. Bijan Salehizadeh의 트위터 https://twitter.com/bijans/status/242010402089750528

9. Siddhartha Mukherjee, "A.I. VERSUS M.D.", New Yorker, 2017 https://www.newyorker.com/magazine/2017/04/03/ai-versus-md

10. Saurabh Jha, "Adapting to Artificial Intelligence" JAMA, 2016 https://jamanetwork.com/journals/jama/article-abstract/2588764

11. Alison M. Darcy, "Machine Learning and the Profession of Medicine", JAMA, 2016 https://jamanetwork.com/journals/jama/article-abstract/2488315

12. 식약처 의료기기심사부 첨단의료기기과, "빅데이터 및 인공지능(AI) 기술이 적용된 의료기기의 허가 · 심사 가이드라인", 2017

13. Associated Press, "Apple tops Street 1Q forecasts", San Diego Union-Tribune, 2015 http://www.sandiegouniontribune.com/sdut-apple-tops-street-1q-forecasts-2015jan27-story.html

14. Ross Miller, "AP's 'robot journalists' are writing their own stories now", The Verge, 2015 https://www.theverge.com/2015/1/29/7939067/ap-journalism-automation-robots-financial-reporting

15. Rich McCormick, "AP's 'robot journalists' are writing about Minor League Baseball now", The Verge, 2016 https://www.theverge.com/2016/7/4/12092768/ap-robot-journalists-automated-insights-minor-league-baseball

16. 한세희, "인공지능에 밀린 기자, 밥 먹고 살 수 있을까요?", 동아사이언스, 2016 http://dongascience.donga.com/news.php?idx=10943

17. Robert Channick, "Tribune resumes limited usage of Journatic", Chicago Tribune, 2012 http://articles.chicagotribune.com/2012-12-06/business/chi-journatic-tribune-20121206_1_journatic-after-tribune-editors-hyperlocal-content-journatic-ceo-brian-timpone

18. John Markoff, "Armies of Expensive Lawyers, Replaced by Cheaper Software", The New York Times, 2011 https://www.nytimes.com/2011/03/05/science/05legal.html

19. Karen Turner, "Meet 'Ross,' the newly hired legal robot", The Washington Post, 2016

https://www.washingtonpost.com/news/innovations/wp/2016/05/16/meet-ross-the-newly-hired-legal-robot/?utm_term=.1b8e48d72f10

20. 조기원, "세계 최초 '인공지능 변호사' 나왔다" 한겨레, 2016 http://www.hani.co.kr/arti/international/international_general/744188.html

21. "Deloitte Insight: Over 100,000 legal roles to be automated", LegalITInsider, 2016 https://www.legaltechnology.com/latest-news/deloitte-insight-100000-legal-roles-to-be-automated/

22. "Developing legal talent" Deloitte, 2016 https://www2.deloitte.com/uk/en/pages/audit/articles/developing-legal-talent.html

23. Justin McCurry, "Japanese company replaces office workers with artificial intelligence", The Guardian, 2017 https://www.theguardian.com/technology/2017/jan/05/japanese-company-replaces-office-workers-artificial-intelligence-ai-fukoku-mutual-life-insurance

2장 강한 인공지능부터 의료 인공지능까지

1. Wikipedia, "Dartmouth workshop" https://en.wikipedia.org/wiki/Dartmouth_workshop

2. J. McCarthy et al, "Dartmouth AI Project Proposal", 1995 https://www.livinginternet.com/i/ii_ai.htm

3. Wikipedia, "Artificial intelligence" https://en.wikipedia.org/wiki/Artificial_intelligence

4. Daniel Faggella, "AI is So Hot, We've Forgotten All About the AI Winter" Singularity web blog, 2015 https://www.singularityweblog.com/ai-is-so-hot-weve-forgotten-all-about-the-ai-winter/

5. 신정규, 최예림, "AI, 긴 겨울을 보내고 꽃을 피우다", 카카오AI리포트, 2017 https://brunch.co.kr/@kakao-it/51

6. 김민구, "PART Ⅰ 인공지능연구, 어디까지 왔나?", 과학동아, 1990 http://dl.dongascience.com/magazine/view/S199006N027

7. 유석인, "PART Ⅲ 전문가시스템의 성공사례", 과학동아, 1990 http://

dl.dongascience.com/magazine/view/S199006N029

8. Yves Frégnac & Gilles Laurent, "Neuroscience: Where is the brain in the Human Brain Project?", Nature, 2014 https://www.nature.com/news/neuroscience-where-is-the-brain-in-the-human-brain-project-1.15803

9. 미치오 카쿠, "마음의 미래", 김영사, 2015

10. Olga Russakovsky et al. "ImageNet Large Scale Visual Recognition Challenge", arXiv, 2014 https://arxiv.org/abs/1409.0575

11. Large Scale Visual Recognition Challenge (ILSVRC) http://image-net.org/challenges/LSVRC/

12. Kaiming He, Xiangyu Zhang, Shaoqing Ren, Jian Sun, "Deep Residual Learning for Image Recognition", arXiv, 2015 https://arxiv.org/abs/1512.03385

13. Li Deng, "New types of deep neural network learning for speech recognition and related applications: An overview", IEEE International Conference on Acoustics, Speech, and Signal Processing (ICASSP), May 2013, https://www.microsoft.com/en-us/research/publication/new-types-of-deep-neural-network-learning-for-speech-recognition-and-related-applications-an-overview/

14. Li Deng, "Deep Learning: Methods and Applications", Microsoft Resarch, 2014 https://www.microsoft.com/en-us/research/publication/deep-learning-methods-and-applications/?from=http%3A%2F%2Fresearch.microsoft.com%2Fpubs%2F209355%2Fdeeplearning-nowpublishing-vol7-sig-039.pdf

15. Oriol Vinyals, Alexander Toshev, Samy Bengio, Dumitru Erhan, "Show and Tell: A Neural Image Caption Generator" arXiv, 2015, https://arxiv.org/abs/1411.4555

16. Hao Fang et al. "From Captions to Visual Concepts and Back", arXiv, 2015 https://arxiv.org/abs/1411.4952

17. Yaniv Taigman et al. "DeepFace: Closing the Gap to Human-Level Performance in Face Verification" IEEE 2014, http://ieeexplore.ieee.org/document/6909616/

18. Florian Schroff, Dmitry Kalenichenko, James Philbin, "FaceNet: A Unified Embedding for Face Recognition and Clustering", arXiv, 2015 https://arxiv.org/abs/1503.03832

19. Gideon Lewis-Kraus, "The Great A.I. Awakening", The New York Times, 2016 https://www.nytimes.com/2016/12/14/magazine/the-great-ai-awakening.html

20. Allen Newell, "Chess-Playing Programs and the Problem of Complexity" IBM Journal of Research and Development, 1958 http://ieeexplore.ieee.org/document/5392645/

21. "Superintelligence: Science or Fiction?", Youtube, https://www.youtube.com/watch?v=h0962biiZa4

22. Rory Cellan-Jones, "Stephen Hawking warns artificial intelligence could end mankind", BBC News, 2014 http://www.bbc.com/news/technology-30290540

23. Matt McFarland, "Elon Musk: 'With artificial intelligence we are summoning the demon.'", The Washington Post, 2014 https://www.washingtonpost.com/news/innovations/wp/2014/10/24/elon-musk-with-artificial-intelligence-we-are-summoning-the-demon/

24. Peter Holley, "Bill Gates on dangers of artificial intelligence: 'I don't understand why some people are not concerned'", The Washington Post, 2015 https://www.washingtonpost.com/news/the-switch/wp/2015/01/28/bill-gates-on-dangers-of-artificial-intelligence-dont-understand-why-some-people-are-not-concerned/

25. Peter Holley, "Apple co-founder on artificial intelligence: 'The future is scary and very bad for people'", The Washington Post, 2015, https://www.washingtonpost.com/news/the-switch/wp/2015/03/24/apple-co-founder-on-artificial-intelligence-the-future-is-scary-and-very-bad-for-people/

26. 닉 보스트롬, "슈퍼인텔리전스 경로, 위험, 전략", 까치, 2017

27. Tim Urban, "The AI Revolution: Our Immortality or Extinction", Wait But Why, 2015 https://waitbutwhy.com/2015/01/artificial-intelligence-revolution-2.html

3장 IBM 왓슨의 이상과 현실적 과제

1. Riccardo Miotto, Li Li, Brian A. Kidd & Joel T. Dudley, "Deep Patient: An Unsupervised Representation to Predict the Future of Patients from the Electronic Health Records", Scientific Reports, 2016 https://www.nature.com/articles/srep26094

2. Hui Y. Xiong et al. "The human splicing code reveals new insights into the genetic determinants of disease", Science, 2015 http://science.sciencemag.org/content/347/6218/1254806.long

3. Louisa Roberts, "How Watson for Clinical Trial Matching is Accelerating the Screening Process", Think Blog, 2017 https://www.ibm.com/blogs/think/2017/04/watson-health-screening/

4. Phuoc Nguyen, Truyen Tran, Nilmini Wickramasinghe, Svetha Venkatesh, "Deepr: A Convolutional Net for Medical Records", arXiv, 2016 https://arxiv.org/abs/1607.07519

5. Stephen Baker, "Final Jeopardy: The Story of Watson, the Computer That Will Transform Our World", 2012, Mariner Books

6. Brian Warner, "What's The Most Money Won On Jeopardy?", Celebrity Net Worth, 2014 https://www.celebritynetworth.com/articles/entertainment-articles/whats-the-most-money-won-o/

7. Ken Jennings, "My Puny Human Brain", Slate, 2011http://www.slate.com/articles/arts/culturebox/2011/02/my_puny_human_brain.html

8. Bruce Upbin, "IBM's Watson Now A Second-Year Med Student", Forbes, 2011 https://www.forbes.com/sites/bruceupbin/2011/05/25/ibms-watson-now-a-second-year-med-student/

9. Bruce Upbin, "IBM Watson Hits Daily Double Fighting Cancer With Memorial Sloan Kettering", Forbes, 2012 https://www.forbes.com/sites/bruceupbin/2012/03/22/ibm-watson-hits-daily-double-fighting-cancer-with-memorial-sloan-kettering/

10. IBM News Room, "IBM Watson Hard At Work: New Breakthroughs Transform Quality Care for Patients", 2013 http://www-03.ibm.com/press/us/en/pressrelease/40335.wss?i=1360645029661

11. IBM 뉴스룸, "가천대 길병원, IBM '왓슨 포 온콜로지' 국내 최초 도입", 2016, http://www-03.ibm.com/press/kr/ko/pressrelease/50591.wss

12. Heather Mack, "IBM shares data on how Watson augments cancer treatment decision-making" Mobihealthnews, 2017 http://www.mobihealthnews.com/content/ibm-shares-data-how-watson-augments-cancer-treatment-decision-making

13. IBM News Room, "IBM Watson Accelerates Global Expansion", 2014 https://www-03.ibm.com/press/us/en/pressrelease/45022.wss

14. IBM News Room, "Manipal Hospitals adopts Watson for Oncology to Help Physicians Identify Options for Individualized, Evidence-Based Cancer Care across

India", 2015 http://www-03.ibm.com/press/in/en/pressrelease/48193.wss

15. IBM News Room, "21 Hospitals Across China to Adopt Watson for Oncology to Help Physicians Personalize Cancer Care", 2016 https://www-03.ibm.com/press/us/en/pressrelease/50346.wss

16. 허지윤, "왓슨 도입 1년, 의료계 미친 파장은? "요지부동 빅5병원 쏠림 구조에 균열"", 조선일보, 2017 http://biz.chosun.com/site/data/html_dir/2017/12/09/2017120900270.html

17. IBM News Room, "부산대학교병원, IBM '왓슨 포 온콜로지'와 '왓슨 포 지노믹스' 도입", 2017 https://www-03.ibm.com/press/kr/ko/pressrelease/51482.wss

18. Kyu Rhee, "The Future of Health is Cognitive", 2016 http://sitesolutionssummit.com/wp-content/uploads/2016/10/Communication-2016-10-16-GlobalSiteSolutionsSummitfromKyuRhee.pdf

19. MB, "Watson Health: The Promise to Unlock Healthcare Data", Technology and Operations Management, 2016 https://rctom.hbs.org/submission/watson-health-the-promise-to-unlock-healthcare-data/#_ftnref6

20. ALEXIS C. MADRIGAL, "IBM's Watson Memorized the Entire 'Urban Dictionary,' Then His Overlords Had to Delete It", The Atlantic 2013 https://www.theatlantic.com/technology/archive/2013/01/ibms-watson-memorized-the-entire-urban-dictionary-then-his-overlords-had-to-delete-it/267047/

21. Michal Lev-Ram, "Teaching IBM's Watson the meaning of 'OMG'", Fortune 2013 http://fortune.com/2013/01/07/teaching-ibms-watson-the-meaning-of-omg/

22. Heather Mack, "IBM shares data on how Watson augments cancer treatment decision-making", Mobihealthnews, 2017, http://www.mobihealthnews.com/content/ibm-shares-data-how-watson-augments-cancer-treatment-decision-making

23. 곽성순, "복지부 "왓슨은 발전된 의학교과서, 국내 사용 가능"", 청년의사, 2016, http://www.docdocdoc.co.kr/news/articleView.html?idxno=220186

24. 이창진, "복지부 "왓슨, 의료법 무관…환자정보 엄격 규제"", 메디컬타임즈, 2016 http://www.medicaltimes.com/News/1106956

25. 식약처, "빅데이터 및 인공지능(AI) 기술이 적용된 의료기기의 허가·심사 가이드라인(민원인 안내서)", 2017 https://www.nifds.go.kr/nifds/02_research/sub_04_06.jsp?mode=view&article_no=11753

26. H.R.34 - 21st Century Cures Act, https://www.congress.gov/bill/114th-congress/house-bill/34/text

27. 김철중, "닥터 왓슨과 의료진 항암처방 엇갈리면… 환자 "왓슨 따를게요", 조선일보, 2017 http://news.chosun.com/site/data/html_dir/2017/01/12/2017011200289.html

28. Andrew S. Epstein et al., "Next steps for IBM Watson Oncology: Scalability to additional malignancies." ASCO, 2014 https://meetinglibrary.asco.org/content/132209-144

29. Koichi Takahashi et al., "MD Anderson's Oncology Expert Advisor Powered by IBM Watson: A Web-Based Cognitive Clinical Decision Support Tool", ASCO, 2014 https://meetinglibrary.asco.org/record/94537/abstract

30. IBM News Room, "MD Anderson Taps IBM Watson to Power "Moon Shots" Mission Aimed at Ending Cancer, Starting with Leukemia", 2013, https://www-03.ibm.com/press/us/en/pressrelease/42214.wss

31. Nick Mulcahy, "Big Data Bust: MD Anderson-Watson Project Dies", MedCity News, 2017 https://www.medscape.com/viewarticle/876070

32. Matthew Herper, "MD Anderson Benches IBM Watson In Setback For Artificial Intelligence In Medicine", Forbes, 2017 https://www.forbes.com/sites/matthewherper/2017/02/19/md-anderson-benches-ibm-watson-in-setback-for-artificial-intelligence-in-medicine/

33. Mark G. Kris et al., "Assessing the performance of Watson for oncology, a decision support system, using actual contemporary clinical cases.", ASCO, 2015 https://meetinglibrary.asco.org/record/113013/abstract

34. Julia Fu, "Steps in developing Watson for Oncology, a decision support system to assist physicians choosing first-line metastatic breast cancer (MBC) therapies: Improved performance with machine learning.", ASCO, 2015 https://meetinglibrary.asco.org/record/113826/abstract

35. Andrew David Seidman, "Integration of multi-modality treatment planning for early stage breast cancer (BC) into Watson for Oncology, a Decision Support System: Seeing the forest and the trees.", ASCO, 2015 https://meetinglibrary.asco.org/record/112747/abstract

36. 김치원, "IBM 왓슨은 그동안 얼마나 발전했을까?: ASCO 2015에 발표된 초록 분석", Healthcare Business, 2015 http://www.chiweon.com/ibm-왓슨은-그동안-얼마나-발전했을까-asco-2015에-발표된-초/

37. Ike Swetlitz, "Watson goes to Asia: Hospitals use supercomputer for cancer treatment", STAT News, 2016 https://www.statnews.com/2016/08/19/ibm-watson-cancer-asia/

38. Manipal Hospital Webpage https://watsononcology.manipalhospitals.com/pricing

39. News Release, "IBM Watson for Oncology Platform Shows High Degree of Concordance with Physician Recommendations", AACR, 2016 http://www.aacr.org/Newsroom/Pages/News-Release-Detail.aspx?ItemID=983#.Wswlui-B3ow

40. Somashekhar Somashekhar S P, "Validation study to assess performance of IBM cognitive computing system Watson for oncology with Manipal multidisciplinary tumour board for 1000 consecutive cases: an Indian experience", Oncology Pro, 2016 http://oncologypro.esmo.org/Meeting-Resources/ESMO-Asia-2016-Congress/Validation-study-to-assess-performance-of-IBM-cognitive-computing-system-Watson-for-oncology-with-Manipal-multidisciplinary-tumour-board-for-1000--consecutive-cases-An-Indian-experience

41. 김치원, "ASCO 2017에서 발표되는 IBM 왓슨 관련 초록들", Healthcare Business, 2017 http://www.chiweon.com/asco-2017에서-발표되는-ibm-왓슨-관련-초록들/

42. Suthida Suwanvecho et al., "Concordance assessment of a cognitive computing system in Thailand.", ASCO, 2017 https://meetinglibrary.asco.org/record/150478/abstract

43. S.P. Somashekhar et al., "Early experience with IBM Watson for Oncology (WFO) cognitive computing system for lung and colorectal cancer treatment.", ASCO, 2018 https://meetinglibrary.asco.org/record/145389/abstract

44. Jeong-Heum Baek et al., "Use of a cognitive computing system for treatment of colon and gastric cancer in South Korea.", ASCO, 2017 https://meetinglibrary.asco.org/record/152802/abstract

45. Somashekhar SP et al, "Watson for Oncology and breast cancer treatment recommendations: agreement with an expert multidisciplinary tumor board." Ann Oncol. 2018 https://academic.oup.com/annonc/article/29/2/418/4781689

46. NCCN Guidline https://www.nccn.org/professionals/physician_gls/default.aspx

47. Fukuoka M et al, "Multi-institutional randomized phase II trial of gefitinib for previously treated patients with advanced non-small-cell lung cancer (The IDEAL 1 Trial)", J Clin Oncol. 2003 https://www.ncbi.nlm.nih.gov/pubmed/12748244

48. 송병기, "'이레사' 동양인에 효과 재확인", 메디컬 옵저버, 2006 http://www.monews.co.kr/news/articleView.html?idxno=9534

49. 황운하, "항암제 치료 효과, 인종별로 다르게 나타나", 청년의사, 2009 http://www.docdocdoc.co.kr/news/articleView.html?idxno=77725

50. 정종호, "환자 맞춤형 위암 치료제 개발 본격화", 한국경제, 2009, http://news.hankyung.com/article/2009111755941

51. Tegafur/gimeracil/oteracil Wikipedia https://en.wikipedia.org/wiki/Tegafur/gimeracil/oteracil

52. 양보혜, "'심평의학', 의사를 혼란에 빠뜨리다", 엠프레스, 2016 http://www.mpress.kr/news/articleView.html?idxno=9632

53. Heather Mack, "IBM shares data on how Watson augments cancer treatment decision-making", Mobihealthnews, 2017 http://www.mobihealthnews.com/content/ibm-shares-data-how-watson-augments-cancer-treatment-decision-making

54. Casey Ross, Ike Swetlitz, "IBM pitched its Watson supercomputer as a revolution in cancer care. It's nowhere close", STAT, 2017 https://www.statnews.com/2017/09/05/watson-ibm-cancer/

55. 임솔, "병원들도 성장 한계...환자 늘리거나 구조조정하거나", 조선비즈, 2015 http://m.chosun.com/svc/article.html?sname=biz&contid=2015102003019#Redyho

56. 한정렬, "분당 · 서울대병원 각각 순이익 270억-262억 적자 기록", 데일리메디팜, 2015 http://www.dailymedipharm.com/news/articleView.html?idxno=24331

57. 뉴시스, "서울대병원 국립대병원 중 적자 가장 많아…1931억원", 조선일보, 2016, http://news.chosun.com/site/data/html_dir/2016/06/12/2016061200101.html

58. 이재림, "인공지능 '왓슨' 진료 자리잡나… 건양대병원 도입", 연합뉴스, 2017 http://www.yonhapnews.co.kr/society/2017/03/15/0706000000AKR20170315180700063.HTML

59. 최윤섭, "IBM Watson의 CTO, Rob High와의 대화", 최윤섭의 Healthcare

Innovation, 2016 http://www.yoonsupchoi.com/2016/03/22/watson-cto/

60. 허지윤, "6개 대학병원 AI 헬스케어 컨소시엄 발족…"환자 쏠림 해소 · 수가 반영 추진"", 조선비즈, 2017 http://biz.chosun.com/site/data/html_dir/2017/10/31/2017103100694.html?main_hot2

61. 최윤섭, "IBM Watson은 수가를 받을 수 있을까?", 최윤섭의 Healthcare Innovation, 2017 http://www.yoonsupchoi.com/2017/11/01/woo-reimbursement/

4장 의료 빅데이터로 질병을 예측한다

1. Miotto R. et al. "Deep learning for healthcare: review, opportunities and challenges.", Brief Bioinform. 2017 https://www.ncbi.nlm.nih.gov/pubmed/28481991

2. Riccardo Miotto et. al. "Deep Patient: An Unsupervised Representation to Predict the Future of Patients from the Electronic Health Records", Sci Rep. 2016 https://www.ncbi.nlm.nih.gov/pmc/articles/PMC4869115/

3. Phuoc Nguyen et al., "Deepr: A Convolutional Net for Medical Records", arXiv, 2016 https://arxiv.org/abs/1607.07519

4. Trang Pham et al., "DeepCare: A Deep Dynamic Memory Model for Predictive Medicine", arXiv, 2016, https://arxiv.org/abs/1602.00357

5. Edward Choi et al., "Doctor AI: Predicting Clinical Events via Recurrent Neural Networks", arXiv, 2015 https://arxiv.org/abs/1511.05942v11

6. Stephen F. Weng et al., "Can machine-learning improve cardiovascular risk prediction using routine clinical data?", PLoS ONE, 2017 http://journals.plos.org/plosone/article?id=10.1371/journal.pone.0174944

7. WHO, "GLOBAL STATUS REPORT on noncommunicable diseases 2014", 2014 http://apps.who.int/iris/bitstream/handle/10665/148114/9789241564854_eng.pdf

8. Ridker PM et. al., "Rosuvastatin to prevent vascular events in men and women with elevated C-reactive protein.", N Engl J Med. 2008 https://www.ncbi.nlm.nih.gov/pubmed/18997196

9. Alvin Rajkomar et. al., "Scalable and accurate deep learning for electronic health

records", arXiv, 2018 https://arxiv.org/abs/1801.07860

10. Dzmitry Bahdanau, Kyunghyun Cho, Yoshua Bengio, "Neural Machine Translation by Jointly Learning to Align and Translate", arXiv, 2014, https://arxiv.org/abs/1409.0473

11. Steve Lohr, "For Big-Data Scientists, 'Janitor Work' Is Key Hurdle to Insights", New York Times, 2014 https://www.nytimes.com/2014/08/18/technology/for-big-data-scientists-hurdle-to-insights-is-janitor-work.html

12. Gil Press, "Cleaning Big Data: Most Time-Consuming, Least Enjoyable Data Science Task, Survey Says", Forbes, 2016 https://www.forbes.com/sites/gilpress/2016/03/23/data-preparation-most-time-consuming-least-enjoyable-data-science-task-survey-says/

5장 딥러닝, 딥러닝, 딥러닝

1. Warren S. McCullochWalter Pitts, "A logical calculus of the ideas immanent in nervous activity" The bulletin of mathematical biophysics, 1943 https://link.springer.com/article/10.1007/BF02478259

2. 김성필, "딥러닝 첫걸음", 한빛미디어 2016 http://www.kyobobook.co.kr/product/detailViewKor.laf?ejkGb=KOR&barcode=9788968487323

3. 손덕호, "테슬라 · 포드 줄 세운 엔비디아…주가 1년새 3배 뛴 이유는", 조선일보, 2017 http://biz.chosun.com/site/data/html_dir/2017/04/24/2017042402638.html

4. Jeff Dean, Andrew Ng, "Using large-scale brain simulations for machine learning and A.I." Google Official Blog, 2012, https://googleblog.blogspot.kr/2012/06/using-large-scale-brain-simulations-for.html

5. 한주엽, "'딥러닝' 인공지능 혁명 주도…핵심은 GPU 병렬처리", 디지털데일리, 2015, http://www.ddaily.co.kr/news/article.html?no=133845

6. Li Deng, "New types of deep neural network learning for speech recognition and related applications: An overview", IEEE International Conference on Acoustics, Speech, and Signal Processing (ICASSP), May 2013, https://www.microsoft.com/en-us/research/publication/new-types-of-deep-neural-network-learning-for-speech-

recognition-and-related-applications-an-overview/

7. Li Deng, "Deep Learning: Methods and Applications", Microsoft Resarch, 2014 https://www.microsoft.com/en-us/research/publication/deep-learning-methods-and-applications/?from=http%3A%2F%2Fresearch.microsoft.com%2Fpubs%2F209355%2Fdeeplearning-nowpublishing-vol7-sig-039.pdf

8. Oriol Vinyals, Alexander Toshev, Samy Bengio, Dumitru Erhan, "Show and Tell: A Neural Image Caption Generator" arXiv, 2015, https://arxiv.org/abs/1411.4555

9. Hao Fang et al. "From Captions to Visual Concepts and Back", arXiv, 2015 https://arxiv.org/abs/1411.4952

10. Yaniv Taigman et al. "DeepFace: Closing the Gap to Human-Level Performance in Face Verification" IEEE 2014, http://ieeexplore.ieee.org/document/6909616/

11. Florian Schroff, Dmitry Kalenichenko, James Philbin, "FaceNet: A Unified Embedding for Face Recognition and Clustering", arXiv, 2015 https://arxiv.org/abs/1503.03832

12. Gideon Lewis-Kraus, "The Great A.I. Awakening", The New York Times, 2016 https://www.nytimes.com/2016/12/14/magazine/the-great-ai-awakening.html

13. Robert McMillan, "HOW SKYPE USED AI TO BUILD ITS AMAZING NEW LANGUAGE TRANSLATOR" WIRED, 2014 https://www.wired.com/2014/12/skype-used-ai-build-amazing-new-language-translator/

14. 곽도영, "'AI 4대천왕' 모셔간 美구글-中바이두", 동아일보, 2016 http://news.donga.com/List/Series_70010000000864/3/70010000000864/20160126/76127350/1

15. Quoc Le, "Building High-level Features Using Large Scale Unsupervised Learning", Research at Google, 2012 https://plus.google.com/+ResearchatGoogle/posts/EMyhnBetd2F

16. Quoc V. Le et al., "Building High-level Features Using Large Scale Unsupervised Learning" arXiv, 2011 https://arxiv.org/abs/1112.6209

17. Fei-Fei Li, "How we're teaching computers to understand pictures", TED, 2015 https://www.ted.com/talks/fei_fei_li_how_we_re_teaching_computers_to_understand_pictures

18. 정지훈, "인공지능 기술발전의 숨은 공헌자, 이미지넷", 벤처스퀘어, 2016

http://www.venturesquare.net/725457

19. Olga Russakovsky et. al., "ImageNet Large Scale Visual Recognition Challenge", International Journal of Computer Vision, 2015 https://link.springer.com/article/10.1007/s11263-015-0816-y?sa_campaign=email/event/articleAuthor/onlineFirst

20. Large Scale Visual Recognition Challenge 2012 (ILSVRC2012) http://image-net.org/challenges/LSVRC/2012/results.html

21. Alex Krizhevsky, Ilya Sutskever, Geoffrey E. Hinton, "ImageNet Classification with Deep Convolutional Neural Networks", NIPS 2012, https://www.nvidia.cn/content/tesla/pdf/machine-learning/imagenet-classification-with-deep-convolutional-nn.pdf

22. Y. Le Cun et. al., "Handwritten digit recognition with a back-propagation network" 1990, http://yann.lecun.com/exdb/publis/pdf/lecun-90c.pdf

23. Large Scale Visual Recognition Challenge (ILSVRC) 2016 슬라이드 http://image-net.org/challenges/talks/2016/ILSVRC2016_10_09_clsloc.pdf

24. Jordan Novet, "5 deep learning startups to follow in 2016", VentureBeat, 2015 https://venturebeat.com/2015/12/25/5-deep-learning-startups-to-follow-in-2016/

25. Andrej Karpathy, "What I learned from competing against a ConvNet on ImageNet", Andrej Karpathy blog, 2014 http://karpathy.github.io/2014/09/02/what-i-learned-from-competing-against-a-convnet-on-imagenet/

26. Yaniv Taigman, Ming Yang, Marc'Aurelio Ranzato, Lior Wolf, "DeepFace: Closing the Gap to Human-Level Performance in Face Verification", IEEE, 2014 https://www.cs.toronto.edu/~ranzato/publications/taigman_cvpr14.pdf

27. Florian Schroff, Dmitry Kalenichenko, James Philbin, "FaceNet: A Unified Embedding for Face Recognition and Clustering", arXiv, 2015 https://arxiv.org/abs/1503.03832

28. Jingtuo Liu, Yafeng Deng, Tao Bai, Zhengping Wei, Chang Huang, "Targeting Ultimate Accuracy: Face Recognition via Deep Embedding", arXiv, 2015 https://arxiv.org/abs/1506.07310

29. Sean Captain, "Baidu Says Its New Face Recognition Tech Is Better Than Humans At Checking IDs", FastCompany, 2016, https://www.fastcompany.com/3065778/baidu-says-new-face-recognition-can-replace-checking-ids-or-tickets

30. Hao Fang et. al., "From Captions to Visual Concepts and Back", arXiv, 2014 https://arxiv.org/abs/1411.4952

31. Oriol Vinyals, Alexander Toshev, Samy Bengio, Dumitru Erhan, "Show and Tell: A Neural Image Caption Generator", arXiv, 2014 https://arxiv.org/abs/1411.4555

32. Geert Litjens et. al., "A Survey on Deep Learning in Medical Image Analysis", arXiv, 2017 https://arxiv.org/abs/1702.05747

33. 황상흠, "딥러닝 기반 의료 영상 기술의 진화", 카카오AI리포트, 2017 https://brunch.co.kr/@kakao-it/79

34. 정규환, "AI 의료 영상 기술 활용 사례", 카카오AI리포트, 2017 https://brunch.co.kr/@kakao-it/81

6장 의사를 능가하는 딥러닝의 영상 판독

1. Teare P et. al., "Malignancy Detection on Mammography Using Dual Deep Convolutional Neural Networks and Genetically Discovered False Color Input Enhancement.", J Digit Imaging, 2017 https://www.ncbi.nlm.nih.gov/pubmed/28656455

2. Simon Harris, "Artificial Intelligence in Medical Imaging: An Analysis of Funding for Start-ups" https://www.slideshare.net/SimonHarris36/artificial-intelligence-in-medical-imaging-an-analysis-of-funding-for-startups

3. Orr Hirschauge, "Khosla Ventures Invests In Israeli Medical Imaging Startup Zebra", The Wall Street Journal, 2015 https://blogs.wsj.com/digits/2015/04/06/khosla-ventures-invests-in-israeli-medical-imaging-startup-zebra/

4. 박미라, "美산부인과학회, 40세 이하 유방촬영술 불필요", 메디컬옵저버, 2017 http://www.monews.co.kr/news/articleView.html?idxno=103312

5. Tabár L et. al., "Swedish two-county trial: impact of mammographic screening on breast cancer mortality during 3 decades.", Radiology. 2011 https://www.ncbi.nlm.nih.gov/pubmed/21712474

6. Kavanagh AM et. al., "The sensitivity, specificity, and positive predictive value of screening mammography and symptomatic status.", J Med Screen, 2000 https://www.

ncbi.nlm.nih.gov/pubmed/11002452

7. Lehman CD et. al., "Diagnostic Accuracy of Digital Screening Mammography With and Without Computer-Aided Detection", JAMA Intern Med. 2015 https://www.ncbi.nlm.nih.gov/pubmed/26414882

8. Nicole S et. al., "Breast Density: Clinical Implications and Assessment Methods", RadioGraphics, 2015 https://pubs.rsna.org/doi/full/10.1148/rg.352140134

9. Kolb TM, Lichy J, Newhouse JH., "Comparison of the performance of screening mammography, physical examination, and breast US and evaluation of factors that influence them: an analysis of 27,825 patient evaluations.", Radiology, 2002 https://www.ncbi.nlm.nih.gov/pubmed/12355001

10. Jon Shlens, "Train your own image classifier with Inception in TensorFlow", Google Research Blog, 2016 https://research.googleblog.com/2016/03/train-your-own-image-classifier-with.html

11. 정규환, "AI 의료 영상 기술 활용 사례", 카카오AI리포트, 2017 https://brunch.co.kr/@kakao-it/81

12. Hoo-Chang Shin, "Deep Convolutional Neural Networks for Computer-Aided Detection: CNN Architectures, Dataset Characteristics and Transfer Learning", arXiv, 2016 https://arxiv.org/abs/1602.03409

13. Nima Tajbakhsh et. al., "Convolutional Neural Networks for Medical Image Analysis: Full Training or Fine Tuning?", IEEE, 2016 https://ieeexplore.ieee.org/document/7426826/

14. Kim JR et. al., "Computerized Bone Age Estimation Using Deep Learning Based Program: Evaluation of the Accuracy and Efficiency.", AJR Am J Roentgenol. 2017 https://www.ncbi.nlm.nih.gov/pubmed/28898126

15. 식약처 보도자료, "국내에서 개발한 인공지능(AI) 기반 의료기기 첫 허가", 2018 http://www.mfds.go.kr/index.do?mid=675&seq=41992

16. 이에스더, ""인공지능이 뼈 나이 판독" 국내 개발 'AI 의료기기' 첫 허가", 중앙일보, 2018 http://news.joins.com/article/22627389

17. Varun Gulshan et. al., "Development and Validation of a Deep Learning Algorithm for Detection of Diabetic Retinopathy in Retinal Fundus Photographs", JAMA, 2016 https://jamanetwork.com/journals/jama/fullarticle/2588763

18. Lily Peng, "Deep Learning for Detection of Diabetic Eye Disease", Google Research Blog, 2016 https://research.googleblog.com/2016/11/deep-learning-for-detection-of-diabetic.html

19. 서울아산병원, "당뇨망막병증(Diabetic retinopathy)", http://www.amc.seoul.kr/asan/healthinfo/disease/diseaseDetail.do?contentId=31182

20. Joe Carroll, "Is There a Shortage of Ophthalmologists on the Horizon?", Advantage Healthcare Consulting, 2015 https://www.advadm.com/is-there-a-shortage-of-ophthalmologists-on-the-horizon/

21. Ocular Surgery News, "Growing demand for eye care services may highlight shortage of ophthalmologists", Halio, 2010 https://www.healio.com/ophthalmology/practice-management/news/print/ocular-surgery-news/%7B7e3c5c32-f74b-4d9b-8a70-d59436b83f8b%7D/growing-demand-for-eye-care-services-may-highlight-shortage-of-ophthalmologists

22. "Global shortage of ophthalmologists", NHE, 2012, http://www.nationalhealthexecutive.com/Health-Care-News/global-shortage-of-ophthalmologists

23. 김성훈, "'부자병' 당뇨, '빈자병' 되나…후진국 당뇨병 발병률 7%", 헤럴드경제, 2016 http://biz.heraldcorp.com/view.php?ud=20160407000239

24. Case Study: TensorFlow in Medicine - Retinal Imaging (TensorFlow Dev Summit 2017) https://www.youtube.com/watch?v=oOeZ7IgEN4o

25. Abràmoff MD, "Automated analysis of retinal images for detection of referable diabetic retinopathy" JAMA Ophthalmol. 2013 https://www.ncbi.nlm.nih.gov/pubmed/23494039

26. Kaushal Solanki et. al., "EyeArt: Automated, High-throughput, Image Analysis for Diabetic Retinopathy Screening" ARVO Annual Meeting Abstract,2015 http://iovs.arvojournals.org/article.aspx?articleid=2331130

27. Philip S et. al., "The efficacy of automated "disease/no disease" grading for diabetic retinopathy in a systematic screening programme." Br J Ophthalmol. 2007 https://www.ncbi.nlm.nih.gov/pubmed/17504851

28. Esteva A et al, "Dermatologist-level classification of skin cancer with deep neural networks" Nature, 2017 https://www.ncbi.nlm.nih.gov/pubmed/28117445

29. Brian Dolan, "FTC fines two melanoma risk detection apps, MelApp and Mole

Detective", Mobihealthnews, 2015 http://www.mobihealthnews.com/40770/ftc-fines-two-melanoma-risk-detection-apps-melapp-and-mole-detective/

30. Joel A. Wolf et al, "Diagnostic Inaccuracy of Smartphone Applications for Melanoma Detection", JAMA Dermatology 2013 https://jamanetwork.com/journals/jamadermatology/fullarticle/1557488

31. Taylor Kubota, "Deep learning algorithm does as well as dermatologists in identifying skin cancer", Stanford News, 2017, https://news.stanford.edu/2017/01/25/artificial-intelligence-used-identify-skin-cancer/

32. Skin Cancer Image Classification (TensorFlow Dev Summit 2017) https://www.youtube.com/watch?v=toK1OSLep3s

33. Geert Litjens et. al., "A Survey on Deep Learning in Medical Image Analysis", arXiv, 2017 https://arxiv.org/abs/1702.05747

34. Beck AH et. al., "Systematic Analysis of Breast Cancer Morphology Uncovers Stromal Features Associated with Survival" Sci Transl Med. 2011 https://www.ncbi.nlm.nih.gov/pubmed/22072638

35. Gurcan MN et. al., "Histopathological image analysis: a review", IEEE Rev Biomed Eng. 2009 https://www.ncbi.nlm.nih.gov/pubmed/20671804

36. Ghaznavi F et. al., "Digital imaging in pathology: whole-slide imaging and beyond", Annu Rev Pathol. 2013, https://www.ncbi.nlm.nih.gov/pubmed/23157334

37. Heidi Ledford, "The computer will see you now", Nature, 2011 https://www.nature.com/news/the-computer-will-see-you-now-1.9324#/ref-link-1

38. Elmore JG et. al., "Diagnostic Concordance Among Pathologists Interpreting Breast Biopsy Specimens", JAMA, 2015 https://www.ncbi.nlm.nih.gov/pubmed/25781441

39. Brimo F, Schultz L, Epstein JI., "The Value of Mandatory Second Opinion Pathology Review of Prostate Needle Biopsy Interpretation Before Radical Prostatectomy", J Urol. 2010, https://www.ncbi.nlm.nih.gov/pubmed/20478583

40. Cireşan DC et. al., "Mitosis detection in breast cancer histology images with deep neural networks", Med Image Comput Comput Assist Interv. 2013 https://www.ncbi.nlm.nih.gov/pubmed/24579167

41. Roux L et. al., "Mitosis detection in breast cancer histological images An ICPR 2012

contest.", J Pathol Inform. 2013 https://www.ncbi.nlm.nih.gov/pubmed/23858383

42. Veta M et. al., "Assessment of algorithms for mitosis detection in breast cancer histopathology images", Med Image Anal. 2015 https://www.ncbi.nlm.nih.gov/pubmed/25547073

43. Lunit, "LUNIT WINS TUMOR PROLIFERATION ASSESSMENT CHALLENGE (TUPAC) 2016" https://lunit.io/news/lunit-wins-tumor-proliferation-assessment-challenge-tupac-2016/

44. "Tumor Proliferation Assessment Challenge 2016" http://tupac.tue-image.nl/node/62

45. Vandenberghe ME et. al., "Relevance of deep learning to facilitate the diagnosis of HER2 status in breast cancer.", Sci Rep. 2017 https://www.nature.com/articles/srep45938

46. Dayong Wang et. al., "Deep Learning for Identifying Metastatic Breast Cancer", arXiv, 2016 https://arxiv.org/abs/1606.05718

47. Tony Kontzer, "Deep Learning Drops Error Rate for Breast Cancer Diagnoses by 85%", NVIDIA blog, 2016 https://blogs.nvidia.com/blog/2016/09/19/deep-learning-breast-cancer-diagnosis/

48. MIT 수업자료, "Artificial Intelligence for Computational Pathology" https://mlhc17mit.github.io/slides/lecture6.pdf

49. Yun Liu, "Detecting Cancer Metastases on Gigapixel Pathology Images", arXiv, 2017, https://arxiv.org/abs/1703.02442

50. Martin Stumpe, "Assisting Pathologists in Detecting Cancer with Deep Learning", Google Research Blog, 2017 https://research.googleblog.com/2017/03/assisting-pathologists-in-detecting.html

51. Litjens G et. al., "Deep learning as a tool for increased accuracy and efficiency of histopathological diagnosis", Sci Rep. 2016, https://www.ncbi.nlm.nih.gov/pubmed/27212078

52. Steiner DF et al. "Impact of Deep Learning Assistance on the Histopathologic Review of Lymph Nodes for Metastatic Breast Cancer.", Am J Surg Pathol. 2018, https://www.ncbi.nlm.nih.gov/pubmed/30312179

1. Jim Lipman, "OPTIMIZING SENSOR PERFORMANCE WITH 1T-OTP TRIMMING", Electronic Systems Design Engineering, 2013 http://chipdesignmag. com/display.php?articleId=5323

2. Piwek L et. al., "The Rise of Consumer Health Wearables: Promises and Barriers.", PLoS Med. 2016 https://www.ncbi.nlm.nih.gov/pubmed/26836780

3. "Big Data research: Artemis, Apollo and Athena", University of Ontario, https://shared. uoit.ca/shared/department/research/big-data/artemis-fact-sheet.pdf

4. Marion Blount et. al., "Real-Time Analysis for Intensive Care: Development and Deployment of the Artemis Analytic System", IEEE, 2010 https://ieeexplore.ieee.org/ document/5431948/

5. Khazaei H et. al., "Health Informatics for Neonatal Intensive Care Units: An Analytical Modeling Perspective.", IEEE J Transl Eng Health Med. 2015 https://www.ncbi.nlm. nih.gov/pubmed/27170907

6. "Big Data in Healthcare: Real-time Health Monitoring and Intervention" https:// www.slideshare.net/davidpittman1/big-data-in-healthcare-realtime-health- monitoring-and-intervention

7. "Leveraging key data to provide proactive patient care", http://www.ibmbigdatahub. com/sites/default/files/document/ODC03157USEN.PDF

8. M. Pamela Griffin, J. Randall Moorman , "Toward the Early Diagnosis of Neonatal Sepsis and Sepsis-Like Illness Using Novel Heart Rate Analysis", Pediatrics, 2001 http://pediatrics.aappublications.org/content/107/1/97?sso=1&sso_redirect_count=1& nfstatus=401&nftoken=00000000-0000-0000-0000-000000000000&nfstatusdescri ption=ERROR%3a+No+local+token

9. Katharine E. Henry et. al., "A targeted real-time early warning score (TREWScore) for septic shock", Sci Transl Med, 2015 http://stm.sciencemag.org/ content/7/299/299ra122.short

10. 정용철, ""골든타임 사수하라" AI가 응급상황 발생까지 미리 알려준다", 전자신 문, 2016 http://www.etnews.com/20161110000433

11. Jonah Comstock, "Medtronic gets FDA nod for artificial pancreas system, preps

to launch Watson-powered Sugar.IQ app", Mobihealthnews, 2016 http://www. mobihealthnews.com/content/medtronic-gets-fda-nod-artificial-pancreas-system-preps-launch-watson-powered-sugariq-app

12. Hyojeong Lee et. al., "Prediction of Ventricular Tachycardia One Hour before Occurrence Using Artificial Neural Networks", Sci Rep. 2016 https://www.ncbi.nlm. nih.gov/pmc/articles/PMC4999952/

13. 이민주, "[기획]심정지를 하루 전 예측할 수 있다?…인공지능 '이지스' 주목", 청년의사, 2017 http://m.docdocdoc.co.kr/news/articleView.html?idxno=1047311

14. 조동찬, "인공지능, 심정지도 미리 알아낸다…하루 전 예측 가능", SBS 뉴스, 2017, http://news.sbs.co.kr/news/endPage.do?news_id=N1004375268&plink=ORI& cooper=NAVER&plink=COPYPASTE&cooper=SBSNEWSEND

15. Joon-myoung Kwon et. al. "An Algorithm Based on Deep Learning for Predicting In-Hospital Cardiac Arrest", J Am Heart Assoc. 2018 https://www.ncbi.nlm.nih.gov/ pmc/articles/PMC6064911/

16. Brandon Ballinger, "What do normal and abnormal heart rhythms look like on Apple Watch?", Medium, 2016 https://blog.cardiogr.am/what-do-normal-and-abnormal-heart-rhythms-look-like-on-apple-watch-7b33b4a8ecfa

17. JonahComstock, "Study: Apple Watch paired with deep neural network detects atrial fibrillation with 97 percent accuracy", Mobihealthnews, 2017 http://www. mobihealthnews.com/content/study-apple-watch-paired-deep-neural-network-detects-atrial-fibrillation-97-percent-accuracy

18. Lisa Eadicicco, "Fitbit May Have a New Way To Detect an Irregular Heartbeat", Time, 2017 http://time.com/4907284/fitbit-detect-atrial-fibrillation/

19. Christina Farr, "Apple is working with Stanford and American Well to test whether its watch can detect heart problems", CNBC, 2017 https://www.cnbc.com/2017/09/11/ apple-watch-caridac-arrhythmia-tests-stanford-american-well.html

20. Pranav Rajpurkar et. al., "Cardiologist-Level Arrhythmia Detection with Convolutional Neural Networks", arXiv, 2017 https://arxiv.org/abs/1707.01836

21. "Cardiologist-Level Arrhythmia Detection With Convolutional Neural Networks", https://stanfordmlgroup.github.io/projects/ecg/

8장 인공지능은 의사를 대체하는가

1. Vinod Khosla, "Do We Need Doctors Or Algorithms?", TechCrunch, 2012 https://techcrunch.com/2012/01/10/doctors-or-algorithms/

2. Matt Marshall, "Vinod Khosla says technology will replace 80 percent of doctors — sparks indignation", VentureBeat, 2012 https://venturebeat.com/2012/09/02/vinod-khosla-saystechnology-will-replace-80-percent-of-doctors-sparks-indignation/

3. Davis Liu, "Vinod Khosla: Technology Will Replace 80 Percent of Docs", The Health Care Blog, 2012 http://thehealthcareblog.com/blog/2012/08/31/vinod-khosla-technology-will-replace-80-percent-of-docs/

4. Geoff Hinton: On Radiology https://www.youtube.com/watch?v=2HMPRXstSvQ

5. Siddhartha Mukherjee, "A.I. VERSUS M.D.", New Yorker, 2017 https://www.newyorker.com/magazine/2017/04/03/ai-versus-md

6. Todd C. Frankel, "New machine could one day replace anesthesiologists", The Washington Post, 2015 https://www.washingtonpost.com/business/economy/new-machine-could-one-dayreplace-anesthesiologists/2015/05/11/92e8a42c-f424-11e4-b2f3-af5479e6bbdd_story.html?utm_term=.3908710cf6d3

7. Jonathan D. Rockoff, "J&J to Stop Selling Automated Sedation System Sedasys", The Wall Street Journal, 2016 https://www.wsj.com/articles/j-j-to-stop-selling-automated-sedationsystem-sedasys-1457989723

8. Tom Simonite, "Automated Anesthesiologist Suffers a Painful Defeat", MIT Tech Review, 2016 https://www.technologyreview.com/s/601141/automated-anesthesiologist-suffers-a-painfuldefeat/

9. Todd C. Frankel, "It's game over for the robot intended to replace anesthesiologists", The Washington Post, 2016 https://www.washingtonpost.com/news/the-switch/wp/2016/03/28/itsgame-over-for-the-robot-intended-to-replace-anesthesiologists/?noredirect=on&utm_term=.c911b3b4d75c

10. Basavana Goudra, "Failure of Sedasys: Destiny or Poor Design?" Anaesthesia & Analgesia, 2017 https://journals.lww.com/anesthesia-analgesia/Fulltext/2017/02000/Failure_of_Sedasys___Destiny_or_Poor_Design_.43.aspx

11. Bret S. Stetka, Jeffrey Apfelbaum, Daniel J. Pambianco, "Will Anesthesiologists

Be Replaced by a Machine?", Medscape, 2015 https://www.medscape.com/viewarticle/851173

12. 이지용, 원호섭, "`절대甲` 일자리는 로봇에 뺏기지 않는다", 매일경제, 2016 http://news.mk.co.kr/newsRead.php?year=2016&no=235945

13. Pambianco DJ, "Computer-assisted personalized sedation for upper endoscopy and colonoscopy: a comparative, multicenter randomized study.", Gastrointest Endosc. 2011 https://www.ncbi.nlm.nih.gov/pubmed/21168841

14. Hemmerling TM, Terrasini N., "Robotic anesthesia: not the realm of science fiction any more", Curr Opin Anaesthesiol. 2012 https://www.ncbi.nlm.nih.gov/pubmed/23103842

15. Susan Young Rojahn, "Computer-Controlled Anesthesia Could Be Safer for Patients", MIT Tech Review, 2013 https://www.technologyreview.com/s/520726/computer-controlled-anesthesiacould-be-safer-for-patients/

16. Dan Kendall, "Episode #037: Kevin Lyman on Deep Learning, Startup Competitions, and the Woz", Digital Health Today, 2017, https://digitalhealthtoday.com/podcast/037-kevin-lymandeep-learning-startup-competitions-woz/

17. Erik L. Ridley , "How will AI affect radiology over the next 20 years?", AuntMinnie, 2017 https://www.auntminnie.com/index.aspx?sec=sup&sub=aic&pag=dis&ItemID=117460

18. Bernard Marr, "First FDA Approval For Clinical Cloud-Based Deep Learning In Healthcare", Forbes, 2017 https://www.forbes.com/sites/bernardmarr/2017/01/20/first-fda-approval-forclinical-cloud-based-deep-learning-in-healthcare/#6341b5b8161c

19. Arterys, "Arterys Receives FDA Clearance For The First Zero-Footprint Medical Imaging Analytics Cloud Software With Deep Learning For Cardiac MRI", Cision, 2017 https://www.prnewswire.com/news-releases/arterys-receives-fda-clearance-for-the-first-zero-footprintmedical-imaging-analytics-cloud-software-with-deep-learning-for-cardiac-mri-300387880.html

20. "Arterys Cardio DL Cloud MRI Analytics Software Receives FDA Clearance", DAIC, 2017 https://www.dicardiology.com/product/arterys-cardio-dl-cloud-mri-analytics-software-receivesfda-clearance

21. 김치원, "'1호 인공지능 의사'라는 IDx-DR에 대한 고찰", Healthcare Business, 2018 http://www.chiweon.com/1%ED%98%B8-%EC%9D%B8%EA%B3%B5%EC%A7%80%EB%8A%A5-%EC%9D%98%EC%82%AC%EB%9D%BC%EB%8A%94-idx-dr%EC%97%90-%EB%8C%80%ED%95%9C-%EA%B3%A0%EC%B0%B0/

22. FDA News Release, "FDA permits marketing of artificial intelligence-based device to detect certain diabetes-related eye problems" https://www.fda.gov/NewsEvents/Newsroom/PressAnnouncements/ucm604357.htm

23. Dave Muoio, "FDA permits marketing of AI software that autonomously detects diabetic retinopathy", Mobihealthnews, 2018 http://www.mobihealthnews.com/content/fda-permitsmarketing-ai-software-autonomously-detects-diabetic-retinopathy

24. 식약처 보도자료, "국내에서 개발한 인공지능(AI) 기반 의료기기 첫 허가", 2018 http://www.mfds.go.kr/index.do?mid=675&seq=41992

25. 이에스더, "'인공지능이 뼈 나이 판독" 국내 개발 'AI 의료기기' 첫 허가", 중앙일보, 2018 http://news.joins.com/article/22627389

26. 음상준, "AI로 성장판 검사한다…고대안암병원 임상검증 착수", NEWS1, 2017 http://news1.kr/articles/?3120724

27. 남재륜, "서울대병원, 폐질환 진단 인공지능 로봇 임상 개시", 메디컬투데이, 2017 http://www.mdtoday.co.kr/mdtoday/index.html?no=299673

28. 임솔, "식약처, AI 의료기기 2건 허가…루닛 폐결절 진단 · 제이엘케이인스펙션 뇌경색 진단", 메디게이트뉴스, 2018 http://www.medigatenews.com/news/3141278532

29. Kibbutz Shefayim, "Zebra Medical Vision to Collaborate with Google Cloud to Bring a Transparent All-in-One Model to Healthcare", BusinessWire, 2017 https://www.businesswire.com/news/home/20171108005836/en/Zebra-Medical-Vision-Collaborate-Google-Cloud-Bring

30. Kibbutz Shefayim, "Zebra Medical Vision to Make AI in Healthcare Accessible & Affordable for All", BusinessWire, 2017 https://www.businesswire.com/news/home/20171027005282/en/4209145/Zebra-Medical-Vision-AI-Healthcare-Accessible-Affordable

31. Lunit, "Lunit Unveils "Lunit INSIGHT," A New Real-time Imaging AI Platform on the Web at RSNA 2017", Cision, 2017 https://www.prnewswire.com/news-releases/lunit-unveils-lunitinsight-a-new-real-time-imaging-ai-platform-on-the-web-at-rsna-2017-300561031.html

32. 황민규, "AI 스타트업 루닛, 美서 의료영상 진단 온라인 소프트웨어 공개", 조선비즈, 2017 http://biz.chosun.com/site/data/html_dir/2017/11/26/2017112600361.html

33. Bradley Merrill Thompson, "Learning from Experience: FDA's Treatment of Machine Learning", Mobihealthnews, 2017 http://www.mobihealthnews.com/content/learning-experience-fda'streatment-machine-learning

34. Erik L. Ridley, "C-MIMI: FDA decision paves the way for imaging AI", AuntMinnie, 2017 https://www.auntminnie.com/index.aspx?sec=sup&sub=aic&pag=dis&ItemID=118370

35. Jonah Comstock , "FDA issues three guidances, including long-awaited CDS guidelines", Mobihealthnews, 2017 http://www.mobihealthnews.com/content/fda-issues-three-guidancesincluding-long-awaited-cds-guidelines

36. 식약처, "빅데이터 및 인공지능(AI) 기술이 적용된 의료기기의 허가심사 가이드라인(민원인 안내서)", 2017 https://www.nifds.go.kr/nifds/02_research/sub_04_06.jsp?mode=view&article_no=11753

37. 식약처, "인공지능(AI) 기반 의료기기의 임상 유효성 평가 가이드라인(민원인 안내서)", 2017 https://www.nifds.go.kr/nifds/02_research/sub_05_16.jsp?mode=view&article_no=11765

38. "Capsule endoscopy" http://drstephenoh.com/services/capsule-endoscopy/

9장 정신과와 외과는 인공지능에서 자유로운가

1. Gillinder Bedi et. al., "Automated analysis of free speech predicts psychosis onset in high-risk youths", Schizophrenia, 2015, https://www.nature.com/articles/npjschz201530

2. John P. Pestian et. al., "A Machine Learning Approach to Identifying the Thought

Markers of Suicidal Subjects: A Prospective Multicenter Trial", Suicide Life Threat Behav. 2017 https://www.ncbi.nlm.nih.gov/pubmed/27813129

3. Amir Mizroch, "App Tells You How You Feel", The Wall Street Journal, 2014 https://www.wsj.com/articles/beyond-verbal-others-use-voice-analysis-to-assess-emotions-1394493051?tesla=y

4. Aditi Pai, "Study: Mobile gaming intervention may help children with ADHD", Mobihealthnews, 2015 http://www.mobihealthnews.com/48045/study-mobile-gaming-intervention-may-help-children-with-adhd

5. Jonah Comstock, "Sonde Health will use MIT voice analysis tech to detect mental health conditions", Mobihealthnews, 2016 http://www.mobihealthnews.com/content/sonde-health-will-use-mit-voice-analysis-tech-detect-mental-health-conditions

6. Emerging Technology from the arXiv, "Your Tweets Could Show If You Need Help for Bipolar Disorder", MIT Tech Review, 2018 https://www.technologyreview.com/s/609900/your-tweets-could-show-if-you-need-help-for-bipolar-disorder/

7. Yen-Hao Huang, Lin-Hung Wei, Yi-Shin Chen, "Detection of the Prodromal Phase of Bipolar Disorder from Psychological and Phonological Aspects in Social Media", arXiv, 2017 https://arxiv.org/abs/1712.09183

8. Sachin H Jain et. al., "The digital phenotype", Nature Biotechnology, 2015 https://www.nature.com/articles/nbt.3223

9. Gale M.Lucas et. al., "It's only a computer: Virtual humans increase willingness to disclose", Computers in Human Behavior, 2014 https://www.sciencedirect.com/science/article/pii/S0747563214002647

10. Tanya Abrams, "Virtual Humans Inspire Patients to Open Up", NEUROSCIENCE NEWS, 2014 http://neurosciencenews.com/psychology-virtual-human-patients-1177/

11. Eliza Strickland, "Autonomous Robot Surgeon Bests Humans in World First", IEEE Spectrum, 2016 https://spectrum.ieee.org/the-human-os/robotics/medical-robots/autonomous-robot-surgeon-bests-human-surgeons-in-world-first

12. Azad Shademan et. al., "Supervised autonomous robotic soft tissue surgery", Sci Transl Med, 2016 http://stm.sciencemag.org/content/8/337/337ra64

13. "Supervised autonomous in vivo robotic surgery on soft tissues is feasible", Science

Daily, 2016 https://www.sciencedaily.com/releases/2016/05/160504151855.htm

14. Eliza Strickland, "In Flesh-Cutting Task, Autonomous Robot Surgeon Beats Human Surgeons", IEEE Spectrum, 2017 https://www.sciencedaily.com/ releases/2016/05/160504151855.htm

15. "Robot surgeon performs flesh-cutting tasks and pseudo-tumor removal" https:// www.youtube.com/watch?v=9ptlm-O39XA

16. Sarah Zhang, "WHY AN AUTONOMOUS ROBOT WON'T REPLACE YOUR SURGEON ANYTIME SOON", Wired, 2016 https://www.wired.com/2016/05/ robot-surgeon/

10장 인공지능의 시대, 의사는 무엇으로 사는가

1. Jonah Comstock , "FDA issues three guidances, including long-awaited CDS guidelines", Mobihealthnews, 2017 http://www.mobihealthnews.com/content/fda-issues-three-guidances-including-long-awaited-cds-guidelines

2. Michael J. Barry and Susan Edgman-Levitan, "Shared Decision Making — The Pinnacle of Patient-Centered Care", NEJM, 2012 http://www.nejm.org/doi/ full/10.1056/NEJMp1109283

3. Glyn Elwyn et. al., "Shared Decision Making: A Model for Clinical Practice", J Gen Intern Med. 2012 https://www.ncbi.nlm.nih.gov/pmc/articles/PMC3445676/

4. Stacey D, "Decision aids for people facing health treatment or screening decisions", Cochrane Database Syst Rev. 2014 https://www.ncbi.nlm.nih.gov/pubmed/24470076

5. 곽노필, "자율주행시대, 문제는 기술 아닌 도로인프라", 한겨레, 2017 http:// www.hani.co.kr/arti/economy/car/819760.html

6. Sang-Tae Kim, "Legal Issues Related to Autonomous Vehicles", Journal of Law & Economic Regulation, 2016 http://www.dbpia.co.kr/Journal/ArticleDetail/ NODE07157997

7. 구정모, "자율주행차 사고 나면 책임주체는 운전자? 제조사?", 연합뉴스, 2017 http://www.yonhapnews.co.kr/bulletin/2017/11/02/0200000000A KR20171102055300002.HTML

8. 강진규, "자율주행 인공지능도 운전면허를 따야할까?", 테크엠, 2017 http://techm.kr/bbs/board.php?bo_table=article&wr_id=4067

9. David Shepardson, Paul Liener, "Exclusive: In boost to self-driving cars, U.S. tells Google computers can qualify as drivers", Reuters, 2016 https://www.reuters.com/article/us-alphabet-autos-selfdriving-exclusive/exclusive-in-boost-to-self-driving-cars-u-s-tells-google-computers-can-qualify-as-drivers-idUSKCN0VJ00H

10. 윌리엄 메스너, "자율주행 자동차의 발전을 보여주는 3가지 사례", GE레포트코리아, 2017 https://www.gereports.kr/3-examples-show-driverless-cars-getting-safer-advanced-ever/

11. "Automatic vehicle control systems", US Department of Transportation, 2017 https://static.nhtsa.gov/odi/inv/2016/INCLA-PE16007-7876.PDF

12. Jay Samit, "Driving Your Car Will Soon Be Illegal", TechCrunch, 2015 https://techcrunch.com/2015/08/11/driving-your-car-will-soon-be-illegal/

13. Phoebe Weston, "Humans will be BANNED from driving cars within the next 25 years as 'safer' autonomous vehicles hit the road, expert claims", Mail Online, 2017 http://www.dailymail.co.uk/sciencetech/article-4963612/Humans-BANNED-driving-25-years.html

14. 니콜라스 카, "유리감옥 생각을 통제하는 거대한 힘", 한국경제신문사, 2014

15. Jan Noyes, Malcolm Cook, Yvonne Masakowshi, "Decision Making in Complex Environments", CRC Press, 2007

16. THE ASSOCIATED PRESS, "Air travel safer than ever with death rate at record low", The Denver Post, 2011 https://www.denverpost.com/2011/12/31/air-travel-safer-than-ever-with-death-rate-at-record-low/

17. "Operational Use of Flight Path Management Systems" https://www.faa.gov/aircraft/air_cert/design_approvals/human_factors/media/OUFPMS_Report.pdf

18. Matthew Ebbatson, "The Loss of Manual Flying Skills in Pilots of Highly Automated Airliners", Cranfield Ceres, 2009 https://dspace.lib.cranfield.ac.uk/handle/1826/3484

19. Ebbatson M et. al., "The relationship between manual handling performance and recent flying experience in air transport pilots.", Ergonomics. 2010 https://www.ncbi.nlm.nih.gov/pubmed/20099179

20. Hojat M et. al., "The devil is in the third year: a longitudinal study of erosion of empathy in medical school.", Acad Med. 2009, https://www.ncbi.nlm.nih.gov/pubmed/19707055

21. Meera Lee Sethi, "The Need for Compassion", Proto, 2013 http://protomag.com/articles/need-for-compassion

22. 박재영, "개념의료", 청년의사, 2013

23. Shelly Reese, "Tough Talks With Cancer Patients: Dealing With Challenges", Medscape, 2016 https://www.medscape.com/viewarticle/861067

24. Kerr J et. al., "Communication, quality of life and age: results of a 5-year prospective study in breast cancer patients.", Ann Oncol. 2003, https://www.ncbi.nlm.nih.gov/pubmed/12598348

25. Schofield PE et. al., "Psychological responses of patients receiving a diagnosis of cancer.", Ann Oncol. 2003 https://www.ncbi.nlm.nih.gov/pubmed/12488292

26. Schmid Mast M, Kindlimann A, Langewitz W., "Recipients' perspective on breaking bad news: how you put it really makes a difference.", Patient Educ Couns. 2005 https://www.ncbi.nlm.nih.gov/pubmed/16081235

27. 임재준, "가운을 벗자", 일조각, 2011

28. Fogarty LA et. al., "Can 40 seconds of compassion reduce patient anxiety?", J Clin Oncol. 1999 https://www.ncbi.nlm.nih.gov/pubmed/10458256

29. Sophie Lelorain et. al., "A systematic review of the associations between empathy measures and patient outcomes in cancer care", Psychooncology. 2012 https://www.ncbi.nlm.nih.gov/pubmed/22238060

30. Hojat M et. al., "Physicians' empathy and clinical outcomes for diabetic patients.", Acad Med. 2011 https://www.ncbi.nlm.nih.gov/pubmed/21248604

31. Del Canale S et. al., "The relationship between physician empathy and disease complications: an empirical study of primary care physicians and their diabetic patients in Parma, Italy.", Acad Med. 2012 https://www.ncbi.nlm.nih.gov/pubmed/22836852

32. Laurie Bouck et. al., "Physician Empathy Linked to Better Patient Outcomes", Medscape, 2012 https://www.medscape.com/viewarticle/770924

33. Gerald B. Hickson et al., "Patient Complaints and Malpractice Risk", JAMA, 2002

https://jamanetwork.com/journals/jama/fullarticle/195008

34. Sandra G. Boodman, "How to Teach Doctors Empathy", The Atlantic, 2015 https://www.theatlantic.com/health/archive/2015/03/how-to-teach-doctors-empathy/387784/

35. Abigail Zuger, "How do doctors break bad news?", The New York Times, 2006 https://www.nytimes.com/2006/01/11/health/how-do-doctors-break-bad-news.html

36. Pollak KI et. al., "Oncologist communication about emotion during visits with patients with advanced cancer.", J Clin Oncol. 2007 https://www.ncbi.nlm.nih.gov/pubmed/18089870

37. Diane S. Morse, Elizabeth A. Edwardsen, Howard S. Gordon , "Missed Opportunities for Interval Empathy in Lung Cancer Communication", Arch Intern Med, 2009 https://www.ncbi.nlm.nih.gov/pmc/articles/PMC2678758/

38. Rita Charon, "Narrative Medicine: A Model for Empathy, Reflection, Profession, and Trust", JAMA, 2001 https://jamanetwork.com/journals/jama/fullarticle/194300

39. Eliza Miller, "Sounding Narrative Medicine: Studying Students' Professional Identity Development at Columbia University College of Physicians and Surgeons", Acad Med, 2014 https://www.ncbi.nlm.nih.gov/pmc/articles/PMC4002760/

40. Gina Kolata, "Learning to Listen", The New York Times, 2009 https://www.nytimes.com/2010/01/03/education/edlife/03narrative.html

41. Rana L.A. Awdish, Leonard L. Berry, "Making Time to Really Listen to Your Patients", Harvard Business Review, 2017 https://hbr.org/2017/10/making-time-to-really-listen-to-your-patients

42. 청년의사, "의사국가고시 실기시험, 어떻게 치러지나?", 청년의사, 2009 http://www.docdocdoc.co.kr/news/articleView.html?idxno=70778

43. 최윤섭 페이스북, https://www.facebook.com/yoonsup.choi/posts/1657550347618256

44. 이정환, "'의사 출신 기초의학자' 15년내 씨 마른다", 의협신문, 2015 http://www.doctorsnews.co.kr/news/articleView.html?idxno=102228

45. 박으뜸, "의사 기초의학자, 고사 직전…"이대로 방치는 안돼"", 메디파나뉴스,

2015 http://www.medipana.com/news/news_viewer.asp?NewsNum=163888&MainK
ind=A&NewsKind=5&vCount=12&vKind=1

46. 안창욱, "의사 출신 기초교수가 없다", 메디게이트, 2016 http://medigatenews.
com/news/3208999414

11장 인공지능과 함께 진료하기 위해서

1. Lehman CD, et. al., "Diagnostic Accuracy of Digital Screening Mammography With
    and Without Computer-Aided Detection.", JAMA Intern Med. 2015 https://www.
    ncbi.nlm.nih.gov/pubmed/26414882

2. Anttinen I et. al., "Double reading of mammography screening films--
    one radiologist or two?", Clin Radiol. 1993 https://www.ncbi.nlm.nih.gov/
    pubmed/8293648?dopt=Abstract

3. H.E. Deans et. al., "Scottish experience of double reading in the National Breast
    Screening Programme", The Breast, 1998, https://www.thebreastonline.com/article/
    S0960-9776(98)90060-1/pdf

4. Blanks RG, Wallis MG, Moss SM., "A comparison of cancer detection rates
    achieved by breast cancer screening programmes by number of readers, for one
    and two view mammography: results from the UK National Health Service breast
    screening programme.", J Med Screen. 1998 https://www.ncbi.nlm.nih.gov/
    pubmed/9934650?dopt=Abstract

5. Liston JC, Dall BJ, "Can the NHS Breast Screening Programme afford not to double
    read screening mammograms?", Clin Radiol. 2003 https://www.ncbi.nlm.nih.gov/
    pubmed/12788317?dopt=Abstract

6. Ciatto S et. al., "The role of arbitration of discordant reports at double reading of
    screening mammograms.", J Med Screen. 2005 https://www.ncbi.nlm.nih.gov/
    pubmed/16156942?dopt=Abstract

7. Helvie M, "Improving mammographic interpretation: double reading and computer-
    aided diagnosis.", Radiol Clin North Am. 2007 https://www.ncbi.nlm.nih.gov/
    pubmed/17888770?dopt=Abstract

8. Fenton JJ et. al., "Influence of computer-aided detection on performance of screening mammography.", N Engl J Med. 2007 https://www.ncbi.nlm.nih.gov/pubmed/17409321?dopt=Abstract

9. Gromet M, "Comparison of computer-aided detection to double reading of screening mammograms: review of 231,221 mammograms.", AJR Am J Roentgenol. 2008 https://www.ncbi.nlm.nih.gov/pubmed/18356428?dopt=Abstract

10. Fiona J. Gilbert et. al., "Single Reading with Computer-Aided Detection for Screening Mammography", NEJM, 2008 http://www.nejm.org/doi/full/10.1056/NEJMoa0803545

11. Ranji SR, Rennke S, Wachter RM, "Computerised provider order entry combined with clinical decision support systems to improve medication safety: a narrative review.", BMJ Qual Saf. 2014 https://www.ncbi.nlm.nih.gov/pubmed/24728888

12. Lin CP, Payne TH, Nichol WP, et al. "Evaluating clinical decision support systems: monitoring CPOE order check override rates in the Department of Veterans Affairs' Computerized Patient Record System.", J Am Med Inform Assoc 2008 https://www.ncbi.nlm.nih.gov/pmc/articles/PMC2528033/

13. Payne TH, Nichol WP, Hoey P, et al. "Characteristics and override rates of order checks in a practitioner order entry system." Proc AMIA Symp 2002, https://www.ncbi.nlm.nih.gov/pubmed/12463894

14. Martin Sumpe, "An Augmented Reality Microscope for Cancer Detection", Google Research Blog, 2018 https://research.googleblog.com/2018/04/an-augmented-reality-microscope.html

15. Po-Hsuan (Cameron) Chen et. al., "An Augmented Reality Microscope for Real-time Automated Detection of Cancer", in preparation, https://drive.google.com/file/d/1L5Yudm5k4ZGejYWMgy8z6KYMGJl4y5mc/view

16. Richard M. Schwartzstein, David H. Roberts, "Saying Goodbye to Lectures in Medical School — Paradigm Shift or Passing Fad?", NEJM, 2017 http://www.nejm.org/doi/full/10.1056/NEJMp1706474

17. Melanie Y. Fu, "Medical School Overhauls Curriculum With Major Redesign", The Harvard Crimson, 2015 http://www.thecrimson.com/article/2015/9/2/hms-curriculum-major-revamp/

18. Melanie Y. Fu, "Top Medical Schools React to Harvard's Curriculum Change", The Harvard Crimson, 2015 http://www.thecrimson.com/article/2015/9/29/schools-react-medical-curriculum/

19. 허지윤, "하버드 교정 덮친 AI 바람…의대 교육 뜯어고친다", 조선비즈, http://biz.chosun.com/site/data/html_dir/2017/02/01/2017020102055.html

20. 전우택, "의학교육의 변화와 과제: 하버드의대를 통해서 본 새로운 의학교육의 변화", 대한의학회 뉴스레터, 2017, http://kams.or.kr/webzine/17vol79/index.php?main_num=1

21. 이영미, "'자기주도 평생학습자'만 살아남는다", 의협신문, 2017 http://www.doctorsnews.co.kr/news/articleView.html?idxno=115918

22. Krupat E et. al. "Assessing the Effectiveness of Case-Based Collaborative Learning via Randomized Controlled Trial.", Acad Med. 2016 https://www.ncbi.nlm.nih.gov/pubmed/26606719?dopt=Abstract

23. 노태호, "동영상강의", 닥터노의 심장과 부정맥이야기, 2015 https://m.blog.naver.com/dr_heart/220474825661

24. Carl Straumsheim, "Become a Doctor, No Lectures Required", Inside Higher ED, 2016 https://www.insidehighered.com/news/2016/09/26/u-vermont-medical-school-get-rid-all-lecture-courses

12장 인공지능이 의료 사고를 낸다면

1. Jonah Comstock , "FDA issues three guidances, including long-awaited CDS guidelines", Mobihealthnews, 2017 http://www.mobihealthnews.com/content/fda-issues-three-guidances-including-long-awaited-cds-guidelines

2. Bradley Merrill Thompson, "Learning from Experience: FDA's Treatment of Machine Learning", Mobihealthnews, 2017 http://www.mobihealthnews.com/content/learning-experience-fda's-treatment-machine-learning

3. FDA News Release, "FDA permits marketing of artificial intelligence-based device to detect certain diabetes-related eye problems" https://www.fda.gov/NewsEvents/Newsroom/PressAnnouncements/ucm604357.htm

4. Dave Muoio, "FDA permits marketing of AI software that autonomously detects diabetic retinopathy", Mobihealthnews, 2018 http://www.mobihealthnews.com/content/fda-permits-marketing-ai-software-autonomously-detects-diabetic-retinopathy

5. 김치원, "'1호 인공지능 의사'라는 IDx-DR에 대한 고찰", Healthcare Business, http://www.chiweon.com/1%ED%98%B8-%EC%9D%B8%EA%B3%B5%EC%A7%80-%EB%8A%A5-%EC%9D%98%EC%82%AC%EB%9D%BC%EB%8A%94-idx-dr%EC%97%90-%EB%8C%80%ED%95%9C-%EA%B3%A0%EC%B0%B0/

6. Bernard Marr, "First FDA Approval For Clinical Cloud-Based Deep Learning In Healthcare", Forbes, 2017 https://www.forbes.com/sites/bernardmarr/2017/01/20/first-fda-approval-for-clinical-cloud-based-deep-learning-in-healthcare/#6341b5b8161c

7. Arterys, "Arterys Receives FDA Clearance For The First Zero-Footprint Medical Imaging Analytics Cloud Software With Deep Learning For Cardiac MRI", Cision, 2017 https://www.prnewswire.com/news-releases/arterys-receives-fda-clearance-for-the-first-zero-footprint-medical-imaging-analytics-cloud-software-with-deep-learning-for-cardiac-mri-300387880.html

8. "Arterys Cardio DL Cloud MRI Analytics Software Receives FDA Clearance", DAIC, 2017 https://www.dicardiology.com/product/arterys-cardio-dl-cloud-mri-analytics-software-receives-fda-clearance

9. 김철중, "닥터 왓슨과 의료진 항암처방 엇갈리면… 환자 "왓슨 따를게요", 조선일보, 2017 http://news.chosun.com/site/data/html_dir/2017/01/12/2017011200289.html

10. 장연화, 백경희, "왓슨의 진단 조력에 대한 현행법상 형사책임에 관한 소고", 형사법의 신동향, 2017 http://scholar.dkyobobook.co.kr/searchDetail.laf?barcode=4010025761495

11. 식약처, "빅데이터 및 인공지능(AI) 기술이 적용된 의료기기의 허가·심사 가이드라인(민원인 안내서)", 2017 https://www.nifds.go.kr/nifds/02_research/sub_04_06.jsp?mode=view&article_no=11753

12. Wojciech Samek, Thomas Wiegand, Klaus-Robert Müller, "Explainable Artificial Intelligence: Understanding, Visualizing and Interpreting Deep Learning Models",

arXiv, 2017 https://arxiv.org/abs/1708.08296

13. Ion Stoica et. al., "A Berkeley View of Systems Challenges for AI", EECS Department

14. University of California, Berkeley, 2017 http://www2.eecs.berkeley.edu/Pubs/TechRpts/2017/EECS-2017-159.pdf

15. Ariel Bleicher, "Demystifying the Black Box That Is AI", Scientific American, 2017 https://www.scientificamerican.com/article/demystifying-the-black-box-that-is-ai/

16. Davide Castelvecchi, "Can we open the black box of AI?", Nature, 2016 https://www.nature.com/news/can-we-open-the-black-box-of-ai-1.20731

17. Jackie Snow, "Brainlike computers are a black box. Scientists are finally peering inside", Science, 2017 http://www.sciencemag.org/news/2017/03/brainlike-computers-are-black-box-scientists-are-finally-peering-inside

18. Eric Jonas, Konrad Paul Kording, "Could a Neuroscientist Understand a Microprocessor?", PloS Comp Biol, 2017 http://journals.plos.org/ploscompbiol/article?id=10.1371/journal.pcbi.1005268

19. 김남국, "인공지능이 블랙박스에 대한 기술적 답변", Kim, Namkug's Ideas, 2017 https://namkugkim.wordpress.com/2017/05/15/인공지능이-블랙박스에-대한-기술적-답변/

20. Grégoire Montavon, "Explaining NonLinear Classification Decisions with Deep Taylor Decomposition", arXiv, 2015 https://arxiv.org/abs/1512.02479

21. Matthew D Zeiler, Rob Fergus, "Visualizing and Understanding Convolutional Networks", arXiv, 2013 https://arxiv.org/abs/1311.2901

22. David Behrens et. al., "How to Explain Individual Classification Decisions", arXiv, 2009 https://arxiv.org/abs/0912.1128

23. Grégoire Montavon, Wojciech Samek, Klaus-Robert Müller, "Methods for Interpreting and Understanding Deep Neural Networks", arXiv, 2017 https://arxiv.org/abs/1706.07979

24. 정규환, "AI 의료 영상 기술 활용 사례", 카카오AI리포트, 2017 https://brunch.co.kr/@kakao-it/81

25. Lee H et. al., "Fully Automated Deep Learning System for Bone Age Assessment.", J Digit Imaging. 2017 https://www.ncbi.nlm.nih.gov/pubmed/28275919

26. Alvin Rajkomar et. al., "Scalable and accurate deep learning for electronic health records", arXiv, 2018 https://arxiv.org/abs/1801.07860

27. Monique Brouillette, "Deep Learning Is a Black Box, but Health Care Won't Mind", MIT Tech Review, 2017 https://www.technologyreview.com/s/604271/deep-learning-is-a-black-box-but-health-care-wont-mind/

28. Edward Shorter, "The history of lithium therapy", Bipolar Disord., 2009 https://www.ncbi.nlm.nih.gov/pmc/articles/PMC3712976/

29. Fiona MacDonald, "Finally, Scientists Think They Know How Lithium Treats Bipolar Disorder", Science Alert, 2017 https://www.sciencealert.com/finally-scientists-think-they-know-how-lithium-treats-bipolar-disorder

30. 식약처 보도자료, "국내에서 개발한 인공지능(AI) 기반 의료기기 첫 허가", 2018 http://www.mfds.go.kr/index.do?mid=675&seq=41992

31. 이에스더, ""인공지능이 뼈 나이 판독" 국내 개발 'AI 의료기기' 첫 허가", 중앙일보, 2018 http://news.joins.com/article/22627389

32. 임솔, "식약처, AI 의료기기 2건 허가…루닛 폐결절 진단 · 제이엘케이인스펙션 뇌경색 진단", 메디게이트뉴스, 2018 http://www.medigatenews.com/news/3141278532

나가는 말

의료의 새로운 동반자를 맞이하며

1. 최윤섭, "왓슨, 의사를 대신하나", 청년의사, 2015 http://www.docdocdoc.co.kr/news/articleView.html?newscd=2015013000010

2. 최윤섭, "의사, 이제는 인공지능의 습격에 대비할 때", 2015 http://www.yoonsupchoi.com/2015/04/21/war_against_watson/

3. 박미라, "미래의 의사, 데이터 과학자로 거듭나야", 메디컬 옵저버, 2015 http://www.monews.co.kr/news/articleView.html?idxno=84801

의료 인공지능

초판 1쇄 발행 2018년 6월 25일
초판 9쇄 발행 2024년 4월 23일

지은이 최윤섭
펴낸이 안현주

기획 류재운 **편집** 송무호 안선영 김재열 **브랜드마케팅** 이승민 **영업** 안현영
디자인 표지 최승협 본문 장덕종

펴낸 곳 클라우드나인 **출판등록** 2013년 12월 12일(제2013-101호)
주소 우) 03993 서울시 마포구 월드컵북로 4길 82(동교동) 신흥빌딩 3층
전화 02-332-8939 **팩스** 02-6008-8938
이메일 c9book@naver.com

값 20,000원
ISBN 979-11-86269-99-2 03320